管理信息系统
——原理、方法及新技术

王健　主编

崔春生　副主编

句全　仇立文　柳玉炯　参编

U0360919

清华大学出版社

北京

内 容 简 介

本书在传授管理信息系统及信息技术基础知识和概念的同时,更注重培养学生在 IT 应用中的创新思维能力、分析问题和解决问题能力,引领学生树立正确的人生观、价值观与世界观,提升学生的创新力和领导力。

本书除阐述管理信息系统的基本方法外,还涵盖人工智能、大数据、云计算、区块链等新技术与管理信息系统的结合,可以作为高等学校计算机、信息管理、电子商务等专业的教材。

图书在版编目(CIP)数据

管理信息系统:原理、方法及新技术/王健主编. —北京:清华大学出版社,2022.8
ISBN 978-7-302-61433-3

Ⅰ.①管… Ⅱ.①王… Ⅲ.①管理信息系统－高等学校－教材 Ⅳ.①C931.6

中国版本图书馆 CIP 数据核字(2022)第 133659 号

责任编辑:汪汉友
封面设计:何凤霞
责任校对:李建庄
责任印制:曹婉颖

出版发行:清华大学出版社
  网　　址:http://www.tup.com.cn,http://www.wqbook.com
  地　　址:北京清华大学学研大厦 A 座　　**邮　　编:**100084
  社 总 机:010-83470000　　**邮　　购:**010-62786544
  投稿与读者服务:010-62776969,c-service@tup.tsinghua.edu.cn
  质量反馈:010-62772015,zhiliang@tup.tsinghua.edu.cn
  课件下载:http://www.tup.com.cn,010-83470236
印 装 者:北京同文印刷有限责任公司
经　　销:全国新华书店
开　　本:185mm×260mm　　**印　　张:**25.5　　**字　　数:**591 千字
版　　次:2022 年 9 月第 1 版　　**印　　次:**2022 年 9 月第 1 次印刷
定　　价:74.50 元

产品编号:096609-01

前言

自20世纪50年代计算机用于商业数据处理以来,以计算机技术、网络通信技术、数据库技术为核心的现代信息技术得以快速发展,对人类社会产生了深刻影响,将人类社会带进了一个全新的时代——信息经济和网络经济时代。很难想象当今会有哪个行业或企业不受它的影响。数据分析相关技术已成为现代企业抓住历史机遇、保持竞争优势、提高竞争能力的有力工具和有效手段。因此,了解与掌握信息系统的应用、建设和管理知识,以及相关的分析方法,已成为新经济时代各类管理人员必须具备的本领。

"管理信息系统"是我国普通高等学校经济管理类专业本科生的一门核心专业基础课程。本课程涉及知识广泛,是由管理科学、应用经济学、应用数学、组织行为科学、信息科学、系统科学与现代技术融合而形成的一门综合性、交叉性的新兴学科,随着大数据分析与人工智能技术的发展,该学科的内容也在不断地丰富和发展。

本书作者根据多年的教学经验与科研成果,在吸纳了国内外相关优秀教材的先进教学理念和教学研究成果的基础上,从我国信息化发展对现代化管理人才培养的实际需要出发,在对课程知识体系结构、教学案例和实践教学环节等内容的精心设计后编写此书,旨在普及信息文化知识,培养了解信息化应用与发展基本规律,掌握信息化建设、应用及管理基础知识和方法的新型现代化管理人才。

本书共分3篇。第一篇讲述概念与技术基础,由第1~4章组成,主要介绍管理信息系统的相关基础概念,阐述管理信息系统的发展历程和对企业及社会发展所产生的巨大影响,概要介绍计算机、网络和数据库技术的构成及发展趋势。第二篇讲述信息系统应用,由第5~8章组成,主要介绍企业典型信息系统应用及企业资源计划、供应链管理和客户关系管理等现代企业信息系统应用和发展,以及决策支持与商务智能、电子商务、电子政务系统的基本功能与主要技术构成。第三篇是新技术介绍,由第9~14章组成,主要介绍目前与管理学结合紧密的信息技术领域出现的新技术和新方法,包括人工智能、区块链、大数据、云计算、知识挖掘和智能推荐等内容。

全书各章节编写情况如下:柳玉炯和陈广宇负责第1章的编写;孙楠和句全负责第2章的编写;卢照敢负责第3章的编写;句全负责第4章的编写;

任慧玉和张慧档负责第 5 章的编写;仇立文负责第 7、8 章的编写;赖锴参与前 4 章实践内容的编写;胡慧敏负责 6.3 节的编写;陈珂锐和崔春生负责第 5 章虚拟仿真实验部分的编写;梁丽负责第 9、10 章的编写;王健负责第 6 章及第 11～14 章的编写。

在本书编写过程中,得到河南财经政法大学计算机与信息工程学院李淑红、张墨华和张慧档教授,以及河南财经政法大学计算机与信息工程学院信息管理教研室全体教师的支持与帮助,在此深表感谢!

由于作者水平有限,书中难免存在不当之处,敬请读者批评指教。

作　者

2022 年 8 月

目录

第一篇 基 础 篇

第二篇　应　用　篇

第一篇　基　础　篇

第1章

管理信息系统概述

本章学习目标

- 了解信息的概念及内涵。
- 掌握系统的思想和方法。
- 了解信息系统的概念。
- 掌握管理信息系统的概念及组成。
- 了解管理信息系统的应用类型。
- 了解管理信息系统对企业的影响。
- 理解管理信息系统的学科特点。

随着信息技术(information technology,IT)的快速发展和不断创新,基于 IT 的管理信息系统已广泛应用于社会组织管理的各个领域,成为现代管理不可或缺的重要工具和手段。

本章首先介绍信息、系统、信息系统、管理信息系统及管理信息系统的应用类型等相关基础概念及内涵,使读者对管理信息系统有一个初步概括的认识。在此基础上,进一步阐述管理信息系统应用对企业发展所产生的各种影响,管理信息系统的学科特点,使读者能较全面地认识管理信息系统在企业发展中的重要地位和作用,进而明确本课程学习的目的和意义,并为后面的学习奠定基础。

1.1　信息

1.1.1　信息与数据

1. 信息的定义

信息是当今社会广泛使用的词汇,虽然在社会、经济、生活、科学等领域被广泛使用,但是概念至今尚未形成统一的定义。

信息论的创始人、美国著名数学家香农(C. E. Shannon)将信息定义为"用于减少或消除人们对事物认识的随机不确定性的东西"；控制论的创始人、美国著名数学家维纳（N. Wiener）将信息定义为"是我们在适应外部世界、控制外部世界过程中同外部世界交换的内容和名称"，维纳还指出"信息就是信息，它既不是物质也不是能量"。香农说明了信息的效用，而维纳则强调了信息与物质和能量的区别，说明了信息是人们在适应和控制外部世界与其交换的另一种东西。

由于不同领域的人们对信息概念的认识和应用角度不同，所以给出的信息定义也不尽相同。目前，在信息系统领域，常见的信息定义是，信息是经过加工的、有一定含义的数据，它可以减少或消除人们对事物认识的不确定性，对接收者的决策有现实或潜在的价值。

从信息的定义可以看出，信息是数据加工处理后的结果，是有含义的数据；信息可以减少或消除人们对事物认识的不确定性，对人们的决策有现实或潜在的价值。

2. 信息与数据

由上述信息的定义可以看出，数据是一个与信息密切相关的概念，通常被定义为记录和表达客观事实的各种可鉴别的物理符号或信号。在计算机系统中，常见的数据有数字、文字、图形、图像、音频、视频等。

从应用角度看，数据是信息的载体，是信息的一种重要表达形式；信息是数据的含义。数据只有经过加工处理和解释才有意义，才能成为信息。因而，数据是物理性的，信息是逻辑性的。图1.1是信息系统中数据与信息的逻辑关系模型。信息系统的主要任务是对所收集存储的数据进行加工处理，最终为用户决策提供所需的信息支持。

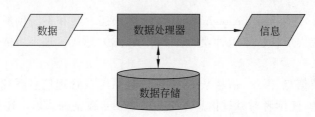

图 1.1　数据与信息的逻辑关系模型

换一种角度看，数据和信息的关系又是相对的。例如，在会计核算中，会计账簿是对会计凭证数据进行分类、登记、加工而生成的会计信息。而在会计报表制作时，会计账簿又成为汇总、核算的基础数据。由此可见，随着信息加工的层次、深度以及使用目的的不同，数据和信息之间是一种相对关系，这与物质生产中原材料和制成品之间的关系类似。因此，日常使用中，人们经常将数据和信息的概念混用，如数据处理和信息处理等，但是在信息系统领域，它们的含义是有所区别的。

3. 信息处理

信息处理是指根据某个应用需求，采用一定的设备和方法，将原始数据加工形成另一种形式的数据或信息的过程。

信息处理是定义数据之间的关系，创建处理所需的规则和方法，并按照规定的规则和方法对数据进行加工处理,以完成某项信息提取的任务。例如,某公司经理想了解本企业的财务状况,就需财务人员按照一定的财务核算方法,将会计账簿中的相关数据进行分类和汇总,生成所需的财务报表。在日常管理中,常用的信息处理方法有分类、统计、排序、过滤、筛选、压缩、数学运算等。

1.1.2　信息分类

要全面认识信息,就需要对其进行分类。由于信息广泛存在于自然界和人类社会中,不同的学科领域对信息的分类方法也不尽相同。

从哲学上讲,信息可分为本体论信息和认识论信息两大类。本体论信息是指事物运动状态及其变化的方式,是一种客观存在,不以人的意志为转移。认识论信息是指人类感知的信息,但由于人类对信息感知能力的局限,因此又可分为人类已感知的信息和未感知的信息两大类。认识论信息还可分为感知信息和再生信息两个子类,感知信息是人们直接从自然界、社会生活以及人的自身思维活动中获取的信息,如自然信息,包括生命物质与非生命物质的存在与运动信息、生命物质与非生命物质之间的相互作用信息等。社会信息包括人类各种活动所产生、传递和利用的信息等。再生信息是人们通过对感知信息进行归纳、总结、推理、演绎等一系列高级思维加工后获得的信息,这些信息就是通常所说的知识,它们是人们在认识世界、改造世界的大量实践活动中总结获得的认知与经验的总和。

1.1.3　信息属性

信息的定义揭示了信息的一些本质属性,但信息还存在许多由本质属性派生出来的一般属性,如真实性、时效性、价值性、共享性、传递性、不完全性、层次性、可变换性、可压缩性等,这些属性大都从某个侧面体现了信息的一些特性,直接或间接地决定了信息的运动规律和使用方法。通过进一步认识信息的一般属性,有助于更好地理解和运用信息,更大限度地发掘信息的价值与效用。

1. 真实性

信息是客观事实在人脑中的反映,因此真实性是信息的中心价值。不符合客观事实的信息不仅不能减少或消除人们对客观事物认识的不确定性,反而会使之增加。因此,不符合客观事实的信息,不仅对使用者无益,反而可能有害。在现实社会生活中,由于各种原因,会存在大量不符合客观事实的虚假信息,因此在收集和使用信息时,应首先确认信息的真实性、准确性和可靠性。

2. 时效性

离开了客观事物(即信息源)的信息,不能再反映客观事物母体最新的运动状态及改变方式,效用会逐渐降低甚至完全丧失,因此信息也是有"寿命"的。

一方面,信息与其他事物一样,也具有从需求、获得、服务到退出的完整生命周期;另一方面,信息从信息源发出后,从采集、传递、加工到使用的时间延迟越短,使用越及时,效用就越大,信息的时效性就越强。

针对不同的决策问题,同一信息的时效期有可能会不同。例如,昨日的天气预报对于今天人们外出活动就没什么决策参考价值,但却可以成为天气的长期历史数据的组成部分,用于总结和发现气候变化趋势和规律。因此,在实际工作中需要根据不同的应用需求,选择不同的信息时效期。

3. 价值性

信息是人们对数据加工处理的结果,是人类劳动的成果,是一种资源,因此信息是有价值的。计算信息的价值通常用以下两种方法。

方法 1:根据所需的社会必要劳动进行计算,该方法与其他产品价值计算方法相同,即

$$V = C + P \tag{1.1}$$

其中,V 表示信息产品的价值,C 表示生产该信息所需花费的成本,P 表示利润,例如,书刊、报纸、学费的定价等都可以用这种方法计算。因此,这种信息价值的计算方法又称为信息内涵价值计算方法。

方法 2:按使用效果进行计算,因此又称为信息外延价值计算法。在该计算方法中,信息价值(V)的计算,可以用使用该信息所获得的收益(P_1)减去获取它所花费的成本(C_1)得到,即

$$V = P_1 - C_1 \tag{1.2}$$

信息外延价值的计算方法强调的是信息价值需经使用转换才能实现。应用信息系统的目的是为管理者的管理决策提供及时、准确、有用的信息,使管理信息及时转化为价值。

4. 共享性

信息的共享性是指信息可以被无限地复制、传播,被大家共享的特性。与物质和能量不同,信息的共享具有非零和性,即同一信息可以被不同的人占有,例如,张三将信息 A 告诉李四,张三和李四就可同时拥有信息 A,而物质和能量的共享则是零和的,即张三将物品 W 送给李四,则李四所得即为张三所失,这一得一失之和为零。信息共享的非零和性也是信息不同于物质和能量的一个重要特征。

信息共享的非零和性可能是"我不失你得""你得我失""我不失你也不得"等多种信息共享的结果。例如,某灾害性天气预报在相关地区被传播越广,知道的人越多,则灾害性天气带来的损失越小,这是信息共享产生的信息价值转换倍增效应,即共赢效应。而某企业的商业或技术机密如果被竞争对手获取,则可能会给该企业带来重大损失,例如,某制药企业的某种药品的保密配方,一旦被其竞争对手获取,将会大大影响该企业产品的销量,从而带来重大经济损失,这种信息共享的结果即属于"你得我失"。因此,任何组织和个人在信息传播和共享过程中,都应慎重考虑和权衡相关各方的利益,并自觉在法律和道德范围内使用、传播、共享信息。

5. 扩散性

信息的扩散性是指信息可以通过各种渠道向四面八方自然扩散传播的特性。与热源

向外扩散热量的情况相似,在信息扩散与传播过程中,信息与接收者间的"势差"越大,信息的扩散力度就越强。例如,越离奇、越耸人听闻或人们关注度越高的消息传播得越快,扩散面就越广。

信息的扩散性与共享性是紧密联系的,信息扩散可以扩大信息共享的范围,而信息共享又需要信息的扩散传播。由于信息共享的结果存在多态性,使信息的扩散传播也存在正负两面效应。从正面来讲,信息的扩散传播可以产生信息应用的倍增效应,例如,科技、文化知识的扩散传播,可以扩大其影响范围,使其应用价值的转换产生倍增效应;从负面来讲,信息的扩散传播也有可能造成信息的贬值或负效应,例如,国家的政治、军事、经济机密或企业的商业、技术机密等一旦被泄露和扩散,就可能被竞争对手利用,给国家或企业带来巨大损失。因此,在许多情况下都需要适当构筑信息势垒,即采取一定措施,制定必要的信息安全保密制度或法律法规,保护信息拥有者的合法权益,避免知识生产者或拥有者的知识产权被非法侵害。

在信息系统的开发和使用过程中,应充分考虑各种信息的共享、传播和使用范围,根据使用者的工作职责为其设置相应的信息操作和使用权限,这就是通常所说的信息系统安全管理问题。

6. 不完全性

信息的不完全性是指在实际应用中,人们不可能也没有必要全部收集客观事物相关信息的特性。一方面,与人们认识事物的程度和接收处理信息的能力、时间等因素的局限性有关;另一方面,也与人们决策问题的实际需求有关。因此,在收集处理信息时应首先明确决策问题,然后确定所需信息的范围、内容和时间,最后再着手收集信息。在这个信息爆炸时代,只有学会正确地舍弃无用和次要的信息,才能正确、高效地使用信息。

7. 层次性

决策不同,对信息的需求也不尽相同。以管理为例,由于不同管理层的管理职责与分工不同,使得各个管理层所需的信息也有所不同,这就是信息的层次性。

图 1.2 分别从信息的来源、收集范围、加工深度、概括抽象程度、寿命、精度、使用频率、结构化程度等方面给出了不同管理层所需信息的特征。

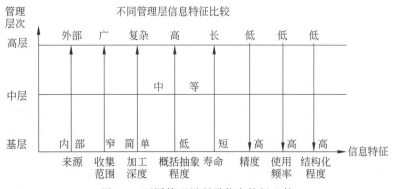

图 1.2 不同管理层所需信息特征比较

例如，从信息的来源看，高层管理者所需信息大多来自组织外部，如社会经济发展趋势、市场机会、竞争对手情况等；中层管理者所需信息则可能内外兼有，如企业生产计划制订和执行情况、订单完成情况和产品销售情况等；基层管理者所需信息来自组织内部，如每日产量统计数据、库存统计数据、员工考勤情况等。从信息的寿命上看，高层管理者所需的信息寿命较长，如公司五年规划的信息至少要保存 5 年；基层管理者所需的信息寿命较短，例如生产订单执行过程中产生的大量信息在订单完成后对基层管理者就不再有保存价值了。

8. 可变换性

信息的可变换性主要表现在以下两方面：一是指信息可以用不同的数据表达形式和介质来载荷及存储。因此，借助多媒体和现代存储技术发展的最新成果，信息系统可以向用户提供数字、文字、图形、图像、音频、视频等丰富多彩的信息表达形式，并可以存储在磁盘、优盘和光盘等存储介质上，以便满足各类用户在信息使用及存储方面的不同需求。二是表现在信息是可压缩性的，即信息在经过概括等简化表达后，不会丢失本质和内涵。例如，可用各种数学符号及模型概括表达对客观规律的认识。例如，牛顿第二定律可以被概括表达为公式 $f=ma$，该公式表达了"物体运动的变化，即加速度（a）与作用在其上的力（f）成正比，与物体的质量（m）成反比"的物质运动规律；又如，任意变量 x 和 y 的线性关系可以用数学表达式 $y=a+bx$ 表示；等等。

在信息处理过程中，对信息的压缩不仅可以简化信息表达，过滤无用的、不重要或冗余信息，而且可以大大提高计算机信息传输、存储、加工和使用的效率。例如，图像、音频、视频等信息在被压缩后可大大提高工作效率。

1.1.4　信息量

基于概率的信息量是香农在研究信息通信理论时提出的。通信是两个系统（即信源和信宿）之间以一定量的信息为内容，以消除不确定性为目的的联系，这种联系构成一个通信系统。图 1.3 是香农提出的通信系统模型。

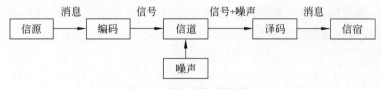

图 1.3　香农通信系统模型

如图 1.3 所示，信源是信息的发出者，可以是人、机器或自然界的物体；信宿是信息的接收者，既可以是人也可以是机器（如收音机、电视机、计算机、电话、手机等）。信源发出的消息具有随机性，因此信息通信是一个随机事件，通信时信息量的大小取决于消息内容消除信宿对事物认识不确定性的程度。

假设某随机事件 X 有 n 种状态 $x_1, x_2, \cdots, x_n$，对应的概率分别为 $p_1, p_2, \cdots, p_n$，则信源 X 的整体不确定性期望 $H(X)$ 可用下式计算：

$$H(X) = -\sum_{i=1}^{n} p(x_i) \log p(x_i) \tag{1.3}$$

其中,若取以 2 为底的对数,则 $H(X)$ 的单位为比特(bit,b)。

由于 $H(X)$ 的计算公式与热力学第二定律中的"熵"的计算公式仅相差一个负号,香农定义 $H(X)$ 为信息熵,且信息熵为负熵。

从信宿的角度看,信息量 $I(X)$ 是指信宿收到消息后消除不确定性的量,如果信宿收到信源发出的消息后,全部解除了其不确定性,此时,信息熵 $H(X)$ 与信息量 $I(X)$ 在数值上相等,即 $H(X)=I(X)$。

从概念上讲,信息量 $I(X)$ 是信宿对事物 X 认识不确定性减少的度量,而信息熵 $H(X)$ 则是信源在客观总体上的平均不确定性的度量,二者在数值计算上可以相等,但代表的含义有所不同。

例如,一枚硬币落地后可能有正反两种状态,即 $x_1=$ 正,$x_2=$ 反,$p(x_i)=1/2$($i=1,2$),则描述硬币落下这一随机事件所需的信息 $I(X)$ 可以表达为

$$I(X)=H(X)=-[p(x_1)\log_2 p(x_1)+p(x_2)\log_2 p(x_2)]=-(-1/2-1/2)\text{b}=1\text{b} \tag{1.4}$$

同理,描述掷一枚均匀六面体骰子所需的信息量 $I(X)$ 可以表达为

$$I(X)=H(X)=-\sum_{i=1}^{6} p(x_i)\log p(x_i)=2.6\text{b} \tag{1.5}$$

在热力学第二定律中,熵是度量系统无序状态的一个物理量,而信息熵是负熵。信息熵与熵所反映的系统运动方向相反,即系统信息量的增加表明不确定性的减少,有序程度的增加。因此信息量可以定义为,信息量是一个系统的组织性、复杂性的度量,信息量的增加是系统有序化程度增加的一个标志。

1.2 系统

系统科学的形成与发展是 20 世纪科学技术的伟大成就之一。从 20 世纪 40 年代发展起来的"一般系统论""控制论""信息论"奠定了系统科学的理论基础。20 世纪 70 年代后,以"耗散结构论""协同论""突变论"为代表的"新三论"以及 20 世纪 80 年代后兴起的复杂系统理论研究,标志着系统科学的新发展。

信息系统学科是在系统科学的基础上发展起来的。信息系统是由人、计算机软硬件、网络通信设备等组成的一个复杂系统。信息系统的组成、行为、功能实现、开发建设、应用、管理等均贯穿了系统科学的思想方法。因此,系统科学是信息系统学科研究和应用的重要理论与方法基础。

1.2.1 系统的概念

1. 系统的定义

作为系统论的创始人,美籍奥地利裔理论生物学家贝塔朗菲(L. V. Bertalanffy)把系

统定义为"相互作用的诸要素的复合体"。由于客观事物总是处于相互联系、相互作用之中，因此，系统是客观事物存在的普遍方式。

常见的系统定义是，系统是由处于一定环境中相互联系和相互作用的若干要素组成的有机整体。

图 1.4 所示为简化的系统模型，由输入、输出和处理 3 个基本要素构成，通常是一个处于一定环境并与所处环境相互影响、相互作用的诸多要素的集合体。

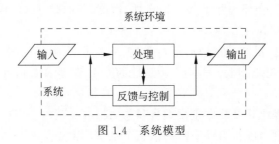

图 1.4　系统模型

系统的输入和输出是系统与环境之间进行物质、能量和信息交换的接口。系统的处理要素主要用于实现将系统输入变换为系统输出的功能。例如，管理信息系统的输入是从企业内、外部采集到的相关管理信息或数据，如市场信息、企业订单、库存数据、销售数据、员工档案等；管理信息系统的输出是企业管理者在管理决策过程中所需要的信息或数据，如企业利润、应付税款、应付工资、产品市场占有率、产品销售预测等；管理信息系统的处理要素是由相关计算机软硬件及处理规则构成的，该部分是信息系统开发建设要解决的主要问题，即根据管理决策所需的输出信息确定需要输入的数据类型，设计、开发和采购相关的计算机软硬件产品。

反馈与控制要素比较特殊，在一些简单的系统中可以没有控制要素。控制要素的主要功能是负责对系统中各环节的运行情况及输出结果进行监测，当发现影响系统目标实现的问题后，及时对系统输入做出适当的控制和调整，使系统输出符合既定目标。事实上，管理部门就是企业或组织系统的控制要素。

2. 系统的特性

通常情况下，系统具有以下基本特性。

（1）整体性。系统的整体性是指系统中各组成要素不是简单的集合，而是为实现某一特定目标，通过某种相互联系和相互协作所组成的一个有机整体，并且系统整体（S）效用大于各部分（$S_1, S_2, \cdots, S_n$）效用的简单累加之和，即 $S > S_1 + S_2 + \cdots + S_n$。

（2）目的性。系统的目的性是指系统追求的最终状态。有些简单的无机系统本身可能并无明确目标，但是对于各种生物、社会经济系统或组织来说，目的性是不可或缺的。

复杂系统的目标往往会有多个，在系统的多个目标之间可能存在冲突，例如企业利润和污染治理目标之间就可能存在冲突。信息系统也是一个多目标系统，不同用户的需求、系统投资与运行效率等目标之间也常常会产生冲突。一个多目标系统经常难以求得所有目标的最优解，因而只能在各目标之间权衡求其满意解。

（3）关联性。系统的关联性是指系统各要素之间既相互作用又相互联系，关联性决定了系统的运行机制和整体性能。因此，在考察和研究系统时，不能仅仅孤立地观察系统单个组成要素，还应当研究和考察各要素之间的相互联系及相互作用，这样才能全面深刻地认识系统的本质，把握系统的运动规律。

（4）层次性。系统的层次性是指系统各组成要素不是杂乱无章地堆积，而是按一定次序和结构组成的。系统结构是完成系统目标的基础，也是系统关联性的外部表现形式。不同系统结构所产生的系统功能也不相同。

在处理复杂系统问题时，可根据结构、功能或时间过程将整个系统分解成若干相互关联的子系统，即把一个复杂问题转化成若干相对简单的子问题以便求解，如果子系统仍较复杂，还可将其进一步合理分解，使复杂的系统问题处理大大简化。同时，在处理各子系统时，还必须根据整体功能和目标要求，确定各子系统间的关系，协调各子系统的行为、功能及子目标，以保证系统整体功能和总体目标的实现。

（5）环境适应性。开放系统总是在一定的环境中运行的，环境是一种更高层次的系统。通常，系统与环境是通过物质、能量、信息的交换来实现相互作用和相互影响的。不能适应环境变化的系统是没有生命力的系统。因此，无论是企业还是信息系统，都必须从动态的、发展的、变化的角度考察、认识、规划、建设和管理。

3. 系统的分类

由于每个系统的目的、内部要素、外部要素及结构组成等特征各不相同，所以系统的分类方法也多种多样，可以分为简单系统与复杂系统，开放系统与封闭系统，稳定系统与动态系统，自适应系统与非自适应系统，长期系统与临时系统，等等。图 1.5 定义了几种典型的系统分类及其特征描述。由图 1.5 可见，各类系统之间没有严格的界限，而且可能会随时间和环境变化而相互转化。现实系统往往是具有多系统特征的综合系统，信息系统是一种相对封闭和稳定的系统。

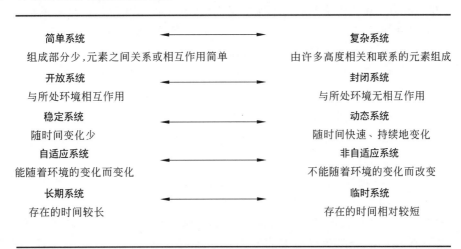

图 1.5　系统分类和各自特点

1.2.2 系统的思想和方法

1. 系统的思想

系统的思想是系统科学的精髓,其中包含了系统定义和对系统特性的认识、分类等内容,主要概括为以下 3 点。

(1) 整体性是系统思想的核心,即系统是由相互联系的各个要素组成的有机整体。在考察一个系统时,不能孤立地考察组成系统的各个要素,还应该考察它们之间的相互作用和相互依存的关系。理解系统的核心思想就是理解系统思想的整体观。

(2) 系统的各个组成要素之间是有相互联系的,系统的各个组成要素之间关系的总和称为系统结构。系统结构和环境决定了系统功能,这意味着改变系统的结构和环境,可以达到改变系统功能的目的。因此,系统方法的另一个核心就是通过研究系统各个组成要素之间的关系,以及系统结构和系统功能之间的制约规律来解决各种复杂的"系统问题"。

(3) 自然或人造系统通常都是在一定环境中运行的,不能适应环境的系统是没有生命力的,因此必须从动态的、发展的、变化的角度思考、认识、规划、建设和管理系统。

系统思想是指导信息系统开发和应用的基本思想,即在系统规划和设计开发时,主要应从整体上分析和研究系统的目标、组成要素和系统环境三者之间的相互联系和相互制约等关系,并从动态的、发展的、变化的角度指导信息系统的功能及结构设计等。

2. 系统工程方法

系统工程方法是以系统的观点为基础,综合运用各种技术,分析解决复杂的系统问题时应用的工程化方法。

20 世纪 30 年代,美国电话电报公司(1885 年 3 月 3 日由美国贝尔电话公司易名)在设计"巨大工程"时,感到传统方法已不能满足需求,首先提出和使用了系统的概念、思想和方法。1940 年,该公司在实施微波通信工程项目时,首创了系统工程学,并把工作按时间顺序划分为规划、研究、开发、通用工程等阶段,取得了良好的效果。

第二次世界大战期间,系统工程在工程管理、国防军事等领域受到极大重视,得到迅速发展和广泛应用。

经过几十年的发展,系统工程已有了丰富的研究成果和多种处理复杂问题的方法,例如,霍尔(A. D. Hall)在 1969 年提出的三维结构系统工程方法论中,从时间(阶段)、逻辑(步骤)、专业(知识)3 个维度论述了如何解决复杂问题。

(1) 时间维。时间维是指系统工程中系统从规划到更新按时间顺序排列的全过程,可分为以下 6 个阶段。

① 规划阶段。该阶段的任务是明确系统研究目标,提出系统设想和初步方案。

② 方案阶段。该阶段的任务是提出具体的系统计划方案,并从中选择一个最优方案。

③ 研制阶段。该阶段的任务是以计划方案为指南,研制系统的实现方案,并制订具

体实施计划。

④ 生产阶段。该阶段的任务是生产系统的构件及整个系统,并提出安装计划。

⑤ 运行阶段。该阶段的任务是对系统进行安装和调试,使系统按预定的目标运行。

⑥ 更新阶段。该阶段的任务是完成系统的评价,提出系统的改进或更新意见,为系统进入下一个研制周期准备条件。

(2) 逻辑维。逻辑维是指每个阶段所要进行的工作步骤,它是运用系统工程方法在思考、分析和解决问题时应遵循的一般程序,其主要工作步骤如下。

① 明确问题。本步骤是明确要解决的主要问题是什么。

② 确定目标。本步骤是确定要实现目标的主要指标。

③ 系统综合。本步骤是列出各种可选方案。

④ 系统分析。本步骤是应用系统工程技术,对每种方案进行比较、分析、计算。

⑤ 系统优化。本步骤是找出满足约束条件的最优方案。

⑥ 系统决策。本步骤是确定最优方案。

⑦ 系统实施。本步骤是依照方案实施。

可见,逻辑维的工作思路和实施步骤是与时间维紧密联系并依次递进的一个过程。

(3) 专业维。专业维是指对于复杂的系统问题只用某一专业学科领域的知识是难以解决的,需要运用多个相关学科的专业知识寻找综合解决方案。

长期的国内外大量实践表明,运用科学的系统工程管理方法,可使决策的可靠性成倍提高,节约的时间和总投资平均在 15% 以上,而其中用于管理的费用一般只占总投资的 3%～6%。

系统思想和系统工程方法为信息系统学科研究及信息系统开发建设与管理提供了思想理论基础和方法指导。

1.3　信息系统

信息系统是一个借助计算机、网络通信等现代信息技术对信息进行加工处理,进而为管理者的决策提供服务的系统。信息系统的功能是基于用户的信息需求,在对所需信息的来源进行分析后,通过信息的采集、转换、组织、存储、加工、检索、传递、利用等环节,实现对信息内容资源的开发与利用。

如图 1.6 所示,对信息资源开发与利用的过程是围绕着用户信息需求的产生与满足而形成的一个闭环系统。以信息技术为基础的现代信息系统建设,是实现高效信息资源开发利用和管理的现代化工具和手段。

1. 信息需求分析

信息需求是指人们在各种社会活动过程中,为解决问题而产生的信息需要。信息需求的主体是信息用户,信息用户分为个人和组织,信息用户不同,信息需求也不尽相同。因此,信息资源开发与利用过程的第一步就是要明确信息用户的信息需求。

如图 1.7 所示,信息需求分为 3 个维度,在分析信息需求时,应主要从内容、形式和时间 3 方面确定用户的具体要求。

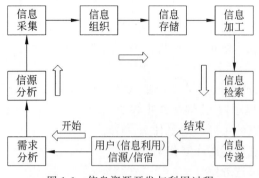

图 1.6　信息资源开发与利用过程

图 1.7　信息需求的 3 个维度

（1）信息需求的内容维度分析是确定用户需要的具体内容，以保证信息的相关性、完整性和准确性。

（2）信息需求的形式维度分析是确定信息系统应向用户提供哪些信息表达形式，常用信息表达形式有数字、文字、图形、图像、音频、视频等。如前所述，不同管理层的用户由于管理任务不同，对信息表达形式的需求也有所不同。例如在管理活动中，高层管理者需要进行宏观的综合、趋势性判断，因此需要汇总报表或趋势图等直观性强的信息表达形式；而基层管理者仅需要执行当前的具体任务，因此更需要数字、文字形式的详细信息报告和报表。信息系统应向用户提供适合信息应用需要、详尽、易用的信息表达形式。

（3）信息需求的时间维度分析是明确用户对有效时间的具体要求，以确保信息系统能向用户提供时效范围内的信息。

2. 信息源分析

信息源是信息的来源。信息源分析是根据用户的信息需求，在保证信息质量的前提下，了解信息源的分布情况，寻找和确定合适的信息源，明确信息采集的方向。例如，在企业基层管理中，信息来源主要是企业生产、经营和管理部门的单据、表格、账簿等文件；而在企业的中高层管理中，既有来自企业内部的信息也有来自企业外部的信息。企业外部信息的来源十分广泛，例如来自政府部门、图书馆、档案馆、统计机构、调查咨询机构、社会组织等渠道的书籍、报纸、期刊、图书、档案、广播电视、电子出版物（如 DVD 等光盘制品）互联网等载体中的信息。

3. 信息采集

由于信息源的广泛性和多样性，使得所用的信息采集方法也不尽相同。在企业管理中常用的信息采集方法主要有观察记录、检测、调查、采访、媒体分析、咨询、交换、接收、购买和网络查询等。常用的信息采集技术主要有基于人工的信息采集技术，基于标准化编码（如条形码、二维码等）的信息采集技术，基于传感器的信息采集技术和基于自动化的综合信息采集技术（如 RFID、GPS、computer robot）等。

4. 信息组织

信息组织是信息序化的过程,分为序化和优化两个阶段。

(1) 信息序化是指按照一定的方法将无序信息组织成有序信息的过程。为了便于利用和管理,会对没有必然联系的信息进行组织和序化;对有联系的数据,会按照其自身的客观逻辑结构加以组织和序化,例如会计科目的设置与编码、会计分类账的登记、信息系统的数据库设计,图书和科技文献的分类编码等。

(2) 信息优化是在信息序化的基础上,针对某种应用需求,依照结构优化的原理对信息进行再序化的过程。例如排序、编目、索引均属于信息的序化和优化的过程。

5. 信息存储

信息存储是为了信息的异时利用,是有序信息的一种表现形式。信息存储问题主要考虑如何节省存储空间、提高信息处理和利用的效率等问题。数据库是信息系统中信息组织和存储的常用形式和方法。在解决信息存储问题时需要确定存储信息的内容、时间、方式和介质等问题。

6. 信息加工

信息加工的目的是使原始数据变得更有条理性,更能反映事物内在的本质及运动规律,更容易被用户理解和使用。信息加工的常用方法有信息的筛选、分组、统计、排序和数学计算等。

7. 信息检索

信息检索是信息组织的反变换过程,是信息使用过程中最常用的方法。信息检索的关键问题是实现信息资源库存储的信息特征(如主题词、索引词等)与用户提问特征(如检索词)的匹配。

常用的信息检索方式有手工检索和计算机检索两种方式。

手工信息检索是以人工方式通过目录、索引、文摘、年鉴、手册、百科全书等工具,从各种印刷文献中查找相关信息。

计算机信息检索是通过利用计算机技术、电子通信技术、光盘技术、网络技术等构成的信息存储检索系统查找信息的方式。这种方式由于具有自动化程度高、检索效率高,以及能进行多元检索、远程检索等优点,逐渐成为现代信息检索的主要方式。按照使用设备和采用通信手段的不同,专业的计算机检索系统可分为联机检索系统、光盘检索系统和网络检索系统等不同类型。

1.4　管理信息系统

1946 年,人类发明了计算机,主要用于工程和科学计算,以减轻复杂计算的工作量,提高计算速度和精度。20 世纪 50 年代后,人们开始在企业管理中利用计算机进行业务数据的辅助处理。随着微电子技术的飞速发展，计算机的商业用户快速增加，统计数据显示，到 20 世纪 80 年代，美国商用计算机的数量已占计算机总数量的 80%。

我国计算机的商用虽然较发达国家晚了二十多年，但是随着我国改革开放的不断深入和信息化进程的不断推进，我国企业在生产经营管理中使用计算机的数量快速增长。有资料显示，我国目前已有超过 90% 的企业在生产、经营和管理中使用计算机。虽然我国目前企业信息化的整体水平与发达国家还有一定差距，但是发展速度很快，一些大中型企业的信息化建设与应用程度已达较高水平。

目前，计算机在企业中的应用已从最初的工资核算、统计报表制作和办公自动化发展到贯穿企业生产经营和管理全过程，并在此基础上催生了许多新的企业生产经营管理方式，例如计算机集成制造、准时生产、虚拟企业、企业资源计划、供应链管理、电子商务等。基于信息技术(information technology，IT)的信息系统对企业生产经营和管理的影响全面而深刻，已成为现代企业重要的生产力要素。

1.4.1 管理信息系统的定义

"管理信息系统"一词最早起源于 20 世纪 60 年代末的美国，人们把服务于组织管理的各类基于 IT 的信息处理系统，统称为管理信息系统。然而，作为信息系统学科的主要研究对象，我们还需对它做一科学定义。

1985 年，管理信息系统学科的创始人之一、美国明尼苏达大学卡尔森管理学院的教授高登·戴维斯(Gordon B. Davis)给出了管理信息系统(management information system，MIS)的定义，他指出"管理信息系统是一个利用计算机硬件、计算机软件、手工作业、分析模型、计划模型、控制模型、决策模型和数据库的用户-机器系统。它能提供信息，支持企业或组织的运行、管理和决策功能"。该定义说明了当时管理信息系统采用的技术、方法和主要功能，即它是一个在计算机软硬件和数据库技术的支持下，应用一系列的分析、计划、控制和决策模型，为企业或组织的运行管理提供信息和决策支持的人机系统。

在 20 世纪 80 年代初出版的《中国企业管理百科全书》中，对管理信息系统的定义是"管理信息系统是一个由人、计算机等组成的能进行信息的收集、传递、存储、加工、维护和使用的系统。它能实测企业的各种运行情况；利用过去数据预测未来；从企业的全局出发辅助企业进行决策；利用信息控制企业行为；帮助企业实现其规划目标"。与高登·戴维斯的定义相比，该定义进一步明确说明了管理信息系统的构成、性质及其辅助企业管理的主要功能。

20 世纪 90 年代以后，随着信息技术特别是网络通信技术的快速发展，管理信息系统又拓展了许多新的应用形式，例如企业资源计划(enterprise resource planning，ERP)、供应链管理(supply chain management，SCM)、客户关系管理(customer relationship management，CRM)、商务智能(business intelligence，BI)、电子商务(electronic commerce)以及电子业务(electronic business)等，它们使管理信息系统的内涵和外延都有了极大的丰富和拓展。传统的管理信息系统定义已不能完全体现和涵盖管理信息系统的技术与应用的最新发展成果，于是人们又提出许多新的定义，例如"管理信息系统通过对整个供应链上的组织内部和多个组织之间的信息流进行管理，实现业务整体化，提高企业运行控制和外部交易过程的效率"。

2002年，美国著名学者劳顿(Kenneth C. Laudon和Jane P. Laudon)教授在《管理信息系统》(*Management Information System*)一书的第6版中给出的管理信息系统定义是，"在技术上它可定义为一个IT互连部件的集合""在管理上它是提供组织面对管理问题和挑战的信息技术解决方案"。也就是说，"管理信息系统是能给予组织面临管理问题和挑战予以解答的基于IT系统的解决方案"。

因此，20世纪80年代以来，许多学者更倾向于用"信息系统"(information system, IS)这一广义而简洁的词汇表达来代替"管理信息系统"，并得到国外学者的广泛认同。在本书后面章节也常采用"信息系统"一词来代替"管理信息系统"。

在此，基于发达国家信息化经验和我国信息化发展的实际需求，提出管理信息系统定义：管理信息系统是一个由信息、信息技术与设备和人等要素组成的，能进行信息收集、传递、存储、加工、维护和使用的人机系统。它不仅能够提高组织运行效率，支持组织管理决策，而且可以促进企业生产经营管理等各种创新，以达到提升组织生存和竞争能力，实现组织战略目标的最终目的。

上述定义，不仅说明了管理信息系统的组成、性质和基本功能，而且说明了信息系统建设和应用的最终目的——提升组织的生存和竞争能力，实现组织战略目标。

因此，该定义说明了管理信息系统是什么、做什么和为什么，有助于更深刻地认识其本质，从而以更加科学的态度和方法进行企业或组织的信息化建设，最终取得良好的成效。

当然，随着信息技术的不断发展和应用的不断创新，管理信息系统的内涵和外延还在持续不断地深化和拓展。

1.4.2　管理信息系统的组成要素

下面对管理信息系统的组成要素进行介绍，从系统内部构成进一步了解管理信息系统。在图1.8所示的管理信息系统概念模型中展示了关键的组成要素及这些要素之间的相互关系，其中的关键要素包括信息源、人(主要包括信息专家和用户)、信息处理部件和数据存储部件。

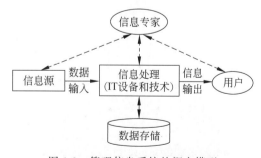

图1.8　管理信息系统的概念模型

（1）信息源。信息源是管理信息系统所需信息的产生地。管理信息系统从信息源采集数据，经过管理信息系统的信息处理部件，向用户输出信息处理的结果，而这些处理后的结果还可以被长期保存在管理信息系统的数据储存部件，以备随时访问使用。

（2）人。人主要包括用户和信息专家。用户是管理信息系统的使用者，主要是组织内外相关的管理人员。信息专家是指负责管理信息系统的开发建设和运维管理等工作的专业技术人员，例如系统分析设计人员、程序员、数据库管理员、网络工程师、软硬件运维工程师等。

（3）信息处理。信息处理既包括硬件设施又包括软件系统，其中，硬件设施主要包括计算机输入输出设备、运算功能部件、网络通信设备以及相关辅助设备等；软件系统主要包括数据分析处理的软件。

（4）数据存储。数据存储是指保存信息处理的运算结果。当发生员工误操作或者断电等其他突发事故，使得信息处理部件的运算结果不能及时反馈给用户时，可以使用数据存储部件中的备份数据将运算结果展示给用户。

1.4.3 管理信息系统的结构

由前面管理信息系统的定义可知，它是由信息源、人（主要包括信息专家和用户）、信息处理部件和数据存储部件构成的。那么，这些要素是如何构成一个有机整体并支持和服务企业或组织的各项管理活动呢？本节通过对管理信息系统的基本功能结构、软件结构和硬件空间分布结构的介绍，使读者对管理信息系统有一个更加直观、立体的认识。

1. 系统功能结构

任何管理信息系统都有其确定的目标和功能。通常情况下，企业管理可以按照职能分工不同划分为市场、生产、财会和人力资源等职能管理部门，同时还划分为高层、中层、基层等不同管理层次，图 1.9 所示为一种常见的企业管理的金字塔结构，根据管理职能和管理层次的不同定义管理信息系统的功能结构，是一种最常见的管理信息系统功能结构组织方法。图 1.10 是一种常见的按职能划分的企业管理信息系统的基本功能结构，其主要功能构成清晰、明了。

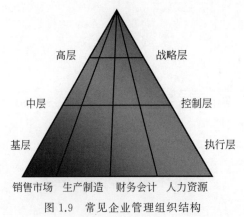

图 1.9 常见企业管理组织结构

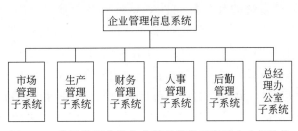

图 1.10　按职能划分的企业管理信息系统基本功能结构

2. 软件结构

管理信息系统的各种功能是由相应计算机软件程序具体实现的。图 1.11 所示为一种常见的管理信息系统软件组成模块结构,其中每个小方块代表一个程序模块或文件;每个纵向的矩形块代表支持组织某一管理职能的子系统,例如销售市场、生产、后勤、人事、财务会计等;每个职能子系统又可分为战略管理、战术管理、作业管理和业务处理等支持不同管理层次的功能模块。每个子系统可以有自己的专用数据文件,而公用的数据文件和程序(如公共信息处理程序、辅助决策模型以及数据库管理系统等)则是整个管理信息系统中可以被其他程序所共享的数据和程序。

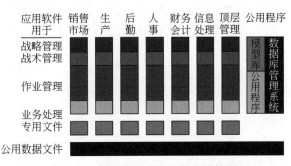

图 1.11　管理信息系统的软件结构图

随着编程工具和技术的不断发展,管理信息系统的软件结构也在不断发生变化,为了提高软件开发的效率和软件的易维护性,软件结构的模块化一直都是管理信息系统软件设计开发的基本组织原则。

3. 硬件空间分布结构

早期的管理信息系统多为单机、单项的应用系统,即管理信息系统的功能仅局限于支持某个职能部门的单项业务管理,所有的软件程序和数据都被存放在一台计算机上。随着计算机技术和网络通信技术的发展,管理信息系统的功能也在不断扩展,现代企业的管理信息系统正向综合集成应用系统的方向发展,即利用综合集成管理信息系统整合企业各职能部门和各管理层次的功能需求,最大限度地实现企业信息资源共享和高效的业务流程,使系统效益最大化。

综合集成管理信息系统的计算机硬件空间布局多为基于网络的分布式系统结构。图 1.12所示为一种常见的综合管理信息系统的硬件空间分布结构,图中虚线的右侧是企业的内网,是连接企业内部各个业务部门的计算机网络,可通过数据库服务器、应用服务器等共享设备支持企业内部数据的共享和各个职能管理业务系统的运行;虚线的左侧是企业的外网,企业客户、供应商等外部用户可以通过与因特网相连的路由器、网关等网络连接设备与企业的内网进行通信,实现企业内网与外网的数据交换和业务处理。

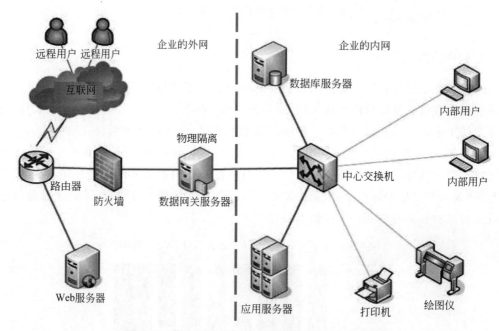

图 1.12　某企业管理信息系统硬件空间组织结构图

1.5　管理信息系统的应用类型

1954 年,美国通用电气公司(General Electric Company,GE)首先使用计算机进行工资和成本的会计核算,开创了管理信息系统发展的先河。经过几十年的发展,基于信息技术的管理信息系统已经历了由单机到网络,由低级到高级,由电子数据处理、信息管理到决策支持,由单项事务处理到企业资源计划(ERP)、供应链管理(SCM)、电子商务等综合集成管理信息系统的发展历程。近年来,随着大数据、云计算、移动互联网、人工智能、物联网、区块链等新兴信息技术发展与应用的不断创新,管理信息系统的应用类型和应用方式也在不断地拓展丰富。从目前技术发展与应用的情况看,管理信息系统发展主要呈现网络化、集成化、智能化、虚拟化和移动化等显著特征。

目前,基于信息技术的管理信息系统应用已经渗透到企业、组织和社会生活的各个角落,下面是企业管理信息系统中一些常见的基本应用类型。

1.5.1 业务处理系统

业务处理系统又称事务处理系统(transaction processing system, TPS),主要用于订单录入、出/入库登记、工资核算、销售数据的记录和统计、员工档案管理等基层的日常业务处理及活动记录。表1.1是常见的企业 TPS 及其主要的功能构成。

表 1.1 常见企业 TPS 及其功能

TPS	市场/销售系统	制造/生产系统	财务/会计系统	人力资源系统
主要功能	客户服务 销售管理 促销跟踪 价格变化 经销商联系	调度 采购 运输/接收 生产统计/监控	总账 开票 工资核算 成本会计	人事档案 福利管理 工资管理 员工培训
主要应用系统	销售订货系统 销售委托系统 销售支持系统	生产调度系统 采购订单系统 生产质量统计/监控系统	总账系统 工资核算系统 会计记账系统 资金管理系统	员工档案系统 薪酬福利系统 员工技能培训

TPS 的主要作用是支持基层管理工作的常规信息处理查询和组织业务活动跟踪,例如某零件的库存数量,某员工的工资,某时间企业的产质量数据查询等。TPS 可以帮助管理者处理日常事务,监控企业的运行状态,是组织中高层信息系统的数据来源。TPS 是非常重要的基础信息系统,一旦出现故障或停运就会给企业带来重大损失甚至倒闭。

TPS 一般由数据输入、业务处理、数据库维护、文件或报告生成、查询处理这5个功能模块组成,如图1.13所示。利用 TPS 进行信息处理的主要特点是计算简单,但数据处理量较大,处理数据的结构化程度高、实时性强。TPS 的主要目的是提高事务处理的工作效率,减轻基层工作人员的劳动量。

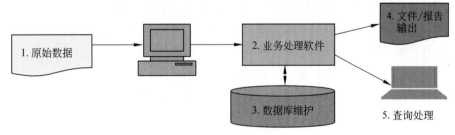

图 1.13 TPS 的概念模型

1.5.2 管理信息系统

中层管理者的主要任务是根据战略规划、目标和约束制订可执行的计划,并监控计划的实施情况。而能够为中高层管理者制订计划并监控计划的实施提供支持的信息系统就是高登·戴维斯教授于20世纪六七十年代最早提出的管理信息系统,因此它又被称为狭义(或传统)的管理信息系统(MIS)。TPS 与传统 MIS 的关系如图 1.14 所示。

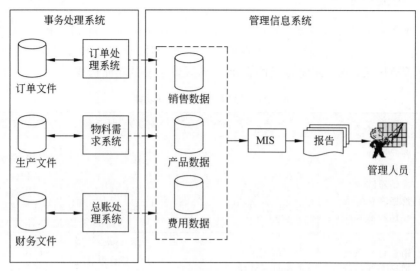

图 1.14　传统 MIS 与 TPS 之间的关系

传统的 MIS 主要用于帮助中层管理者制订计划,并监控计划的实施,及时发现并提醒存在的问题或市场机遇,将信息及时转化为价值。

传统的 MIS 有以下主要特点:利用一些数学模型或统计分析方法,将收集、存储的数据进行分析处理并向中高层管理者提供具有综合性和周期性特征的信息报告。例如,企业销售统计分析报告、库存补充报告、年度预算执行报告、销售或资金的预警分析报告、投资分析评价报告等。这些报告具有综合性和周期性。这些报告的综合性体现在,所用信息不仅来自企业的某个管理部门,而是从各个职能部门或运行环节直接抽取的,这些信息在经过浓缩、汇总和综合后可以反映内部整体的综合业务情况;这些报告的周期性体现在,它们并不像 TPS 那样注重每日每时的实时信息处理和查询,而是从管理控制的目标出发,以周、旬、月、年等时间周期为单位,提供运行情况的综合报告。

例如,表 1.2 给出了某公司两款产品的年度销售情况,可使公司中高层管理者了解每款产品在各个地区的实际销售量、计划销售量及完成情况。

表 1.2　产品和销售区域的分析

产品代码	产品名称	销售地区	实际销售量	计划销售量	完成情况
4469	地毯清洁剂	东北部	4 066 700	4 800 000	0.85
		南部	3 778 112	3 750 000	1.01
		中西部	4 867 001	4 600 000	1.06
		西部	4 003 440	4 400 000	0.91
		合　计	16 715 253	17 550 000	0.95

产品代码	产品名称	销售地区	实际销售量	计划销售量	完成情况
5674	空气清新剂	东北部	3 676 700	3 900 000	0.94
		南部	5 608 112	4 700 000	1.19
		中西部	4 711 001	4 200 000	1.12
		西部	4 563 440	4 900 000	0.93
		合　计	18 559 253	17 700 000	1.05

图 1.15 给出了传统 MIS 的概念模型。其中,数据库中存储了来自 TPS 的企业运营基础数据,报告生成软件可以为管理者提供定制的周期性报告和专用报告,数学/统计模型是计算机内存储的用于管理者制订生产计划、库存订货计划、财务资金预算计划等企业计划或决策分析的数学模型程序,在需要时可调用这些程序获得计算结果。

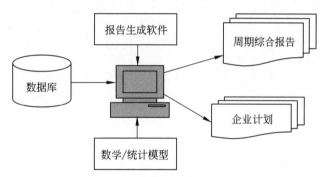

图 1.15　传统 MIS 的概念模型

1.5.3　决策支持系统

虽然传统的 MIS 可为中高层管理者提供许多综合报告,但是在实际应用中并未达到预期的效果。中高层管理者很少去看这些报告,这是因为他们觉得对自己的决策没有帮助。1971 年,美国麻省理工学院的两位教授 G. Athony Gorry 和 Michael S. Scott Morton 提出了决策支持系统(decision support system,DSS)的概念。

决策支持系统是指能帮助组织高层决策者解决半结构化或非结构化决策问题的一类信息系统。

DSS 以友好的人机交互方式为决策者提供决策所需信息,通过管理决策模型进行计算或对相关历史数据进行统计分析,为决策者提供各种决策建议或可行方案,运用经管模型模拟或估计决策方案实施的结果提高决策者决策的科学性和质量,使决策能够取得理想的效果。

DSS 具有以下主要特点。

(1) 数据来源需求广泛,既有来自企业 TPS 和传统 MIS 收集存储的内部数据,也有来自国内外政治、经济、市场环境的外部信息。

（2）虽然传统 DSS 的模型计算较为复杂，但数据处理量不是太大、实时性要求也不高。

（3）人机交互界面友好，便于决策者能够快速地掌握和使用。

DSS 的组成结构如图 1.16 所示，其中，DSS 的信息源既有内源的也有外源的；DSS 的输入接口是连接内源信息和外源信息的接口；DSS 中的数据库、模型库和方法库，既可以为决策者提供决策所需信息，也可以帮助决策者分析决策问题，辅助制定决策方案；DSS 的输出接口可以为决策者提供一些分析报告、模拟决策实施结果以及信息查询结果等。

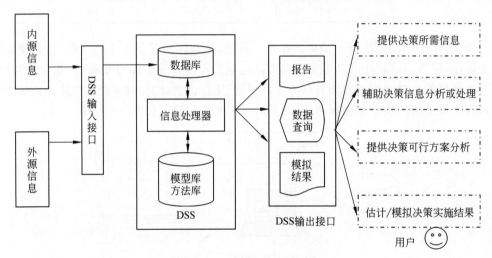

图 1.16　DSS 的一般组成结构

从 20 世纪 80 年代以后，DSS 的研究进展很快，特别是人工智能、专家系统、知识工程、数据挖掘等新技术的引入和应用，使 DSS 的研发取得了一些实质性的突破，形成许多新的发展分支，例如，专家系统（ES）、智能决策支持系统（IDSS）、商务智能（BI）、群决策支持系统（group decision support system，GDSS）等。如今 DSS 已被广泛应用在商业、金融、证券、保险、医疗、军事等各个行业。调查资料显示，当前世界前 500 强企业有 70% 都使用了智能决策支持系统。

1.5.4　经理支持系统

经理支持系统（executive support system，ESS）是为组织战略决策层开发设计的另一类信息系统。ESS 面对的不是某类或某个特定决策问题，而是为高层管理者开发的一个通用的信息系统。它具有功能强大的数据通信能力和综合信息检索及处理能力，可以为高层管理者提供一个面向随机的、非定制的、非结构化的用于信息需求和决策的信息支持系统。

ESS 的特点和主要作用是，使用非常友好的图形界面，使高层管理者仅需要很少的学习成本就可以获得所需要的图形化、个性化和集成化的企业经营管理重要数据。

ESS 的主要目的是为高管提供一个快速、便捷、直观的企业经管数据综合信息查询平台。例如，某企业 ESS 可以为企业高管们提供每分钟的公司财务状况，它们由工资、会计应付、现金流和库存等重要的系统汇总统计报表数据组成,这些信息直观地显示在数字表仪表盘上,这些数字仪表盘可以帮助管理者快速直接地了解当前的企业经营业绩和运营状态,数字仪表盘已逐渐成为 ESS 的一个流行特征。

ESS 信息处理的主要特点如下。

(1) 它既能够从组织内的各系统(TPS/MIS)中提取综合性数据,也能够从组织外部的各种信息渠道获取所需的数据,同时还能够对这些数据进行综合、筛选与聚合操作。

(2) 与传统 DSS 应用模型分析不同,ESS 倾向于较少应用分析模型,而是通过广泛收集企业内外部信息,并对其进行过滤、压缩,并跟踪一些关键数据。

(3) ESS 运用最先进的通信技术和多媒体技术,将数据处理结果快速、准确、直观地展示在领导面前。例如,ESS 可以帮助决策者回答下面的问题:我们应当做什么? 竞争者在做什么? 要提高销售利润我们的产品应当卖给谁? 等等。

图 1.17 是一个 ESS 概念模型,它由带有菜单、图形和通信能力的工作站组成,可利用内外部数据,存取历史、竞争数据并进行汇总查询和统计分析等工作。

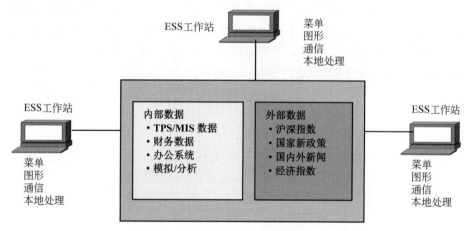

图 1.17 经理支持系统的概念模型

1.5.5 企业集成系统

传统的管理信息系统大多是围绕着不同职能、管理层次和企业过程开发的,这些独立的管理信息系统之间不能自动交换信息,形成了一个个信息孤岛,即各种信息(如计划、生产、销售、财务信息等)无法在部门与部门之间顺畅地流动和共享。因此,当企业的所有部门分别采用独立的管理信息系统之后,虽然部门内部的工作效率提高了,但由于各部门的管理信息系统只关心本部门的业务,并不考虑与其他部门之间的信息交流,所以企业数据被分散各部门的几十个甚至几百个信息系统中,忽略了企业运营管理的整体系统性需要,这不仅使企业的信息化投资效益难尽人意,甚至可能对组织整体效率和绩效提升造成负面影响。

此外,随着经济全球化和电子商务的飞速发展,当今的市场竞争已成为一种速度和时间的竞争,企业必须对市场变化和客户需求做出快速响应和调整才能立足市场,这就要求企业各部门之间的信息流和工作流能很好地协作与共享。

企业集成信息系统正是为解决上述问题提出的,计算机技术特别是网络通信技术的快速发展,为企业集成信息系统的开发应用提供了坚实的基础。企业资源计划(ERP)系统是现代企业集成信息系统的一个典型代表,它通过对整个企业的关键过程和资源进行协调和集成管理,让过去分裂的企业销售、生产、财务、人力资源等企业过程及其信息,在ERP系统中得到集成和共享。管理者可以通过 ERP 及时、准确地了解当前企业运行的全部信息,从而做出准确的判断、控制和决策。ERP 的目的在于以企业资源计划的最佳化为出发点,整合企业各项业务管理,并最大限度地提高企业经营效率。

例如,当某公司的销售人员向公司的 ERP 系统输入了某客户的订单后,系统数据流控制程序会将该订单数据自动推送到公司所有相关部门或人员的计算机终端;公司在香港的工厂在接收到这个订单后会准备开始生产;仓库在线进行校核和调度运输日期;ERP系统中存储的生产数据可以让客服人员读取产品制造过程每个环节的数据,跟踪订单进展情况;更新的销售和生产数据会自动进入会计系统;计算销售人员提成的子系统会将信息推送至工资部门;系统可计算公司资金平衡表,会计应收应付账款、成本中心账和可用现金;位于伦敦的公司总部可查看企业过程的每一步,一分钟前的销售、库存和生产数据,并能查看更新的销售和生产预测,以及产品的成本和可用数量等信息。

图 1.18 所示为一张 ERP 系统的核心功能概览图。

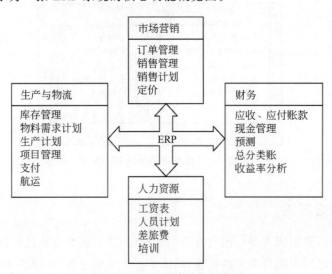

图 1.18　ERP 系统功能概览图

1.6　管理信息系统对企业的影响

基于 IT 的管理信息系统应用已渗透到企业管理的方方面面,它不仅改变了传统企业的管理手段,也对企业的生产、经营和管理方式的变革产生了深远影响。深刻认识这种变革和影响,有助于认识和理解本课程学习的目的和意义,对于将来应对信息时代带来的种种变革和挑战十分必要。

1.6.1　管理信息系统对企业竞争方式的影响

管理信息系统对企业竞争方式的影响主要表现在以下方面。

(1) 竞争白热化。现代信息技术应用突破了传统时空的局限,贸易国际化和经济全球化已成为不可阻挡的历史潮流。因特网和电子商务的应用,使企业间的竞争不再受地域和国界等地理位置的限制,无数新的竞争对手可能会在任何时间、任何地点出现,竞争的国际化、无边界化,使企业间的竞争更加激烈并趋于白热化。

(2) "快鱼吃慢鱼"。基于信息网络的经济活动很少受时间因素的制约,它可以全天候运行。产品老化加快,创新周期不断缩短,企业之间的竞争越来越成为一种时间和速度的竞争。未来的市场竞争已不再是"大鱼吃小鱼"而是"快鱼吃慢鱼"的竞争。

(3) 创新已成为现代企业的核心竞争力。一方面,产品更新换代的速度不断加快,使企业只有不断创新才能抢占市场竞争的制高点;另一方面,任何一个新产品在推向市场后都只能有短暂的垄断。在新经济时代,建立在科学技术迅猛发展基础上的企业创新能力已经普遍增强,一个企业推出的新产品用不了多久就会被大量更新的产品替代,决定企业竞争力的主要因素已由技术规模转变为创新能力。

(4) 信息和知识成为企业重要的战略资源。今天的市场已转变为由客户消费欲望驱动的买方市场,因此企业不能再简单地按照人们的基本需求大规模生产同质产品,而必须研究和发现人们的消费欲望,解决如何让人们愿意消费本企业产品。捕获和收集人们消费欲望的信息、驱动市场消费,是企业在新时期生产经营过程中首先要解决的问题。由于信息和知识与其他资源之间存在着置换效应,所以可以通过充分开发和利用信息和知识来改进其他资源要素,从而改善企业和社会经济的发展质量。在新经济时代,企业的可持续竞争优势,不再主要依靠自然资源,而更多地仰仗于信息和知识。因此,信息和知识已成为当今企业重要的战略资源。

1.6.2　管理信息系统对企业生产方式的影响

管理信息系统对企业生产方式的影响主要表现在以下方面。

(1) 产品设计与生产的数字化与自动化。CAD、CAM、CIMS、ERP 等管理信息系统应用,已完全改变了传统企业的产品设计与生产方式,使企业由分散、低效的手工产品设计与生产方式转变为集成、高效、自动化、数字化和网络化的产品设计与生产方式,从而极大地提高了企业的生产效率。

(2) 企业生产的敏捷化和柔性化。运用敏捷制造(agile manufacturing,AM)、虚拟企业(virtual enterprise,VE)、同步工程(synchronous engineering,SE)等先进的制造理念和技术,可以使企业实现多品种、小批量的个性化产品设计与柔性生产,通过组建虚拟企业,可以使企业在有限的生产能力下,对市场和客户需求做出快速、灵敏、有效的反应,使企业能够充分抓住市场机会,在竞争中立于不败之地。

(3) 产品设计与生产的个性化和网络化。网络技术和电子商务系统的应用,使企业与企业、企业与消费者之间建立了直接联系,买卖双方可以随时进行互动式的双向(而非传统营销中的单向)交流,客户不但是企业产品的消费目标和对象,而且是企业产品生产与销售的参与者和控制者。通过计算机网络系统的互联,客户可以参与企业产品的设计和生产过程,从而能够实现企业针对客户需求进行个性化的产品设计、生产和营销。

1.6.3 管理信息系统对企业经营方式的影响

管理信息系统对企业经营方式的影响,主要表现在市场全球化,营销网络化、虚拟化、全天候化、直接化、个性化等。

(1) 市场全球化。互联网电子商务使企业进行全球化交易已没有了传统地理位置的障碍和局限,市场全球化是信息时代的一大特点。无论是大企业还是小企业,只需花费极低的成本就可以通过互联网构建自己的全球贸易营销网,成为全球化的企业。因此,在网络时代距离的因素影响越来越小,经营者的地域优势会逐步丧失。只要企业的产品和服务的性价比有足够的优势,就可以畅销全世界。

(2) 营销网络化、虚拟化、全天候化。企业可以在互联网上开展电子商务,将自己的产品和服务转移到网上进行营销,并且可以进行"24×365"模式的全天候运转,这种网络化、虚拟化、全天候的新型经营模式,不但极大地降低了企业经营成本,而且提高了企业的运行效率和服务质量,已成为企业的主流营销模式。

(3) 营销直接化、个性化。在电子商务环境下,消费者可以主动上网搜寻所需商品的有关信息,而不是被动接受商家提供的信息,因此逐渐取得了交易的主动权。网络技术的应用使得消费者获得了空前的商品选择权,可使个性化需求得到充分满足。传统企业那种仅能满足客户同质化需求的营销方式,必将被这种在满足同质化基础上的个性化需求营销方式代替。这是因为后者才是真正能满足由客户消费欲望驱动的买方市场所需的营销方式。通过互联网,企业还可以充分收集消费者的意见和反馈,指导自己下一步的生产经营活动,"一对一"营销和定制化生产已成为企业营销发展的重要趋势。

传统的以企业产品为中心的 4P(product、price、place 和 promotion)营销理论,已被现代以顾客需求为中心的 4C(customer、cost、convenience 和 communication)营销理论所替代。

1.6.4 管理信息系统对企业管理方式的影响

管理信息系统对企业管理方式的影响主要表现在管理信息系统规划应成为企业战略的重要组成部分,组织结构的扁平化,组织模式的柔性化和虚拟化,学习型组织,管理的数字化、集成化和精细化,管理决策的科学化和智能化,以及企业流程重组,等等。

(1) 管理信息系统的规划应成为企业战略的重要组成部分。管理信息系统的广泛应用,正在越来越多地替代手工作业和劳动,加速了企业生产经营管理方式的数字化和自动化。管理信息系统已成为现代企业生产力要素的一个重要组成部分。因此,管理者在制定企业战略时必须充分认识现代管理信息系统应用给企业发展和目标实现带来的重要影响,并应将其纳入企业战略的一个重要组成部分进行科学系统地规划与管理,充分利用信息技术资源,支持和推进企业不断进行技术创新、管理创新、营销和服务等创新,提升企业的核心竞争力。

（2）组织结构的扁平化。管理信息系统的应用可以使传统企业中层的监督协调功能和上传下达功能被部分替代，操作执行层可直接与决策层沟通交流。因而，中间管理层的作用被管理信息系统逐渐替代，使得组织结构趋于扁平化。而扁平化的组织结构可使企业对市场环境的变化做出更快速灵敏的反应，提高了企业的市场竞争力。

（3）组织模式的柔性化和虚拟化。管理信息系统的应用使信息传递的直接化以及传递成本的极大缩减，可以让企业根据一定的市场任务和价值创造需要，随时构成一种跨组织职能部门的、具有共同目标需求的协同工作团队或项目小组。这种柔性的组织模式使企业更具灵活性、协作性和效率性。这种柔性组织突破了企业的界限，即构成了虚拟企业。在虚拟企业组织中，各加盟企业可以充分发挥自身优势，实现资源共享，并以最低的成本适应快速多变的市场需求，使价值创造最大化。

（4）学习型组织。创新是现代企业的核心竞争力，而企业创新能力的提升是一个不断积累的过程。在这一过程中，学习是获得该能力的首要途径。企业不仅要从自身的实践过程中学习，而且还应向用户、供应商学习，甚至向竞争对手学习。现代企业必须作为一个不断学习的组织才能够善于创造，必须根据新知识和自身领悟来调整自身行为，以适应不断变化的环境，正所谓"终身学习，永续经营"。为此，西方管理学者提出了"学习型组织"的管理理念，其目的就在于通过建立员工终身学习和全员学习的机制来开发员工的创造能力，提高企业经营者的素质，增强企业的创新竞争力。目前，这种管理理念已被国内外不少大公司应用，取得了良好的效果。

（5）管理的数字化、集成化和精细化。现代集成信息系统（如 ERP）的应用，在实现企业内部的各部门数字化管理和信息共享的同时，也实现了企业过程的一体化和自动化。ERP 系统的应用还可以使企业将其外部的合作供应商和客户作为企业资源的一部分进行系统的整合与集成化的管理，以达到企业资源的最佳协调和优化配置及综合利用。ERP 等系统的应用，使企业由传统分散、粗放、低效的管理模式转变为现代集成、精细、高效的管理模式。例如，在 ERP 系统中，管理者可以追踪到每件库存物品的用途以及每个订单当前的状态等信息，这在传统手工管理模式下是难以想象的。管理的数字化、集成化和精细化，使企业最大限度地提高了运行管理效率，使生产力得到空前提高。

（6）管理决策的科学化和智能化。决策支持系统和经理支持系统的开发应用，不仅可以使决策者从内部和外部网络获取大量的一手资料，并且可以利用历史数据和经济管理模型进行决策定量分析，从而减少或消除传统主观经验决策的不确定性、随意性和主观性，增加了决策的科学性和可靠性。此外，用决策支持系统和经理支持系统辅助决策，可使决策过程更加科学化、自动化和智能化。DSS、ESS 和商务智能（BI）等管理信息系统的开发应用，可大大提高决策的效率、水平和质量。

（7）企业流程重组（business process reengineering，BPR）。ERP 等集成管理信息系统的开发利用，可以通过帮助企业采用全新的信息集成管理和共享利用方式，实现信息流转路径的合理安排，舍去重复冗余的业务环节，促使企业流程的简化与高速化，使新的企业流程建立在更加科学的管理模式基础之上，只有这样才能真正使企业管理信息系统的投资收益达到最大化。因此，在企业信息化建设的过程中，应以企业流程优化重组为核心而展开，而不是单纯的管理信息系统的投资与采购。

综上所述,管理信息系统不仅是现代企业提高其生存竞争能力的有力工具和手段,还使企业运营管理方式产生了一系列深刻的变革,呈现出数字化、网络化、自动化、虚拟化、柔性化、智能化等一系列的新特征。因此,充分认识由信息技术发展应用引起的这场社会变革,掌握管理信息系统在组织管理中的应用、建设、管理的理论和方法,已成为未来管理者应当具备的新文化和素养,即信息文化和素养。

1.7 管理信息系统的学科特点

1.7.1 管理信息系统是社会技术系统

大量实践研究表明,管理信息系统本身并不能确保组织管理的有效性,它的建设不是单纯的 IT 投资,而需要配套的社会和组织环境建设。从组织内部看,应对企业流程进行优化、重组,将传统手工管理的低效企业过程进行改变;变革和创新组织结构和管理制度,使之与新建设的管理信息系统匹配。在进行管理信息系统的建设规划时,应选择与组织战略匹配的管理信息系统建设项目;对其进行开发建设时,应采用系统工程的方法;此外,还应对员工进行相应的技术培训。从组织外部来说,社会信息化基础设施的建设和发展、信息技术及服务行业的发展、信息技术及服务标准的规范、相关法规的制定、信息化人才的教育和培养等都与企业信息化建设和发展有着密不可分的联系。因此,从广义上讲,管理信息系统是一个社会技术系统,在管理信息系统的建设与应用过程中,应将其放到所在的组织与社会的背景中去做系统的考察和研究,这样就能避免用狭隘的、单纯的技术观点看待一个组织管理信息系统的投资、建设和应用等问题,使各级各类管理者用更加科学的态度和方法去管理组织信息化工作,从而使 IT 投资能产生最好的效益。

1.7.2 管理信息系统学科的主要研究内容

管理信息系统学科产生于 20 世纪 60 年代中期,美国明尼苏达大学企业管理学院的高登·戴维斯(Gordon B. Davis)教授是这一学科的开拓者。经过几十年的发展,管理信息系统学科目前已逐渐形成了众多的研究方向和分支,已构成了具有自身特色的理论及框架体系。这些研究方向和分支,有的已比较成熟,有的还处于探索和发展之中。

目前,管理信息系统学科的主要研究对象是有关管理信息系统的应用、建设和管理等问题,其研究内容主要集中在管理信息系统的技术、行为、管理理论以及信息资源的开发利用等几个方向。

1. 管理信息系统的技术研究

管理信息系统的技术研究方向又被称为"设计科学"的研究方向,注重根据社会、组织活动和人们的生活需求,设计能有效满足需求的信息技术应用系统,主要研究管理信息系统的需求模型、业务模型、功能(逻辑)模型、技术模型等系统技术的构建设计方法。管理信息系统工程化方法即信息系统工程等。

由于信息技术在经济、政治、军事、科技、教育、卫生、文化、娱乐、公共服务等社会生活各个领域都有广泛应用,作为一门应用学科,研究和解决各个领域发展中信息化应用系统的特殊性问题,既是其重要使命,也是自身不断创新的源泉。随着 IT 新技术的不断涌现,管理信息系统的应用领域、应用范围和应用模式也在不断地发展与创新,这些都给管理信息系统学科研究提供了源源不断的新课题,例如,ERP、虚拟制造、电子商务、移动商务、商务智能、电子政务等各个行业的信息化,都是管理信息系统设计研究需要不断开拓的新领域。

2. 管理信息系统的行为学研究

管理信息系统行为学研究方向也被称为"组织学/社会学"研究方向,它注重分析现代信息技术系统与社会组织环境、人的心理、行为特征之间的相互影响,主要研究管理信息系统与人、组织、社会的关系及相互影响。例如,信息技术向组织和社会各领域特别是管理领域渗透与融合的规律,管理信息系统支持管理决策的理论和方法,信息化带来的组织和社会变革,组织与社会发展对管理信息系统的行为和功能变革产生的新需求,信息化对人的行为方式和思维方式的影响以及由此所形成的信息文化特征和内涵等,都是管理信息系统行为学研究的范畴和内容。

3. 管理信息系统的管理理论研究

管理信息系统开发应用不仅有技术问题,还有管理问题。管理信息系统的管理理论主要研究管理信息系统的规划、设计、实施以及运行与维护等相关的管理理论和方法,例如管理信息系统项目的规划、管理信息系统的项目管理、管理信息系统的运维管理、管理信息系统的评价及方法研究、管理信息系统的监理与审计理论和方法等。

4. 信息资源管理的理论与方法研究

信息作为现代社会发展的一种战略资源,不同于其他物质资源,信息资源管理理论主要研究信息资源的特性及其社会经济价值计算方法、信息资源的优化配置,以及有效供给的理论和方法。信息资源开发利用和管理的理论方法及策略包括信息资源的分类、统计、检索、测评、管理的方法,信息资源的标准化与质量管理,信息共享与安全机制及管理方法,信息资源管理机构的设置与运行管理,信息产品与信息服务管理的理论方法及策略,信息化推进的机制与策略,等等。

近年来,随着大数据、云计算、移动互联网、人工智能、物联网、区块链等 IT 新技术和应用的快速发展,为管理信息系统学科带来了许多新的研究课题,例如社会网络与知识管理、大数据与决策可视化、物联网与社会感知、服务科学与信息系统、社交媒体与社会化商务、社交网络与企业舆情计算、新兴网络中的顾客洞察与营销策略等。由此可见,管理信息系统学科是一个与 IT 发展和应用紧密联系,并随其不断成长与发展的具有丰富内涵和外延的应用性和理论性都很强的新兴学科。

1.7.3　管理信息系统的研究方法

由于管理信息系统学科的研究内容和涉及领域十分广泛,因此管理信息系统学科属于一个多学科领域的交叉性学科。早期的系统理论、数学方法、管理理论和计算机科学是管理信息系统学科的主要理论与技术基础,当代管理信息系统的研究方法还涉及了经济学、社会学、心理学、语言学(符号学)等行为学科的概念、理论和方法,管理信息系统的当代研究方法主要包括技术方法和行为方法,如图 1.19 所示。

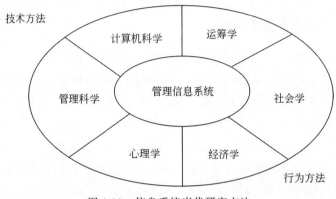

图 1.19　信息系统当代研究方法

1. 技术方法

技术方法强调基于模型的数学方法研究和基于信息技术的系统能力实现方法研究,例如,管理信息系统的处理方法、管理信息系统的建模及开发方法、管理信息系统的工程化方法等。

数学和计算机科学技术可帮助建立信息系统处理的理论和计算方法以及高效的数据存取处理方法等。管理科学的理论和方法可用于建立管理信息系统的管理决策模型,运筹学则是组织管理最优化选择的数学方法,例如运输、库存控制和生产计划与成本优化方法等。

2. 行为方法

行为方法主要研究如何解决管理信息系统在应用、开发和运维中产生的行为问题。例如,管理信息系统应用与组织战略的融合,组织和人的行为与管理信息系统行为的相互影响,人机交互关系研究等。在管理信息系统的行为方法研究中需要应用社会学、经济学、行为学、心理学等行为科学的理论知识。

行为方法的研究并不忽视技术,与之相反,技术经常对行为问题的研究和论证有促进作用。行为方法的关注点通常不是技术解决方案,而是信息系统用户的态度以及行为转变,以及管理行为、组织制度和企业文化等组织行为方式的转变,这些转变可以使组织减少管理信息系统使用过程中因人为障碍和环境障碍而造成的失败,并使管理信息系统的使用效益最大化。

因此,技术和行为的方法是现代管理信息系统领域两种相辅相成、相互补充的重要研究方法。

3. 管理信息系统学科的特点

综合本章所述,读者不难看出管理信息系统是一门正在发展中的新兴学科,具有综合性、应用性、交叉性和创新性等显著特征。随着管理信息系统发展和应用的普及深入,管理信息系统学科还将不断地丰富和发展。

管理信息系统学科研究的宗旨是使管理信息系统建设投资效益最大化,以达到促进社会生产力和经济可持续发展,提高人们生活品质的最终目标。因此,管理信息系统学科是信息时代的一个十分重要的学科。

本章小结

1. 信息的概念

信息是经过加工后有一定含义的数据,它可以减少或消除人们对事物认识的不确定性,并对接收者的决策有现实或潜在的价值。

2. 信息的属性

信息的属性主要有真实性、时效性、价值性、共享性、传递性、不完全性、层次性、可变换性、可压缩性等。

3. 系统的概念及思想

系统是由处于一定环境中相互联系和相互作用的若干要素组成的有机整体。系统的思想要点包括应从整体的、联系的、动态的、发展的和变化的角度去认识、建设和管理系统。

4. 系统工程方法

系统工程方法就是以系统的观点为基础,综合运用各种技术,在分析解决复杂的系统问题时应用的工程化方法。

5. 信息系统的概念

信息系统是一个借助于计算机、网络、通信等现代信息技术对信息进行加工处理,进而为管理者的决策提供服务的系统。

6. 管理信息系统的概念

管理信息系统是一个由信息、信息技术与设备和人等要素组成的,能进行信息收集、传递、存储、加工、维护和使用的人机系统。它不仅能够提高组织运行效率,支持组织管理决策,而且可以促进企业生产经营管理等各种创新,以达到提升组织生存和竞争能力,实现组织战略目标的最终目的。简单说,"管理信息系统是能给予组织面临管理问题和挑战予以解答的基于信息技术系统的解决方案"。

7. 管理信息系统的组成要素

管理信息系统主要由信息源(信息)、人(主要包括信息专家和用户)、信息技术及设备、管理规章及相关文档资料等关键要素所组成。

8. 管理信息系统的应用类型

常见的管理信息系统应用类型主要有业务处理系统(TPS)、传统管理信息系统(MIS)、决策支持系统(DSS)、经理支持系统(ESS)、企业集成系统(ERP)等。

(1) TPS的主要目的和作用是支持基层管理的常规信息查询和跟踪组织业务活动,提高组织事务处理的工作效率,减轻基层工作人员的劳动量。

(2) 传统MIS主要利用一些数学模型或统计分析方法,向中高层管理者提供具有综合性和周期性特征的信息报告,其主要目的是向管理者报告企业生产经营的现状、存在问题和市场机会等,将信息及时转化为价值。

(3) 决策支持系统(DSS)是帮助组织高层决策者解决半结构化或非结构化决策问题的一类信息系统。它应用模型化及数量分析方法,以友好的人机交互方式为决策者提供决策所需信息,辅助决策者探索可行的解决方案,并可用决策模型模拟决策方案实施的结果。DSS的主要目的是提高决策者决策的科学性和质量,使决策能够取得理想的效果。

(4) 经理支持系统(ESS)是为组织战略决策层建立一个通用的信息系统。借助于功能强大的数据通信能力和综合信息检索及处理能力,为企业高管提供一个面向随机的、非定制的、非结构化信息需求和决策问题的信息支持系统。ESS的主要目的是为高管提供一个快速、便捷、直观的企业经管数据综合信息查询平台。

(5) 企业资源计划(ERP)系统是现代企业集成信息系统的一个典型代表,它通过对整个企业的关键过程和资源进行协调和集成管理,让过去分裂的企业销售、生产、财务、人力资源等企业过程及信息,在ERP系统中得到集成,各部门间的相关信息可以在ERP系统中实现无缝流动和共享,以最大限度地提高企业经营效率。

9. 管理信息系统对企业管理方式的影响

管理信息系统的应用对企业管理方式的影响主要表现在以下方面:管理信息系统的规划应成为企业战略的重要组成部分,组织结构的扁平化,组织模式的柔性化和虚拟化,学习型组织,管理的数字化、集成化和精细化,管理决策的科学化和智能化,企业流程重组,等等。

10. 管理信息系统的学科特点及主要研究内容

管理信息系统学科是一个正在发展中的新兴学科,具有综合性、应用性、交叉性和创新性等显著特征。管理信息系统学科主要研究对象是有关管理信息系统的应用、建设和管理等问题,其研究内容主要集中在管理信息系统的技术、行为、管理理论以及信息资源的开发利用等几个方向。

习题 1

一、简答题

1. 从管理的角度说明什么是信息,并举例说明。
2. 试说明数据和信息的相互关系以及对人的行为产生的不同影响。
3. 系统的思想和特性是什么?
4. 什么是系统工程方法?霍尔系统工程方法论的核心思想是什么?
5. 什么是信息系统?其功能是什么?
6. 什么是管理信息系统?它由哪些要素组成?
7. 企业管理信息系统基本应用类型有哪些?它们的主要作用和目的分别是什么?
8. 简述管理信息系统对企业所产生的影响。
9. 简述管理信息系统学科的特点及主要研究内容。

二、讨论题

1. 试从信息使用价值的角度分析企业对广告投资的计算方法或模型。
2. 作为一个成功的管理者,对管理信息系统采取怎样的态度和策略才是明智之举?

三、实践题

1. 网络信息资源的特点。

网络信息资源通常是指在因特网上发布、查询、存取和利用的信息资源的总和,包括在因特网上可以获得的一切信息资源,例如网络数据库、电子图书、电子期刊、电子报纸、网页信息等。与传统信息资源相比,网络信息资源有以下明显的特点。

1)优点

(1)数量巨大,增长迅速。

(2)内容丰富,形式多样。

(3)结构复杂,分布广泛。

(4)开放互动,共享性强。

(5)传播快速,利用方便。

(6)更新速度快,动态性强。

(7)信息使用成本低。

2)缺点

(1)网络信息的质量参差不齐。

(2)分散无序、缺乏统一的专业化管理。

(3)稳定性差、精确度低、缺少安全保障。

2. 网络信息资源的分类。

互联网已成为当今世界最大的信息资源库,其上的信息资源浩瀚无边、内容无所不包。对网络信息资源进行适当分类,有助于更好地进行检索和利用。

由于网络信息资源存在形式多样性、内容广泛,因此依据不同的划分标准,可将网络信息资源划分为不同的类型。例如,按信息媒体形式的不同,可划分为文本信息、图片信息、音频信息、视频信息、三维虚拟影像信息等;按信息发布渠道的正规与否,可划分为正式出版信息、非正式出版信息、半正式出版信息;按信息来源机构的不同可划分为政府(或社会团体)信息、教育信息、科研信息、企业(或公司)信息、新闻媒体信息、个人信息等。

按照信息检索的内容及表现形式的不同,常用的网络信息资源主要有以下几类。

(1)文献全文型信息。文献全文检索是以文献所含的全部信息作为检索内容,即检索系统存储的是整篇文章或整部图书的全部内容,例如,电子期刊、网上报纸、纸质期刊、电子图书、政府出版物、各类标准的全文信息等。表1.3列出了常用的国内全文文献数据库。

表 1.3　常用国内全文文献数据库

名　　　称	网　　　址
中国知网(CNKI)	https://www.cnki.net/
万方数据知识服务平台	https://www.wanfangdata.com.cn/
维普中文科技期刊数据库	http://qikan.cqvip.com/
超星数字图书馆	https://www.sslibrary.com/
书生之家	http://shusheng.lib.sjtu.edu.cn

(2)事实型信息。事实型信息检索是以特定客观事实为检索对象,借助于提供事实检索的检索工具与数据库进行检索,其检索结果为基本事实,例如,天气预报、电视节目预告、新闻、火车车次、飞机航班、城市或景点介绍、工程实况、IP 地址,还有字典、词典、百科全书、年鉴、名录、表谱、图录等。表1.4列出了常用的百科全书类网络数据库。

表 1.4　常用百科全书类网络数据库

名　　　称	网　　　址
不列颠百科全书	https://www.britannica.com/
世界概况(The World Factbook)	https://www.cia.gov/the-world-factbook/
东方百科全书	http://i-cias.com/e.o/
国家百科全书	http://www.chinaculture.org/gb/cn_zgwh/2004-06/28/content_53558.htm
维基百科	https://wiki.mbalib.com/
百度百科	https://baike.baidu.com/
Wiley Encyclopedia of Electrical and Electronics Engineering	http://onlinelibrary.wiley.com/book/10.1002/047134608X

（3）数值型信息。数值型信息包括各种物理、化学参数、电话号码、股票、基金代码、观测数据、统计数据等数据，例如电话号码黄页、理化参数手册、股票/基金专业网站发布的股票/基金指数及成交额等；各级政府部门发布的社会、经济统计年鉴和统计数据等。表1.5列出了常用的年鉴及统计类网络信息资源检索库。

表1.5　常用年鉴及统计类网络信息资源检索库

名　　称	网　　址
咨询年鉴	http://www.infoplease.com/
Europa World	https://www.europaworld.com/pub/
中国年鉴信息网	http://www.chinayearbook.com/
国家统计局	http://www.stats.gov.cn/
中国年鉴网	http://www.yearbook.cn/
联合国统计署数据库	https://comtrade.un.org/
经济合作发展组织（OECD）	https://www.oecd.org/
中国国务院发展研究中心信息网	http://www.drcnet.com.cn/www/int/
中经网统计数据库	https://db.cei.cn/

（4）数据库类信息。数据库类信息是由专门信息机构建立的信息资源库，例如DIALOG、万方等数据库、专利数据库、文摘数据库等，如表1.3和表1.4中所列的数据库等。

（5）微信息（Web 2.0特征）。微信息包括博客、BBS、邮件讨论组、网络新闻组等资源。

（6）其他类型。上述资源之外的其他类型，如图形、图像、音频、视频等。

3. 网络信息资源查询。

在互联网上查询信息的基本方法有如下几种。

（1）利用网址查询，例如 http://www.huel.edu.cn 是河南财经政法大学的首页网址。

（2）利用网络资源目录查询，例如，Yahoo!、新浪等网站的分类目录查询。

（3）利用搜索引擎查询。这是目前使用较多的网络信息查询方式，例如，百度、谷歌等常用的搜索引擎；2006年后，兴起的垂直搜索引擎是不同于通用网页搜索的另一类搜索引擎，垂直搜索专注于特定的搜索领域和搜索需求（例如机票搜索、旅游搜索、生活搜索、小说搜索、视频搜索等），在其特定的搜索领域有更高的查准率和查全率，使用户有更好的体验。

（4）利用专业的网络资源数据库查询，例如DIALOG、中国知网（CNKI）、万方数据知识服务平台、国家知识产权局专利库、NSSN标准数据库等。

（5）利用网上图书馆查询，例如中国国家数字图书馆、中国科学院国家科学图书馆、超星数字图书馆、书生之家数字图书馆，OCLC Netlibrary电子图书、Ebrary电子图书等。

（6）其他查询方法查询。门户搜索引擎、AOL Search、MSN Search等虽然提供搜索服务，但自身既没有分类目录也没有网页数据库，其搜索结果完全来自其他搜索引擎；又如站内搜索是通过网站页面上的"搜索/检索框"提供用户对本站内部的信息资源进行检索的服务;还有就是常见的网站提供的免费链接列表等。

4. 搜索引擎的高级检索技术。

搜索引擎是检索网络信息资源最常用的工具,是把因特网中的大量信息收集整理并将其索引,然后向用户提供检索服务的一种网络信息服务系统,常用的著名搜索引擎有 AltaVista、Google、Yahoo、百度、北大天网等都是综合性搜索引擎。综合性搜索引擎以网页、新闻组、图片、FTP、Gopher 等不同主题和类型的资源为搜索对象,信息覆盖范围广、适用广泛。此外,还可以利用以下常用的"检索符"构成一些"高级检索式",以提高查全率、查准率。

(1) 加号(＋)。加号表示限定搜索结果中必须包含的内容,例如,搜索"B2B 电子商务＋阿里巴巴"就表示搜索结果包含"B2B 电子商务",同时也必须包含"阿里巴巴"。

(2) 减号(－)。减号则相反,表示限定搜索结果中不包含的内容,例如,"B2B 电子商务-阿里巴巴"就表示搜索结果包含"B2B 电子商务"但不包含"阿里巴巴"。

(3) 双引号("")。双引号的作用是精确查找,表示完全匹配,只要给搜索的词组加上双引号就能得到精确的搜索结果,例如,查询"管理信息系统",查询结果是包含完整的管理信息系统的词条,而非"管理"或者"信息系统"等词条。

(4) 并行搜索(｜)。"A｜B"表示搜索或者包含关键词 A,或者包含关键词 B 的内容,例如,当需要查询"图片"或"写真"相关内容时,不需分两次查询,只要输入"图片｜写真"进行搜索即可,例如,百度会提供跟"｜"前后任何关键词相关的内容。

(5) 书名号(《》)。书名号是百度独有的一个特殊查询语法,在其他搜索引擎中,书名号会被忽略,而在百度,中文书名号是可被查询的,加上书名号的查询词具有两层特殊功能:一是书名号会出现在搜索结果中;二是被书名号括起来的内容不会被拆分。书名号在某些情况下特别有效,例如,想查找电影《手机》的相关内容时如果只输入"手机",很多情况下查找结果是通信工具手机的相关内容,而搜索"《手机》"的结果就都是与这部电影相关的内容。

(6) "inurl:"指令。"inurl:"指令用于搜索关键词出现在 url 中的页面,如图 1.20 所示。"inurl:"指令支持中文和英文。

图 1.20 "inurl:"指令用于搜索查询词结果

（7）"intitle："指令。使用"intitle："指令返回的是页面标题中包含关键词的页面，使用"intitle："指令的搜索结果是比较准确的，如图 1.21 所示。

图 1.21　"intitle："指令用于搜索查询词的结果

（8）"filetype："指令。"filetype："指令用于搜索特定的文件格式，例如，"filetype：pdf 管理信息系统"返回的是包含管理信息系统关键词的所有 PDF 文件。"filetype："指令支持 PDF、DOC、XLS、PPT、RTF 等文件格式。

（9）"site："指令。"site："指令用于搜索某个指定域名下的所有文件，也可以用于子域名。

不同的信息检索系统可能会有不同的"检索符"和"检索式"的构成规则，当使用一个新的检索系统时，可以通过该系统提供的检索帮助功能，了解其高级实用技术以提高检索效率和质量。

第2章

信息技术基础设施

本章学习目标

- 了解信息技术基础设施的构成。
- 了解信息技术基础设施发展的规律。
- 了解软硬件平台以及发展历程和未来趋势。
- 明确信息技术与信息系统的关系。

计算机技术、网络技术和数据库技术是现代信息技术（information technology，IT）的核心技术，也是现代信息系统的技术基础。企业和组织所使用的信息系统赖以运行的基础设施，包括计算机硬件以及与之相配套的软件。本章将介绍计算机硬件和软件的相关基础知识，并且介绍信息技术与信息系统之间的关系。

2.1　IT基础设施概述

IT基础设施是运营整个企业或组织时必需的硬件设施和软件系统的集合。一个企业或组织的IT基础设施提供了客户服务、供应商联系以及内部企业过程管理的基础，因此IT基础设施决定了企业信息系统当前以及未来3～5年的能力。图2.1显示了信息系统信息技术构成的主要组成部分，并列出相应的主要供应商。

IT基础设施主要包括计算机硬件和软件两大类，如图2.2所示。硬件是指组成计算机（通常指计算机系统）的各种物理设备的统称，是计算机系统的物质基础；软件是指为了运行、管理和维护计算机而编制的各种程序、数据以及相关文档的总称。计算机系统各种功能都是由软件和硬件共同协作完成的。

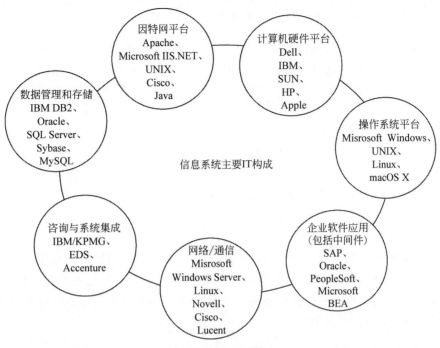

图 2.1　信息系统主要信息技术

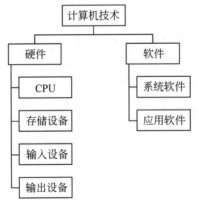

图 2.2　计算机硬件和软件构成

2.2　计算机硬件的基础知识

2.2.1　计算机硬件的发展历程

硬件是计算机系统工作的基础,是计算机系统中各种设备的总称。到目前为止,计算机硬件的发展经历了 4 个时代。

1. 电子管计算机时代（20 世纪 50 年代）

这一时期计算机的主要特点是采用电子管作为基本元件，程序设计使用机器语言或汇编语言，主要用于科学计算，运算速度为几千次至几万次每秒。

2. 晶体管计算机时代（20 世纪 50 年代末至 20 世纪 60 年代中期）

这一时期的计算机主要采用晶体管作为基本元件，体积缩小，功耗降低，提高了速度（可达几十万次每秒）和可靠性。使用磁芯作为存储器，外存储器采用磁盘、磁带等。这一时期出现了操作系统，程序设计开始采用高级语言，计算机的应用范围进一步扩大，除进行传统的科学计算外，还应用于数据处理等更广泛的领域。

3. 集成电路计算机时代（20 世纪 70 年代中期至 20 世纪 70 年代末）

这一时期的计算机采用集成电路作为基本元件，体积减小，功耗、价格进一步降低，可靠性有更大提高，用半导体存储器代替磁芯存储器，使得运算速度达到了几十万次至几百万次每秒。这一时期计算机的操作系统日臻完善，程序设计思想已逐步向标准化、模块化和系统化发展，应用范围更加广泛。

4. 大规模和超大规模集成电路计算机时代（20 世纪 70 年代末至今）

这一时期计算机的主要功能器件采用大规模集成电路（large scale integration，LSI）和超大规模集成电路，使用集成度更高的半导体芯片作为存储器，运算速度可达百万次至数万亿次每秒。此阶段，多处理机系统、分布式系统、计算机网络等系统结构方面的研究进展迅速。随着各种应用软件的层出不穷，极大地方便了用户；系统软件的发展使得计算机的自动化运行得以实现，并向智能化方向迈进。

2.2.2　计算机硬件的主要构成

现代的计算机硬件理论上包括 5 个基本组成部分：运算器、控制器、存储器、输入设备、输出设备。运算器用于进行加、减、乘、除等基本运算，存储器用于存放数据和指令，控制器用于自动执行指令，操作人员可以通过输入设备和输出设备与主机进行通信。计算机内部采用二进制编码来表示指令和数据。操作人员将编好的程序和原始数据送入主存储器后，启动计算机工作，计算机无须干预就能逐条取出和执行指令。

图 2.3　CPU 芯片

1. 处理器

中央处理器（central processing unit，CPU）由运算器和控制器组成，是任何计算机系统中必备的核心部件，如图 2.3 所示。

（1）运算器是对数据进行加工处理的部件，它在控制器的作用下与内存交换数据，负责进行各类基本的算术运算、逻辑运算和其他操作。在运算器中含有暂时存放数据或结果的寄存器。运算器由算术逻辑单元(arithmetic logic unit，ALU)、累加器、状态寄存器和通用寄存器等组成。ALU 是用于完成加、减、乘、除等算术运算，与、或、非等逻辑运算以及移位、求补等操作的部件。

（2）控制器是整个计算机系统的指挥中心，负责对指令进行分析，并根据指令的要求有序和有目的地向各个部件发出控制信号，使计算机的各部件协调一致地工作。控制器由指令指针寄存器、指令寄存器、控制逻辑电路和时钟控制电路等组成。

寄存器是 CPU 内部重要的组成部分，用于临时存储数据，既可以存放数据和地址，又可以存放控制信息或工作的状态信息。

现代计算机通常采用多个 CPU 进行并行处理。使用计算机的多个 CPU 同时执行程序，是实现超高速计算的重要方法。

CPU 性能的高低直接决定了一个计算机系统的档次。反映 CPU 性能最重要的指标是主频和处理指令的位数。主频反映了 CPU 的运算速度，主频越高，CPU 的运算速度越快。现在常见的 CPU 主频有 3.0GHz、3.6GHz 等。在使用了睿频技术的 CPU 处理复杂应用时，可自动提高 10%～20%的主频，以保证程序的流畅运行。

处理数据的位数是指计算机能同时并行传送并处理的二进制信息位数。常说的 16位机、32 位机和 64 位机，是指该计算机中的 CPU 可以处理 16 位、32 位或 64 位的二进制数据。早期的微型计算机 286 机是 16 位机，386/486 机是 32 位机，目前主流的 Intel i3、i5 和 i7 等 CPU 都是属于 64 位机。随着 CPU 型号的不断更新，微机的性能也不断提高。

2. 存储器

计算机系统的一个重要特征是具有极强的"记忆"能力，能够把大量的计算机程序和数据存储起来。存储器是计算机系统内最主要的记忆装置，既能接收计算机内的信息（数据和程序），又能保存信息，还可以根据命令读取已保存的信息。

存储器按功能可分为主存储器（简称主存）和辅助存储器（简称辅存）。主存的存取速度相对较快而容量较小，辅存相对存取速度较慢而容量较大。

（1）主存储器，也称为内存储器（简称内存），内存直接与 CPU 相连接，是计算机系统中主要的工作存储器，也是信息交流中心，当前运行的程序与数据存放在内存中，如图 2.4 所示。

图 2.4　常用内存芯片图例

绝大多数计算机的内存是由半导体材料构成的，采用大规模集成电路或超大规模集成电路器件。内存按其工作方式的不同，可以分为随机存储器（又称读写存储器）和只读存储器。

① 随机存储器(random access memory，RAM)是一种半导体存储器。它允许随机地按任意指定地址与内存单元之间进行信息存取，对任意地址的存取时间是相同的。随机存储器的特点是既可以从中读出数据又可以写入数据；读出数据时并不损坏原来存储的内容，只有写入数据时才修改原来所存储的内容；由于信息是通过电信号写入存储器

的,所以断电时随机存储器存储的内容会立即消失,因此 RAM 又被称为易失性存储器。通常所说的内存就是指 RAM。

② 只读存储器(read only memory,ROM)也是一种半导体存储器。它是只能读出而不能随意写入信息的存储器。ROM 中的内容是由厂家制造时用特殊方法写入的,或者要利用特殊的写入器才能写入。当计算机断电后,ROM 中的信息不会丢失。当计算机重新被加电后,其中的信息保持不变,仍可被读出。ROM 常用于存放计算机启动的引导程序、启动后的检测程序、系统最基本的输入输出程序、时钟控制程序以及计算机的系统配置和磁盘参数等重要信息。

(2) 辅助存储器位于主机的外部,又称为外部存储器(简称外存),是内存的扩充。外存一般具有存储容量大、可以长期保存暂时不用的程序和数据、信息存储性价比较高等特

图 2.5　常见的外部存储器

点。计算机执行程序和加工处理数据时,外存中的信息按信息块或信息组先送入内存后才能使用,即计算机通过外存与内存不断交换数据的方式使用外存中的信息。

常见的外存包括硬磁盘(简称硬盘)、闪存盘(又称优盘)和光碟,如图 2.5 所示。

一个存储器中所能存储的字节数称为该存储器的存储容量。存储容量通常用千字节(KB)、兆字节(MB)、吉字节(GB)、太字节(TB)作为单位。目前几乎所有的信息增量都以数字化形式存储,全世界产生的新信息量差不多每年翻一番。因此,大规模数据存储对于信息管理的发展具有重要意义。

3. 输入设备

现代的计算机能够接收各种各样的数据,图形、图像、声音等都可以通过不同类型的输入设备(input device)输入计算机中进行存储、处理和输出。

计算机的输入设备按功能可分为下列几类。

(1) 字符输入设备:键盘。

(2) 图形输入设备:鼠标器、操纵杆、光笔。

(3) 图像输入设备:摄像机、扫描仪、传真机。

(4) 模拟输入设备:语言模数转换识别系统。

常见的输入设备如图 2.6 所示。

4. 输出设备

输出设备(output device)是人与计算机交互的一种部件,用于数据的输出。输出设备把各种计算结果以数字、字符、图像、声音等形式表示出来,将计算机输出信息的表现形式转换成外界能接受的表现形式。输出设备是将计算机的处理结果返回给外部世界的设备。这些返回的结果可能是作为使用者能够感官体验的或是作为该计算机所控制的其他设备的输入。由计算机输出的信息通过各种输出设备的转换可以将字符、图形和图像显

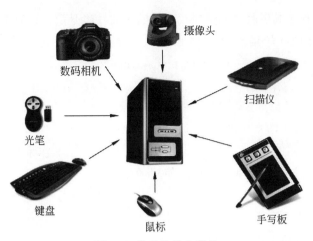

图 2.6　常见的输入设备

示在屏幕上或打印在纸上,可以记录在磁盘、磁带、纸带或存储卡上,可以转换成模拟信号直接送给有关控制设备(例如直接转换成语音)。

常见的输出设备包括显示器、打印机、绘图仪、投影仪、刻录机等,如图 2.7 所示。

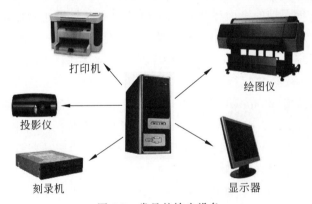

图 2.7　常见的输出设备

2.3　计算机软件的基础知识

计算机软件是支持计算机运行的各种程序,以及开发、使用和维护这些程序的各种技术文档的总称。程序是以某种形式的计算机语言(机器指令、BASIC 语言、C 语言等)表达的解决某种问题的步骤或顺序。文档是描述程序操作及使用的有关资料,没有文档,程序设计人员就无法对软件进行更新、改造、完善和维护,用户就无法正确地使用软件。从应用的角度出发,可将软件划分为系统软件和应用软件两种基本类型。

2.3.1　系统软件

系统软件是指用于管理、控制和维护计算机与外围设备,并提供了计算机与用户界面的软件,是为其他程序提供服务的程序集合。其主要功能是简化计算机操作,充分发挥硬件性能,支持应用软件的运行并提供服务。系统软件主要包括操作系统(operating system,OS)、数据库管理系统(database management system,DBMS)等。

1. 操作系统

操作系统是最基本的系统软件,是通过合理地组织工作流程来提高计算机系统的工作效率、方便用户使用的具有管理和控制功能的程序集合。操作系统是用户与计算机的接口,用户可以通过操作系统非常方便地使用计算机。

操作系统的功能如下。

(1) 对系统资源的管理。通过中央处理器(CPU)管理、存储管理、设备管理、文件管理及作业管理对各种资源进行合理的调度分配,改善资源的共享和利用情况。

(2) 充当用户与计算机之间的桥梁。使用户的操作变得方便,提高工作效率。

目前的操作系统可以大致分为桌面操作系统、服务器操作系统以及嵌入式操作系统等类型。

(1) 桌面操作系统。桌面操作系统一般安装在单台计算机上,同一时间只能一个用户使用。MS-DOS 等早期的桌面操作系统是典型的命令行界面操作系统。用户只能在命令提示符(如 $C_:$)后输入命令才能操作计算机。为了方便用户的操作,随后发展出的图形用户界面操作系统中,每个文件、文件夹和应用程序都用图标表示,所有的命令都以菜单或按钮的形式列出。若要运行一个程序,只需用鼠标单击图标或菜单即可。典型的图形用户界面操作系统有 Windows 系列、Ubuntu(基于 Linux 的图形界面操作系统)等。

(2) 服务器操作系统。服务器操作系统一般指的是安装在网络中提供重要服务的计算机上的操作系统,例如 Web 服务器、应用服务器和数据库服务器等,是企业 IT 系统的基础架构平台。在一个网络中,服务器操作系统还要承担网络的管理、配置、稳定、安全等功能,处于网络中的心脏部位。常用的服务器操作系统主要有 Windows Server、NetWare、UNIX 和 Linux。

(3) 嵌入式操作系统。嵌入式系统,是一种完全嵌入受控器件内部,为特定应用而设计的专用计算机系统。嵌入式操作系统是一种用途广泛的系统软件,负责嵌入式系统的全部软、硬件资源的分配、任务调度,控制、协调并发活动。目前在嵌入式领域广泛使用的操作系统有嵌入式 Linux、Windows Embedded、VxWorks 等,以及应用在智能手机和平板计算机上的 Android、iOS 等。

2. 数据库管理系统

数据库管理系统(database management system,DBMS)是为管理和操纵数据库而设计的软件系统。其基本功能是数据定义、数据操作和数据库运行管理。目前,DBMS 产品很多,例如单机环境下的小型数据库管理系统 Access、Visual ForPro、Paradox 等,网络环境下的大中型数据管理系统 MS SQL Server、Oracle、IBM DB2 以及 My SQL 等。

2.3.2　应用软件

应用软件是面向用户、为用户服务的软件,是为解决各类实际应用问题而编写的程序,不同的应用软件会为不同的用户和服务领域提供不同的功能,是为了某种特定的用途而开发的。应用软件一般包含专业软件和工具软件两类。

1. 专业软件

专业软件是指为特定用户解决某一具体问题而开发的软件,例如用友公司的 ERP、CRM 等企业管理信息化解决方案,金蝶软件的企业管理软件 ERP、电子商务应用解决方案,以及机票预订系统、图书情报检索系统、档案管理系统、辅助教学软件等。

2. 工具软件

工具软件是为了方便用户使用而提供的通用软件工具,如微软公司用于办公的 Office 系列,Adobe 公司用于平面设计的 AutoCAD、Photoshop,Symantec 公司用于系统维护的 Norton 等。

2.3.3　程序设计语言

程序设计语言又称编程语言,是一组用来定义计算机程序的语法规则。它是人与计算机之间交流的语言,是人与计算机之间传递信息的方式,可以标准化的交流技巧向计算机发出指令。通过计算机语言,程序员能够准确地定义计算机所需要的数据以及在不同情况下应采取的行动。计算机语言的种类非常多,总的来说可以分成机器语言、汇编语言、高级语言三大类。

1. 机器语言

早期的计算机不配置任何软件,只认识“0”和“1”,程序设计人员只能使用二进制数编码操控计算机,这样的程序称为机器语言。使用机器语言十分不便,若需要修改程序错误,更是困难。此时,程序就是一个个的二进制文件,一条机器语言就是一条指令。指令是不可分割的最小功能单元。由于每台计算机的指令系统不尽相同,所以在一台计算机上执行的程序,要想在另一台计算机上执行,必须另外编写,造成了重复工作。由于计算机可以直接执行机器语言,因此执行速度快是机器语言的唯一优点。

2. 汇编语言

由于机器语言使用困难,人们想出了用符号(称为助记符)来代替机器语言中的二进制代码的方法,设计了汇编语言。汇编语言又称符号语言,其指令的操作码和操作数地址全都用符号表示,大大方便了记忆,但它仍然是一种面向机器的程序设计语言,机器语言所具有的缺乏通用性、烦琐、易出错、不够直观等缺点汇编语言也都有,只是程度上较轻而已。用汇编语言书写的程序保持了机器语言执行速度快的优点。在汇编语言被计算机执行时,必须先被翻译成机器语言形式的程序(称为目标程序),完成这种翻译工作的程序叫汇编程序。

3. 高级语言

高级语言是面向用户的、基本上独立于计算机种类和结构的语言。其最大的优点是形式上接近于算术语言和自然语言,概念上接近于人们通常使用的概念。高级语言的一个命令可以代替几条、几十条甚至几百条汇编语言的指令。因此,高级语言易学易用,通用性强,应用广泛。高级语言有三大优点。

(1) 高级语言更接近于自然语言,一般采用英语表达语句,便于理解、记忆和掌握。

(2) 高级语言的语句与机器指令并不存在一一对应关系,一个高级语言的语句通常对应多个机器指令,因而用高级语言编写的程序短小精悍,不仅便于编写,而且容易发现错误和修改。

(3) 高级语言基本上与具体计算机无关,即通用性强。程序员不必了解具体机器指令就能编制程序,而且所编的程序稍加修改或不用修改就能在不同的机器上运行。

高级语言也是不能被计算机直接识别和执行的,必须先翻译成机器指令的目标程序才能执行。翻译的方式分为解释方式和编译方式。

(1) 解释方式使用的翻译软件是解释器,它把高级语言源程序一句句地翻译为机器指令,每译完一句就执行一句,当源程序翻译完后,目标程序也执行完毕。

(2) 编译方式使用的翻译软件是编译器,它将高级语言源程序完整地翻译成机器指令的目标程序,使目标程序和源程序在功能上完全等价,然后执行目标程序,得出运算结果。

常见的高级语言包括微软公司的 Visual Basic.NET、C++、C♯以及 SUN 公司的Java 等。

2.4 计算机硬件的发展规律及趋势

2.4.1 计算机硬件的发展规律

近些年,计算机的计算能力呈指数上升,硬件成本迅速下降,伴随着处理器、存储和网络技术的发展,IT 基础设施发展十分迅猛。

1. 摩尔定律

目前计算机处理器的处理能力每 18 个月翻一番,而成本每 18 个月下降一半。这就是著名的摩尔定律。微处理器中集成的晶体管数量飞速上升,计算能力也随之飞速上升,但单位计算成本却飞速下降,而且这种趋势还在继续延续,原因在于芯片制造商正在不断地使晶体管的尺寸越来越小。2002 年 Intel 采用的是 130nm 的生产工艺,到 2014 年,Intel 就采用了更先进的 22nm 的工艺。虽然传统的硅芯片技术面临着一定的物理极限,但是随着科技的不断进步,还会涌现新的技术。例如,Intel 公司认为,通过纳米技术,可以将晶体管的尺寸缩小到几个原子大小。

2. 克拉底定律

此外，美国电子工程师和物理学家克拉底于 2005 年提出，硬盘的存储密度每过 13 个月增加一倍，即硬盘容量每 13 个月增加一倍。这一计算机存储容量的发展规律又被称为克拉底定律（Kryder's Law）。硬盘驱动器存储器的存储记录密度的提高速度比摩尔定律的每 18 个月增加一倍的速度还快。硬盘驱动器存储记录密度在 1956 年为 $2Kb/in^2$；到 2005 年发展为 $110Gb/in^2$。硬盘驱动器存储记录密度能快速提高的最基本原因是阿尔伯特·费尔特（Albert Fert）和彼得·格伦伯格（Peter Gruenberg）二人于约 1997 年发现的巨磁电阻效应，将它做成传感器（磁头），使记录密度迅速提高。未来随着科技的发展，硬盘等存储器的密度和容量会不断地快速增长。同时新形式的存储设备也会不断出现，例如固态盘（SSD）等技术极大地改善了原有硬盘存储技术的缺陷。

3. 梅特卡夫定律

随着互联网时代的来临，计算机网络呈现超乎寻常的指数增长趋势，而且爆炸性地向经济和社会各个领域进行广泛的渗透和扩张。网络中计算机的数目越多，网络对经济和社会的影响就越大。由 3Com 公司的创始人、计算机网络先驱罗伯特·梅特卡夫提出的互联网的价值会随着用户数量的增长呈现算术级数增长或二次方增长的规则，称为梅特卡夫定律。换句话说就是，计算机网络的价值等于其结点数的平方。

通过摩尔定律和克拉底定律，可以理解为什么今天可以获得的计算资源和存储资源是如此的充足。这些计算和存储资源不断增加的原因是因为网络时代的到来。当越多的计算机结点加入计算机网络后，计算机网络的价值会以更高的速度增长。网络的优势是信息的共享，规模越来越大的计算机网络意味着需要更多的计算资源处理越来越多的信息和存储这些信息的空间。

2.4.2 计算机硬件的发展趋势

20 世纪 90 年代以来，世界计算机技术的发展更为迅速，产品不断升级换代。未来计算机的发展趋势向着巨型化、微型化、网络化和智能化的方向发展。

1. 巨型化

巨型计算机技术是未来计算机硬件的发展前沿。巨型机（又称超级计算机）是一种速度快、精度高、内存大和功能强的具有"超级计算"能力的计算机。"超级计算"（super computing）这名词第一次出现是在媒体《纽约世界报》于 1929 年关于 IBM 为哥伦比亚大学建造大型报表机（tabulator）的报道。超级计算机通常是指由数百数千甚至更多的处理器（机）组成的、能计算普通 PC 和服务器不能完成的大型复杂课题的计算机。

截至 2021 年，中国的神威·太湖之光排名第四，位列第一的是日本的富岳。值得一提的是，入围 500 强的超级计算机总数中，中国共有 186 台，位列第一。

2. 微型化

随着超大规模集成电路技术的发展以及移动计算市场需求的快速增长，计算机微型化的发展趋势日益凸现，微型计算机迅速发展，涉及电子元器件的微型化和模块化、微型长效电池、微电子技术带动的超大规模集成电路和超精细加工技术等。微型模块化设计更是顺应了微型计算机小巧、便携、功能强、集成度高、智能化的发展趋势。用于核工业、航天、军事等尖端科技领域的微型计算机，是一个国家计算机技术水平和现代科学技术水平的标志。

在民用领域，随着计算机微型化技术的提高，继台式计算机、笔记本计算机后，又出现了智能手机、平板计算机等更加便携的移动计算设备。相对于传统的计算机，这些移动便携设备具有相当的功能，但体积和重量却大大减少，在某种程度上扩展了人类感知世界的能力。

从个人数字助理（personal digital assistant，PDA）演变而来的智能手机从最早 IBM公司 1993 年推出的 Simon 开始，历经诺基亚手机时代，发展到目前 Apple 公司的 iPhone（如图 2.8 所示）和各种 Android 智能手机，已经几乎完全占领了移动通信市场。2010 年，Apple 公司推出的 iPad 标志着平板计算机（俗称平板电脑）时代的来临，如图 2.9 所示。2010 年"平板计算机"关键词搜索量增长率达到了 1328%，平板计算机对传统 PC 产业，甚至对整个 3C 产业带来了革命性的影响。

图 2.8　智能手机 iPhone

图 2.9　苹果公司的 iPad 平板计算机

此外，可穿戴设备的概念也逐步开始进入人们的视野。Google 公司于 2012 年推出的 Google Glasses 是一种"拓展现实"眼镜，其集智能手机、GPS、数字照相机于一身，可在用户眼前展现实时信息。用户无须动手便可上网冲浪或者处理文字信息和电子邮件，可以用自己的声音控制拍照、视频通话和辨明方向。苹果公司于 2015 年春季宣布发布的 Apple Watch 是一种全新的智能手表，具有多种智能设备的功能。它可以实现如接打电话、Siri 语音、信息、日历、地图等功能，支持电话、语音回短信、连接汽车、天气、航班信息、地图导航、播放音乐、测量心跳、计步等几十种功能。

智能眼镜或者智能手表等可穿戴设备只是开端，计算机微型化未来的发展可能会变得更加贴近人们的生活,与日常的一举一动紧密相关,拓展了人类的感知能力。

随着技术的发展和对便携计算设备的进一步需求,计算机设备的微型化进程会不断推进。逐步从人们熟知的个人计算机、平板计算机、智能手机进化到更加微型的便携计算设备。

3. 网络化和虚拟化

利用现代通信技术和计算机技术,可将分布在不同地点的计算机互连起来,组成一个规模大、功能强的计算机网络系统。通过计算机网络,可以实现软件、硬件和数据资源的共享,提高了计算机系统的使用效能。随着计算机网络的迅速发展和普及,出现了网格计算、云计算等新型的计算应用模式。

网格计算(grid computing)是伴随着互联网迅速发展起来的、专门针对复杂科学计算研发的新型计算模式。这种计算模式是利用互联网把分散在不同地理位置的计算机组织成一个"虚拟的超级计算机",其中每台参与计算的计算机称为一个结点。而整个系统是由成千上万个结点组成的一张网。这种"虚拟的超级计算机"有两个优势:一个是数据处理能力超强;另一个是能充分利用网上闲置的处理能力。实际上,网格计算是分布式计算(distributed computing)的一种,网格是一个集成的计算环境资源(也叫"计算资源池"),网格能充分吸纳各种软硬件计算资源,并将它们转化为可方便利用的计算能力。

网格计算模式首先把要计算的数据分割成若干"小片",而计算这些"小片"的软件通常是一个预先编制好的屏幕保护程序,然后不同结点的计算机可以根据自己的处理能力下载一个或多个数据片段和这个屏幕保护程序。只要结点计算机的用户不使用计算机,屏保程序就会工作,这样这台计算机的闲置计算能力就被充分地调动起来了。网格计算不仅受到需要航天、气象等大型科学计算的国家级部门的关注,也受到很多大公司的追捧。例如,IBM 公司的 Grid Computing 计划,SUN 公司也推出 Sun Grid Engine 新软件促进网络计算的发展。网格计算的重要的商业应用是支持其他行业的商业应用。例如飞机和汽车等复杂产品的生产要求对产品设计、产品组装和产品生命周期管理进行计算密集型模拟。其他一些实例还有对复杂金融环境的模拟,以及生命科学领域的许多项目。网格环境的最终目的是,从简单的资源集中、数据共享,最后发展到协作计算。

云计算(cloud computing)是一种新兴的商业计算模型,是指基于互联网的超级计算,即把存储于个人计算机、移动电话和其他设备上的大量信息和处理器资源集中在一起协同工作。它将计算任务分布在由大量计算机构成的资源池上,使各种应用系统能够根据需要获取计算能力、存储空间和各种软件服务。作为一种新兴的共享基础架构的方法,云计算可以将巨大的系统池连接在一起以提供各种信息技术服务。很多因素推动了对这类环境的需求,其中包括连接设备、实时数据流、面向服务的体系结构的采用以及搜索、开放协作、社会网络和移动商务等这样的 Web 2.0 应用的急剧增长。另外,数字元器件性能的提升也使信息技术环境的规模大幅度提高,从而进一步加强了对由统一的云进行管理的需求。云计算是网格计算的进一步发展,或者说是一种商业实现。云计算的应用包含这样的一种思想,即把力量联合起来,给其中的每一个成员使用。从根本的意义上说,云计算就是充分利用互联网上的软件和数据处理的能力。云计算的服务甚至可以提供计算能力,从而实现按需计算(on-demand computing)。当企业所需的计算能力超过设备能力时,可以通过网络向远程的大规模数据处理中心购买所需的计算能力。用户以购买一种计算能力,而这种计算能力可以帮助用户解决现有计算机系统所要解决的问题。这很像人们现在购买电或水一样。云计算目前出现的形式有云物联、云安全、云存储、云游戏等。而从提供的服务的角度来看,云计算具有 3 个层次的服务:基础设施即服务(infrastructure as a service,IaaS),平台即服务(platform as a service,PaaS)和软件即服务(software as a service,SaaS)。

4. 智能化

智能化是使计算机具有人的感觉和思维推理能力,成为真正的"电脑"。其主要内容包括图形的识别、自然语言的生成与理解、专家系统、智能机器人、自动程序设计、自动定理证明和问题求解等。智能化即是计算机对人类智能的模拟、延伸和扩展。

1)自动驾驶汽车

自动驾驶汽车又称无人驾驶汽车,是一种使用计算机系统实现无人驾驶的智能汽车。它使用多种传感器来控制距离,模拟替代驾驶员的操作。自动驾驶依靠人工智能、视觉计算、全球定位系统协同合作,可以看作一个移动智能系统的缩影。自动驾驶汽车甚至不需要有人在车内。

自动驾驶汽车使驾驶更加简单,降低了驾驶成本。自动驾驶比人工驾驶更节约汽油,酒后无法驾驶的情况也将避免。出租车将不再需要司机,打车费用也会下降。

自动驾驶汽车会使驾驶更加安全,据统计,目前 90% 的交通事故的直接原因都是人为失误。未来,自动驾驶汽车将给人们带来更安全的驾驶、更少的事故、更少的酒后驾驶以及更少的堵车。

2019 年,由中国移动提供 5G 技术支持,河南省郑州市郑东新区智慧岛开通了可自动驾驶的公交客车线路,如图 2.10 所示。在该区域内,河南移动部署了 27 个 5G 网络基站,实现了 5G 网络信号全路段覆盖。网络定点上传速率达到 90Mb/s,定点下载速率超过 700Mb/s,实现了自动驾驶车辆车载系统与自动驾驶平台的数据瞬时交互,响应时间只需 10ms。

图 2.10　无人驾驶汽车

2）三维打印

三维打印（3 dimensional printing，3DP）又称三维打印，是一种增材制造（additive manufacturing，AM）技术。它以数字模型文件为基础，运用粉末状金属、塑料、食物、生物等可粘合材料，通过逐层打印的方式来构造物体的技术。它融合了计算机辅助设计、材料加工与成型技术，以数字模型文件为基础，通过软件与数控系统，将专用的材料逐层堆积，制造出实体物品的制造技术。是一种"自下而上"通过材料累加的制造方法，从无到有，这使得过去因受传统制造方式的约束而无法实现的复杂结构件制造变为可能。三维打印在交通运输、航空航天、工业装备、医疗等领域已有了大量的应用。

例如，耐克公司于 2018 年发布的 Vaporfly Elite Flyprint 跑鞋，由于在生产过程中使用了三维打印技术，使材料形状和恢复能力更理想。此外，使用三维打印系统 ChefJet Pro 能打印形状复杂、色彩多样的糖果及巧克力等食品，使用 ChefJet Pro，几乎不需要任何基础，就可以制作精美的定制点心。

如图 2.11 所示，2020 年 5 月，中国首飞成功的长征五号 B 运载火箭上就搭载了"三维打印机"。这是中国首次进行太空三维打印实验，也是国际上第一次在太空中开展连续纤维增强复合材料的三维打印实验。这次打印的对象有两个，一个是蜂窝结构（代表航天器轻量化结构），另外一个是 CASC（中国航天科技集团有限公司）标志。

图 2.11　长征五号 B 运载火箭

2.5　计算机软件的发展趋势

1. 开放源码

开源软件（open source software）是在获得开放源码许可后发布的将源码公开的软件，用户可以对软件自行修改、复制和再开发。例如，Linux 操作系统、MySQL 数据库管理系统都是著名的开源软件。经过世界各地的志愿程序员不断改进的开源软件的性能通常优于某个软件公司开发的商业软件。

开源软件主要由分布在世界各地的编程爱好者开发，一些大学、政府机构承包商、协会和商业公司也会参与其中。开源软件的思想是以开放创新、共同创新为特点，凝聚同一领域更多人的智慧，实现资源的更大范围的共享。开源软件与 UNIX、Linux 以及 Internet 的联系非常紧密，其中有许多硬件需要支持，开放源码是实现交叉平台移植的唯一可行方法。

开放源码有很多优点，因此吸引了越来越多的大中型企业及政府投入资源开发开源软件。如今，很多国家都在推广开源软件，这个趋势还会一直持续。开源软件的广泛使用不仅为政府机构节省了大量经费，同时也降低了对闭源软件潜在安全风险的忧虑。

2. 软件外包

随着企业信息化的发展，逐渐产生了替换原有系统、开展新业务的需求，因此企业需要不断地从外部购买新的软件来满足新的应用。企业从外部获得应用软件通常有 3 个来源：一是商业软件供应商提供的商用软件包；二是应用服务提供方提供的软件服务；三是将定制软件的开发外包给其他公司(通常是劳动力成本较低国家的公司)。

(1) 购买商用软件包。企业应用软件是企业信息系统的重要组成部分。如 SAP、Oracle 等公司可以提供功能强大的 ERP 企业应用软件包，能够支持企业的主要业务过程，包括企业生产管理、仓储管理、顾客关系管理、供应链管理、财务管理和人力资源管理等。企业购买这些一体化的商业应用软件包，将比自行开发相关软件大大节约开发成本。

(2) 购买软件服务。应用服务提供方(application service provider，ASP)通过因特网或专用网络，向远程用户提供软件应用和计算机服务。用户可以向 ASP 租用所需的软件功能，从而节约购买、安装和维护相应软件系统的成本，并可以规避系统开发的失败风险。对于某些规模庞大的系统，企业可能无力承担费用，而通过向 ASP 租用，企业可以实现这些系统的功能。

(3) 将定制软件的开发外包给其他公司。软件外包就是企业为了专注核心业务、降低软件项目成本，将软件项目中的全部或部分工作外包给提供外包服务的企业完成软件需求的活动，通常是针对劳动力成本较低国家的企业。目前，每年全球软件外包市场规模早已超过 1000 亿美元。中国、印度等发展中国家都是软件外包的承包国。

3. 嵌入式系统的使用

嵌入式系统软件是可以安装在手机、平板计算机等嵌入式设备上的软件。随着科技的发展，手机等移动设备的功能越来越多，越来越强大，已发展出了可以和传统计算机相媲美的功能。例如，移动设备的主流操作系统有苹果公司的 iOS、Google 公司的 Android 以及华为公司的鸿蒙 OS 等。各大手机厂商也纷纷推出各自的手机应用商店，为用户提供更多的软件资源。为了激励了软件开发人员制作出更加优秀的软件产品，普遍采用分成合作商业模式。用户在应用商店下载软件，开发者向应用商店提交软件，并从软件的收费过程中获取分成，这是目前移动平台软件行业的发展态势。随着平板计算机的问世和流行,同时这些软件的开发也开始兼容平板计算机的应用。未来的嵌入式系统的另一个明显的发展方向是可穿戴式设备的软件的开发,由于可穿戴设备通常和移动平台设备配套使用,可以视为移动设备的另一种形态上的发展,因此相关的软件的开发很可能会采取与移动设备软件开发类似的模式。

4. 使用面向服务的体系结构

面向服务的体系结构(service-oriented architecture,SOA)是一个组件模型,它将应用程序的不同功能单元(称为服务)通过事先定义好的接口协议联系起来。接口的定义独立于实现服务的硬件平台、操作系统和编程语言。这使得构建在各种各样的系统中的服务可以使用一种统一和通用的方式进行交互。

面向服务架构可以根据需求通过网络对松散耦合的应用组件进行分布式部署、组合和使用。服务层是 SOA 的基础,可以直接被应用调用,从而有效控制系统中与软件代理交互的人为依赖性。SOA 的服务之间通过简单、精确定义接口进行通信,不涉及底层编程接口和通信模型。SOA 可以看作 B/S 模型、XML(标准通用标记语言的子集)/Web Service 技术之后的自然延伸。SOA 的架构模型如图 2.12 所示。

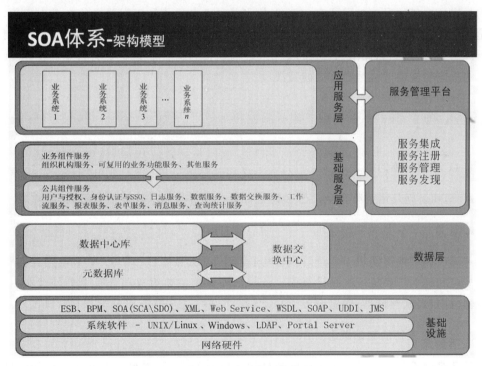

图 2.12 SOA 的架构模型

使用 SOA,企业系统架构设计者可以更加迅速、高可靠性、高重用性地搭建整个业务系统。使用 SOA 的系统能够更加从容地面对业务的急剧变化。一个应用程序的业务逻辑(business logic)或某些单独的功能在进行模块化后会作为服务呈现给消费者或客户端。这些服务的关键是具有松耦合特性和服务的接口,以及实现的相对独立。应用开发人员或者系统集成服务提供方无须理解服务的底层实现,通过组合一个或多个服务即可构建应用。一个服务的应用程序可以运行在不同的平台,使用的语言也可以不同。

例如,一个服装零售组织由 500 家国际连锁店组成,这些连锁店常常需要更改设计来适应时尚的潮流。这就意味着不仅需要更改样式和颜色,甚至需要更换布料、制造商和可交付的产品。假如零售商和制造商之间的系统不兼容,从一个供应商到另一个供应商的更换将经历一个非常复杂的软件更改流程。若使用 SOA 模型,每个公司都可以将它们现有的系统保持现状,仅仅匹配服务接口并制订新的服务级协定,这样就不必完全重构软件系统。即使改变的是合作伙伴,所有的业务操作也基本上可以保持不变。服装零售组织的成员如果决定将把连锁零售商店内的一些地方出租给专卖流行服装的小商店,这可以看作采用店中店的业务模型。此时,公司大多数业务的操作都保持不变,但是它们需要新的内部软件来处理这样的出租安排。尽管内部软件系统可以进行全面的修改,但是要求在修改的同时不对现有供应商系统产生很大影响。在这种情况下,SOA 模型可以基本保持不变,只需将新的组件赋以出租安排功能,而之前的零售管理系统继续正常工作。内部软件的新配置还可以按照另外的一种方式使用,例如出租广告位的业务可以通过在新的设计中重用灵活的 SOA 模型得出。此外,连锁店还可以从之前只销售自己的服装转变为只以店中店的形式出租地方。SOA 模型是从业务操作和流程两个角度考虑问题,而不是从应用程序的角度考虑问题,这使得业务管理可以根据实际需要不断对 SOA 模型进行添加、修改或删除操作,然后将软件系统构调整为适合业务需要的状态。使用 SOA 的系统适应变化的能力是最重要的特性。

本章小结

1. IT 基础设施的概念

IT 基础设施是运营整个企业所必需的计算机硬件设施和软件系统的集合。

2. 计算机硬件的基础概念

计算机硬件发展经历了 4 个阶段:电子管计算机、晶体管计算机、集成电路计算机以及大规模和超大规模集成电路计算机。计算机硬件的主要组成部分有中央处理器(包含运算器、控制器)、存储器、输出设备、输入设备。

3. 计算机软件的基础概念

计算机软件是支持计算机运行的各种程序以及开发、使用和维护这些程序的各种技术文档的总称。

软件划分为系统软件和应用软件两种基本类型。

系统软件包括操作系统、数据库管理系统和语言处理程序。操作系统分为桌面操作系统、服务器操作系统以及嵌入式操作系统等类别。

应用软件包含专业软件和工具软件两类。企业获取软件的来源有 3 种:购买商用软件包、购买软件服务、将定制软件的开发外包给其他公司。

4. 计算机硬件的发展规律及趋势

IT 基础设施发展的规律如下。

（1）摩尔定律：微处理器的处理能力每 18 个月翻一番，而成本却下降一半。

（2）克拉底定律：硬盘的存储密度每 13 个月增加一倍。

（3）梅特卡夫定律：计算机网络的价值等于其结点数目的平方。

计算机硬件未来的发展趋势是巨型化（超级计算机）、微型化（微电子技术、便携式计算机设备）、网络化（网格计算、云计算）和智能化。

5. 计算机软件的发展趋势

软件平台的发展趋势有开放源码、软件外包、嵌入式系统的使用以及使用面向服务的体系结构。

习题 2

一、简答题

1. IT 基础设施包括哪些技术？其各自的特点是什么？
2. 简述计算机硬件的组成。
3. 描述的未来计算机的发展趋势。
4. IT 基础设施发展的规律都有哪些？彼此之间的联系是什么？
5. 软件有哪几种类型？各自有什么特点？
6. 举例说明操作系统的作用和类型。
7. 说明获取软件的方式有几种。

二、讨论题

1. 作为一名创业的大学生，如果自己的企业需要进行信息化建设，在采购计算机硬件时是否应该购买性能最高的计算机或者价格最便宜的计算机？如何选择可使自己的企业利益最大化？
2. 分析第 1 题中的企业在决定信息化项目软件时应该采取哪种开发方式。
3. 预测一下未来企业信息系统可能使用哪些计算机设备。

三、实践题

如果自己需要购买计算机设备，请分别根据台式机、笔记本、平板计算机以及智能手机这几种不同的计算机设备的性能指标以及特点，结合自身的各种需求（例如学习的目的等），对上述计算机设备进行对比和选择。比较的指标应包括硬件指标、操作系统、外观尺寸、重量、价格以及自己的各种需求条件（包含需要实现的功能以及需要运行的各类软件）等，使用表格方式列举对比数据，并阐述各种方案的优缺点以及自己选择的结果。

第3章

计算机网络

本章学习目标

- 了解计算机网络的定义。
- 了解因特网的特点及其发展趋势。
- 掌握传输控制协议和互联网协议的相关使用方法。
- 了解物联网的概念及应用。

当今世界计算机通信网络的飞速发展,极大促进了信息系统的发展,网络化的信息系统正在取代传统的单机信息系统,以便适应网络化发展的趋势。本章介绍的是计算机网络的定义和网络拓扑结构、网络分层模型、互联网协议使用方法以及物联网的概念和应用。

3.1 计算机网络的基本概念

3.1.1 计算机网络的定义

计算机网络是将地理上分散的、具有独立功能的、自治的多个计算机系统通过通信线路和设备连接起来,并在相应的通信协议和网络操作系统的控制下,实现信息交流和资源共享的系统。从资源共享观点出发,计算机网络又可定义为,以能够相互共享资源的方式互联起来的自治计算机系统的集合。

概括起来说,一个计算机网络必须具备以下 3 个基本要素。

(1)至少有两个具有独立操作系统的计算机,且它们之间有相互共享某种资源的需求。

(2)两个独立的计算机之间必须有某种通信手段将其连接。

(3)网络中的各个独立的计算机之间要能相互通信,必须制定相互可确认的规范标准或协议。

以上 3 条是组成一个网络的必要条件,三者缺一不可。

3.1.2　网络协议

不同类型的计算机通信需要遵守共同的规则和约定,就像讲不同语言的人进行对话需要一种标准语言才能沟通,在计算机网络中双方需共同遵守的规则和约定称为网络协议,通过它可以解释、协调和管理计算机之间的通信和相互间的操作。

3.1.3　网络的基本特征

计算机网络具有以下基本特征。

(1)资源共享,包括硬件资源共享、软件资源共享和数据资源共享。

(2)拥有多台独立的"自治计算机"。

(3)通守共同的网络协议。

3.1.4　计算机网络的功能

计算机网路的功能主要体现在资源共享、信息交换、协同处理和提高系统的可靠性 4 方面。

1. 资源共享

充分利用计算机网络中提供的资源(包括硬件、软件和数据)是计算机网络组网的主要目标之一。依靠功能完善的网络系统能实现网络资源共享。这里的资源是指构成系统的所有要素,包括计算机处理能力、数据、应用程序、硬盘、打印机等。资源共享也就是共享网络中所有硬件、软件和数据。由于受经济和其他因素的制约,这些资源并非(也不可能)所有用户都能独立拥有,所以网络上的计算机不仅可以使用自身的资源,也可以共享网络上的资源。因而增强了网络上计算机的处理能力,提高了计算机软硬件的利用率。

在全网范围内提供对硬件资源的共享,尤其是对一些昂贵的设备,如大型机,高分辨率打印机、大容量外存、绘图仪、通信线路、数据库、文件和其他计算机上的有关信息实行资源共享,可省省投资和便于集中管理。对软件和数据资源的共享,可允许网上用户远程访问各种类型的数据库及得到网络文件传送服务,可以进行远程终端仿真和远程文件传送服务,避免了在软件方面的重复投资。数据资源包括各种数据文件、各种数据库等,共享数据资源是计算机网络重要的目的,这是由于数据产生的"源"在地理上是分散的,用户无法(用投资)改变这种状况。

2. 信息交换

利用计算机网络提供的信息交换功能,计算机网络中的计算机之间或计算机与终端之间,可以快速、可靠地传递数据、程序文件。用户可以在网上传送电子邮件,发布新消息,进行远程电子购货、电子金融贸易、远程电子教育,等等。

3. 协同处理

协同处理是指计算机网络在网上各主机间均衡负荷,把一项复杂的任务划分成许多部分,把在某时刻负荷较重的主机的任务传送给空闲的主机,利用多个主机协同工作来完成靠单一主机难以完成的大型任务,使整个系统的性能大为增强。

4. 提高系统的可靠性

对于一些计算机实时控制和可靠性要求高的场合,通过计算机网络实现备份技术可以提高计算机系统的可靠性。

3.1.5 计算机网络的分类

可以从不同的角度对计算机网络进行分类。

1. 按网络的作用范围不同进行分类

(1) 局域网(local area network,LAN)。局域网一般用微型计算机或工作站通过高速通信线路相连,但地理上则局限在较小的范围内,如一个实验室、一幢楼或一个校园内,距离一般在 1km 以内。

局域网通常由某个单位单独拥有、使用和维护。在局域网发展的初期,一个学校或工厂往往只拥有一个局域网。现在局域网已被非常广泛地使用,一个学校或企业大都拥有许多个互连的局域网(这样的网络常称为校园网或企业网)。

(2) 城域网(metropolitan area network,MAN)。城域网的作用范围一般是一个城市,可跨越几个街区甚至整个城市,其作用距离为 5~50km。城域网通常作为城市骨干网,互连大量企业、机构和校园局域网。近几年,城域网已开始成为现代城市的信息服务基础设施,为大量用户提供接入和各种信息服务,并有趋势将传统的电信服务、有线电视服务和互联网服务融为一体。

(3) 广域网(wide area network,WAN)。广域网的作用范围通常为几十到几千千米,可以覆盖一个国家、地区,甚至横跨几个洲,因而有时也称为远程网(long haul network)。广域网是因特网的核心部分,其任务是为核心路由器提供远距离(例如,跨越不同的国家)高速连接,互连分布在不同地区的城域网和局域网。

(4) 个人区域网(personal area network,PAN)。个人区域网不同于以上网络,不是用来连接普通计算机的,而是在个人工作的地方把属于个人使用的电子设备(如笔记本计算机、打印机、鼠标、键盘、耳机等)用无线技术(取代传统导线)连接起来的网络,因此也常称为无线个人区域网(wireless personal area network,WPAN),其范围通常在 10m 以内。

2. 按网络的使用者不同进行分类

(1) 公用网(public network)。这是指电信公司(国有或私有)出资建造的大型网络。"公用"的意思就是所有愿意按电信公司的规定交纳费用的人都可以使用这种网络。因此公用网也可称为公众网。

(2) 专用网(private network)。这是某个部门为本单位的特殊业务工作的需要而建造的网络。这种网络不向本单位以外的人提供服务。例如,军队、铁路、电力等系统均有本系统的专用网。

公用网和专用网都可以传送多种业务,若传送的是计算机数据,则分别是公用计算机网络和专用计算机网络。

3.2 网络拓扑结构

1. 总线拓扑

总线拓扑结构采用公共总线作为传输介质,各节点都通过相应的硬件接口直接连向总线,信号沿介质进行广播式传送。如图 3.1 所示,任何一个节点都可以通过总线传输介质发送或接收数据,但一段时间内只允许一个节点利用总线发送数据。当一个节点利用总线传输介质以"广播"方式发送数据时,其他结点可以用"收听"方式接收数据。

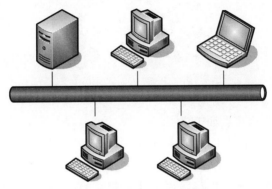

图 3.1 总线拓扑结构

总线拓扑结构的主要优点如下。

(1) 布线简单。布线时只需简单地从一处拉到另一处即可,布线容易。

(2) 电缆长度短、安装成本低。因为所有结点都接到公共总线上,因此只需很短的电缆长度,安装费用也较少。

总线拓扑结构的主要缺点如下。

(1) 由于采用分布式控制,故障检测需在各结点进行,不易管理,因此故障诊断和隔离比较困难。

(2) 加入或减少一台计算机时,会使网络暂时中断,这在重视网络管理与质量的今天是不可容忍的。

总线拓扑结构曾是使用最广泛的结构,是最传统的网络结构。目前这一结构主要应用于一些特种网络。

2. 星形拓扑

星形拓扑是由一中心主结点和一些与它相连的从结点组成。如图 3.2 所示,主结点可与从结点直接通信,而从结点之间必须经中心结点转接才能通信。星形拓扑一般有两类：一类是中心结点为一功能很强的计算机,它具有数据处理和转接双重功能,为存储转发方式,转接会产生时间延迟。另一类是转接中心仅起各从结点间的连通作用,例如,计算机交换分机系统或集线器转接系统。目前较为流行的是在中心结点配置集线器,然后向外伸出许多分支电缆,每个入网设备通过分支电缆连到集线器,集线器可执行简单网络协议。

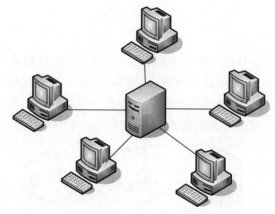

图 3.2　星形拓扑结构

星形拓扑结构的主要优点如下。

(1) 维护管理容易。由于星形拓扑结构的所有数据通信都要经过中心结点,通信状况在中心结点被收集,所以维护管理比较容易。

(2) 重新配置灵活。通过集线器连成的星状结构,若移去、增加或改变一个设备配置,仅涉及被改变的那台设备与集线器某个端口的连接,不会造成网络中断,因此改变起来比较容易,适应性强。

(3) 故障检测容易。由于各分结点都直接连向集线器,通常从集线器的灯信号便能检测到故障。

(4) 网络延迟时间较小,传输误差较低。

星形拓扑结构的主要缺点如下。

(1) 安装工作量大,连线长,费用高。

(2) 依赖于中心结点,如果处于连接中心的集线器出现故障,则全网瘫痪,故要求集线器的可靠性和冗余度都很高。

由于集线器、交换机的性价比越来越高,目前星形拓扑结构已成为小型局域网的首选。

一般来说,拓扑结构会影响传输介质的选择和控制方法的确定,因而会影响网络上结点的运行速度和网络软、硬件接口的复杂程度。网络的拓扑结构和介质访问控制方法是影响网络性能的最重要因素,因此应根据实际情况选择最合适的拓扑结构,选用相应的网络适配器和传输介质,确保组建的网络具有较高的性能。

3.3 数据通信基本概念

3.3.1 数据通信模型

数据通信是计算机与计算机或计算机与终端之间的通信。从数据通信原理角度来看,数据通信系统是通过数据电路将分布在异地的数据终端设备与计算机系统连接起来,实现数据传输、交换、存储和处理的系统。基于点到点协议的通信系统的模型如图 3.3所示。

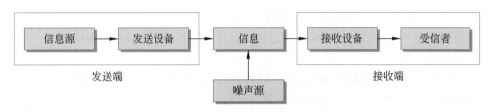

图 3.3   通信系统一般模型

信息源是消息的产生地,其作用是把各种消息转换成原始电信号。发送设备的基本功能是将信息源产生的消息信号变换成适合在信道中传输的信号。

信道是指传输信号的物理介质。在无线信道中,信道可以是大气(自由空间),在有线信道中,信道可以是明线、电缆或光纤。

噪声源是通信系统中和外界所固有的,来源是多样的。它可分为内部噪声和外部噪声,而且外部噪声往往是从信道进入的。因此,为了分析方便,把噪声源视为各处噪声的集中表现而抽象加入信道。

接收设备的基本功能是完成发送设备的反变换,即进行解调、译码、解码等。它的任务是从带有干扰的接收信号中正确恢复成信宿可以理解的信息。

信宿是传输信息的归宿点,是信息的接收者。

3.3.2 数据通信技术涉及的基本概念和评价指标

1. 基本概念

在计算机网络的数据通信中,数据、信号和信道是最基本的概念。

(1)数据(data)。在计算机网络系统中,数据即为在网络中存储、处理和传输的二进制数字编码。

(2)信号(signal)。信号是数据在传输过程中电信号的表示形式,可分为模拟信号(analog signal)和数字信号(digital signal)。模拟信号的信号电平是连续变化的;而数字信号是用两种不同的电平表示由 0、1 组成的比特序列的电压脉冲信号。

(3)信道(channel)。信道就是通信双方以传输媒介为基础的传递信号的通路。信道也有模拟信道和数字信道之分,模拟信道是以连续模拟信号形式传输数据的信道。数字信道是以数字脉冲形式(离散信号)传输数据的信道。

2. 评价指标

在计算机网络的数据通信中,常用的数据通信技术评价指标如下。

(1) 数据传输速率。数据传输速率是指单位时间内传输的信息量,常用"比特率"和"波特率"来表示。比特率是每秒传输二进制信息的位数,即为"位/秒",通常记作 b/s。常用单位符号有 Kb/s、Mb/s、Gb/s。

(2) 数据传输带宽。带宽(bandwidth)是指网络中每秒传输的最大字节数,也就是一个信道的最大数据传输速率,单位也为"位/秒"(b/s)。高带宽则意味着系统的高处理能力和通信能力。

传输带宽与数据传输速率是有区别的,前者表示信道的最大数据传输速率,是信道传输数据能力的极限,而后者是实际的数据传输速率,就像公路上的最大限速与汽车实际速度二者的关系一样。

(3) 传输延迟。传输延迟就是信息从网络的一端传送到另一端所需的时间。

传输延迟＝处理延迟＋传播延迟＋发送延迟

其中,处理延迟是数据在交换结点为存储转发而进行的一些必要的数据处理所需要的时间。传播延迟是电磁波在信道中传播一定距离所需要的时间。发送延迟是结点在发送数据时使数据块从结点进入传输介质所需要的时间,也就是从数据块的第一比特开始发送算起,到最后一比特发送完毕所需要的时间。

(4) 误码率。误码率(bit error ratio,BER)是指二进制数据位传输时出错的概率。它是衡量数据通信系统在正常工作情况下的传输可靠性的指标。

3.3.3 网络要素

计算机网络有不同的类型,大小及功能也各有不同,但是所有的网络都有消息、介质、设备这 3 个共同的基本要素。

1. 消息

无论是文本、语音还是视频,都可转换为二进制编码的数字信号,在无线、有线铜缆或者光纤上传输。传输介质不同,数字信号的形式也不尽相同,但原始信息的内容不会改变。

2. 介质

网络连接分为有线连接和无线连接。常用的有线连接的介质有传送电信号的铜缆和传送光信号的光纤。无线连接可以是使用无线路由和无线网卡的办公或家庭连接、地面站之间的无线连接及地面设备与卫星之间的连接。

1) 有线传输介质

(1) 双绞线。双绞线是指按一定规则螺旋缠绕在一起的两根绝缘铜线,它是应用最普遍的一种传输介质,例如电话线。两条线绞扭在一起的目的是为了减少导线之间的电磁干扰。双绞线的线路损失大、传输速率低、抗干扰能力较弱,但由于其价格便宜、易于安装、可实现结构化布线、传输数字信号的距离可达数百米,因此在局域网中应用得很普遍。

（2）同轴电缆。同轴电缆由内外两条导线构成，内导线是单股粗铜线或多股细铜线，外导线是一条网状空心圆柱导体，内外导线之间隔有一层绝缘材料，最外层是起保护作用的塑料外皮。同轴电缆可以在较宽的频率范围内工作，抗干扰能力强，传输距离可达几千米，在早期的计算机网络中被广泛采用。

（3）光导纤维（光纤）。光导纤维是由高折射率的细玻璃或塑料纤维外包低折射率的外壳构成。其基本工作原理是，在发送端通过发光二极管将电脉冲信号转换成光脉冲信号，在光纤中以全反射的方式传输，在接收端通过光电二极管将光脉冲信号转换还原成电脉冲信号。

由于光波的频率范围很宽，所以光纤具有很宽的频带。光可以在光纤中进行几乎无损耗的传播，因此可以实现远距离高速数据传输。此外，由于是非电磁传输，所以无辐射。光纤的抗干扰能力强、保密性好、误码率低，但光纤传输系统价格较贵，因此一般用作通信的主干线。

2）无线传输介质

（1）微波。微波是利用高频无线电波来进行通信的，发送站将数据信号载波到高频微波信号上并进行定向发射，接收站对信号进行接收并进行处理或转发。微波是直线传输的，具有很强的方向性，而地球表面是弯曲的，因此传输距离会受到限制，如果传输超过一定距离（最长不能超过50km），就要通过中继站进行接力传输。

微波传输频带较宽，成本比同轴电缆和光纤低，但误码率高。微波传输安装迅速、见效快、易于实现，是在不能敷设线路时进行远程传输、移动网络通信等场合中最经济便利的通信手段。

（2）卫星通信。卫星通信是利用地球同步卫星做微波中继站进行远距离传输的。地球同步卫星位于地面上方 3.6×10^7 m 的高空，其发射角度可以覆盖地球的 1/3 地区，三颗同步卫星就可以覆盖整个地球表面。通过地球同步卫星上的转发设备，可将来自地面的微波信号发送给所覆盖的区域或转发给其他同步卫星，因此可将信号发送到全球任何一个区域。卫星通信传输的突出特点是具有一发多收的传输功能，覆盖面积大，传输距离运，传输成本不随传输距离的增加而提高，特别适合于广域网络远程互连。卫星通信的缺点是成本高、传输延迟较长、存在泄密风险等问题。

3. 设备

信号在计算机网络中传输，除了需要传输介质，还需要网卡、交换机等很多其他的连接设备。下面，着重介绍信息系统建设中常见的网络设备。

（1）网络适配器。网络适配器又称为网络接口卡（network interface card，NIC）或网卡。它是计算机连接通信介质的接口，主要用于实现物理信号的转换以及执行网络协议。由于网络的体系结构、传输介质和访问方式等各不相同，使得网卡的种类繁多、功能差异很大。由于文件服务器上的网卡速度会直接影响整个网络的性能，所以应使用尽可能好的网卡。

（2）中继器（repeater）。中继器也称为重发器，是计算机网络中最简单的设备，用来连接相同拓扑结构的局域网。它的作用是清除信号噪声，对信号进行放大和整形，增加网段以延长传输距离。总线拓扑结构的局域网经常用重发器延长网段。例如，某公司租用了智能大厦的 1 层和 3 层，在 1 层建立一个总线拓扑结构的局域网，在 3 层也建立一个总线拓扑结构的局域网，为了使公司内部的信息系统能够正常运转，要将这两个局域网互连起来。解决方案之一就是在这两个局域网间加一个中继器以延长网段。但随着光纤网络的普及，网络的范围已大大扩展，中继器现在已基本不再使用。

（3）集线器与交换机。集线器是一种用于物理层连接的网络互连设备，相当于一个多口的中继器，以星形拓扑结构将局域网中的多台设备连接起来。在局域网中，集线器常通过双绞线将各个入网设备进行连接。

交换机又称交换式集线器，目前已广泛使用。它通过对信息进行重新生成和处理转发至指定端口，具备自动寻址和交换功能。由于交换机可根据所传递数据包的目的地址将每个信息包独立地从源端口送至目的端口，因此避免了和其他端口发生冲突。

（4）路由器（router）。路由器是局域网和广域网之间互连的关键设备，常见的路由器都具有负载平衡、阻止广播风暴、控制网络流量、增强系统容错性等功能。一般情况下，路由器都支持多种协议，可提供多种物理接口，使不同厂家，不同规格的网络产品，以及不同协议的网络实现网络互连。此外，市场上也可见到支持多种协议的复合路由器。

（5）网关（gateway）。网关又称为协议转换器，是一种复杂的网络互连设备，用于在不兼容的协议之间进行信息转换。和路由器一样，网关既可用于广域网互连，也可用于局域网互连。其基本功能是容纳不同网络间的各种差异，对互联网间的网络协议进行转换。可对数据重新进行分组，执行数据报文存储、转发功能，实现网络间的通信。由于历史原因，网关这个术语的使用不太严谨。有时候网关指的是路由器。例如，主机在连接网络时，需要指定 IP 地址和网关，这里的网关就是路由器。

3.4 网络分层模型

计算机网络系统功能强，规模大，因此计算机之间的通信相当复杂，协议的制定和应用极为纷繁复杂。为了简化通信功能的设计和实现，计算机网络系统的设计像结构化程序设计一样，实行了高度结构化的分层设计方法，将复杂的通信功能分解成一组功能明确、相对独立并且易于操作的层次功能，各层执行自己所承担的任务，依靠各层功能的组合，为用户或应用程序提供与另一端点用户之间的通信。具体如下：

（1）每一层向上一层提供服务。

（2）每一层利用下一层的服务传递信息。

（3）相邻层间有明显的接口。

在这个分层结构中，各层界限分明，避免了功能的重复，使得某层的变更不至于影响其他层。分层结构中的每一层都有相应的协议，以指导本层功能的完成。网络的这种分层结构与各层协议的集合就构成了计算机网络的体系结构。

国际标准化组织（International Standard Organization，ISO）在 20 世纪 70 年代后期提出的开放系统互连参考模型（open system interconnection reference model，OSI-RM），规定了一个 7 层的网络通信协议，如图 3.4 所示。7 层的含义如下：

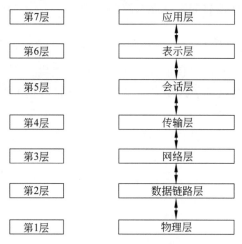

图 3.4　OSI 提出的 OSI-RM

（1）物理层：通过物理介质传送和接收原始的二进制电脉冲信号序列（位流）。

（2）数据链路层：将位流以数据报文分组为单位分解为数据包，附加上数据报头、数据报尾等信息，向网络层提供数据报文分组的发送和接收服务。

（3）网络层：根据数据报文分组中的地址提供连接和路径选择。

（4）传输层：提供计算机之间的通信联系。

（5）会话层：负责建立、管理和拆除进程之间的连接。

（6）表示层：负责处理不同数据表达方式的差异，并提供相互转换。

（7）应用层：直接和用户交互作用，具体取决于通信应用软件的特征。

3.5　常用的网络体系结构

网络体系结构是指完成网络上的一个计算任务或应用服务占用共享资源的形式和使用共享资源方式。目前。信息处理上常用的分布式体系结构有客户-服务器体系结构（client-server architecture）、浏览器-服务器体系结构（browser-server architecture）及对等体系结构（peer-to-peer architecture）。

1. 客户-服务器体系结构

在客户-服务器体系结构中，一个总是打开的主机称为服务器，用于响应其他客户的请求。例如 Web 服务器响应客户通过浏览器发来的请求。

这种结构不同于多用户联机系统和传统文件服务器-工作站结构，主要区别在于对数据的处理分前台和后台，客户程序完成屏幕交互和输入输出等前台任务，而服务器则运行DBMS，完成大量的数据处理及存储管理等后台任务。这种处理方式使后台处理的数据不需要与前台间频繁传输，从而有效解决了文件服务器-工作站模式下的"传输瓶颈"问题。网络上的用户不仅可共享打印机、硬盘或数据文件，而且可共享数据处理。客户-服务器体系结构是采用分布式数据库管理系统的基础。

2. 浏览器-服务器体系结构

因特网的迅猛发展为管理信息系统的建立与应用提供了新的机遇,越来越多的企业利用互联网技术来建立自己的管理信息系统。基于互联网技术一个典型的分布式体系结构就是浏览器-服务器体系结构。当管理信息系统使用浏览器-服务器体系结构后,不需要专用的客户端软件,客户端使用浏览器访问 Web 服务器,信息系统的业务逻辑和数据库访问在 Web 服务器上实现。Web 服务器将业务处理结果以"页面"形式发给浏览器。

从结构上看,浏览器发送请求,Web 服务器响应,所以浏览器-服务器体系结构是一种特定的客户-服务器体系结构。

3. 对等体系结构

与客户-服务器体系结构下一个服务器服务多个客户不同,对等体系结构是两个实体之间进行对等通信。在客户-服务器体系结构下,服务器需要不间断运行;而在对等体系结构下,参与的通信是临时执行的。

例如,在进行文件共享时,如果使用客户-服务器体系结构,则需要建立一个用于文件分发的服务器,供客户下载文件;而在对等体系结构下,则服务会被分布到许多的对等体上,参与者可以从另一个对等体接收文件,也可以将文件提供给其他对等体。

3.6 传输控制协议和互联网协议

3.6.1 TCP/IP 概述

传输控制协议/互联网协议(transmission control protocol/internet protocol,TCP/IP)是针对 Internet 开发的一种体系结构和协议标准,其目的在于解决异构计算机网络的通信问题,使得网络在互连时把技术细节隐藏起来,为用户提供一种通用、一致的通信服务。TCP/IP 起源于美国 ARPANET,由它的 TCP 和 IP 这两个主要协议而得名。通常所说的 TCP/IP 实际上包含了大量的协议和应用,且由多个独立定义的协议组合在一起。

OSI 参考模型研究的初衷是希望为网络体系结构与协议的发展提供一种国际标准,但由于 Internet 在全世界的飞速发展,使得 TCP/IP 得到了广泛的应用,虽然 TCP/IP 不是 ISO 标准,但广泛的使用也使 TCP/IP 成为一种"实际上的标准",并形成了 TCP/IP 参考模型。不过,ISO 的 OSI 参考模型的制定也参考了 TCP/IP 及其分层体系结构的思想,而 TCP/IP 在不断发展的过程中也吸收了 OSI 标准中的概念及特征。

TCP/IP 具有以下 4 个特点。

(1)它是开放的协议标准,可以免费使用,并且独立于特定的计算机硬件与操作系统。

(2)它独立于特定的网络硬件,可以运行在局域网、广域网中,更适用于互联网中。

(3)它提供了统一的网络地址分配方案,使得整个 TCP/IP 设备在网络中都具有唯一的地址。

（4）它是标准化的高层协议，可以提供多种可靠的用户服务。

3.6.2　互联网协议

互联网协议（internet protocol，IP）是因特网中最重要的协议，对应于因特网参考模型（又称 TCP/IP 参考模型）的网络层。IP 详细定义了 IP 数据报（datagram）的组成格式。数据报由数据报正文和数据报头两部分组成，数据报头包括发送主机的网络地址、接收主机的网络地址、数据报的数据报头校验和数据报的长度等。

IP 的主要功能包括数据报的传输、数据报的路由选择和拥塞控制。

IP 用统一的 IP 数据报格式在帧格式不同的物理网络之间传递数据，数据报的传递采用一种所谓的"无连接"方式，这里的无连接指两台主机在通信之前不需要建立好确定的连接。一台主机发出一个数据报，如果目的主机是同一子网内的一台计算机，那么它将直接被送到那台计算机上，如果这个数据报是送往子网外的另一台主机的，该数据报将先被送往子网中的路由器，然后被路由器送到因特网上进行传递。

路由器是因特网中负责进行路由选择的专用计算机。路由选择就是在网络中找到一条最合适的传输路径，将分组数据从发送端的子网送往接收端的子网的过程。路由器接收到一个分组后，取出其中数据报头部分的有关目的地址的信息，根据目的地址将数据报转发到合适路径上的下一个路由器，如果这个路由器和目的子网直接相连，那么这个数据报就被直接送到目的主机。

1. IP 地址构成

所有因特网上的计算机都必须有一个因特网上唯一的编号作为其在因特网上的标识，这个编号称为 IP 地址。每个数据报中包含有发送方的 IP 地址和接收方的 IP 地址。

IP 地址是一个 32 位的二进制数，占用 4B 存储空间，为方便起见，通常将其表示为 $w.x.y.z$ 的形式。其中 w、x、y、z 分别为一个 $0\sim255$ 的十进制整数，对应二进制表示法中的 1B。这样的表示称为点分十进制表示。例如，某台计算机的 IP 地址为 11001010001110010010000000000010，则写成点分十进制表示形式是 202.114.64.2。

整个因特网由很多独立的网络互连而成，每个独立的网络，就是一个子网，包含若干台计算机。根据这种结构，因特网的设计人员用两级层次结构构造 IP 地址，结构类似于电话号码。电话号码的前面一部分是区号，后面一部分是客户号，例如 0371-63519885，0371 是郑州的区号，63519885 则是一个单独的客户号码。IP 地址的 32 个二进制位也被分为两部分，即网络地址和主机地址，网络地址就像电话的区号，标明主机所在的子网，主机地址则在子网内部区分具体的主机。

2. IP 地址分类

根据网络号和主机号的不同，通常可以将 IP 地址分为 A、B、C 三类地址，如图 3.5 所示。

（1）A 类地址。地址的前 8 位为网络地址，且最高位为 0，在申请地址时由管理机构

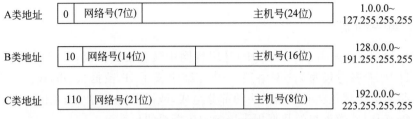

图 3.5 IP 地址分类

设定。24 位为主机地址,由网络管理员分配给本机构子网的各主机。一个 A 类地址最多可容纳 2^{24}(约 1600 万)台主机,最多可有 2^7(即 128)个 A 类地址。

(2)B 类地址。地址的前 16 位为网络地址,后 16 位为主机地址,且第一位为 1,第二位为 0。一个 B 类网络最多可容纳 2^{16}(即 65 536)台主机,最多可有 2^{14}(即 16 384)个 B 类地址。

(3)C 类地址。地址的前 24 位为网络地址,后 8 位为主机地址,且第一位、第二位均为 1,第三位为 0。一个 C 类网络最多可容纳 2^8(256)台主机,共有 2^{21}(约 200 万)个 C 类地址。

3. 特殊 IP 地址

在网络系统中并不是所有的 IP 地址都能分配给主机,有些 IP 地址具有特定的含义,因而不能分配给主机。

(1)回送地址。回送地址是指前 8 位为 01111111(十进制的 127)的 IP 地址,这个地址用于网络软件测试和本机进程间通信。

(2)子网地址。主机地址全为 0 的 IP 地址为子网地址,代表当前所在的子网。例如,当提到网络 150.24.0.0 时,指的是整个子网,150.24.0.0 这个地址不会分配给网络中的任何一台主机。

(3)广播地址。主机地址全为 1 的 IP 地址为广播地址,向广播地址发送信息就是向子网中的每个成员发送信息。例如,在 A 类网络 16.0.0.0 中向地址 16.255.255.255 发出一条信息时,网络中的每台计算机都将接收到该信息。

另外,如果需要在本网内广播,但又不知道子网地址,可以用地址 255.255.255.255 代替本网广播地址。

3.6.3 传输控制协议

IP 只负责产生符合 IP 格式的数据报并进行路由选择,然后将数据报向外发送,它并不关心数据报能否正常到达目的计算机。因为网络拥挤和其他种种可能的网络故障,数据报在传输时可能会出现损坏或丢失,有时接收方可能会接收到一个数据报的多个副本,或者数据报到达目标计算机的顺序颠倒。

数据传输的可靠性是由传输控制协议(TCP)来提供的。TCP 的主要功能如下。

(1) 传输中的差错控制。在发送端,TCP 发出分组后等待从接收端传来的确认信息,如果超时没有收到确认信息就重发分组。在接收端,TCP 对每一个收到的分组进行完整性检测,若分组完整无差错,就向发送端返回一个已正确接收该分组的信息,否则丢弃该分组。

(2) 分组排序。在网络传输数据的过程中,可能会出现同一分组被重复传输的情况,这时接收端的 TCP 只接收第一个正确到达的副本,而对于其他重复分组则自动丢弃。TCP 接收到所有分组后,再按其原来顺序组装成一条完整信息。

(3) 流量控制。当网络因繁忙导致频繁超时时,TCP 采用合适的机制来控制向外发送的数据量。

3.6.4　域名技术

IP 地址记忆起来十分不方便,因此为每台主机取了一个便于记忆的名字,这就是域名地址。如主机 211.67.128.10 的域名地址是 www.hnufe.edu.cn。

1. 域名地址的构成

一个完整的域名地址由若干部分组成,各部分之间由"."隔开,每部分有一定的含义,且从右到左各部分之间大致上是上层与下层的包含关系,域名的级数通常不超过 5。

例如,域名地址 dns.huel.edu.cn 代表中国(cn)教育科研网(edu)上河南财经政法大学校园网(huel)内的域名服务器(dns 代表域名服务器)。

作为因特网的管理机构,因特网体系结构委员会(Internet Architecture Board,IAB)为了表示主机所属的机构的性质,给出了 7 个顶级域名,美国之外的其他国家的互联网管理机构还使用 ISO 规定的国别代码作为域名后缀来表示主机所属的国家。

2. 域名系统

对用户来说,有了域名地址就不必去记 IP 地址了。但对于计算机来说,数据分组中只能是 IP 地址而不是域名地址,这就需要把域名地址转换为 IP 地址。通常情况下,因特网服务提供商的网络中心都有一台专门完成域名地址到 IP 地址转换的计算机,这台计算机称为域名服务器,例如河南财经政法大学的域名服务器是 dns.huel.edu.cn。域名服务器上运行着一个数据库系统,数据库中保存的是域名地址与 IP 地址的对应。用户的主机在需要把域名地址转换为 IP 地址时向域名服务器提出查询请求,域名服务器根据用户主机提出的请求进行查询并把结果返回给用户主机。

域名系统(domain name system,DNS)采用的是层次式管理机制。如 cn 域代表中国,它由中国互联网信息中心(CNNIC)管理,它的一个子域 edu.cn 由 CERNET 网络中心负责管理,edu.cn 的子域 huel.edu.cn 由河南财经政法大学网络中心管理。域名系统采用层次结构的优点是,每个组织可以在它们的域内再划分域,只要保证组织内的域名是唯一的,就不用担心与其他组织内的域名冲突。

3.7 Web 技术

3.7.1 Web 基础

因特网改变了人们的工作、学习和生活方式,而这一切应主要归功于 WWW(World Wide Web,万维网)。它是因特网最基本、应用最广泛的服务,通过超链接的方式使用户能非常方便地从因特网的一个站点访问另一个站点,从而获取丰富的信息。中国互联网络信息中心印发的《中国互联网络发展状况统计报告》公布的我国网站数量,截至 2021 年 6 月,我国网站数量为 422 万个,在这样的背景下,Web 站点设计技术越来越受到人们的重视,技术发展也日新月异。

Web 出现于 1989 年 3 月,由欧洲粒子物理研究所(European Organization forNuclear Research,CERN)的科学家 Tim Berners Lee 发明。1990 年 11 月,第一个 Web 服务器 nxoc01.cern.ch 开始运行,Tim Berners Lee 在自己编写的 Web 浏览器上看到了最早的 Web 页面。1991 年,CERN 正式发布了 Web 技术标准。1993 年,第一个图形界面的浏览器 Mosaic 开发成功,1995 年,著名的 Netscape Navigator 浏览器问世。随后,微软公司推出了著名的浏览器软件 IE(Internet Explorer)。目前,与 Web 相关的各种技术标准都由著名的 W3C 组织(World Wide Web Consortium)管理和维护。

Web 是一个分布式的超媒体(Hypermedia)信息系统,它将大量的信息分布于整个因特网上。Web 的任务就是向人们提供多媒体网络信息服务。

从技术层面看,Web 技术核心有以下 3 点。

(1)超文本传送协议(hyper text transfer protocol,HTTP),实现万维网的信息传输。

(2)统一资源定位符(uniform resource locator,URL),实现互联网信息的定位统一标识。

(3)超文本标记语言(hypertext markup language,HTML),实现信息的表示与存储。

1. 超文本传送协议

超文本传送协议是 Web 浏览器和 Web 服务器之间进行通信最常用的应用层协议,采用客户-服务器模型。

2. Web 系统的客户-服务器模式

Web 以客户-服务器模式工作。前面所提及的浏览器就是 Web 客户程序,它的任务是向服务器发出文档访问请求;Web 服务器则负责存储信息,响应客户请求,返回客户所要求的 Web 文档。Web 中的客户和服务器的信息传递使用 HTTP。

常用的 Web 服务器软件有 Apache、IIS 等,Web 浏览器软件有 IE、Firefox、Safari 及 Chrome 等,用户浏览 Web 页面的方法主要有两种,一种方法是在浏览器的地址栏中输入 URL。另一种方法是单击当前访问的 Web 页面中的超链接。无论采用哪种方法,浏览器都向目标主机(即 Web 服务器)发送一个 HTTP 请求。HTTP 定义的信息交互处理由以下 4 步组成:

（1）浏览器与 Web 服务器建立 TCP 连接。

（2）浏览器向 Web 服务器提出请求。

（3）如果请求被接受,则服务器发送回响应,在响应中包括状态码和所需的文件。

（4）浏览器和 Web 服务器断开连接。

在浏览器主窗口中显示的 Web 文档称为 Web 页面(page),它是一种超媒体信息。超媒体信息的基础是超文本(hypertext)信息,超文本指的是一种电子文档,其中的文字包含可以链接到其他段落或文档的超文本链接,即超链接(hyperlink)。利用超链接可以找到连接到因特网上的任何超文本系统,这些超文本系统分布于因特网的众多主机上,形成庞大的分布式信息系统。

超媒体与超文本的区别在于文档的内容不同。超文本文档仅包含文本信息,而超媒体文档除了包含文本信息外,还包含图形、图像、声音、动画以及视频等多媒体信息,其内容更为丰富多彩,表现手段更为多样化。

3. 统一资源定位符

Web 信息分布于全球,要找到所需信息就必须有说明该信息存放在哪台计算机的具体位置的定位信息。统一资源定位符(uniform resource locator,URL)就是用来标识 Web 文档的,任意一个文档在因特网范围内具有唯一标识符 URL。

实际上,URL 不仅用于标识 Web 文档,还用于标识因特网其他类别的文档资源,如 FTP、电子邮件文档等,这也是其名称中"统一资源"所表达的含义。URL 通过定义资源位置的抽象标识来定位网络资源,格式如下:

<信息访问方式>：//<主机>：<端口号>/<文件路径>

其中参数含义如下。

<信息访问方式>表示访问信息采用的 TCP/IP 应用协议,最常用的有 HTTP(超文本传输服务)、FTP(文件传输服务)和 News(网络新闻服务)3 种。

<主机>表示网络主机的域名或 IP 地址,它指出信息存放的主机。

<端口号>表示信息服务采用的软件端口。

<文件路径>表示所访问信息的存储路径(通常为虚拟路径而不是存储文件的实际路径)。

在 URL 的各部分中,只有<主机>部分是必需的,其余 3 项均可以省略。若省略<信息访问方式>,则默认采用 HTTP。若省略<端口号>,则采用 TCP/IP 标准的保留端口号(如 HTTP 保留端口号是 80)；若省略<文件路径>,则访问该主机的默认文档(如 IIS Web 默认访问文档为 default.html 等)。

4. 超文本标记语言 HTML

HTML 是在因特网上建立超文本文件的语言,源于 SGML(standard generalize

markup language,标准通用标记语言)的设计概念,SGML 是国际标准化组织指定的定义标记语言的国际标准。SGML 的设计目的是为了使网络上的文档格式统一,易于交流。SGML 的标记,英文称为 tag,就是在文档需要的地方插入特定记号来控制文档内容的显示,这就是文档格式定义。HTML 采用 SGML 的"文档格式定义"概念,通过标记和属性对文本的语义进行描述,并提供由一个文件到另一个文件或一个文件内部不同部分之间的链接。HTML 标记是区分文本各个部分的分界符,用于将 HTML 文档划分成不同的逻辑部分(如段落、标题等),它描述了文档的结构,与属性一起向浏览器提供该文档的格式化信息以决定 Web 页面的显示特征。

HTML 标记用"<"和">"包含若干字符表示,通常成对出现,前一个是起始标记,后一个为结束标记。大部分标记都带有一个或多个属性,属性为浏览器提供的执行标记命令所需的附加信息。

HTML 文档的基本结构如下:

```
<HIML>
<HEAD>
文档头部分
</HEAD>
<BODY>
文档的主体部分
</BODY>
</HTML>
```

HTML 页面以<HTML>开始,以</HTML>结束。在它们之间,就是文档头和主体部分。文档头部分用<HEAD>…</HEAD>标记界定,一般包含网页标题、文档属性参数等不在页面上显示的网页元素。而主体部分用<BODY>…</BODY>标记来界定,是网页的主体,其所有内容均会显示在页面上,页面的内容主要包括文字、图像、动画、超链接等。

3.7.2 Web 开发技术

目前开发企业网站主要有两种方法。

方法 1:使用 Java 开发语言和 Eclipse 开发平台,同时使用 JSP 技术来进行网站的开发,并且由于 Java 语言和 Eclipse 开发平台都是开源的,因此可以节省一次性的软件采购费。

方法 2:使用微软公司的开发工具,例如使用 C♯编程语言和 Visual Studio 开发平台,同时使用 ASP 技术来开发企业网站。由于微软的产品都是付费的,因此选择本方法需要购买相应软件。

3.7.3 Web 3.0 技术

网络技术的升级依次经历了 Web 1.0 技术、Web 2.0 技术和 Web 3.0 技术。在 Web 1.0 技术下,每个用户在接收到信息后,不能立刻给对方回复信息,必须首先把要回复的信息发送给服务器,服务器验证通过后再转发给对方指定用户,这种背景下,信息交互的效率非常低下。而在 Web 2.0 技术下,信息是对等的,每个用户既可以作为信息的接收者,又可以作为信息的发送者。用户接收到对方的信息后,就可以直接给对方回复信息,不需要服务器转发。因此 Web 2.0 技术提供了信息交互的高时效性,并且在 Web 2.0 技术背景下,出现了 Facebook、微信、微博等实时聊天工具。Web 3.0 技术在 Web 2.0 技术基础上增加了个性化需求。Web 3.0 技术可以为用户提供更加个性化的通信服务。例如从互联网订购一款专属的个性化水杯等。该技术通过更加简洁的方式为用户提供更为个性化的互联网信息定制的一种技术整合。Web 3.0 技术将会是互联网发展中由技术创新走向用户理念创新的关键一步。

3.7.4　5G 技术

第五代移动通信技术(简称 5G)是具有高速率、低延迟、大连接等特点的新一代宽带移动通信技术,是实现人、机、物互连的网络基础设施。国际电信联盟(International Telecommunication Union,ITU)定义了 5G 的三大类应用场景,即增强移动宽带、超高可靠低延迟通信和海量机器类通信。增强移动宽带主要面向移动互联网流量爆炸式增长,为移动互联网用户提供更加极致的应用体验;超高可靠低延迟通信主要面向工业控制、远程医疗、自动驾驶等对延迟和可靠性具有极高要求的垂直行业应用需求;海量机器类通信主要面向智慧城市、智能家居、环境监测等以传感和数据采集为目标的应用需求。

5G 生活最大的优点是可以实现视频数据资源的实时分享。由于通信带宽和速度的提升,使得用户间在分享视频数据资源时,可以更快、更完整。例如,某场足球比赛,现场观众都用自己的电子设备,从不同角度拍摄了自己喜欢的比赛视频片段。如果现场的观众能把各自拍摄的不同角度的比赛视频片段及时分享在 5G 网络,由于 5G 网络的数据传输速度很快,进而场外观众通过 5G 网络就可以及时观看到不同用户从不同角度拍摄的视频片段。

3.8　物联网

3.8.1　物联网定义

物联网(internet of things,IoT)的概念是由美国麻省理工学院的 Ashton 教授于 1998 年最早提出的。随着网络技术的发展,物联网技术逐渐受到了全球的广泛关注。物联网是指通过二维码识读设备、射频识别(radio frequency identification,RFID)、全球定位系统(global position system,GPS)、激光扫描器和红外感应器等信息传感设备与技术,实时采集任何需要监控、连接和互动的物体的声、光、电、热、力学、化学、生物、位置等各种信息,按约定的协议,把任何物体与互联网相连接,进行信息交换和通信,以实现人与物和物与物的相互沟通和对话,对物体进行智能化识别、定位、跟踪、管理和控制的一种信息网络。

物联网是"物与物相连的互联网"。物联网的核心和基础仍然是互联网,即它是互联网的延伸和扩展,允许任何物体之间进行信息交换和通信。物联网不仅是实现物与物之间的连接,更重要的是物与物的信息交互,以及由此衍生出来的各种应用。物联网技术范畴中的"物"一般要满足以下条件:要有相应的信息发送器和接收器;要有一定的存储功能和计算能力;要有专门的应用程序;要遵循物联网的通信协议;在网络中有可识别的唯一标识。

物联网把新一代信息技术充分运用在各行各业之中,具体地说,就是把感应器嵌入和装备到电网、铁路、桥梁、隧道、公路、建筑、供水系统、大坝、油气管道等各种物体中,然后将物联网与现有的互联网整合起来,实现人类社会与物理系统的整合,在这个整合的网络当中,存在能力超级强大的中心计算机群,能够对整合的网络内的人员、机器、设备和基础设施实施实时的管理和控制,在此基础上,人类可以更加精细和动态地管理生产和生活,达到"智慧"状态,提高资源利用率和生产力水平,改善人与自然间的关系。

物联网包括3种基本的应用模式:一是对物体的智能识别,即通过二维码或RFID等技术来识别和区分特定的对象,并利用网络获取该特定对象的名称、生产日期、价格和用途等相关信息等;二是环境监控和对象跟踪,即利用多种类型的传感器构成的传感器网络,实现对特定对象的实时状态获取和行为监控,如使用分布在市区的化学传感器监控大气中二氧化碳的浓度及通过GPS跟踪车辆位置信息等;三是对物体的智能控制,物联网可以对传感器网络获取的数据进行分析和处理,形成科学决策,然后实施有效的对象行为控制,如根据交通路口车辆的流量自动调整红绿灯的时间间隔等。

物联网将现实世界数字化和网络化,其应用范围十分广泛,遍及智能交通、环境保护、政府工作、公共安全、平安家居、智能消防、工业监测、环境监测、路灯照明管控、景观照明管控、楼宇照明管控、广场照明管控、老人护理、个人健康、水系监测、食品溯源等多个方面。国际电信联盟于2005年发布的《ITU互联网报告2005:物联网》中指出,无所不在的物联网通信时代即将来临。

3.8.2　物联网基础架构

物联网的网络架构由感知层、网络层、应用层组成。各层通过相互配合,协同完成真正意义上的物与物相连。

(1)感知层。该层也称感知交互层,主要实现智能感知和交互功能,包括信息采集、捕获、物体识别和控制等。感知层的关键技术包括传感器、控制器、RFID、自组织网络、短距离无线通信、低功耗路由等多项技术。

(2)网络层。该层也称网络传输层,主要实现信息的接入、传输和通信,包括接入层和核心层。网络层可依托公众电信网或互联网,也可以依托行业专业通信网络,或者同时依托公众网和专用网,例如接入层依托公众网、核心层依托专用网,或者接入层依托专用网、核心层依托公众网。通过网络层的信息交换与传输,可以使物联网实现更大范围的覆盖和信息共享。

(3)应用层。该层也称应用处理层,主要实现信息的处理与决策,通过中间件实现网络层与物联网应用服务间的接口和功能调用,包括对业务的分析整合、共享、智能处理、管理等,具体体现为一系列业务支撑平台、管理平台、信息处理平台、智能计算平台、中间件平台等。应用层则主要包含监控服务、智能电网、工业监控、绿色农业、智能家居、环境监控、公共安全等各类应用服务。物联网应用层既包括局部区域的独立应用,又包括广域范围的统一应用。部分以楼宇内的控制系统、特定区域的环境监测系统等局部区域的独立应用为主,部分则是手机支付、全球性的 RFID 物流和供应链系统等广域范围的统一应用。

3.8.3 物联网技术应用实例——智能物流

物联网相关技术最有现实意义的应用领域之一是物流领域。物联网的建设会进一步提升物流智能化、信息化和自动化水平,推动物流功能整合,对物流服务各环节运作将产生积极影响。具体地讲,主要有以下几方面。

1. 生产物流环节

基于物联网的物流体系可以实现整个生产线上的原材料、零部件、半成品和产成品的全程识别与跟踪,减少人工识别成本和出错率。通过应用产品电子代码(electronic product code,EPC)技术,就能通过识别电子标签来快速从种类繁多的库存中准确地找出各个工位所需的原材料和零部件,并能自动预先形成详细补货信息,从而实现流水线均衡、稳步生产。

2. 运输环节

物联网能够使物品在运输过程中的管理更透明,可视化程度更高。通过给在途运输的货物和车辆贴上 EPC 标签,在运输线的一些检查点安装上 RFID 接收转发装置,企业能实时了解货物目前所处的位置和状态,实现运输货物、线路、时间的可视化跟踪管理。此外,还能帮助实现智能化调度,提前预测和安排最优的行车路线,缩短运输时间,提高运输效率。

3. 仓储环节

将 EPC 技术等物联网技术应用于仓储管理,可实现仓库的存货、盘点、取货的自动化操作,从而提高作业效率,降低作业成本。入库存储的商品可以实现自由放置,提高了仓库的空间利用率。通过实时盘点,能快速、准确地掌握库存情况,及时进行补货,提高了库存管理能力,降低了库存水平。同时,按指令准确、高效地拣取多样化的货物,减少了出库作业时间。

4. 配送环节

在配送环节,采用 EPC 技术能准确了解货物存放位置,大大缩短拣选时间,提高拣选效率,加快配送的速度。通过读取 EPC 标签,与拣货单进行核对,提高了拣货的准确性。此外,可确切了解目前有多少货箱处于转运途中、转运的始发地和目的地,以及预期的到达时间等信息。

5. 销售物流环节

当贴有 EPC 标签的货物被客户提取,智能货架会自动识别并向系统报告。通过网络,物流企业可以实现敏捷反应,并通过历史记录预测物流需求和服务时机,从而使物流企业更好地开展主动营销和主动式服务。

虽然物联网给物流产业带来很多积极的影响,但是总体来说,当前的应用还处于初级阶段,物联网在物流中的应用还存在技术、标准、安全及成本等方面的问题。目前,物联网已经成为继计算机、互联网和移动通信技术之后的又一次科技浪潮,在未来的物联网时代,信息技术与信息支持仍然是一个主流的发展方向。结合国家的物联网技术产业战略规划,物流企业要努力实现物流的高度自动化的组织与实施、物流决策的高度智能化、物流管理的高度虚拟化以及第四方物流信息平台的信息共享。物联网技术支持的物流管理也是信息科学技术的主流发展方向。未来国际科技竞争中,必须大力将物联网信息化管理融入物流领域,物联网技术将成为物流信息化的核心技术。任何一个物流新业务的开展,都离不开物联网技术的支撑,基于物联网技术的信息化工作一定要走在新的增值业务之前,信息化需首先准备好。企业应该重视物流信息化对整个物流体系的影响,加快信息化的建设,提高物联网时代信息化服务的水平,以促进物联网时代物流企业的转型和升级。

3.9 智慧城市

智慧城市是建立在发达的移动互联网、物联网和无线传感网基础之上的高度互连的数字化城市。构建在云计算技术基础上的城市公共信息服务平台是智慧城市的基本配置,智慧城市的智能性来源于对城市运营数据的创新应用,大数据创新产业的成熟标志着智慧城市初步建成。

数字城市是建设智慧城市的前提。数字城市以计算机技术、多媒体技术和大规模存储技术为基础,以宽带网络为纽带,运用遥感、全球定位系统、地理信息系统、遥测、仿真虚拟等技术,对城市进行多分辨率、多尺度、多时空和多种类的三维描述,即利用信息技术手段把城市的过去、现状和未来的全部内容在网络上进行数字化虚拟实现。"数字城市"系统是一个人地(地理环境)关系系统,它体现人与人、地与地、人与地相互作用和相互关系,系统由政府、企业、市民、地理环境等既相对独立又密切相关的子系统构成。数字城市是实体物理城市在"数字空间"的映射,它与现实城市物理空间分离,而智慧城市通过物联网把虚拟城市的"数字空间"与现实城市的"物理空间"融合在一起,智慧城市是数字城市的延伸、拓展和升华。

移动互联网是智慧城市建设的最佳实践载体。移动互联网将移动通信和互联网二者结合起来,成为一体。用户通过移动互联网可以随时随地地使用随身携带的移动终端(智能手机、平板计算机、笔记本计算机等)获取互联网服务。随着宽带无线接入技术的发展和移动终端设备的普及,我国移动互联网进入全民时代。根据中国移动互联网发展大会发布的移动互联网蓝皮书《中国移动互联网发展报告(2014)》数据显示,截至 2014 年 1

月,我国移动互联网用户总数达 8.38 亿户,在移动电话中的渗透率达 67.8%,手机网民规模达 5 亿人,占总网民数的八成多,手机用户占移动互联网用户量的第一位。

移动互联网以其移动化、宽带化、融合化、便携化、可定位化、实时性的特征为用户的工作与生活带来了极大便利。例如,用户可以通过移动终端实时查询交通路况系统的路况信息,规划适合自己行程的出行路线;还可以通过移动终端实时查询地图系统帮助用户找到自己的目的地;在等待时乘客可以阅读新闻、观看视频以及发表心情。根据用户和服务商在移动互联网的行为可以将移动互联网数据分为用户生成内容(user-generated content,UGC)和机器生成内容(machine-generated content,MGC)。用户生成内容主要包括用户上传的视频、图片和文本,主要源于人的自我表达需求;机器生成内容主要包括传感数据、服务器日志等,主要源于科技、军事和商业需求。用户使用移动终端满足自己各种需求的同时,也为智慧城市建设提供了海量的数据,移动互联网实现了互联网、人际关系网和物联网的融合,为智慧城市的建设提供了最佳的载体。

物联网是智慧城市建设的桥梁。物联网的概念是在 1999 年提出的,其定义是通过射频识别(radio frequency identification,RFID)、红外感应器、全球定位系统(GPS)、激光扫描器等信息传感设备,按约定的协议,把任何物品与互联网连接起来,进行信息交换和通信,以实现智能化识别、定位、跟踪、监控和管理的一种网络。物联网以其强大的感知能力为智慧城市提供了对城市进行实时监控的可能,只有通过环境感知、水位感知、照明感知、城市网管感知、移动支付感知、个人健康感知、无线城市门户感知、交通交互感知等,智慧城市才能实现对市政、民生、产业等方面的智能化管理。

云计算是智慧城市的重要动力。云计算是一种基于网络的支持异构设施和资源流转的服务供给模型,它提供给客户可自治的服务。云计算支持异构的基础资源和异构的多任务体系,可以实现资源的按需分配、按量计费,达到按需索取的目标,最终促进资源规模化,促使分工的专业化,有利于降低单位资源成本,促进网络业务创新。智慧城市系统是由多种行业、多个领域及多个城市复杂系统组成的综合系统,其多个应用之间存在信息共享、交互的需求,需要抽取各个应用系统的数据进行综合计算以便为城市管理者、企业领导者、城市普通居民提供决策的依据。这些相互联系、密不可分的系统需要多个强大的信息处理中心对各种信息进行处理,云计算技术以其低成本、虚拟化、可伸缩、多租户的特点,可以帮助解决智慧城市建设中需要大规模分布式数据管理、面向服务应用集成以及快速资源部署等问题。

数字城市建设、云计算、物联网只是智慧城市建设的手段,为城市居民提供更幸福的生活才是智慧城市的根本目标。为了更好地服务于城市居民,必须实时感知城市状态,分析城市信息,充分利用移动互联网数据,实现对城市数据的利用并反作用于城市,使城市变得更加美好。

3.10 社会计算

社会计算是一门现代计算技术与社会科学之间的交叉学科,主要研究面向社会活动、社会过程、社会结构、社会组织和社会功能的计算理论和方法;研究计算及信息技术在社会中得到的应用,从而影响传统的社会行为的这个过程;基于社会科学知识、理论、方法,借助计算及信息技术来帮助人类认识和研究社会科学的各种问题。

社会计算旨在在社会问题和计算技术之间架起桥梁,从基础理论、实验手段及领域应用等各个层面突破社会科学与计算科学交叉借鉴的困难。因此,社会计算研究可以定位如下。

(1)在深入理解当前社会问题动态性、快速性、开放性、交互性、数据海量性和复杂性的基础上,为解决新兴社会问题建立统一的社会科学基础模型和理论框架。

(2)社会科学基础模型和理论“计算化”或建立其到计算技术的映射机制,研究与社会相关应用中的建模与计算方法,自下而上地为解决新兴社会问题提供整套理论和技术支撑。

(3)深化学科交叉研究,为网络化社会背景下的社会科学研究提供实验方法;同时,以新兴问题促进相关研究领域内涵和内容的延拓,推动基础理论和方法的创新和突破。

社会计算的研究目标应为这一新兴学科的建设提供核心建模、实验和管理与控制的理论基础和方法,实现社会科学、信息科学和管理科学多学科交叉研究的实质进展和融合,搭建通用社会计算实验平台和编程环境,并通过在特定领域中的应用和拓展,对社会安全和应急、社会经济系统安全以及工业生产安全等方面形成有效指导。

具体任务应包括以下内容。

(1)建立针对网络化社会中新型问题的社会科学理论,构建计算社会学的基础理论框架,为复杂社会问题的建模和实验提供社会科学基础。

(2)建立社会计算中系统建模、实验、真实与计算模型互动核心理论基础,研究社会计算中的计算和学习方法论。

(3)构建统一的、可编程的社会计算实验平台和实验环境。从社会安全、应急管理、经济系统安全、工程安全等领域入手,研究对真实社会系统的监控和管理中涌现出的科学问题并提供针对这些领域的整套技术方案。

(4)凝聚一支由来自社会科学、计算科学和管理科学等领域的研究人员所组成的跨学科的、体系结构完整的高水平社会计算研究队伍,为此领域学科建设和引领国际、国内创新研究做出实质性贡献。

通常可以认为社会物理学、社会心理学和社会计算学相互之间有内容交叉。为了更有效地利用人工社会的模型,可以把计算机技术作为实验手段,进而对涉及社会计算的命题进行论证,演绎地对其正确性进行界定,如图3.6所示。

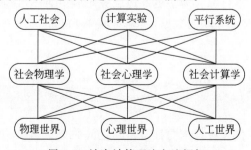

图3.6 社会计算理论方法框架

本章小结

1. 计算机网络基础

计算机网络按照作用范围不同可分为局域网、城域网、广域网。根据计算机网络拓扑结构不同,可以分为总线拓扑结构和星形拓扑结构的网络。

数据通信是计算机与计算机或计算机与终端之间的通信,在计算机网络的数据通信中,数据、信号和信道是最基本的概念,在数据通信中,常用的评价指标有数据传输速率,数据传输带宽、传输延迟和误码率。

计算机网络有不同的类型,大小及功能上各有不同,但所有的网络都有消息、介质、设备和协议这 4 个共同的基本要素。

国际标准化组织(ISO)提出的开放系统互连参考模型(OSI-RM),规定了一个 7 层的网络通信协议,自下而上为物理层、数据链路层、网络层、传输层、会话层、表示层、应用层。

基于网络的分布式系统在信息处理上常用的计算模式有客户-服务器模式(client-server model)、浏览器-服务器模式(browser-server model)及对等计算模式(peer-to-peer model,P2P)。

电视、电话和计算机通信都使用相同的规则、设备和介质传递时,产生了融合网路。

2. 因特网

因特网基于 TCP/IP 进行通信,它把世界各地的局域网、城域网等互连起来。互联网协议的主要功能包括数据报的传输、数据报的路由选择和拥塞控制。数据传输的可靠性是由传输控制协议(TCP)来提供的。

IP 地址是一个 32 位二进制数,是计算机在因特网上的标识。根据网络号和主机号所占位数的不同,通常可以将 IP 地址分为 A、B、C 三类 IP 地址。但 IP 地址记忆起来不方便,每台主机可以取一个便于记忆的名字,这就是域名地址,因特网通过域名管理系统(DNS)完成域名地址到 IP 地址的转换。

数据传输的可靠性由传输控制协议来提供。TCP 的主要功能有差错控制、分组排序和流量控制。

3. Web 技术

Web 技术核心有 3 点:超文本传送协议(HTTP)用于实现万维网的信息传输,统一资源定位符(URL)用于实现互联网信息的定位统一标识,超文本标记语言(HTML)用于实现信息的表示与存储。

基于 Web 构建信息系统,需要 CSS、JSP 等技术在浏览器端完成系统与用户的交互功能,在服务器端需要程序设计来实现信息系统的业务逻辑,常用的技术有 PHP、JSP、ASP.NET 等。

4. 基于因特网协议的 MIS 体系结构

企业利用内联网(intranet)的 Web 模型作为标准平台,采用因特网的 TCP/IP 作为通信协议,运用防火墙技术保证内部网络资源的安全性,在企业内部网络上形成了三层结构的客户-服务器模式,即浏览器-应用服务器-数据库服务器模式,并由此构成了企业 MIS 的基础结构。

5. 物联网

物联网包含感知延伸层、网络层、应用层,第一层负责采集物和物相关的信息;第二层是异构融合的通信网络,包括现有的互联网、通信网、广电网以及各种接入网和专用网,通信网络对采集到的物体信息进行传输和处理;第三层是应用和业务,为手机、个人计算机等各种终端设备提供感知信息的应用服务。

习题 3

一、简答题

1. 计算机网络常见的分类方法有哪些? 它们是如何分类的?
2. 组成计算机网络的设备有哪些?
3. 举例说明什么是网络协议。
4. 网络计算模式有哪些异同点?
5. 计算机网络可以划分为哪 7 层?
6. 什么是物联网? 物联网有哪些典型应用?

二、讨论题

1. 除了本章介绍的 Web 技术之外,还有哪些常见的应用于 Web 的技术?
2. 物联网应用会对社会产生哪些影响? 物联网未来发展的主要领域会有哪些?
3. 请列举几项智慧城市成功应用的案例。
4. 举例说明自己对社会计算技术有哪些理解。

三、实践题

1. 个人求职网站的设计。

通过设计一个简单网站,了解简单网页的开发过程和 HTML 语言的语法规则和常用标签的使用方法,学会网页发布的方法。

本学习任务在完成的过程中,可以参考以下示例代码。

```
<html>
<head>
<title>个人求职网站</title>
```

```html
</head>
<body>
<img src="resume.jpg" align="center">
<h1>个人简历</h1>
<center>
<a href="1.html">个人陈述</a>
<a href="2.html">个人爱好</a>
<a href="3.html">个人相册</a>
</center>
</body>
</html>
```

2. 个人课程表的设计。

结合本学期每位学生的课程表,各自设计一个网页,显示自己本学期的课程表。

本学习任务在完成的过程中,可以参考以下示例代码。

```html
<html>
<head>
<title>设定跨行的表格</title>
</head>
<body>
<table bgcolor=red width="600" border="1">
    <caption>课程表</caption>
    <tr bgcolor=yellow>
        <td>节次</td>
        <td>星期一</td>
        <td>星期二</td>
        <td bgcolor=blue>星期三</td>
        <td>星期四</td>
        <td>星期五</td>
    </tr>
    <tr>
        <td>第 12 节</td>
        <td>体育</td>
        <td>大学英语</td>
        <td>高等数学</td>
        <td rowspan="2">数据结构</td><!--此处定义了一个单元格占了两行-->
        <td>Web 开发</td>
    </tr>
    <tr> <!--表格第二行-->
        <td>第 34 节</td>
        <td>大学英语</td>
        <td>高等数学</td>
```

```
        <td>数据结构</td><!--此处开始少了一个单元格,因为上一行已经定义-->
        <td>Web 开发实验</td>
    </tr>
    <tr><td colspan="6">适用时间: 2008—2009 第一学期 083007 班</td></tr>
</table>
</body>
</html>
```

第4章

数据库技术基础

本章学习目标

- 了解数据管理的发展过程。
- 了解数据库概念、构成、DB 数据管理的特点。
- 掌握关系数据库的基本概念。
- 了解 SQL 语言的概念。
- 了解数据库的设计步骤。
- 了解数据仓库、数据挖掘及其大数据的概念及应用。

数据管理技术是计算机科学技术的一个重要分支,也是信息系统的核心技术基础。20 世纪 50 年代以来,计算机应用由科学研究逐步扩展到企业、政府部门和社会的各个领域,数据处理很快上升为计算机应用的一个最重要的方面。近年来,数据库技术发展非常迅速,随着网络技术和多媒体技术的发展,数据仓库、大数据和数据挖掘技术的兴起,结合商业智能技术的应用,也成为目前信息以及数据管理的一个重要手段。

4.1 数据管理的发展过程

信息是管理的基础,是决策的依据。没有对信息的收集、传递、存储和加工处理,管理者既无法了解组织的运行状况,也无法实施对组织的各项管理控制职能。美国通用电气公司(General Electric Company,GE)首先使用计算机进行工资和成本会计核算,开创了现代信息系统发展的先河。现代信息系统经历了由单机到网络,由低级到高级,由电子数据处理到信息管理再到决策支持,由单项事务处理到企业资源计划综合管理系统的发展历程。在应用需求的推动以及计算机软硬件发展的基础上,数据管理技术经历了人工管理、文件系统和数据库系统 3 个阶段。

4.1.1 人工管理

从 1946 年计算机诞生至 20 世纪 50 年代中期,计算机主要用于科学计算。计算机除硬件设备外没有任何软件可用,使用的外存只有磁带、卡片和纸带,没有磁盘等直接存取设备。软件中只有汇编语言,没有操作系统,数据完全由人工进行管理。

人工管理阶段的数据模型如图4.1所示。注意,虽然图4.1中将程序和数据分成两部分,但是程序和数据事实上是一体化的。

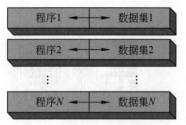

图 4.1 数据人工管理模型

在人工管理阶段,数据管理呈现出如下特点。

(1)数据不保存。一组数据对应于一个应用程序,应用程序与其处理的数据结合成一个整体。程序运行结束后,释放内存空间,程序和数据同时被撤销。

(2)没有软件对数据进行管理。如果数据的存储结构发生变化,读写数据的程序也要发生改变,数据没有独立性。

(3)没有文件概念。数据的组织方法由程序设计人员自行设计和安排。

(4)数据面向应用。数据附属于程序,即使两个应用程序使用相同的数据,不能共享数据。因此,程序与程序之间可能有大量的重复数据。

4.1.2 文件系统

20世纪50年代后期到60年代中期,计算机不仅用于科学计算,也大量用于经营管理活动。硬件设备有了磁盘、磁鼓等直接存储设备;软件发展了操作系统和各种高级语言。人们可以将应用程序所需的大量数据组织成一个数据文件长期保存在直接存取存储设备上,利用操作系统中的文件管理随时可以对文件中的数据进行存取,并且只需要知道相应的文件名即可实现按名存取。

文件系统的模型如图4.2所示。通过文件系统,程序和数据之间有了比较清晰的边界,不同的程序可以使用相同的文件,反之,一个程序也可以访问不同的文件。

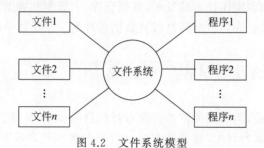

图 4.2 文件系统模型

1. 文件系统的特点

用文件系统进行数据管理具有如下特点。

(1)数据可长期保存在磁盘上。用户可通过程序对文件进行查询、修改、插入或删除操作。

(2)文件系统提供程序和数据之间的读写方法。文件管理系统是应用程序与数据文件之间的一个接口。应用程序通过文件管理系统建立和存储文件;反之,应用程序要存取文件中的数据,必须通过文件管理系统实现。程序和数据之间有了一定的独立性。

（3）文件形式可以多样化。文件之间是相互独立的，文件与文件之间的联系需要用程序实现。

（4）数据的存取基本上以记录为单位。

2. 文件系统的缺陷

文件系统的缺陷如下。

（1）数据冗余大，数据还是会在多个文件中被重复存储。

（2）数据的不一致。这是由数据冗余和文件之间的独立性造成的，在更新数据时，很难保证同一数据在不同文件中的一致。

（3）程序与数据之间的独立性差。修改文件的存储结构后，相关的程序也要修改。

4.1.3　数据库系统概述

从 20 世纪 60 年代后期开始，存储技术有了很大的发展，产生了大容量磁盘。计算机用于管理的规模更加庞大，数据量急剧增长。原有文件系统的固有缺陷使之不能满足大量应用和用户对数据的共享性和安全性等需求。为了提高效率，人们着手开发和研制更加有效的数据管理模式，并由此提出了数据库的概念。1968 年，IBM 公司研制成功数据库管理系统（information management system，IMS）标志着数据管理技术进入了数据库阶段。

使用数据库系统管理数据的基本思想是，将整个系统涉及的所有数据按一定的结构集中存放在数据库中，由数据库管理系统负责统一的数据管理和数据控制，用户或应用程序通过数据库管理系统操作数据库，存取其中的数据。数据库系统的数据存取模型如图 4.3 所示。

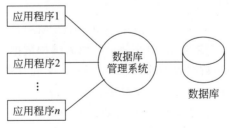

图 4.3　数据库管理系统模型

与文件管理相比，数据库技术有了很大的改进，主要表现在以下方面。

（1）数据库中的数据是结构化的。数据库系统不仅考虑数据项之间的联系，还要考虑记录之间的联系。

（2）数据库中的数据是面向系统的，任何应用程序都可以通过标准化接口访问数据库。

（3）数据库系统比文件系统有更高的数据独立性。

（4）数据库系统为用户提供了方便、统一的接口。用户可以用数据库系统提供的查询语言和交互式命令操纵数据库。用户也可以用高级语言编写程序来访问数据库，扩展了数据库的应用范围。

　　不仅如此,数据库技术的发展使数据管理上了一个新台阶,在数据完整性、安全性、并发访问和数据恢复方面,数据库管理系统都提供了非常完善的功能选择。

4.2　数据库技术及基本概念

　　数据库技术是信息系统的一个核心技术,是一种计算机管理数据的方法。数据库技术的研究包括如何组织和存储数据,以及如何高效地获取和处理数据。它是通过研究数据库的结构、存储、设计、管理以及应用的基本理论,并利用这些理论来实现对数据库中的数据进行处理、分析和理解的技术。数据库技术研究和管理的对象是数据,利用数据库管理系统能够实现对数据库中的数据进行添加、修改、删除、处理、分析、理解、报表和打印等操作,并利用应用管理系统最终实现对数据的处理、分析和理解。

4.2.1　数据库

　　数据库(database)是长期存储在计算机内的、大量的、有组织的、可共享的数据集合。数据库中的数据按一定的数据模型进行组织、描述和存储,它有以下特点。

　　(1) 最小冗余。数据库中的数据尽可能不重复。

　　(2) 数据独立性。数据库中的数据与应用程序没有依赖关系。

　　(3) 安全性。保护数据库,以防止不合法使用。

　　(4) 完整性。存取数据库中数据的过程要确保其正确性、一致性和有效性。

　　(5) 数据共享。数据库中的数据可以同时为多个用户和多个应用程序服务。

4.2.2　数据库管理系统

　　数据库管理系统(database management system,DBMS)是一个用来管理数据库的软件系统,它能科学地组织和存储数据,以高效地获取和维护数据。数据库管理系统是位于用户与操作系统之间的一层数据管理软件,主要用来定义和管理数据库,处理数据库与应用程序之间的联系。它包括以下几个主要功能。

　　(1) 数据定义。使用数据定义语言,可对数据库中的数据对象进行定义。

　　(2) 数据操作。使用数据操作语言,可对数据库中的数据进行查询、插入、修改、删除等操作。

　　(3) 数据库的运行管理。在数据库建立、运行和维护时,保证数据的安全、完整,实现多用户并发使用以及故障后的系统恢复。

　　(4) 数据库的建立和维护。初始数据的输入、转换,数据的转储和恢复,以及数据库重组织功能和性能监视、分析功能等。

4.2.3　数据库系统

　　数据库系统(database system,DBS)是指基于数据库的一个人机系统,主要包括数据库、数据库管理系统、应用系统、数据库管理员和用户,如图 4.4 所示。

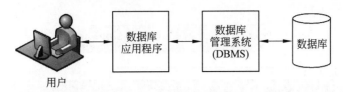

图 4.4　数据库系统的组成

　　数据库系统的出现是信息系统从以加工数据的程序为中心转向以共享的数据库为中心的新阶段,这样既便于数据的集中处理,又有利于应用程序的研发和维护,提高了数据的利用率和相容性,提高了决策问题的可靠性。

4.3　数据库的数据模型

　　数据库是数据的集合,它不仅仅反映数据本身的内容,而且反映数据之间的联系。由于计算机不可能直接处理现实世界中的具体事务,所以必须把具体事务转换成计算机能够处理的数据。在数据库中用数据模型这个工具来抽象、表示和处理现实世界中的数据和信息。通俗地讲,数据模型就是对现实世界的模拟。

　　数据模型是数据库系统的一个核心问题,是对客观事物及其联系的抽象和模拟,是数据库系统设计中用于提供信息表示和操作手段的形式结构,是 DBMS 实现的核心和基础。数据模型不同,数据库中数据组织方式以及由此引发的操作方式也不同。数据库的类型就不同。目前,数据模型主要有层次模型(hierarchical model)、网状模型(network model)和关系模型(relational model)3 种。其中关系模型是 3 种数据模型中最重要的模型。20 世纪 80 年代以来,计算机系统厂商推出的数据库管理系统几乎全部支持关系模型。

4.3.1　层次模型

　　层次模型是最早用于数据库技术的一种数据模型,它是按层次结构来组织数据的。层次结构也称为树状拓扑结构,树中的每一个节点代表一种实体类型。这些节点满足以下条件。

　　(1) 有且仅有一个节点无双亲(parent)。

　　(2) 其他节点有且仅有一个双亲。

　　在层次模型中,根(root)处在最上层,其他节点都有上一级节点作为其双亲。这些节点称为双亲的孩子(children),同一双亲的孩子称为兄弟(sibling),没有孩子的节点称为叶(leaf)。双亲和孩子表示了实体之间一对多的关系。

　　层次模型是现实世界中各种数据关系的抽象和反映,企业组织、产品结构以及家庭关系都呈现层次结构。例如,大学中各个院系的组织结构图就是非常典型的层次结构,如图 4.5 所示。

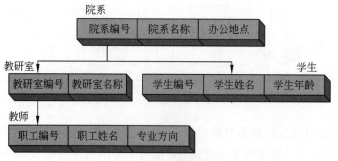

图 4.5　层次模型

4.3.2　网状模型

层次模型中的一个节点只能有一个双亲节点，且节点间的联系只能是 1∶M 的关系，在描述现实世界中自然的层次结构关系时比较简单、直观，易于理解，但对于更复杂的实体间联系就很难描述了。在网状模型中，节点之间的联系是任意的，任意两个节点间都能发生联系，更适于描述客观世界。

虽然网状模型适于描述现实实体，但在计算机处理时却增加了复杂度。例如，如果实体之间存在 M∶N 这样的联系，数据结构的组织和处理会十分繁杂。因此，在已经实现的网状数据库中，一般只处理 1∶M 的联系；对于 N∶M 关系，要先转换成 1∶M 联系，然后再处理。通常也将只有 1∶M 关系的网称为简单网，而将存在 N∶M 关系的网称为复杂网。

网状模型的典型代表是 DBTG(Data Base Task Group，数据库任务组)系统，这是 20世纪 70 年代数据系统语言研究会 CODASYL(Conference On Data System Language)下属的数据库任务组提出的一个方案。它虽然不是实际的软件系统，但对网状数据库系统的研究和发展起了重大的作用，现有网状数据库系统大都是基于 DBTG 报告文本开发的。

4.3.3　关系模型

关系模型是目前应用最广泛的一种数据模型。20 世纪 80 年代以来，几乎所有的数据库系统都支持关系模型，非关系模型也增加了关系模型接口，关系型数据库已经成为数据库系统的工业标准。

关系模型的数据结构是用二维表格表达的实体集，与前两种数据模型相比，其数据结构相对简单。在现实世界中，人们经常使用的履历表、报名表、统计表、调查表等各种表格来表示信息，这些表格可以非常直接地转化为计算机存储信息。

例如，表 4.1 和表 4.2 所示为一个描述学生选课信息的关系模型数据结构。

由表 4.1 和表 4.2 可以得到数据之间的一些"联系"，例如张元和张红是计算机学院的学生，他们的计算机基础、操作系统和数据结构成绩分别是 89、81、96 分和 85、74、77 分。在关系模型中，数据被组织成一张二维表格，每一张二维表格称为一个关系。二维表中存放了两类数据与实体本身以及实体之间的联系，因此关系模型的数据组织是非常简单的，它将数据和关系一体化地存储在二维表格中。

表4.1　学生信息表

学　号	姓名	出生日期	性别	专　业	院　系
2014070101	张元	1995-10-09	男	计算机科学与技术	计算机学院
2014070102	张红	1995-01-14	女	计算机科学与技术	计算机学院
2014070103	王明	1996-07-08	男	计算机科学与技术	计算机学院
2014070104	李伟	1996-03-11	男	计算机科学与技术	计算机学院
2014070105	孙楠	1996-11-19	男	财务管理	会计学院

表4.2　学生成绩表

学　号	课 程 名 称	成　绩
2014070101	计算机基础	89
2014070101	操作系统	81
2014070101	数据结构	96
2014070102	计算机基础	85
2014070102	操作系统	74
2014070102	数据结构	77
2014070104	计算机基础	89

4.4　关系数据库

4.4.1　关系数据库概述

关系数据库系统是支持关系模型的数据库系统。

在关系数据库中数据的基本结构是二维表(table),即数据按行、列有规则地排列、组织。数据库中的每个表都有唯一的表名。

1. 关系模型中的基本术语

下面介绍关系模型中的基本术语。

(1) 关系(relation)。关系在逻辑上对应一个按行、列排列的二维表,表名就是关系名,如表4.1所示。

(2) 属性(attribute)。表中的一列称为一个属性(或称一个字段),每个属性起一个名字,即属性名,如表4.1所示,每列表示一个属性(学号、姓名、出生日期、性别、专业、院系)。

(3) 域(domain)。属性的取值范围称为域。例如,性别的域是(男,女);院系的域是学校所有院系的集合。

（4）元组（tuple）。表中的每一行称为元组，又称记录（record）。如在表 4.1 的"学生"关系中，元组如下：

(2014070101,张元,1995-10-09,男,计算机科学与技术,计算机学院)
(2014070102,张红,1995-01-14,女,计算机科学与技术,计算机学院)
(2014070103,王明,1996-07-08,男,计算机科学与技术,计算机学院)
(2014070104,李伟,1996-03-11,男,计算机科学与技术,计算机学院)
(2014080201,孙楠,1996-11-19,男,财务管理,会计学院)

（5）候选码（candidate key）。如果一个属性或属性集的值能够唯一标识一个关系的元组，又不包含多余的属性，则称该属性或属性集为候选码，又称候选关键字或候选键，一个关系上可以有多个候选码。

（6）主键（primary key）。在关系模型中，不允许一个表中有两个完全相同的元组，表中能够唯一标识元组的一个属性或属性集合称为主键（或称主码）。主键是多个候选码中的一个。

表 4.1 中的"学号"可以唯一确定一个学生，就成为"学生"关系的主键。主键可以由一个属性组成，也可以由多个属性共同组成。如表 4.2 所示的成绩表，其主键由"学号"和"课程名称"共同组成。若只有"课程名称"属性，"学号"属性为空，则无法确定是哪个学生的成绩，而只有"学号"属性，"课程名称"为空，不能确定是该学生哪门课程的成绩。因此，这个表的主键是由"课程名称"和"学号"两个属性构成的。

（7）主属性（prime attribute）。主键的诸属性称为主属性。在表 4.2 的"成绩"关系中"学号"或"课程名称"都是主属性。

（8）外键（foreign key）。如果一个属性或属性集合不是某个关系的主键，而是另外一个关系（称为被参照关系）的主键，则这个属性或属性集合称为该关系（称为参照关系）的外键（或称外码）。

例如，在表 4.2 的"成绩"关系中，"学号"属性和表 4.1 的"学生"关系中的主键"学号"相对应，因此"学号"属性是"成绩"关系的外键。

（9）关系模式（relation schema）。二维表的结构称为关系模式。对关系的描述一般表示为：关系名（属性 1，属性 2，…，属性 n）。

例如，学生信息表的关系模式表示如下：

学生(学号,姓名,出生日期,性别,地址,专业,院系)

2. 关系模型中的表具有的性质

关系模型中的表与普通的二维表有本质上的区别，关系模型中的表具有如下性质。

（1）关系中每一列的所有值具有相同的数据类型，且取自同一个域。

（2）不同属性必须有不同的名称，但是不同属性的属性值可以出自相同的域，即不同属性的属性值取值范围可以相同。

（3）任意两行（即两条记录）不能完全相同。

（4）列的次序对表达查询要求的查询表达式没有影响。

（5）行的次序对表达查询要求的查询表达式没有影响。

（6）关系中的每个属性都是不可再分的最小数据项，即表中的每一列都不可再分，不允许表中还有表。

4.4.2　常用的关系数据库

目前有许多关系数据库产品，如 Oracle、SQL Server、Access、MySQL、SQLite、DB2 等。这些产品各在数据库市场上占有一席之地。下面简要介绍几种常用的数据库管理系统。

1. Oracle 数据库管理系统

Oracle 是 Oracle（甲骨文）公司开发的关系数据库产品，是最早商品化的关系型数据库管理系统，也是应用广泛、功能强大的数据库管理系统。作为一个通用的数据库管理系统，Oracle 不仅具有完整的数据管理功能，还是一个分布式数据库系统，支持各种分布式功能，特别是支持 Internet 应用。作为一个应用开发环境，Oracle 提供了一套界面友好、功能齐全的数据库开发工具，具有可开放性、可移植性、可伸缩性等特点。最新版的 Oracle 支持类、方法、属性等面向对象的功能，使得 Oracle 产品成为一种面向对象的关系数据库管理系统，并且根据用户的需求实现了信息生命周期管理（information lifecycle management）等多项创新。Oracle 的功能强大，一般应用于中大型数据的存储管理的信息系统中。

2. SQL Server 数据库管理系统

SQL Server 是 Microsoft 公司开发的一款典型的关系型数据库管理系统，可以在许多操作系统上运行，它使用 Transact-SQL 完成数据操作。由于 SQL Server 是开放式的系统，其他系统可以与它进行完好的交互操作。它具有可靠性、可伸缩性、可用性、可管理性等特点，为用户提供完整的数据库解决方案。加上合理的费用，因此 SQL Server 是应用于最广泛的数据库之一。

3. MySQL 数据库管理系统

MySQL 是由瑞典 MySQL AB 公司开发的最流行的关系型数据库管理系统，在 Web 应用方面 MySQL 是最好的关系数据库管理系统应用软件之一。对于一般的个人使用者和中小型企业来说，MySQL 提供的功能已经绰绰有余，而且由于 MySQL 是开放源码软件，因此可以大大降低总体拥有成本。由于其体积小、速度快、总体拥有成本低，尤其是开放源码这一特点，一般预算有限的中小型网站的开发都选择 MySQL 作为网站数据库。

4. DB2 数据库管理系统

DB2 是美国 IBM 公司开发的一套关系型数据库管理系统，它主要的运行环境为 UNIX（包括 IBM AIX）、Linux 以及 Windows 服务器版本。DB2 主要应用于大型应用系统,具有较好的可伸缩性,可支持从大型机到单用户环境,应用于所有常见的服务器操作系统平台下。DB2采用了数据分级技术,能够使大型机数据很方便地下载到局域网数据库服务器,使得客户-服务器用户和基于局域网的应用程序可以访问大型机数据,并使数据库本地化及远程连接透明化。DB2以拥有一个非常完备的查询优化器而著称,其外部连接改善了查询性能,并支持多任务并行查询。DB2具有很好的网络支持能力,每个子系统可以连接十几万个分布式用户,可同时激活上千个活动线程,对大型分布式应用系统尤为适用。

5. SQLite 轻型数据库管理系统

SQLite是一个基于C语言的嵌入式SQL数据库引擎,它实现了一个小型、快速、自包含、高可靠性、功能齐全的SQL数据库引擎。SQLite的数据库文件格式是跨平台的,使得SQLite几乎是世界上使用最广泛的数据库引擎。SQLite可以内置于所有手机和大多数计算机中,人们每天使用的无数手机应用程序中大都是用SQLite进行数据的管理和存取。与大多数其他SQL数据库不同,SQLite没有单独的服务器进程。SQLite把具有多个表、索引、触发器和视图的完整SQL数据库包含在单个磁盘文件中直接读写。

4.4.3 SQL 概述

SQL(structured query language,结构化查询语言)是一种用于数据库定义、操纵、控制、查询和编程的语言。1986年10月,美国国家标准局(American National Standard Institute,ANSI)数据委员会X3H2批准将SQL作为关系数据库语言的美国标准,同年公布了SQL标准文件(SQL-86)。1987年,国际标准化组织也通过了这一标准。自SQL成为国际标准以后,各个数据库厂家纷纷推出各自的SQL软件或与SQL的接口软件,这使大多数数据库均用SQL作为共同的数据存取语言和标准接口,使不同数据库系统之间的互操作有了共同的基础。SQL成为国际标准对数据库以外的领域也产生了很大影响,有不少软件产品将SQL语言的数据库查询功能与图形功能、软件工程工具、软件开发工具、人工智能程序结合起来。SQL已成为数据库领域中的一个主流语言。

SQL是一种介于关系代数与关系演算之间的结构化查询语言,是一个通用的、功能极强的关系数据库语言。之所以能够为用户和业界所接受并成为国际标准,正是因为它是一个综合的、功能极强又简捷易学的语言。SQL语言集数据定义、数据操纵、数据查询、数据控制的功能于一体,语言风格统一,可以独立完成数据库生命周期中的全部活动,包括定义关系模式、建立数据库、查询、更新、维护、数据库重构、数据库安全性控制等一系列操作要求,为数据库应用系统的开发提供了良好的环境。用户在数据库系统投入运行后,还可根据需要随时、逐步地修改模式,并且不影响数据库的运行,从而使系统具有良好的可扩展性。

SQL语言主要由数据定义语言(data definition language,DDL)、数据操纵语言(data manipulation language,DML)和数据控制语言(data control language)组成。SQL功能极强,但由于设计巧妙,语言十分简洁,具体如下。

(1) 数据定义语言。用于定义和管理数据库以及数据库中的各种对象,包括

CREATE、ALTER、DROP 等语句,如 CREATE TABLE 创建表、DROP TABLE 删除表等。

(2) 数据操纵语言。用于查询、添加、修改和删除数据库中的数据,包括 SELECT 查询数据、INSERT 插入记录、DELETE 删除记录、UPDATE 修改数据等语句。

(3) 数据控制语言。用于设置或者更改数据库用户或角色权限,包括 GRANT 授予权限、REVOKE 撤销授权、COMMIT 提交事务、ROLLBACK 回滚事务等语句。

下面是一些常用的 SQL 语句。

(1) 使用 SELECT 语句进行查询:

```
SELECT STUDENT_NAME FROM STUDENT_TALBE WHERE STUDENT_GENDER='female'
```

其中,SELECT 是 SQL 数据操纵语言中的查询语句,STUDENT_NAME 是属性名,STUDENT_TALBE 是数据库中的二维表的名字,WHERE STUDENT_GENDER='female'是条件:性别为女。这条完整的 SQL 语句的含义就是从二维表 STUDENT_TALBE 中查询所有性别为女的记录的 STUDENT_NAME 属性。

(2) 使用 INSERT 语句向一个数据库的二维表中插入数据:

```
INSERT INTO STUDENT_TALBE VALUES (值1,值2,…)
```

其中,STUDENT_TALBE 是数据库中的二维表的名字,后边的值1、值2 等是这个表中相应属性的值。这句话的意思就是在二维表 STUDENT_TALBE 中插入一条记录,这条记录的各个属性的取值则为值1、值2 等的数值。

(3) 使用 UPDATE 语句更新数据库中某个二维表中记录:

```
UPDATE STUDENT_TALBE SET STUDENT_NO=123 WHERE STUENT_NAME='张三'
```

其中,WHERE STUENT_NAME='张三'表达在二维表 STUDENT_TALBE 中以此为条件搜索相关的记录,然后使用 SET 后边的赋值等式 STUDENT_NO=123 将符合 STUENT_NAME='张三'条件的记录中 STUDENT_NO 属性的值更新为123。

(4) 使用 DELETE 语句删除记录的语句:

```
DELETE FROM STUDENT_TALBE WHERE STUENT_NAME='张三'
```

这句 SQL 语句的含义是在二维表 STUDENT_TALBE 中删除所有符合条件 STUENT_NAME='张三'的记录。

SQL 语言既是自含式语言,又是嵌入式语言。作为自含式语言,它能够独立地用于联机交互的使用方式,用户可以在终端键盘上直接输入 SQL 命令对数据库进行操作;作为嵌入式语言,SQL 语言能够嵌入高级语言(如 C、Java)程序中,供程序员设计程序时使用。而在两种不同的使用方式下,SQL 语言的语法结构基本上是一致的。这种以统一的语法结构提供两种不同的使用方式的做法,提供了极大的灵活性与方便性。

4.4.4 数据库设计

数据库设计(database design)是实现数据库在 IT 领域应用的主要内容之一,它是指根据用户当前以及潜在的需求,在调查分析之后,构造最优的数据库模式,建立数据库及其信息应用系统的过程。

早期的数据库设计没有现成的规范可循,缺乏科学理论和工程方法的支持,设计人员完全凭自己的经验和技巧自主地设计数据库,设计质量难以保证,这种方法称为手工试凑法。为此,三十多个国家的数据库专家于 1978 年 10 月在美国的新奥尔良市专门讨论了数据库设计问题,提出了数据库设计的规范,这就是著名的新奥尔良方法。现在常用的规范设计法大多起源于新奥尔良方法,按照规范设计法,通常可以将数据库设计的全过程分为以下 6 个基本阶段,如图 4.6 所示。

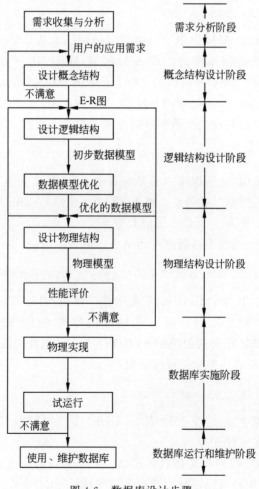

图 4.6 数据库设计步骤

（1）需求分析。

（2）概念结构设计。

（3）逻辑结构设计。

（4）物理结构设计。

（5）数据库实施。

（6）数据库运行和维护。

在数据库设计的不同阶段采用了某些具体的技术和方法。基于关系模型的数据库设计方法采用 E-R（实体-联系）法来设计数据库的概念模型（属于概念设计阶段），即用 E-R 图表示现实世界中的实体以及实体之间的联系，然后将其转换为某一具体的数据库管理系统所支持的数据模型。基于 3NF 的数据库设计方法则采用规范化理论来设计关系数据库的数据模型（即逻辑模型，属于逻辑设计阶段），即在需求分析的基础上确定数据库模式存在全部属性及其依赖关系，先将它们组织在一个单一的关系模式中，然后通过模式分解将其规范化为若干个关系模式的集合。在以上 6 个阶段中，需求分析和概念结构设计可以独立于任何数据库管理系统，因此，在设计的初期，并不急于确定到底采用哪一种数据库管理系统，从逻辑结构设计阶段开始就要选择一种具体的数据库管理系统。

目前已有一些工具软件可以通过人机交互方式来辅助设计人员完成数据库设计过程中的很多任务，这样的工具软件统称为计算机辅助软件工程（computer-aided software engineering，CASE），例如，Oracle 公司的 Designer、Sybase 公司的 PowerDesigner、Microsoft 公司的 Visio、CA 公司的 ERWin Data Modeler、Rational 公司的 Rational Rose 等。

【案例 4-1】 下面以学生成绩管理系统为例，结合数据库设计的基本步骤以及 SQL 语言进行数据库的设计。

1. 需求分析

在进行数据库设计之前，首先准确了解和分析各种用户的应用需求。以下是这个系统需求分析的结果：

对于学生成绩管理系统，假定学校只有一种类型的学生，每名学生有唯一的一个学号，还有姓名、性别、年龄、班级等基本信息。学校开设了多门课程，每门课程有唯一的一个课程号，还有课程名、学分、课程简介等基本信息。每名学生可以根据需要有选择地选修多门课程，同时每门课程也可以供多名学生选修。在学期末，学生所选课程的成绩被输入数据库中，供学生在网上进行查询。

2. 概念结构设计

概念结构设计是整个数据库设计的关键，它通过对用户需求进行综合、归纳和抽象，形成独立于任何数据库管理系统的概念模型，概念结构设计的主要工具是模型。

E-R 模型有 4 个基本成分。矩形表示实体，椭圆形表示实体属性，菱形表示联系，连线表示实体之间以及属性之间的联系。矩形框、椭圆形框、菱形框内要标注实体、属性和联系的名字，连线两头标注联系的类型是一对一、一对多还是多对多。

首先，根据用户需求，分析潜在的实体。实体通常是需求文档中的中心名词，主要活动都是围绕它们开展的。针对学生成绩管理系统，显然可以找出学生和课程这两个实体，因为该系统的主要活动——课程的选修以及成绩的输入与查询都是围绕这两个实体开展的。每一个实体都有相应的属性用来描述它。

其次，根据用户需求，确定实体之间的联系。在本系统中，选修就是这两个实体之间发生的主要动作。由于一名学生可以选修不同课程，一门课程可以由不同学生选修，因此，这两个实体之间的选修联系是一个多对多联系（$m:n$）。选修联系形成后，会产生一个基本属性,这就是要向数据库中输入课程成绩。

根据以上分析,可以画出学生成绩管理系统的 E-R 图,如图 4.7 所示。

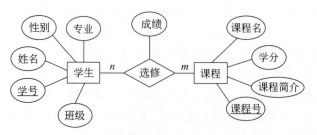

图 4.7　学生成绩管理系统的 E-R 图

3. 逻辑结构设计

逻辑结构设计是将概念模型转换为某一具体数据库管理系统支持的数据模型(即逻辑模型,如关系模型),并对其进行优化的过程。

关系模型是最常用的逻辑模型,其数据结构是关系,用关系模式进行描述,因此所有这些关系模式的集合就构成了关系数据库的逻辑模式(即关系模型),因此概念模型向逻辑模型的转换,实际上就是将 E-R 图中的实体以及实体之间的联系转换为若干个关系模式,并确定其中的属性和码。

E-R 图向关系模型的转换需要遵循以下原则。

(1) 实体的转换。一个实体(型)转换为一个关系模式,关系模式的属性就是实体的属性,关系模式的码就是实体的码。

(2) 二元联系的转换。

① 一对一联系。可以和任何一端实体转换得到的关系模式合并,即在被合并的关系模式中增加与该联系相连的另一实体以及联系本身的属性,合并后的关系模式的码保持不变。

② 一对多联系。可以和 n 端实体转换得到的关系模式合并,即在 n 端实体转换得到的关系模式中增加该联系相连另一端实体(即 1 端实体)的码(该属性在合并后的关系模式中还是一个外码)以及联系本身的属性,合并后的关系模式的码保持不变。

③ 多对多联系。转换为一个独立的关系模式,关系模式的属性包括与该联系相连的两端实体的码以及联系本身的属性,关系模式的码由这两个实体的码共同组成,在这个独立的关系模式中,它们也都是外码。

在本系统中,选择关系模型进行逻辑结构设计。根据图 4.7 所示学生成绩管理系统的 E-R 图,可以得知实体"学生"与"课程"之间是多对多的联系,根据上述的转换原则,可以转换为以下 3 个关系模式:

学生(学号,姓名,性别,专业,班级)
课程(课程号,课程名,学分,课程简介)
选修(学号,课程号,成绩)

4. 物理结构设计

物理结构设计是为数据模型选取一个最适合应用环境的物理结构,包括存储结构和存取方法,这依赖于具体的数据库管理系统。物理设计主要包括聚簇设计、索引设计和分区设计。

在目前商品化的关系数据库管理系统中,数据库的大部分物理结构都由系统自动完成,用户需要设计的部分已经很少了。

5. 数据库实施

在数据库实施阶段,根据逻辑结构设计和物理结构设计的结果,设计人员用数据库管理系统提供的数据定义语言(如 SQL)建立数据库,并编制、调试应用程序,组织数据入库,进行试运行。SQL 语言是一种通用的关系数据库语言,因此无论选用哪一种关系数据库,都可以用几乎相同的 SQL 语句来进行物理结构的设计。如果选用 Microsoft Access 作为 DBMS,可以用以下的 SQL 语句设计数据库中的二维表。

① 创建关系。学生(学号,姓名,性别,专业,班级)的二维表的 SQL 语句如下:

```
CREATE TABLE STUDENT_TABLE
(
STUDENT_NO TEXT(10) [NOT NULL] [PRIMARY KEY],
STUDENT_NAME TEXT(30),
STUDENT_GENDER TEXT(4),
MAJOR TEXT(30),
CLASS TEXT(30)
)
```

其中,[NOT NULL]表达此属性不能为空值,[PRIMARY KEY]表达此属性为主键,TEXT 是文本型数据类型,后边括号内的数字表达此数据类型的长度。

创建关系:课程(课程号,课程名,学分,课程简介)的二维表的 SQL 语句如下:

```
CREATE TABLE COURSE_TABLE
(
COURSE_NO TEXT(10) [NOT NULL] [PRIMARY KEY],
COURSE_NAME TEXT(30),
CREDIT TEXT(30),
INTRODUCTION TEXT(500)
)
```

其中,MEMO 是长度比较长的文本数据类型。

② 创建关系。选修(学号,课程号,成绩)的二维表的 SQL 语句如下:

```
CREATE TABLE COURSESELECT_TABLE
(
STUDENT_NO TEXT(10) [NOT NULL],
COURSE_NO TEXT(10) [NOT NULL],
SCORE TEXT(30)
CONSTRAINT pk_CSelect PRIMARY KEY (STUDENT_NO,COURSE_NO)
)
```

其中,CONSTRAINT pk_CSelect PRIMARY KEY (STUDENT_NO,COURSE_NO)

的含义是指定 STUDENT_NO 和 COURSE _NO 一起组成主键。

6. 数据库运行和维护

数据库试运行合格后,就可以交给用户正式运行了。但由于应用环境的不断变化,对数据库的维护工作将是一项长期任务。在数据库运行阶段,对数据库经常性的维护工作主要由数据库管理员负责完成,包括数据库的转储和恢复、数据的安全性和完整性控制、数据库性能的监督与分析改造、数据库的重组织和重构造。

4.5 数据管理技术发展

当前数据库技术已经成为数据组织的主要方式,特别是关系数据库,由于它具有概念清晰、结构简单、语言一体化、能进行集合处理以及数学基础坚实等特点,在数据库应用和研究中占据了主导地位。随着互联网和多媒体技术的迅猛发展,各种高级数据管理技术已经出现并在持续开发中,以适应新的数据管理应用的需要。其中数据仓库、数据挖掘和大数据是近年来数据管理技术研究和实践领域中发展最为迅速的。

4.5.1 数据仓库

数据仓库(data warehouse,DW)是信息技术领域和企业界最新、最热门的流行词汇和概念之一。提高顾客的满意度、不断增加市场份额和利润、增强企业的市场竞争力等所有与企业历史信息相关的重大战略决策都需要数据仓库技术的支持。为支持企业的分析活动和决策任务,数据仓库将分析和决策所需的、来自不同业务数据库的、大量同构或异构的历史数据集成在一起,并以异于传统业务数据库的、面向分析主题的全新方式对数据进行重新组织和进行不同层次的汇总,形成单一集成的数据资源,从而使 DSS 分析员的工作变得容易很多。

1. 数据仓库的概念

目前,数据仓库一词尚没有一个统一的定义,著名的数据仓库专家 W. H. Inmon 在 *Building the Data Warehouse* 一书中将其定义如下:数据仓库是一个面向主题的、集成的、稳定的且随时间变化的数据集合,用来支持管理人员的决策。对于数据仓库的概念可以从两个层次予以理解,首先,数据仓库用于支持决策,面向分析型数据处理,它不同于企业现有的、用来处理日常事务的操作型数据库;其次,数据仓库对多个异构的数据源进行了有效集成,集成后按照主题进行了重组,并包含大量的、长期的历史数据,而且存放在数据仓库中的数据一般不做修改。

根据以上概念,数据仓库具有以下 4 个基本特征。

(1) 面向主题性。操作性数据库的数据组织面向特定业务的日常事务处理任务,各个业务系统之间相互分离、分析和决策所需的相关数据能分散在不同的业务数据库中,例如,要分析的客户投保信息就分散在汽车保险、健康保险、人寿保险、意外伤害保险等多个业务数据库中,这给分析和决策带来了困难;而数据仓库中的数据则是按照一定的主题域进行组织的。主题是一个抽象的概念,是指用户使用数据仓库进行分析和决策时所关心的重点方面,如客户、保险单、索赔等,一个主题通常与一个业务系统相关。

（2）集成性。面向事务处理的操作型数据库通常只与某些特定的应用相关,数据库之间相互独立,并且往往是不一致的、异构的。而数据仓库中的数据则是在对原有分散的数据库数据进转换、清理、装载的基础上,经过系统加工、汇总和整理得到的,消除了源数据中的噪声和不一致性,从而保证数据仓库中的信息是关于整个企业的一致的全局信息。

（3）不可更改性。操作型数据库中的数据通常需要实时更新,数据根据需要及时发生变化。而数据仓库中的数据则主要供企业决策分析之用,所涉及的数据只是历史数据,一旦某个数据进入数据仓库以后,一般情况下将被长期保留,也就是数据仓库中一般有大量的查询操作,很少有对数据的修改和删除操作,通常只需要做定期的装载、追加。

（4）随时间不断变化性。操作型数据库主要关心当前某一个时间段内的数据,而数据仓库中的数据通常包含历史信息,系统地记录了企业从过去某一时点(如开始应用数据仓库的时点)到目前的各个阶段的历史信息,通过这些历史信息,可以对企业的发展历程和未来趋势做出定量分析和预测。

企业数据仓库的建设,是以现有企业业务系统和大量业务数据的积累为基础的。数据仓库是静态的概念,只有把信息及时交给需要这些信息的使用者,供他们做出改善其业务经营的决策,信息才能发挥作用,信息才有意义。而把信息加以整理、归纳和重组,并及时提供给相应的管理决策人员,是数据仓库的根本任务。因此,从产业界的角度看,数据仓库是一个工程,是一个过程。

2. 数据仓库的框架结构

数据仓库提供了一种使信息可用于决策制定的方法。一个有效的数据仓库战略必须能处理现代企业的复杂问题。每个事物处理系统都会产生数据,并且存放在不同的数据库中。用户需要随时随地地访问数据,以满足对数据的需求。因此,一个数据仓库必须适应商业模式,而不是支配和改变它。

数据仓库使得经理、管理人员、分析专家和用户能够从它们业务活动的许多方面查询和分析公司数据。数据仓库允许用户对下列数据进行复杂的分析:为适应特别指标而摘录的、聚集的和汇总的数据,用来获取新数据的数据,为取消不想要和不必要的数据而重新格式化或过滤的数据,和其他数据源集成在一起的数据。

数据仓库系统由后置处理、中间处理和前置处理等多个模块所构成。系统以早期事务处理系统作为开始,通过中间过程对数据进行处理,使数据以局部而不是集中的方式支持用户操作,并最终实现用户对数据仓库内数据的查询。同时系统还包括覆盖整个处理过程的基础技术,例如安全系统,它不仅控制着在终端数据仓库的输入过程,还控制着用户在数据仓库的前台访问能力。

数据仓库的框架结构如图4.8所示。

3. 数据仓库与数据库的区别

数据库特别是常用的关系型数据库,由很多二维表组成。而数据仓库则是数据库概念的一种升级,其数据组成可以来自多个不同类型的数据库以及数据文件,因而数据仓库

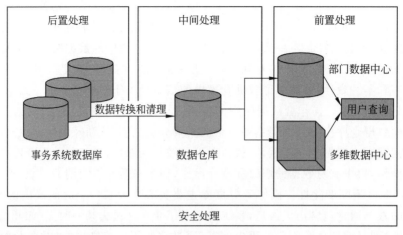

图 4.8　数据仓库框架结构

使用多维的数据模型。数据库强调数据处理的完整性一致性,在数据模型上要遵从范式模型,从而减少数据冗余,保证数据的完整性。而数据仓库则追求数据分析的效率和查询复杂问题的速度,分析寻找数据之间的相关性和联系。数据库通常应用于基本的、日常的事务处理,例如银行交易。数据仓库主要应用于复杂的分析操作,侧重于决策支持,提供直观、易于理解的查询或者解答结果。

4.5.2　数据挖掘

在数据仓库存储的大量数据的基础上,数据挖掘(data mining,DM)技术被用来从中获取隐含的、用来指导决策的知识,从而实现从数据到知识的转变,体现数据应有的价值。

1. 数据挖掘的定义

数据挖掘也可以称为知识发现(knowledge discovery in database),是从大量的、不完全的、有噪声的、模糊的、随机的实际应用数据中提取隐含在其中的、人们事先难以预计的但又是潜在有价值的知识的过程。

通常人们将数据看成知识的源泉,就像沙里淘金一样。原始数据必须是来自于现实的、大量的、含噪声的数据。发现的知识可用于信息管理、查询优化、决策支持和过程控制,还可以用于数据自身的维护。因此,数据挖掘是一门交叉学科,它把数据应用从低层次的简单查询,提升到挖掘知识和决策支持。

数据挖掘发现的知识,并不是崭新的自然科学定理或者数学公式,而是某些用户感兴趣(或者说,对某些用户潜在有用)的某种规律性知识。这种规律性知识对不同的人呈现出完全不同的价值。例如,购买果酱的人中有 60% 同时购买了面包,这对超市经营者是非常难得的商业信息,而对消费者而言则无任何意义。数据挖掘发现的知识都是基于现实当中产生的数据、在特定前提和约束条件下,面向特定领域的知识。用这样的知识可以指导一定范围内的业务活动。知识的表现也要求易于被用户理解,最好能用简洁的图表或自然语言进行表达。

2. 数据挖掘的目标和基本特征

许多单位和组织在耗费巨额资金建立了规模庞大、覆盖整个企业所有经济活动的数据仓库后，仍然被一个基本的问题所困扰，即如何把握顾客的消费倾向，跟踪客户需求并提高产品的市场份额和市场竞争力。

为达到这样的商业目标，数据挖掘可以帮助用户处理大量的数据，以期在数据仓库中得到意外的发现，这些发现可以是潜在带来更高利润的顾客群，而不是任意的新顾客。这些发现是战略性的和富有竞争性的，对企业的未来有方向性的指引。

通常，企业的数据分析划分为 3 个不同的层次和范畴。首先要了解企业经营活动中发生了什么；其次要了解为什么会发生，然后依据原因制定企业可以做什么，不可以做什么。图 4.9 描述了数据分析的 3 个层次。传统的查询、报表以及基于数据仓库的多维分析技术主要集中处理发生了什么，但却很少考虑原因。数据发掘的贡献在于支持最高层次的数据分析，并预测可能采取的行动。

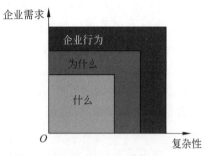

图 4.9　数据分析层次

3. 数据挖掘过程

数据挖掘是一个复杂的过程。数据挖掘充分利用人工智能、机器学习、统计学等多个学科的知识，并将它们同其他辅助技术结合到一起，从大量的数据中找出潜在的、有用的知识。数据挖掘的过程如图 4.10 所示。

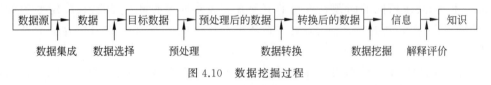

图 4.10　数据挖掘过程

（1）识别业务问题、认清挖掘目标并据此有针对性地选择挖掘所需的目标数据是数据挖掘的第一步。虽然挖掘出的知识是不可预测的，但要探索的问题应是有预见的，为了数据挖掘而数据挖掘则带有盲目性，是不会成功的。

（2）数据的质量关系着数据挖掘的成败。为了能成功地进行数据挖掘，需要对数据进行预处理，消除数据中可能存在的噪声、不一致性和数据冗余，以提供高质量的挖掘数据源。

（3）不同的数据挖掘算法对数据有不同的格式要求，因此，在挖掘之前，需要对数据进行格式转换以符合数据挖掘算法的要求。例如，传统的决策树（decision tree）算法只适合处理离散型的数据，所以需要对连续型的数据进行离散化处理；对于带有大量特征的数据，为了提高数据挖掘的效率和有效性，需要对其进行特征选择和特征抽取，以获得数据相对少量的、重要的特征。

（4）根据数据总结、分类、聚类、关联规则发现、序列模式发现等挖掘任务选择合适的数据挖掘算法,获取数据中隐藏的模式或知识。数据挖掘算法不同,得到的知识可能就有所不同。有些数据挖掘算法得到的是描述性的知识,而有的数据挖掘算法得到的则是预测性的知识。

(5) 最后,还要对挖掘出来的知识进行解释和评价,不但要为用户提供清晰、直观的结果描述,而且还要评价结果能否令决策者满意,如果不能,还需重新进行挖掘。

4. 数据挖掘技术和工具

数据挖掘技术和工具可分为 3 大类:统计分析或数据分析,知识发现以及其他工具和技术,包括可视化系统、地理信息系统、分形分析和私有工具。

(1) 统计分析。统计分析用于检查异常的数据模式,然后利用统计模型和数学模型解释这些数据模式。通常使用的模型有线性分析和非线性分析、连续回归分析和逻辑回归分析、单变量和多变量分析,以及时间序列分析。

在商业活动中,常用的 SAS、SPSS 等统计分析工具寻求最佳机会来增加市场份额和利润,提高产品和服务的质量来使顾客更满意,通过流水线产品制造和后勤来增加利润。

(2) 知识发现。知识发现(knowledge discovery)源于人工智能和机器学习。通常人们将知识发现定义如下:知识发现用一种简捷的方式从数据中抽取信息,这些信息是隐含的、未知的,并且是潜在有用的;或者说,知识发现可以看作一种数据搜寻过程,它不必像统计分析那样先假设或提出问题,但仍能找到那些非预期的但却令人关注的信息。企业决策者和商业分析人员总是在寻找新的和相关的商业信息,以便做出更好的商业决策,而这些决策对企业生命力有重要影响。使用传统的基于数据库的商业查询技术和数据分析技术时,要求所问的问题是恰当的。而知识发现技术则由它自己来决定要问的问题,然后不断深入,做进一步探索,直到在数据仓库中找到符合商业用户要求的新颖的知识。

(3) 其他数据挖掘技术和工具。可视化系统可给出带有多变量的图形化分析数据,帮助商业分析员进行发现,然后让商业分析员查看那些无论系统计算能力有多强,机器算法都极难确定的关系。

地理可视化系统中的不同物理位置直至地理表示都与仓库中的数据相关。商业分析员可以按地理环境来看待这些数据,并比较相同产品在不同地域的差异,或相同地域不同产品的差异。通过可视化一段时间内特定地理领域内销售情况的变化、产品售出服务等,也可以分析数据仓库中的临时数据。

多维数据库提供了大量的分析信息并有较快的响应时间,但要存储整个数据仓库,则会受到空间限制。分形分析试图利用混沌科学来指明模式,然后用分形将其存储于数据仓库中,其目的是要为大型数据库提供诸如 OLAP 风格的响应。

查询和报表工具(query and reporting tools)与 QBE 工具、SQL 工具和典型数据库环境中的报表生成器类似。实际上,大部分数据仓库环境都支持 QBE、SQL 和报表生成器之类的简单易用的数据处理子系统工具。数据仓库用户经常使用这类工具进行简单的查询并生成报表。

智能代理(intelligent agents)应用各种人工智能工具(如神经网络、模糊逻辑等),形成 OLAP 中"信息发现"的基础。例如,华尔街某股票分析人员即应用一种称为 Data/Logic 的 OLAP 软件,并加入神经网络为自己高效的股票和期货交易系统制定规则。

4.5.3 大数据

从美国互联网数据中心得知,互联网上的数据每年增加 50%,每两年便将翻一番,而目前世界上 90% 以上的数据是最近几年才产生的。此外,全世界的工业设备、汽车、电表上有着无数的数码传感器,随时测量和传递着有关位置、运动、震动、温度、湿度乃至空气中化学物质的变化,也产生了海量的数据信息。随着谷歌(Google)公司的 MapReduce 和 Google File System(GFS)的发布,大数据不仅用来描述大量的数据,还涵盖了处理数据的速度。从 2009 年开始,大数据才成为互联网信息技术行业的流行词汇。物联网、云计算、移动互联网、手机、平板计算机、PC 以及遍布地球各个角落的各种各样的传感器,无一不是数据来源或者承载的方式。

大数据是需要新的处理模式才能具有更强的决策力、洞察发现力和流程优化能力的海量、高增长率和多样化的信息资产。大数据技术的战略意义不在于掌握庞大的数据信息,而在于对这些含有意义的数据进行专业化处理。换言之,如果把大数据比作一种产业,那么这种产业实现盈利的关键在于提高对数据的"加工能力",通过"加工"实现数据的"增值"。

因此大数据技术(big data)可以定义如下:数据量规模巨大到无法通过目前主流软件工具在合理时间内达到提取、管理、处理并整理成为帮助企业经营决策更具积极目的的信息。在维克托·迈尔-舍恩伯格及肯尼斯·库克耶编写的《大数据时代》中,大数据具有 4 个显著特点:大量(volume)、高速(velocity)、多样(variety)、价值(value)。大数据的数据量的单位要用艾字节(EB)表示(1EB=2^{60}B)。人类产生的数据量随时间的变化如图 4.11 所示。

从某种程度上说,大数据是数据分析的前沿技术。从各种各样类型的数据中,快速获得有价值信息的能力,就是大数据技术。大数据技术最核心的价值就是能对于海量数据进行存储和分析。应用大数据技术在商业上可以获得出乎意料的成果。

美国奈飞(Netflix)公司是美国最大的商业视频网站,拥有近 3000 万用户。其本身也是一个大数据运营商,每天可以采集海量的用户数据,包括人们喜欢看什么类型的视频,在哪里看,用什么设备看等,甚至还包括用户何时快进,何时暂停,是否看完整个影片等信息。有了大数据分析这件武器,Netflix 公司花费巨资推出电视剧《纸牌屋》翻版经典的英国同名电视剧,彻底颠覆了影视发行业。《纸牌屋》是首个一次性播出整季剧集的在线电视剧。而普通的电视剧则是逐集拍摄播放,一边根据观众意见一边同时进行剧情和演员阵容调整,以保证收视率。而 Netflix 公司由于有了强大的大数据分析支持,已经完全可以预测受众和市场反应,可以据此设计剧情的发展和调整演员的表演。从而将原版《纸牌屋》的粉丝和主演凯文·史派西与导演大卫·芬奇的粉丝整合到一起,使《纸牌屋》这部史上首部"大数据制作"的电视剧集获得空前的成功。

随着云时代的来临,大数据分析常和云计算联系到一起,因为实时的大型数据集分析

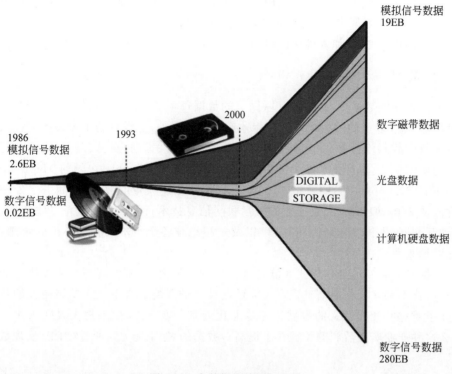

模拟信号数据
19EB

数字磁带数据

2000

光盘数据

DIGITAL
STORAGE

1986
模拟信号数据
2.6EB

1993

计算机硬盘数据

数字信号数据
0.02EB

数字信号数据
280EB

图 4.11　大数据的数据量变化

需要数十、数百甚至数千的计算机分配工作。从技术上看，大数据与云计算的关系就像一枚硬币的正反面一样密不可分。大数据必然无法用单台的计算机进行处理，必须采用分布式架构。它的特色在于对海量数据进行分布式数据挖掘，但它必须依托云计算的分布式处理、分布式数据库和云存储、虚拟化技术。与现有的其他技术相比，大数据的"廉价、迅速、优化"的综合成本是最优的。

本章小结

1. 数据管理发展过程

数据管理技术经历了人工管理、文件系统和数据库系统 3 个阶段。

2. 数据库技术及基本概念

数据库是长期存储在计算机内的、大量的、有组织的、可共享的数据集合。

数据库管理系统是一个用来管理数据库的软件系统，它能科学地组织和存储数据，以高效地获取和维护数据。数据模型是直接面向数据库的逻辑结构，描述了数据之间的逻辑组合。

3. 数据库的数据模型

数据模型有层次模型、网状模型以及关系模型。目前关系模型是最流行的数据库的数据模型。

4. 关系数据库

关系数据库系统是支持关系模型的数据库系统,在关系数据库中数据的基本结构是二维表,即数据按行、列有规则地排列、组织。

5. SQL 语言

SQL 是一种结构化查询语言,用于数据库的定义、控制、查询和编程,是关系数据库的标准语言。SQL 是一种介于关系代数与关系演算的结构化查询语言,是一个通用的、功能极强的关系数据库语言。SQL 语言具有综合统一、高度非过程化、面向集合的操作方式、以同一种语法结构提供两种使用方式、语言简洁等特点。

6. 数据库设计

数据库设计是实现数据库在 IT 领域应用的主要内容之一,它是指根据用户当前以及潜在的需求,在调查分析之后,构造最优的数据库模式,建立数据库及其信息应用系统的过程。

按照规范设计法,数据库设计的全过程可以分为需求分析、概念结构设计、逻辑结构、物理结构设计、数据库实施、数据库运行和维护这 6 个基本阶段。

7. 数据仓库、数据挖掘和大数据

数据仓库是一个面向主题的、集成的、不可更改的、反映历史变化的数据集合,主要用于管理决策。数据挖掘是从大量的、不完全的、有噪声的、模糊的、随机的实际应用数提取隐含的、人们事先难以预计的、潜在有价值的信息和知识的过程。大数据指的是所涉及的数据量巨大到无法通过目前主流软件工具,在合理时间内达到撷取、管理、处理,并整理成为对企业经营决策更有积极目的的信息。

习题 4

一、简答题

1. 与传统的文件方法相比,数据管理的数据库方法有何优点?
2. 什么是数据库、数据库管理系统和数据库系统?
3. 数据库的数据模型都有哪些?
4. 关系的完整性包括哪些?
5. 什么是 SQL? 其特点有哪些?

6. 简述数据库设计的基本步骤。

7. 什么是数据仓库和数据挖掘？

8. 数据仓库和数据库的区别是什么？

9. 什么是大数据？如何从中取得有价值的信息？

二、讨论题

探讨一个初创互联网企业建设自己企业的信息系统,其中应该选择什么形式的数据管理方法？选择什么样的数据库管理系统最适合自己的需求？可以从数据库系统组成的各方面来分析,如 DBMS 的选择、数据库系统中人员的配置等。

三、实践题

1. 利用 Microsoft Access 数据库,为了掌握关系数据库的基本工具,以"学生成绩管理系统"为例进行数据库设计,需要完成数据库的详细设计。

步骤如下:

(1) 进行调查,熟悉业务,明确需求。

① 通过调查了解学生成绩管理各个环节的业务活动情况。

② 明确"学生成绩管理系统"的主要输入、输出和处理的信息需求。

(2) 根据上面所进行的需求分析,利用 Word 或 Visio 设计系统相应的 E-R 图。

(3) 将 E-R 图转换为关系模式。

① 根据一个实体(型)转换为一个关系模式,得到"学生"和"课程"两个关系模式。

② 根据"学生"和"课程"两个实体之间为"多对多"关系,得到"选修"关系模式。

(4) 根据生成的关系模式创建数据库。

① 建立"学生成绩管理系统"Access 数据库。

② 依次创建数据库表"学生""课程""选修"。

(5) 数据库装载与试运行。

① 采集相关数据,分别录入数据库表"学生""课程""选修"。

② 在"数据表视图"(即浏览状态)中对数据库表"学生""课程""选修"进行增、删、改的更新操作。

③ 在查询"设计视图"中对数据库表"学生""课程""选修"进行单表、多表查询。

④ 通过"数据库工具"栏中的按钮⬛调出"关系工具",建立数据库表"学生""课程""选修"三者之前的连线(即表间关系)。

根据自身数据库相关知识的掌握情况,可选择"设计视图"等图形方式进行操作,也可选择 SQL 命令方式进行操作。

⑤ 选择 SQL 视图,如图 4.12 所示,使用 SQL 语句查询数据库表中的数据。例如,查询所有姓张的同学,输入 SQL 命令:

select * from 学生 where 姓名 like '张 * ';

如图 4.13 所示,单击"运行"按钮,SQL 命令被执行并返回查询结果。

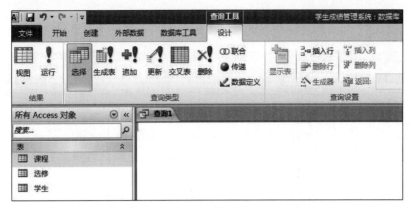

图 4.12　选择 SQL 视图

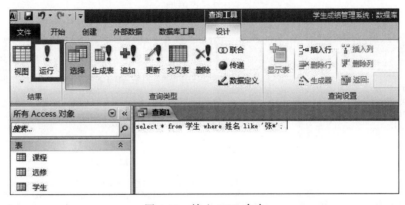

图 4.13　输入 SQL 命令

⑥ 分别使用 INSERT、UPDATE、DELETE 等命令进行数据库操作,根据需要设计下面命令中的各个属性取值,例如:

```
INSERT INTO STUDENT_TALBE VALUES (值 1,值 2,…)
UPDATE STUDENT_TALBE SET STUDENT_NO=1 WHERE STUENT_NAME='张三'
DELETE FROM STUDENT_TALBE WHERE STUENT_NAME='张三'
```

2. 本次实践利用 Microsoft Access 工具内置的示例 Northwind.mdb 数据文件。此示例数据基于一家虚拟的微型跨国网络销售公司。公司销售的产品遍及欧美各国市场,公司的供应商也来自很多国家。公司总部在伦敦,另外在美国多个城市都有雇员从事相关工作。示例数据中包含有多个二维表的数据,分别为 Suppliers 供应商、Customers 客户、Employees 雇员、Order 订单、Products 产品以及 Shippers 快递公司,如图 4.14～图 4.19所示。根据所列各个二维表的属性、主键,尝试分析并画出相应的 E-R 图。

编写 SQL 语句,实现如下需求:

(1) 查询所有在 London 的供应商名单以及地址;

(2) 查询所有 ship 地址城市是 London 的订单,以及下订单的雇员的名字;

(3) 查询类别是 seafood 的产品的供应商名单。

Suppliers：表		
字段名称	数据类型	
SupplierID	自动编号	Number automatically assigned to new supplier.
CompanyName	文本	
ContactName	文本	
ContactTitle	文本	
Address	文本	Street or post-office box.
City	文本	
Region	文本	State or province.
PostalCode	文本	
Country	文本	
Phone	文本	Phone number includes country code or area code.
Fax	文本	Phone number includes country code or area code.
HomePage	超链接	Supplier's home page on World Wide Web.

图 4.14 供应商

Customers：表		
字段名称	数据类型	
CustomerID	文本	Unique five-character code based on customer name.
CompanyName	文本	
ContactName	文本	
ContactTitle	文本	
Address	文本	Street or post-office box.
City	文本	
Region	文本	State or province.
PostalCode	文本	
Country	文本	
Phone	文本	Phone number includes country code or area code.
Fax	文本	Phone number includes country code or area code.

图 4.15 客户

Employees：表		
字段名称	数据类型	
EmployeeID	自动编号	Number automatically assigned to new employee.
LastName	文本	
FirstName	文本	
Title	文本	Employee's title.
TitleOfCourtesy	文本	Title used in salutations.
BirthDate	日期/时间	
HireDate	日期/时间	
Address	文本	Street or post-office box.
City	文本	
Region	文本	State or province.
PostalCode	文本	
Country	文本	
HomePhone	文本	Phone number includes country code or area code.
Extension	文本	Internal telephone extension number.
Photo	文本	Picture of employee.
Notes	备注	General information about employee's background.
ReportsTo	数字	Employee's supervisor.

图 4.16 雇员

Orders : 表		
字段名称	数据类型	
OrderID	自动编号	Unique order number.
CustomerID	文本	Same entry as in Customers table.
EmployeeID	数字	Same entry as in Employees table.
OrderDate	日期/时间	
RequiredDate	日期/时间	
ShippedDate	日期/时间	
ShipVia	数字	Same as Shipper ID in Shippers table.
Freight	货币	
ShipName	文本	Name of person or company to receive the shipment.
ShipAddress	文本	Street address only -- no post-office box allowed.
ShipCity	文本	
ShipRegion	文本	State or province.
ShipPostalCode	文本	
ShipCountry	文本	

图 4.17 订单

Products : 表		
字段名称	数据类型	
ProductID	自动编号	Number automatically assigned to new product.
ProductName	文本	
SupplierID	数字	Same entry as in Suppliers table.
CategoryID	数字	Same entry as in Categories table.
QuantityPerUnit	文本	(e.g., 24-count case, 1-liter bottle).
UnitPrice	货币	
UnitsInStock	数字	
UnitsOnOrder	数字	
ReorderLevel	数字	Minimum units to maintain in stock.
Discontinued	是/否	Yes means item is no longer available.

图 4.18 产品

Shippers : 表		
字段名称	数据类型	
ShipperID	自动编号	Number automatically assigned to new shipper.
CompanyName	文本	Name of shipping company.
Phone	文本	Phone number includes country code or area code.

图 4.19 快递公司

第二篇 应 用 篇

企业资源计划及关键应用系统

本章学习目标

- 了解 ERP 系统概念及基本原理。
- 了解 ERP 系统的总体功能架构。
- 了解供应链管理的基本概念及其系统主要功能。
- 了解客户关系管理系统主要功能及给企业带来的价值。
- 理解 ERP 与 SCM、CRM 的关系。

随着信息技术的迅猛发展和现代管理理念的不断推陈出新,企业信息化也在向纵深发展,企业资源计划(ERP)、供应链管理(SCM)、客户关系管理(CRM)等就是现代企业信息系统的典型代表。本章将向读者介绍 ERP、SCM、CRM 的概念及核心管理思想和系统主要功能构成等内容,以使读者对现代企业管理信息系统有一概要了解。

5.1 企业资源计划

5.1.1 ERP 的概念

企业资源计划(enterprise resource planning,ERP)的概念是在 20 世纪 90 年代初由美国的咨询顾问与研究机构 Gartner Group 提出的。Gartner Group 公司给出的 ERP 定义如下:ERP 是用于描述下一代制造业系统和制造资源计划(MRPⅡ)的软件。除了 MRPⅡ已有的生产资源计划、制造、财务、销售、采购管理等功能外,还包括质量管理、实验室管理、业务流程管理、产品数据管理、存货、分销与运输管理、人力资源管理和定期报告等功能。ERP 系统采用客户-服务器体系架构,使用图形用户接口和开放的系统制作技术等,并给用户提供软件和硬件应用两方面的独立性,而且使系统更加容易升级。特别是 ERP 的所有用户都能够减裁其应用,因而它还具有天然的灵活性和易用性。

由此可见,ERP 首先是一种先进的管理思想,其主要内容是打破企业的四壁,把信息集成的范围扩大到企业的上下游,以管理整个供应链,实现供应链制造;其次,ERP 是综合应用了现代信息技术的成果,是以 ERP 的先进管理思想为灵魂开发的一类集成的、灵活的信息系统软件产品,即 ERP 软件;第三,ERP 系统是整合了先进的企业管理理念、企业业务流程、企业基础数据、企业人力物力等各种资源以及集计算机硬件和软件于一体的现代企业管理系统,如图 5.1 所示。

ERP管理系统　　ERP管理思想　　ERP软件

图 5.1　ERP 层次结构示意图

　　ERP 的意义在于以企业经营资源配置最佳化为出发点,整合企业所有资源的管理,并最大限度地提高企业经营效率和效益。

　　ERP 概念的形成也有一个历史发展过程,从最早的库存订货点法发展为物料需求计划(material requirements planning,MRP),延伸到制造资源计划(manufacturing resource planning,MRPⅡ),随着企业内外部信息管理集成与共享的需求变化产生了 ERP 系统。ERP 系统是对旧系统的完善和补充,而非替代或否定。一个完整的制造业 ERP 系统包含了 MRP 和 MRP Ⅱ的所有管理功能,同时 MRP 依然是 ERP 的核心思想。并且,随着信息技术的发展,ERP 概念的内涵和外延更加广泛,它几乎成了企业信息化的代名词。

5.1.2　ERP 的基本原理及其历史发展轨迹

　　作为一种先进的管理思想和方法,ERP 产生的背景及发展历程是伴随西方企业管理理论的发展成长起来的。20 世纪 40 年代,为了解决库存控制问题,人们提出了订货点法,这时计算机系统还没有出现。后来,随着计算机技术的发展,使得短时间内进行大量数据的复杂运算成为可能。于是,20 世纪 60 年代,人们为解决订货点法存在的缺陷,提出了物料需求计划 MRP 的管理思想和方法,并开发出了计算物料需求量和需求时间的 MRP 系统。最初 MRP 只是一种需求计算器,是开环的,没有信息反馈。在 20 世纪 70 年代,随着人们认识的加深和计算机系统的进一步普及,MRP 的理论也得到进一步发展,又形成了闭环的 MRP 系统。它将企业物料需求、生产能力需求计划、采购计划、车间作业计划和人力需求等管理构成一个闭环系统,使之成为一个更加有效的企业生产计划与控制系统。在 20 世纪 80 年代,随着计算机网络技术的发展,企业内部信息得到充分共享,MRP 的各子系统也得到了统一,进而发展形成了一个集采购、库存、生产、销售、财务、工程技术等于一体的企业集成信息系统,即制造资源计划 MRPⅡ。但是 MRPⅡ仅能管理企业内部的物料和资金、人力等其他资源流。随着全球经济一体化的加速,企业与其外部环境的关系越来越密切,MRPⅡ已不能满足需要,于是新一代的企业管理理论和信息系统应运而生,这其中影响最广、最具代表性的就是 ERP 系统。下面我们简单介绍一下这个历史发展过程及其所包含的基本管理思想和方法。

1. 库存控制订货点法

20世纪三四十年代,企业控制物料的方法一般是通过控制库存物品数量的方法来实现的。在计算机尚未出现的情况下,发出采购订单和向供应商进行催货是当时所能做到的一切。库存管理人员的主要工作就是盘点清算物料的库存情况。一旦发现某种物料没有了,就填写缺料表,通知采购部门采购。在仓库管理人员列出的缺料表中,许多物料极有可能是生产中所急需的。库存控制订货点理论就是为了改变这种被动状况,而提出的一种根据过去的经验预测未来的物料需求方法。这种方法的着眼点在于进行合理的库存补充,以保证仓库中的某一种物料始终都有一定的存量,使之在需要时可随时使用。

按照订货点理论,企业通常采用控制库存物料数量的方法来满足物料的需求,即为需求的每一种物料设置一个最大库存量和安全库存量。最大库存量受到库存容量、库存占用资金等因素的限制。为了保证生产的连续性而设置的安全库存量又称为最小库存量,它是物料库存需保持的最基本库存量。由于物料的供应需要一定的时间(即订货提前期),因此不能等到物料的库存量消耗到安全库存量时再进行补充,而必须有一定的时间提前量,即必须在安全库存的基础上增加一定数量的库存。这个库存量是订货期间的物料供应量,当物料的供应到货时,物料的消耗刚好到达安全库存量。这种控制模型必须确定订货点和订货批量这两个参数。

1)订货点法

订货点(order point,OP)法的示意图如图5.2所示。

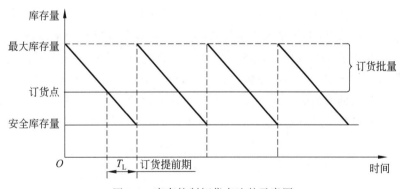

图5.2 库存控制订货点法的示意图

订货点的计算公式为

$$\text{OP} = R \cdot T_\text{L} + Q_\text{s} \tag{5.1}$$

其中,R表示单位时间的库存消耗水平;T_L表示订货提前期;Q_s表示安全库存量。

例如,某企业生产过程中,物料A的消耗为每月20t,且物料A的安全库存量为25t,物料A从下达订单到订单货物入库需要2个月,则订货点OP=20×2=25=65,这表明,物料A的现有库存达到或低于65t时,就应该发出该物料A的采购订单。

2)订货批量法

确定订货批量的方法有很多,但从企业应用的角度出发,必须简明易懂、方便可行。

在此只列举最常用的 4 种基本方法。

（1）固定订货量（fixed order quantity，FOQ）法。由于受生产条件（如一炉的装载量等）、运输或包装的限制，不论需求量为多少都必须订货的最小批量或标准批量。采用此方法需要制定合理的固定批量，经常核查改进，防止库存积压。

（2）经济订货量（economic order quantity，EOQ）法。这是运筹学介绍的传统方法，寻求在总费用（包括订货费与保管费）最少的条件下的经济订货批量。

$$T = \frac{U}{\mathrm{EOQ}}S + \frac{\mathrm{EOQ}}{2}C \tag{5.2}$$

其中，T 表示总费用（元）；U 表示年需求量（件）；EOQ 表示经济订货批量（件）；S 表示每次订货费（元/次）；C 表示年平均保管费。为了求得 T 最少时的 EOQ，对式（5.2）计算极值：

$$\frac{\mathrm{d}T}{\mathrm{d}\mathrm{EOQ}} = 0 \tag{5.3}$$

即

$$-\frac{U}{(\mathrm{EOQ})^2}S + \frac{C}{2} = 0 \tag{5.4}$$

得

$$\mathrm{EOQ} = \sqrt{2U \cdot S/C} \,（件） \tag{5.5}$$

（3）逐批（lot-for-lot，LFL）法。完全根据需求量决定订货量，不加任何修饰，也是保持库存量最小的订货方法。一般用于订货生产环境下的产品、易变质的物料或价值较高的物料。准时生产（JIT）必须是因需定量，因为它的特点是订货批量小，但订货次数频繁。

（4）定期用量（fixed period requirements，FPR）法。人为设定一个时间间隔，每次按间隔期的用量订货。对于没有批量限制的物料，为了减少订货和运输次数，可以采用定期用量法。由于间隔期的时间长短是固定的，各个时间间隔内的需求量不是一个固定值，每次订货的订货量可按下式计算：

$$Q = Q_{\mathrm{MAX}} - Q_{\mathrm{N}} - Q_{\mathrm{K}} + Q_{\mathrm{M}} \tag{5.6}$$

其中，Q 表示订货量；Q_{N} 表示在途到货量；Q_{K} 表示实际库存量；Q_{M} 表示待出库货量。Q_{MAX} 表示最高库存量，计算公式如下：

$$Q_{\mathrm{MAX}} = R\,(T_{\mathrm{F}} + T_{\mathrm{L}}) + Q_{\mathrm{S}} \tag{5.7}$$

式（5.7）中，R 表示单位时间的库存消耗水平；T_{F} 表示订货周期；T_{L} 表示订货提前期；Q_{S} 表示安全库存量。

例如，某企业生产过程中，物料 B 的订货周期为 14 天，订货提前期为 3 天，平均库存消耗水平为每天 100 箱，安全库存量为 300 箱。一次订货时，在途到货量为 400 箱，实际库存量为 700 箱，待出库货量为 300 箱，则该物料 B 的最高库存量和本次的订货批量分别为

$$Q_{\mathrm{MAX}} = R\,(T_{\mathrm{F}} + T_{\mathrm{L}}) + Q_{\mathrm{S}} = 100 \times (14 + 3) + 300 = 2000\,（箱）$$

$$Q = Q_{\mathrm{MAX}} - Q_{\mathrm{N}} - Q_{\mathrm{K}} + Q_{\mathrm{M}} = 2000 - 400 - 700 + 300 = 1200\,（箱）$$

3) 批量增量法

按照批量方法确定的订货量只是一个基准值,还需要考虑当订货量大于基准值时,超出基准值部分如何增加数量的方法。批量增量的计算一般有 3 种情况,如表 5.1 所示。

表 5.1　批量增量计算方法举例

增量原则	基准值/箱	需求量/箱	订货量/箱
基准值的倍数(多用于固定批量法)	100	125	200
超出部分因需定量(较合理)	100	125	125
按某个数量的倍数增量(本例为 15)	100	125	130

对于需求稳定的物料,若订货点法是一种比较有效的管理方法。但是由于客户需求不断变化、产品结构日益复杂,这种方法也逐渐暴露出了一些问题,例如需求不明确、高库存量和低服务水平并存等。此外,订货点法是建立在一些苛刻的假设基础之上的,例如物料资源是无限的,也就是说,不管在什么时间、什么地点企业都能买到生产需要的原料;物料需求是相对均匀、连续、稳定的;未来时间段内的物料需求可以通过预测得到;物料需求是相互独立的,等等。显然这些假设的前提常常是不切实际的,市场物料的供应经常是不稳定的,企业物料采购的资金安排也是有计划的,企业不可能在任何时间、任何地点都能买到生产所需的物料;实际生产过程中的物料需求也是不稳定、不均匀的,是由生产需求决定的;物料需求常常也不是独立的,而是相互关联的。因此,随着市场的发展变化和产品的日益复杂,订货点法的应用受到了相当大的限制,于是人们进一步提出了 MRP 的管理思想和方法。

2. 物料需求计划

20 世纪 60 年代末,随着计算机的体积越来越小、功能越来越强大,企业已经有能力配置足够多的计算机,为在库存方面采用计算机辅助物料管理奠定了技术基础。

1965 年,美国 IBM 公司的约瑟夫·奥利基(Joseph A.Orilicky)博士提出,通过物料需求计划(material requirements planning,MRP)系统,企业可以真正地实现在正确的时间、正确的地点得到正确数量的正确物料的管理目标,并且提出了产品出产计划(master production schedule,MPS,又称为主生产计划)的概念。约瑟夫·奥利基博士认为,企业内部物料需求可以分为独立需求和相关需求两种类型。独立需求是指需求量和需求时间由企业外部的需求来决定,如客户订购的产品、科研试制需要的样品、售后服务维修需要的备品备件等;相关需求是指根据物料之间的结构组成关系,由独立需求所产生的物料需求,如半成品、零部件、原材料等的需求。独立需求来自企业外部,可以通过预测和顾客订货来确定;相关需求发生在制造过程中,需要通过计算得到。

MRP 是计算机技术对物料计划和生产管理最初的应用形式。基于将要完成的产品、当前的库存状况、已经分配出去的物料和在途物料等信息,MRP 可以快捷、准确地生成物料采购作业计划和生产作业计划。物料的库存和计划的可视性大大提高了,只要访问该系统,就可以随时查看到最新的库存状态。物料管理和计划管理中的错误大大减少,管理效率大大提高。这个阶段称为开环的 MRP 阶段,其结构原理图如图 5.3 所示。

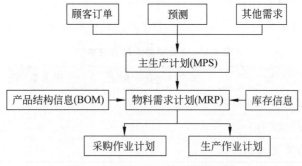

图 5.3 开环 MRP 的结构原理图

从图 5.3 中可见,开环的 MRP 可以基于顾客订单、预测以及其他需求得到 MPS,然后根据产品结构信息和库存信息计算 MRP。产品结构信息也称为物料清单(bill of material,BOM),是根据独立需求计算相关需求的基础数据,然后根据物料的采购或加工属性,计算得到采购作业计划和生产作业计划。MRP 系统中的产品结构信息 BOM 与销售、生产、采购三大主要业务有着密切联系,是 MRP 的核心信息。

1)物料和产品结构

(1)物料。物料是凡要列入生产计划、控制库存、控制成本的物件的统称,包括所有的原材料、配套件、毛坯、半成品、产成品、联产品、副产品、回收品、需要处理的废品、包装材料、标签、说明书、技术文件、合格证、工艺装备,甚至可以是不能存储的某些能源等。换言之,物料是产品生产计划的对象,库存的对象和成本的对象。

(2)产品结构。产品结构是指构成产品的物料组成结构。由一组唯一性的物料组成的"单层结构",是产品结构的基本单元。任何一个产品都是由若干个"单层结构"组成的,单层结构中的上层物料称为父项(parent item,俗称母件),下层物料称为元件(component,俗称子件)。单层结构是由一个父项和从属于父项的一个或多个元件组成的。

例如,方桌的产品结构如图 5.4 所示,图中每个框都代表一种"唯一性"的物料。因此,物料编码具有唯一性。

在图 5.4 中,X(方桌)作为最上层的父项是一个将要销售出厂的产品,它由 A(桌面)、B(桌腿)、E(螺钉)3 个子件组成。件 X 与件 A、B、E 组成一个"单层结构",可用"单层物料单(single level BOM)"报表格式表示。件 A 对应于件 X 是元件,但它对应于件 C(面板)、D(框棱)又是父项,并一起组成一个第 2 层次的单层结构。同理,件 D(框棱)与件 P(方木 1)一起组成一个第 3 层次的单层结构。任何一个产品都是由众多的单层结构组成。

父项同元件的关系可以是一对一,或一对多,但必须是唯一的。如果众多元件中存在品种或数量的差异,则是另一个不同的单层结构,从属于不同的父项,应有不同的父项编码。

建立物料清单,需要首先建立一个个单层结构,然后系统会根据各单层结构父项同元

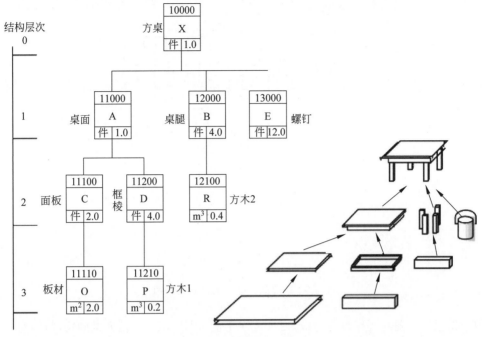

图 5.4 方桌的产品结构图

件的相互关系,自动逐层地把所有相关的单层结构联系起来,最后形成整个产品的产品结构。

以时间为坐标的产品结构,不仅反映了上下层物料的从属关系和数量关系,而且反映了每一件物料的加工周期或采购周期。对于加工件,父项同元件之间的连线是加工流程(又称工艺路线)和加工周期;对于采购件,父项同元件之间的连线是入库前的采购流程和采购周期(供应商的制造周期以及运输、通关、检验等)。

如图 5.5 所示,件 X 是将要销售出厂的产品,件 E、R、O、P 是需要采购的物料,件 A、B、C、D 是需要加工生产或装配的物料。所以,以时间为坐标的产品结构集成了销售、生产与采购的需求与供应信息,包括了物料的数量和需要的时间,即提供了动态和集成的"期量标准"。

2)物料清单

为了使计算机系统能够识别企业制造的产品构成、所涉及的物料以及数量关系,必须将以图形表达的产品结构转换为数据报表格式,即物料清单。

(1)编制物料清单的操作程序。在编制物料清单之前,需要做好以下前导工作。

首先,定义企业所有物料的分类,建立各种分类码的基本要求是说明物料的来源(自制、外购等)、处理方式(库存、选配等)以及同会计科目的关系,使任何一种物料都必须归属于至少一种分类之下。

其次,确认每一项物料编码(即物料号)都是唯一的,并为每一种物料建立各自的物料文档。只有建立了物料文档的物料才允许进入物料清单。

按照物料分类→物料编码→物料文档→物料清单的顺序依次编制,这是一个非常规

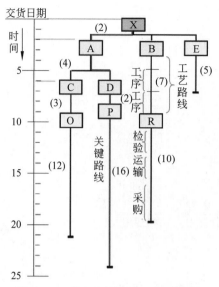

图 5.5　以时间为坐标的产品结构图

范的操作程序。前项程序没有完成,后项程序不能进行。表 5.2 是方桌的物料清单。

表 5.2　方桌物料清单

物料号:10000　　　　　计量单位:件　　　　　批量:10　　　　　现有量:8

物料名称:方桌 X　　　　分类码:08　　　　　提前期:1　　　　　累计提前期:28

层次	物料号	物料名称	计量单位	数量	来源	生效日期	失效日期	成品率	累计提前期
1	11000	桌面 A	件	1.0	M	20150101	99999999	1.00	26.0
2	11100	面板 C	件	2.0	M	20150101	99999999	1.00	15.0
3	11110	板材 O	m²	2.0	B	20150101	99999999	0.90	12.0
2	11200	框棱 D	件	4.0	M	20150101	99999999	1.00	22.0
3	11210	方木 P	m³	0.2	B	20150101	99999999	0.90	20.0
1	12000	桌腿 B	件	4.0	M	20150101	99999999	1.00	17.0
2	12100	方木 R	m³	0.4	B	20150101	99999999	1.00	10.0
1	13000	螺钉 E	件	12.0	B	20150101	99999999	1.00	5.0

　　注:表中日期 99999999 表示无限制;"生效日期"也可默认为建立物料清单的日期;系统按照规定的"生效日期"和"失效日期",到期自动显示需要替换的物料;来源栏中 M 为自制件,B 为外购件。

　　(2)物料清单的作用。物料清单是企业所有核心业务都需要使用的"共享"文件,各个业务部门都要依据统一的物料清单进行工作,具体表现在以下方面:

　　① 是新产品报价的参考。

　　② 是编制生产计划、采购计划的依据。

　　③ 是识别物料、追溯物流的依据。

　　④ 是配套、领料的依据。

⑤ 是跟踪生产过程的依据。

⑥ 是采购和外协的依据。

⑦ 是计算成本的依据。

⑧ 使产品设计系列化、标准化和通用化。

上述工作涉及企业的销售、计划、物料、生产、供应、成本、设计、工艺等诸多部门。因此,物料清单的准确度必须达到100%,它不仅是一种技术文件,也是一种管理文件,是联系与沟通各个部门的纽带。

（3）建立物料清单的顺序。制造的产品是由多个单层结构即单层物料单构成的,只需建立所有单层物料单,完整的产品物料清单就会由系统自动构成。在建立单层物料单时,从低层父项开始,必须按照实际装配顺序依次录入该父项的所有元件及数量;最后建立顶层（0层）父项的单层物料单。在装配线上,每个工位是按照零部件装配顺序排列的;而且,流水生产线上的工位也要同货位对应,便于发送物料和统计消耗量。

3）MRP报表的运算

MRP系统的核心是计算物料需求量,而需求计算回答了3个问题:需要什么物料? 需要多少数量? 什么时间交付? 其实,这就是回答了物流需求的"期"与"量"的问题。

MRP报表的推算过程如下。

（1）推算物料的毛需求（gross requirements）。当物料同时有独立需求和相关需求时,把独立需求加到相应时段的毛需求。并且,还需考虑层次码不同的同一物料毛需求的汇总,不同产品对同一物料毛需求的汇总。

$$毛需求＝相关需求＋独立需求$$

（2）推算当期预计可用库存（projected available balance,PAB）。根据现有库存、已分配量推算初始时段当期预计可用库存。

$$PAB＝现有库存－已分配$$

（3）推算PAB初值。根据上期末预计可用库存、计划接收和毛需求推算特定时段的PAB初值。

$$PAB初值＝上期末预计可用库存＋计划接收－毛需求$$

其中,计划接收（scheduled receipts）是指在报表的计划日期之前已经下达的订单,而不是在计划日期当日及以后完成的数量。

（4）推算净需求（net requirements）。根据安全库存推算特定时段的净需求。毛需求是指"需要多少",而净需求是指"还缺多少"。

当PAB初值≥安全库存,则

$$净需求＝0$$

当PAB初值＜安全库存,则

$$净需求＝安全库存－PAB初值$$

（5）推算计划产出（planned order requirements）。为了满足净需求,根据批量、批量增量推算特定时段的计划产出。

（6）推算预计可用库存。根据PAB初值、计划产出推算特定时段的预计可用库存。

$$预计可用库存＝PAB初值＋计划产出$$

（7）递增一个时段，分别重复（3）～（6），循环计算至计划期终止。

（8）推算计划投入（planned order releases）。根据提前期、成品率推算计划期全部的计划投入量。

下面以产品方桌 X、桌面 A、面板 C 为例说明 MRP 是如何根据产品结构逐层展开计算各层物料的需求量。假定方桌 X 已经过 MPS 推算出计划产出和计划投入，方桌 X 与其他物料的提前期、现有库存量、已分配量、安全库存、批量、批量增量等均为已知。主要过程如下。

（1）推算 X 对 A 形成的毛需求，如表 5.3 所示。

表 5.3　X 对 A 形成的毛需求

层次码	提前期	物料	时　　段	当期	1	2	3	4	5	6	7	8	9
0	1	X	MPS 计划产出量		20	15		15		15			10
			MPS 计划投入量	20	15		15		15			10	
1	1	A	毛需求		15		15		15			10	

某一时段下层物料的毛需求是根据上层物料在该时段的计划投入和上下层数量关系计算得出的。例如，在时段 1，X 的计划投入为 15，引发对 A 的毛需求为 15。

（2）推算 A 的 PAB 初值、净需求、计划产出、预计可用库存、计划投入，如表 5.4 所示。

表 5.4　A 的需求计算

层次码	提前期	现有量	分配量	安全库存	批量	物料	时　　段	当期	1	2	3	4	5	6	7	8	9
1	1	5		10		A	毛需求		15		15		15			10	
							计划接收量										
							（PAB 初值）		−10		−15		−10			−10	
							预计可用库存量	5	0	0	5	5	0	0	0	0	
							净需求		10		15		10			10	
							计划产出量		10		20		10			10	
							计划投入量	10		20		10			10		

在时段 1，A 的上期末预计可用库存为 5，计划接收为 0，毛需求为 15，PAB 初值＝5＋0−15＝−10，说明将出现短缺，则净需求是 10，所以引发 1 个批量的计划产出，即计划产出量＝1×10＝10。预计可用库存＝−10＋10＝0。

（3）推算 A 对 C 形成的毛需求，如表 5.5 所示。

某一时段面板 C 的毛需求是根据上层桌面 A 在该时段的计划投入和 C、A 间数量关系计算得出的。所以,在时段 2,A 的计划投入为 20,引发对 C 的毛需求为 40。

表 5.5　A 对 C 形成的毛需求

层次码	提前期	物料	时　　段	当期	1	2	3	4	5	6	7	8	9
1	1	A	毛需求		15		15		15			10	
			计划产出量		10		20		10			10	
			计划投入量	10		20		10			10		
2	1	C	毛需求			40		20			20		

（4）推算 C 的 PAB 初值、净需求、计划产出、预计可用库存、计划投入,如表 5.6 所示。

表 5.6　C 的需求计算

层次码	提前期	现有量	分配量	安全库存	批量	物料	时　　段	当期	1	2	3	4	5	6	7	8	9
2	1	16	6	10	20	C	毛需求			40		20			20		
							计划接收量		15								
							（PAB 初值）		25	−15		5			5		
							预计可用库存量	10	25	25	25	25	25	25	25		
							净需求		0	25		5			5		
							计划产出量			40		20			20		
							计划投入量		40		20			20			

计划初始现有库存为 16,已分配量为 6,当期预计可用库存＝16−6＝10。

在时段 1,C 的计划接收为 15,毛需求为 0,PAB 初值＝10＋15−0＝25,满足安全库存的需要,所以无净需求,也无安排计划产出量的必要。

但在时段 2,C 的上期末预计可用库存为 25,计划接收为 0,毛需求为 40,PAB 初值＝25＋0−40＝−15,说明将出现短缺,并考虑安全库存的需要,净需求＝10−(−15)＝25,所以引发 2 个批量的计划产出,即计划产出＝2×20＝40。预计可用库存＝−15＋40＝25。

另外,在此推算过程中如果考虑批量增量的因素,推算过程如表 5.7 所示。

在时段 2,C 的净需求为 25,而批量增量为 10,所以引发 1 个批量和 1 个批量增量的计划产出,即计划产出＝1×20＋1×10＝30,进而预计可用库存＝−15＋30＝15。

通常 MRP 报表一般反映单一物料,我们也可把多种产品和物料合并在同一张表,如表 5.8 所示,该表未涉及批量增量的因素。

表 5.7 C 的需求计算（考虑批量增量的因素）

层次码	提前期	现有量	分配量	安全库存	批量	批量增量	物料	时　段	当期	1	2	3	4	5	6	7	8	9
2	1	16	6	10	20	10	C	毛需求			40		20			20		
								计划接收量		15								
								（PAB初值）		25	−15		−5			−5		
								预计可用库存量	10	25	15	15	15	15	15	15		
								净需求		0	25		15			15		
								计划产出量			30		20			20		
								计划投入量		30		20			20			

表 5.8 MRP 合并报表

层次码	提前期	现有量	分配量	安全库存	批量	物料	时　段	当期	1	2	3	4	5	6	7	8	9
0	1					X	MPS 计划产出量		20	15		15		15			10
							MPS 计划投入量	20	15		15		15			10	
1	1	5			10	A	毛需求		15		15		15			10	
							计划接收量										
							（PAB初值）		−10		−15		−10			−10	
							预计可用库存量	5	0	0	5	5	0	0	0	0	
							净需求		10		15		10			10	
							计划产出量		10		20		10			10	
							计划投入量	10		20		10			10		
2	1	16	6	10	20	C	毛需求			40		20			20		
							计划接收量		15								
							（PAB初值）		25	−15		5			5		
							预计可用库存量	10	25	25	25	25	25	25	25		
							净需求		0	25		5			5		
							计划产出量			40		20			20		
							计划投入量		40		20			20			

3. 闭环的 MRP

开环的 MRP,采购作业计划可行且执行过程顺利,生产作业计划可行且生产过程不受其他外界因素的影响。从本质上看,开环 MRP 系统是一个理想状况下的生产计划和执行系统。然而,这种前提往往是不现实的。如采购作业计划可能因为供货能力或运输能力不足,而不能按期或者按量执行,生产作业可能会受到加工设备能力不足、人力资源缺乏等因素影响而不能按期、按量完成。

为了解决这种 MRP 计算方式存在的问题,可以基于控制原理采取一些适当的措施,例如,在 MRP 计算过程中考虑企业的生产能力问题、供货企业的供货能力问题,确保制定的物料需求计划是可行的;在采购作业计划、生产作业计划的执行过程中,通过增加采购管理和车间管理功能而增强计划跟踪和反馈功能,确保物料需求计划可以及时地得到更新。采取这些措施之后得到的 MRP 称为闭环 MRP。权威机构美国生产与库存管理协会(America Production and Inventory Control Society,APICS)发表的闭环 MRP 的结构原理图如图 5.6 所示。

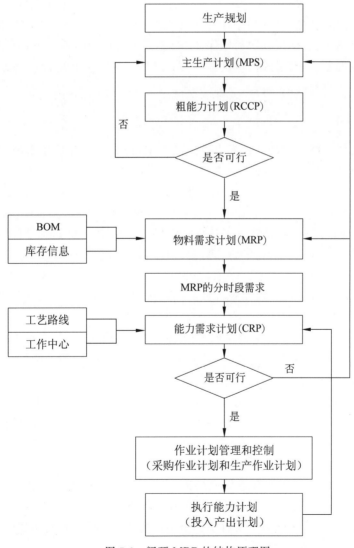

图 5.6　闭环 MRP 的结构原理图

在图 5.6 所示的闭环 MRP 结构中,MPS 来自于企业的生产规划,MPS 是否可行在经过被称为粗产能计划(rough-cut capacity planning,RCCP)的产能负荷分析之后,如果可行,则可以作为下一个阶段制定 MRP 的依据,如果不可行,则需要调整 MPS。依据可行的 MPS 制定的 MRP 是在 BOM 和库存数据的支持下完成的,并且可以进一步分解为分时段的需求。MRP 的分时段物料需求可以把未来物料短缺问题的解决方案,提前到当前作为优先计划的 MRP 中。如果这个 MRP 超越了企业现有的生产加工能力和采购运输能力,它也就失去了指导车间作业的权威意义。如果 MRP 经过能力需求计划(capacity requirements planning,CRP)平衡被认为不可行,则可以及时调整 MPS,甚至可以调整企业的生产规划。因此,增加 CRP 可以检验 MRP 在当前生产环境中是否可行。增加"作业计划管理和控制"功能的目的,是为了便于将生产环境的变化和作业计划与实际作业的差异及时地反映到 MRP 中,以便今后对 MRP 的执行进行适当的平衡和调整。增加"执行能力计划"功能,可以根据作业需要对生产能力进行进一步的调整,以便 CRP在变化的生产环境中,总是可以顺利地保证 MRP 的可行性。闭环的 MRP 很好地解决了物料管理和控制问题,得到了广泛的应用。闭环 MRP 的产生和广泛应用是生产计划管理理论发展的一个里程碑。

4. 制造资源计划

生产管理实践不断对生产方式提出更高的要求,信息技术和信息系统的发展又为更加先进的生产管理方式的提出和应用奠定了坚实的物质基础。虽然闭环的 MRP 有许多优点,但它没有解决资金资源、人力资源等生产环境中的约束问题。在 MRP 系统中,仅考虑物料是不完整的,为了提高企业的管理水平,应该把财务信息也加入 MRP 系统中。

20 世纪 70 年代后期,随着信息技术的不断发展,利用计算机同时进行物料和财务管理成为可能。为了集成这些操作,通过采用共享的数据库系统把制造、财务集成起来,形成制造资源计划(manufacturing resource planning,MRP)系统。因为制造资源计划的英文简称也是 MRP,与前面的物料需求计划的简称相同,为了区分二者,人们将制造资源计划的简称改写为 MRP Ⅱ。

MRP Ⅱ 是由闭环 MRP 演变过来的。MRP Ⅱ 在集成企业更多信息和在更大范围监控作业计划与实际执行情况等方面有了重大的突破。APICS 对 MRP Ⅱ 的定义如下:MRP Ⅱ 是一种有效地计划制造企业所有资源的方法。它可以用来解决生产单位的经营计划、以货币形式表示的财务计划制订的问题,并且可以通过能力仿真来回答诸如"what if"这类问题。它包括了很多相互链接的功能,如企业规划、销售和经营规划、生产规划以及能力和物料的执行支持系统。这些系统的输出通过财务报表的形式表现出来。APICS发布的 MRP Ⅱ 的结构如图 5.7 所示。

把生产活动与财务活动紧密地集成起来,是从闭环 MRP 向 MRP Ⅱ 迈出的关键一步。MRP Ⅱ 是对企业的所有制造资源进行计划和控制的信息系统,作用范围包括整个企业生产经营活动。这时,企业第一次有了一个集成的信息系统。这种集成的、闭环的信息系统对企业产生了深远的影响。

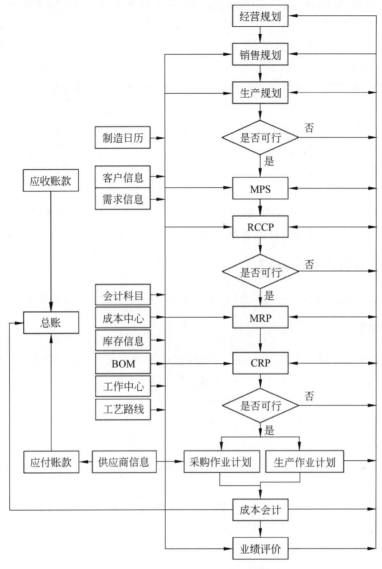

图 5.7　MRPⅡ的结构原理图

5. 企业资源计划

进入 20 世纪 90 年代以后,企业的经营环境出现了新的特点。一方面,企业规模不断扩大,集团化、跨国企业、虚拟企业、动态联盟等新型企业模式不断涌出。企业资源的概念也由企业内部制造资源,向外部市场资源、分销资源扩展,企业组织结构和工作流程始终处于动态变化过程中,因此,客观上要求有更加先进的管理理论满足这种管理实践的需求。另一方面,在信息技术飞速发展的同时,基于 Internet 的电子商务开始迅速蔓延,许多专家、学者开始思考,如何在企业生产经营管理中更好地发挥信息技术和信息系统的作用。

从 1990 年开始,美国 Gartner 公司连续发表一系列有关 ERP 的文章——《ERP:下一代 MRPⅡ的远景设想》《ERP 的功能性》《实现 MRPⅡ到 ERP 的跨越》《ERP:远景设想的定量化》等,这些文章奠定了 ERP 管理思想和系统开发应用的基础。Gartner 公司认为,ERP 是 MRPⅡ的下一代,其主要内容是打破企业的四壁,把信息集成的范围扩大到企业的上下游,管理整个供应链,实现供应链制造。Gartner 公司设想 ERP 应该包括两方面的内容,在企业内部实现产品设计、管理、监控方面的集成,在企业外部实现供需链上所有合作伙伴的集成。虽然,Gartner 公司最初的 ERP 管理思想在 ERP 的实践中并没有得到完全的实现,但这种思想对企业的管理实践却产生了巨大的影响。因此,ERP 概念最早是作为一种管理思想提出的。基于这种管理思想开发的产品称为 ERP 系统软件。对于制造企业来说,ERP 的核心功能仍然是 MRP,同时,它又在 MRP 功能基础上增加了对企业外部资源——供应链的管理,ERP 系统管理的范围覆盖了企业财务、销售、采购、客户关系、人力资源、生产制造、资源管理、工程项目、商务智能及电子商务等业务。

5.1.3 ERP 系统常见功能模块

目前市场上的 ERP 软件产品很多,通常 ERP 系统主要包括以下功能模块。

1. 系统维护

系统维护主要包括设置编码方案、数据精度等基本信息;设置机构人员、客商信息、存货信息、财务信息、业务信息、制造资料等基础档案;设置数据权限、单据格式、工作流等系统初始数据,以便 ERP 系统中其他各模块间的数据共享。

2. 财务会计

(1)总账。总账的功能是处理记账凭证输入、登记,输出日记账、一般明细账及总分类账,编制主要会计报表。

(2)应收账。应收账的功能主要包括发票管理、客户管理、付款管理、账龄分析等;与客户订单、发票处理业务相联系,并且将各项事件自动生成记账凭证,导入总账。

(3)应付账。应付账的功能主要包括发票管理、供应商管理、支票管理、账龄分析等;能够和采购模块、库存模块完全集成以替代过去烦琐的手工操作。

(4)固定资产。固定资产的功能主要是进行固定资产卡片的建立与管理、折旧计提等;进行固定资产总值、累计折旧数据的动态管理,协助设备管理部门完成固定资产实体的各项指标的管理与分析工作。

(5)现金管理。现金管理主要是对现金流入流出的控制以及零用现金、银行存款的核算,包括对硬币、纸币、支票、汇票和银行存款的管理。并且提供票据维护、票据打印、付款维护、银行清单打印、付款查询、银行查询和支票查询等功能。

(6)多币制。为了适应企业的国际化经营,多币制能以各种币制表示和结算整个财务系统的各项功能,而且客户订单、库存管理及采购管理等也可使用多币制。

在用友 ERP-U8 系统中,财务会计模块还包括网上报销、网上银行、Web 财务、UFO 报表、公司对账、票据通、报账中心等功能。

3. 管理会计

（1）成本管理。成本管理是按照制造业的成本管理流程而设计，支持生产订单、工序、工作中心管理，提供成本分析、成本核算、成本预测等功能，促使企业成本管理精细化，达到会计核算的事前预测、事后核算分析的目的。

（2）项目管理。项目管理是集财务成本核算会计和成本管理会计于一体的项目成本核算管理系统。不仅满足财务会计对项目成本核算的要求，而且满足管理会计对项目全成本核算的要求。适用于以项目管理为主要管理方式的出版、施工、旅游等行业进行成本计算。

（3）预算管理。预算管理是从企业的整体出发，通过科学预测以货币或数量的预算形式明确企业预定期间内的经营成果、财务状况和达成手段，包括预算假设建立、预算体系搭建、预算编制、预算调整、预算控制、预算分析等过程，从而对企业及各业务部门的经济活动进行调整与控制，实现企业的全面管理。

（4）资金管理。资金管理提供了全面、灵活、实用、准确的资金预测功能，可随时掌握企业未来的资金流向、流量和盈缺情况，进而通过资金分析，合理调整资金计划；提供资金风险预警功能，帮助企业防范支付危机；并且可进行筹投资规划和筹投资管理。

4. 客户关系管理

客户关系管理贯穿了售前、售中与售后的业务主线，体现在客户表达意向、商机挖掘、销售过程追踪、交易达成、决策分析的完整业务过程中。客户关系管理的统计分析功能可提供销售分析、商机分析、客户分析、业务员分析、产品分析、投诉分析、意向分析和活动分析等应用。

销售漏斗和客户价值金字塔是统计分析功能中最核心的应用。销售漏斗通过图形真实地反映企业当前销售状况，从而制定销售策略和管理决策。客户价值金字塔通过图形形象地反映不同价值等级的客户以及客户历史价值变化趋势。

5. 供应链管理

（1）销售管理。销售管理以销售计划为先导，提供了包括报价、订货、发货、开票的完整销售流程，支持普通销售、委托代销、分期收款、直运、零售、销售调拨等类型的销售业务；实时监控销售价格，建立信用控制机制，支持其他销售辅助业务的处理；提供了丰富、灵活、多维度的销售统计报表和分析，为管理决策提供依据。

（2）采购管理。采购管理主要对请购单、采购订单、采购到货、采购入库、采购发票、采购结算进行全程管理；支持普通采购、直运采购、受托代销采购等不同业务类型；自动比价给出采购建议，并依据权责划分设置审批采购订单的权限；为采购部门和财务部门提供准确、及时的信息，辅助管理决策，进而节约采购成本、缩短采购周期、避免采购风险。

（3）库存管理。库存管理是供应链的核心模块，可进行入库、出库、调拨、盘点、货位管理等库存业务处理；提供了库存状态控制、库存分析的功能，有效地跟踪库存的出入库情况，分析库存的异常状态，针对库存的短缺、超储、安全库存提供了预警机制；提供鲜活的动态库存信息，进而有效地配置库存结构，管理库存价值，为决策提供依据。

（4）质量管理。质量管理主要建立了规范、完整、先进的质量管理体系，实现企业的质量计划、质量检验、质量控制、质量分析及质量评估等功能；通过与采购、库存、生产订单、车间管理、销售管理等模块集成使用，可实现物流过程中对物料的数量、质量、金额、业务等全方位的管理；通过对供应商供货质量评估、生产过程中质量达成情况及对客户交付的货物质量追溯可实现供应链运作中的全程质量管理。

在用友 ERP-U8 系统中，供应链管理模块还包括合同管理、售前分析、出口管理、委外管理、存货核算、Web 购销存等功能。

6. 生产制造

1）产品出产计划

产品出产计划（master production schedule，MPS）又称主生产计划，是根据客户合同和市场预测，把销售与运作规划中的产品系列具体化，确定最终产品，进而使之成为 MRP 运算的主要依据，起到从宏观计划向微观计划过渡的重要作用。根据产品已知的毛需求、已分配、计划接收、现有库存计算出净需求，并根据提前期、批量、批量增量、安全库存计算出每一种产品的计划产出、计划投入、可供销售。

MPS 需要提交给生产、采购、财务、销售等相关部门及上级主管部门进行审核与批准，然后再下达给相关部门实施；也应根据市场需求变化对 MPS 进行及时、必要的调整。

2）产能管理

能力计划的实质是管理能力，不仅要求供需平衡，而且需要合理规划和利用能力资源。产能管理提供三层能力计划。

（1）资源需求计划（resource requirements planning，RRP）是在销售与运作规划阶段运行的远期能力计划。RRP 所指的资源是关键资源，可以是关键工作中心的工时、关键原材料、资金等少量关键因素。使用每一种产品系列消耗关键资源的综合平均指标来计算。RRP 是一种平衡需求的极其粗略的能力计划，不涉及工艺路线。

（2）粗产能计划（rough-cut capacity planning，RCCP）是与 MPS 相伴运行的中期能力计划。RCCP 是一种计算量较小、占用计算机机时较少、比较简单粗略的快速的能力核定方法。通常，RCCP 只考虑关键工作中心及相关的工艺路线，为了简化计算，一般只考虑计划订单和确认订单，而忽略在近期正在执行的和未完成的订单，也不考虑在制品库存。

（3）能力需求计划（capacity requirements planning，CRP）是与 MRP 相伴运行的近期能力计划。根据准备下达、已下达和未结订单的任务负荷，按时段核查所有相关工作中心的能力，有无超负荷或任务不足以及能否满足需求计划。

3）物料需求计划

MPS 是针对最终产品的计划，而一个产品可能由成百上千种相关物料组成。MRP 是针对相关物料的计划，根据 MPS、物料清单和物料可用量，计算出企业的全部加工件和采购件的需求量；按照产品出厂的优先顺序，计算出全部加工件和采购件的需求时间，并提出建议性的计划订单。MRP 是 MPS 需求的进一步展开，为了适应客观变化和处理异常情况，MRP 需要不断修订。

4）车间管理

车间管理主要包括定义各制成品的加工工艺路线，以支持车间工序计划，并作为产能管理、产品报价模拟的依据；可支持顺排和逆排两种方式的生产订单工序计划；通过车间事务处理，可随时掌握生产订单各工序在制品状态、完工状况，支持工序倒冲领料；收集生产订单各工序的实际工时作为成本计算依据，自动产生工序报检并随时掌握工序质量状况；可多角度及时生成生产订单工序在制状况表、工序完工统计表、工序开工日期异常状况表。

在用友 ERP-U8 系统中，生产制造模块还包括物料清单、生产订单、工程变更、设备管理等功能。

7. 人力资源管理

（1）招聘管理。招聘管理主要包括招聘计划制订、招聘活动流程管理、统计分析等功能；提供应聘信息处理、多角度统计报表及自定义报表等功能，有利于提高招聘工作效率和工作质量。

（2）考勤管理。考勤管理主要对考勤、出差、休假、请假、加班等业务进行处理，包括班次、班组、考勤规则设置；员工排班、调班处理；加班、请假、出差、休假登记；考勤刷卡数据处理和考勤报表生成等。并且，也为薪资管理模块提供考勤数据进行工资核算。

（3）薪资管理。薪资管理主要包括标准制定、工资核算、工资发放、工资费用分摊、工资统计分析和个人所得税核算等功能。可与总账模块集成使用，将工资凭证传递到总账中；也可与成本管理、项目管理模块集成使用，为其提供人员费用资料。

8. 办公自动化

办公自动化(office automation，OA)构建了一个高效运作的规范管理平台，提供了及时沟通与协同的手段、流程管理与控制的工具，从而保障企业管理制度的有效性。此外OA 也为知识收集、共享、利用提供了先进的技术，帮助企业提高决策能力。

OA 是面向企业高层至基层的所有职能人员的。在用友 ERP-U8 系统中，OA 模块主要包括工作平台、数字签章、日常办公、个人事务、行政管理、知识管理、信息中心、部门主页、网络调查、内部论坛、消息平台等功能。

9. 决策支持

1）管理驾驶舱

管理驾驶舱是企业管理者查询、分析、监控的信息平台，主要面向总经理、主管副总经理、各部门经理等各层管理者。

（1）提供指标中心、业务主题分析、综合分析监控、信息发布与协同、目标管理、绩效计分卡、移动办公应用等功能。

（2）决策信息门户为用户提供自定义工作信息界面，可每天便捷地获得所有关注的信息。

（3）关键业务指标中心提供完整的指标体系，可定制监控界面，也可自定义指标，并根据企业实际情况划分指标类别。

（4）业务模型软件包、分析方法软件包将决策管理与实际业务切实相连，具有极强的针对性。并且，也涉及企业所有业务领域，业务模型与分析方法分开设计，具有很高的灵活性。

2）数据分析

数据分析主要面向企业中高层管理者和专职分析人员，基于数据仓库提供灵活的分析报表，并将分析结果提供给决策信息门户。

（1）提供专业的 OLAP 数据分析工具。

（2）提供灵活的分析模型。

（3）提供报表订阅功能，根据订阅条件系统可定期动态更新。

（4）支持鼠标拖拽操作，方便查询条件的选择。

（5）提供发送邮件、手机短信功能。

3）专家财务评估

专家财务评估适用于集团企业帮助自身或下属企业进行财务报表分析、财务绩效考核，进而发现集团企业财务状况、经营成果及现金流量变化原因，将财务管理重点聚焦于"重大和例外的问题"；提升企业的决策水平和竞争能力，充分挖掘企业的会计信息资源价值。

（1）具有最新的行业标准数据库和中国上市公司的财务历年数据，并且动态更新。

（2）自定义分析报告模板，系统可自动生成不同的财务分析报告。

（3）吸收和改进了国内外最新的绩效评价体系，可对企业经营绩效进行综合评价。

（4）可对单个企业的财务状况进行分析，也可对集团企业的整体财务状况按行业、按各成员公司进行分析。

（5）企业可横向与任何一家上市公司财务状况、经营成果进行对比分析，也可把各项财务指标与同行业标准值进行对比分析。

（6）提供强大的数据挖掘功能，可由比率、增长率指标挖掘企业报表底层具体财务项目数据。

目前市场上有很多商用 ERP 软件产品，图 5.8 和图 5.9 展示了金蝶的机械行业、零售行业 ERP 系统功能结构图。

5.1.4　ERP 相关现代管理思想

TPS、MIS 等信息系统虽然为传统企业提供了高效的管理工具，但是随着新技术革命的发展和生产力水平不断提高，现代企业的生产规模日益扩大，新的生产方式和企业形态不断涌现，企业管理工作变得越来越复杂，迫切需要新的管理理论和思想作为指导，ERP 正是现代管理思想和信息技术的融合体，它所包含的核心管理思想如图 5.10 所示。

1. 准时生产

准时生产（just in time，JIT）是起源于日本丰田汽车公司的一种称为"看板"生产管理的方法。从 20 世纪后半期起，整个世界市场进入了一个需求多样化的新阶段，同时对产

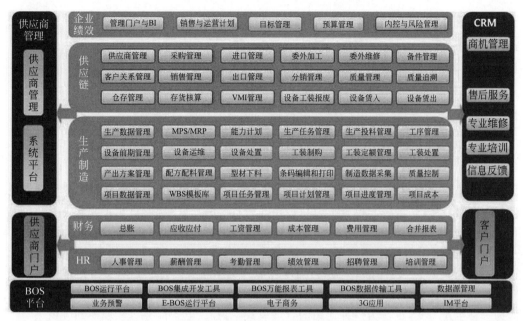

图 5.8　金蝶的机械行业 ERP 系统功能结构图

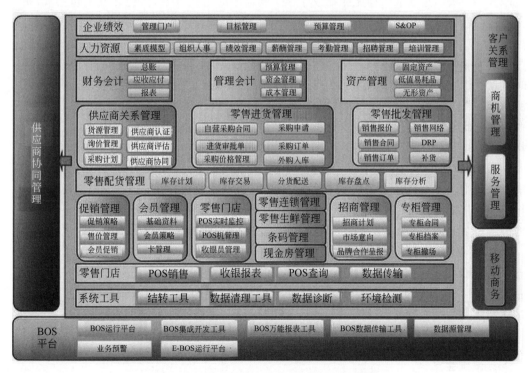

图 5.9　金蝶的零售行业 ERP 系统功能结构图

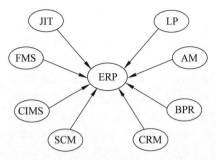

图 5.10 ERP 包含的核心管理思想

品质量的要求越来越高,这给制造业提出了新课题——如何有效地组织多品种小批量生产。否则,生产过剩会引起设备、人员、费用等一系列的浪费,从而影响企业竞争力乃至生存。在这种历史背景下,日本丰田公司综合了单件生产和批量生产的特点与优点,创造了一种在多品种小批量混合生产条件下,高质量、低消耗的生产方式,即准时生产。20 世纪70 年代,这种生产方式在帮助丰田公司度过第一次能源危机时起到了突出的作用。后来JIT 也在其他国家得到了重视,并逐渐在欧美的一些企业中推行开来。近年来,JIT 不仅作为一种生产方式,也作为一种通用的管理模式在物流、电子商务等领域得到应用。

JIT 方式的基本思想,即"只在需要的时候,按需要的量,生产所需的商品"。这种生产方式的核心是追求一种无库存或库存达到最小的生产方式,由此开发了包括"看板"在内的一系列具体方法,并逐渐形成了一套独具特色的生产经营体系。JIT 方式的最终目标是"获取利润",为了实现这个最终目标,降低成本就成为基本目标。JIT 方式力图通过彻底排除浪费来达到这一目标。为了排除这些浪费,相应产生了弹性配置作业人数、适时适量生产等基本手段和"看板"等基本工具。"看板"管理的主要作用是传递生产和运送的指令。在 JIT 方式中,生产的月度计划是集中制订的,同时传达到各个工厂以及协作企业。而与此相对应的日生产指令只下达到最后一道工序或总装配线,对其他工序的生产指令均通过"看板"来实现。即后工序"在需要的时候"用"看板"向前工序领取"所需的量"时,同时向前工序发出了生产指令。由于生产不可能完全按照计划进行,日生产量的不均衡以及日生产计划的修改都通过"看板"来进行微调。传统的"看板"是物理形式的"看板",一般是纸做的,主要在生产车间的各工序之间周转。随着信息技术的发展,一些先进的制造型企业开始采用"电子看板"进行生产控制,甚至延伸到整个供应链的控制。

JIT 作为提高生产管理效率的一种思想和方法,在现代企业管理中占有十分重要的地位,为企业生产运作管理提供了理想目标和判断依据,成为精细化生产管理的精髓。在企业信息化中,JIT 为计算机系统的开发和流程管理提供了面向需求的管理思想,为流程优化和业务衔接活动的设计提供了依据和标准,对企业级信息系统的发展和应用具有非常重要的指导意义和促进作用。

2. 精细生产

精细生产(lean production,LP)又称精益生产,是美国从丰田公司生产经验总结出来的一种生产管理方式,其核心思想是,从生产操作、组织管理、经营方式等各个方面,找出所有不能为生产带来增值的活动或人员并加以排除。这种生产方式综合了单件生产和大批量生产的优点,既避免了单件生产的高成本,又避免了大批量生产的不灵活。精细生产的目标是"尽善尽美",因此要在生产中精益求精,力求做到无废品、零库存、无设备故障等。

在生产协作上,精细生产对操作工人的要求大大提高。它通过采取减少非增值岗位的措施,提高生产效率;实行集体负责制,努力在工序内把问题解决好;精心安排各种产品混合生产,最大限度地满足各工序间的复合平衡,彻底消除各种浪费,以取得总体上的最高效率。

在生产管理上,精细生产全面贯彻精益求精的管理思想。为工人提供全面了解工厂信息的手段,使每个工人都有机会为工厂需要解决的问题出力;改变单调枯燥的重复操作,培养工人的多种技能,进行岗位轮换;去掉了为保证生产正常进行而配备的冗余的缓冲环节、超额的库存、超额的面积、超额的工人等,使得生产是"精益"的;从"推的生产方式"变为"拉的生产方式",即由传统的根据前一道工序的生产结果决定后一道工序的生产,改变为在现场按照日程进度的后续需要来,决定前一道工序的生产,形成准时生产。

在产品设计上,精细生产推行"主查"系统的领导方式,大大增强设计组项目负责人的权威感和荣誉感;强调集体协作,保证各成员对项目的充分参与;强调信息交流,避免可能发生的冲突,降低内耗,提高工作效率;采用并行工程,提倡尽可能平行地处理,以缩短总生产时间。

在协作配套上,精细生产要求加强与合作伙伴的关系,建立合理的利润分配和风险共担机制,鼓励协作伙伴之间经常交流技术,更加注重与经销商的合作,使销售策略更为积极主动,售后服务更加周到细致,并注意维持与用户的长期联系等。

精细生产的提出,代表着企业从粗放式生产方式向精细化生产方式的转变,从而使企业在生产过程中对质量、成本、效益进行深入挖掘,以达到精益求精的管理效果。

3. 柔性制造

随着市场需求的多样化,批量生产时代正在逐渐被适应市场动态变化的生产方式所替代,传统的制造技术已不能满足多品种、小批量生产的需求,于是柔性制造系统(flexible manufacturing systems,FMS)应运而生。

柔性制造系统是由若干数控设备、物料储运装置和计算机系统组成的,并能根据制造任务和生产品种变化而迅速进行调整的自动化制造系统。柔性制造技术的发展,首先是柔性制造单元的提出,在成组技术的基础上引入计算机控制和管理,提高了加工的自动化和柔性,进一步又增加了计算机调度功能,通过计算机可以实现24h连续工作,实现不停机转换零件品种和批量,同时在加工中心之间通过自动导向小车或传送带运输零件。柔性制造系统实现了柔性生产流水作业,使多品种、小批量生产取得了类似大批量流水生产的效果,是对各种不同形状加工对象实现程序化柔性制造加工的各种技术的总称。凡是侧重柔性,适应多品种、小批量的加工技术都属于柔性制造技术。

采用柔性制造系统,能根据装配作业配套需要,及时安排所需零件的加工,实现及时生产,从而减少毛坯和在制品的库存量及相应的流动资金占用量,缩短生产周期;提高设备的利用率,减少设备数量和厂房面积;减少直接劳动力;提高产品质量的一致性。

4. 敏捷制造

敏捷制造(agile manufacturing,AM)是美国为重振其在制造业中的领导地位而提出的一种新型制造模式。敏捷制造是通过先进的柔性生产技术与动态的组织结构和高素质人员的集成,着眼于获取企业的长期经济效益,用全新的产品设计和产品生产的组织管理方法来对市场需求和用户需求做出灵敏有效的反应。敏捷制造的目标是建立一种能对用户需求做出快速反应并及时满足的生产方式。它的核心思想是提高企业对市场变化的快速反应能力,满足顾客的要求。除了充分利用企业内部资源外,还可以充分利用其他企业乃至社会的资源来组织生产。这种动态的组织结构,容易抓住机会,赢得市场竞争。在这样一种全新的生产方式下,企业的竞争与合作并存,并且不断进行这种关系的变化交替。竞争提高了企业的创造性与积极性,而合作又使资源得到了最好的配置。这正是一个复杂系统为适应环境而进行的自组织过程,同时它对整个社会资源的有效配置也是有利的。当然,这种生产方式需要建立在一种高效的信息网络上。

敏捷制造的特点如下。

(1) 从产品开发开始的整个产品生命周期都是为了满足用户需求。采用柔性化的、模块化的产品设计方法和可重组的工艺设备,使产品的功能和性能可根据用户的具体需求进行改变,再借助仿真技术可让用户很方便地参与设计,从而很快地生产出满足用户需求的产品。企业的质量跟踪将持续到产品报废,甚至到产品的更新换代。

(2) 采用多变的动态的组织结构。为了提高企业对市场反应的速度和满足用户需求的能力,必须以最快的速度把企业内部和外部的优势资源集中在一起,组成灵活的经营实体,即虚拟企业。虚拟企业能把与任务项目相关的各领域的精华力量集中起来,形成单个企业所不具备的竞争优势。当任务完成后,虚拟企业即行解体。当新的市场机会出现,新的实体企业再重新组建成新的虚拟企业。虚拟企业这种动态组织机构,大大缩短了产品上市时间,加速了产品的改进和发展,使产品质量不断提高,也能大大降低成本。

(3) 着眼于长期获取经济效益。传统的大批量生产企业,其竞争优势在于规模生产,以此降低产品的成本。敏捷制造是采用先进制造技术和具有高度柔性的设备进行生产。这些设备可用于多种产品的生产,可在较长时间内获取经济效益,它可以使生产成本与批量无关,做到完全按订单生产,充分把握市场中的每一个机会。

(4) 建立新型的标准体系,实现技术、管理和人的集成。企业要充分利用分布在各地的各种资源,把企业中的生产技术、管理和人集成到一个相互协调的系统中。为此,必须建立新的标准体系来支持这一集成,包括大范围的通信基础结构、信息交换标准等。

(5) 最大限度地调动、发挥人的作用。敏捷制造提倡以人为中心的管理,强调用分散决策代替集中控制,用协商机制代替递阶控制机制。它的基础组织是"多学科群体",是以任务为中心的一种动态组合,在保证全局的前提下把权利下放到项目组,要求各个项目组都能了解整体规划要求,但完成任务的中间过程则由项目组自主决定,以发挥人的主动性、积极性和创造性。

敏捷制造方式把企业的生产与管理的集成提到了一个更高的水平,它把有关生产过程的各种功能和信息集成,扩展到企业与企业之间的不同系统的集成。这种集成在很大程度上依赖于国家和全球的信息基础设施,以及企业内部先进的信息技术支撑平台。

5. 计算机集成制造

计算机集成制造系统(computer integration manufacture system,CIMS)的概念是在 1974 年由美国的 Joseph Harrington 提出的,并在 20 世纪 80 年代初开始付诸应用。CIMS 是一种组织、管理和运行的企业理念,它将传统的制造技术与现代信息技术、自动化技术、系统工程技术等有机地结合起来,借助信息技术,将企业产品全生命周期,即市场需求分析、产品定义、研究开发、设计、生产、支持(包括质量、销售、采购、发送、服务)及产品最后报废、环境处理等,各阶段活动中有关的人/组织、经营管理和技术三要素及其信息流、物流、价值流进行有机集成并优化,以使企业能够更加自动化和更加高效地运行。

CIMS 系统包括了产品全生命周期各类活动的集合,可以分为 5 个级别的分级控制结构。

(1) 工厂级控制系统。这是最高一级的控制系统,进行生产管理,履行"工厂职能"。

(2) 车间级控制系统。这一级控制系统负责协调车间的生产和辅助性工作,以及完成上述工作的资源配置。

(3) 单元级控制系统。这一级控制系统负责协调相似零件分批通过工作站的顺序和管理诸如物料储运、检验及其他辅助性工作。

(4) 工作站级控制系统。这一级控制系统负责指挥和协调车间中的一个设备组的活动。

(5) 设备级控制系统。该控制系统是机器人、机床、测量仪、小车、传送装置等各种设备的控制器。采用这种控制是为了实现加工过程中的改善修正、质量检测等方面的自动计量和自动在线监测与监控。

为了真正实现计算机集成制造,必须解决以下问题。

(1) 信息集成。针对设计、管理和制造中大量存在的自动化孤岛,实现信息正确、高效的共享和交换,是改善企业管理水平必须首先解决的问题。

(2) 业务过程集成。企业除了实现信息集成外,还要对过程进行重构。产品开发设计中的各个传递过程应尽可能转变为并行过程。在设计时考虑到下游工作的可制造性、可装配性以及产品质量,可以减少反复,缩短开发时间。

(3) 企业组织集成。为充分利用全球制造资源,把企业调整成适应全球经济、全球制造的新模式,必须解决资源共享、信息服务、虚拟制造、并行工程、网络平台等关键技术,以更快、更好地响应市场。

6. 企业流程再造

企业流程再造(business process reengineering,BPR)是在 20 世纪 90 年代初由迈克尔·哈默(Michael Hammer)与詹姆斯·钱皮(James Champy)提出的,之后在西方国家风靡一时,其核心思想是对企业的业务流程进行根本性的重新思考并彻底改革,以获得企业在成本、质量、服务和速度等方面业绩的飞跃性改善。

流程是指按一定逻辑顺序组成的一组活动,这种逻辑顺序通常由劳动分工所形成的活动时间和内在联系所决定。任何流程都可以由串行、并行、分叉、反馈这些基本关系组合而成。企业流程通常是以输入各种原材料和顾客需求为起点、以企业创造出对顾客有价值的产品或服务为终点的一系列活动所组成的。组成流程的基本要素包括活动、活动间的连接方式、活动承担者和完成活动的方式等。活动及活动间的连接方式受组织工作目标、劳动分工及生产工具和技术设备等因素影响。活动的承担者一般是具体的人员或组织。完成活动的方式一方面受技术条件的限制,另一方面又受工作习惯以及企业文化的影响。

工业时代已形成的企业流程,在一定程度上受到当时的生产工具和技术设备制约以及环境影响。由于受到手工操作的限制,在传统企业中完整系统的工作常常被分割成许多细块分别完成。为了实现工作目标,最后还需要把它们拼装起来,这种拼装的效率十分低下。在环境比较稳定的大生产时期,问题还不突出,一旦环境多变,这种工作方式就会暴露出严重的缺陷。原来的组织职能部门(如计划、生产、市场等)划分,也不利于鉴定执行者的责任,因为某一部门的人只对某个局部环节负责,无法对全流程负责。

进入信息时代后,企业内外部环境都发生了巨大变化,从外部环境来看,多样化和个性化的顾客需求日趋凸显,传统低效的企业流程已难以适应日益激烈的市场竞争;从内部环境来看,信息技术应用使得一些信息设备、自动化装置充当了企业活动的承担者。因此,要提高企业竞争力和信息化应用效果,就必须对企业流程进行再设计和再思考,即进行企业流程再造。

同时,信息技术应用也为企业流程再造提供了有力的支持。在企业流程再造过程中,首先,必须研究哪些企业流程环节需要利用信息技术,信息技术可以起到什么样的作用,以及如何实现企业流程的高效和自动化等;其次,为了使企业信息化收到实效,信息技术的应用必须和经营管理相结合,也必须与管理变革相结合。研究表明,企业流程再造的深度与广度越大,信息化的作用越显著。当然,流程再造不仅会影响到流程本身,还会影响到整个组织以及每一个人,因为它可能涉及组织结构的调整、工作岗位和职责权利的再分配、人员的精简与调动等一系列问题。因此,在流程再造过程中,管理层一定要注意流程再造后的平稳过渡,并慎重实施。

7. 供应链管理

20世纪90年代以来,随着各种自动化技术和信息技术在制造企业中的不断应用,制造生产效率已被提高到相当的水平,制造技术本身进一步提升的潜力开始变小。为了进一步挖掘降低产品成本和满足客户需要的潜力,人们开始将目光从企业内部生产过程转向产品全生命周期中的整个供应链,即从原材料和零部件采购、运输、加工制造、分销直至最终送到顾客手中的全过程。这一过程被视为一个环环相扣的链条,即供应链。而供应链管理(supply chain management,SCM)就是指对整个供应链系统进行计划、协调、操作、控制和优化的各种活动过程,其目标是将顾客所需的正确的产品,在正确的时间,按照正确的数量,正确的质量和正确的状态,送到正确的地点,并使总成本最小。

供应链管理思想的产生,使得企业管理的视角从对企业内部资源的优化配置和高效利用向外界扩展,从而更好地利用外界资源,提升企业对环境的适应性,并使自身在竞争中处于有利地位。在供应链中,企业只做自身有核心竞争力的工作,相关的业务可外包给专业的公司去完成。企业之间通过动态联盟形成有机衔接和协调运作的整体,从而不断提高在市场中的竞争能力。ERP 系统的开发应用在一定程度上正是为了满足和支撑供应链管理的需要。

8. 客户关系管理

基于 Internet 的电子商务正在改变社会经济各个行业的传统经营模式,尤其是彻底改变了企业与客户之间的关系。激烈的市场竞争要求企业的经营理念从"以产品为中心"转向"以客户为中心",即谁能把握客户的需求并以最快的速度做出响应,谁能吸引新客户、保持老客户,谁就能取得最终的胜利。因而,有关客户关系管理(customer relationship management,CRM)的思想和方法应运而生。

客户关系管理的思想是遵循客户导向的发展战略,对客户进行系统化的研究,通过改进对客户的服务水平,提高客户的忠诚度,不断争取新的客户和商机,力争为企业带来长期稳定的利润。客户关系管理是选择和管理客户的经营理念,其目的是实现客户长期价值的最大化。客户关系管理重新定义了企业的职能并对其业务流程进行重组,要求企业真正"以客户为中心"的理念来支持其有效的营销、销售和服务过程。企业关注的重点从内部运作转移到客户关系,并通过加强与客户的深入交流,全面了解客户的需求,不断对产品及服务进行改进和提高,以满足顾客的需求。

作为一种具体的管理方法,CRM 主要体现在客户与企业发生关系的市场营销、销售实现、客户服务和决策分析四大业务领域。市场营销包括对传统市场营销行为与流程的优化和自动化,商机预测、获取和管理,营销活动管理以及实时营销等。销售实现包括销售预测、过程管理、客户信息管理、业务分析等一系列工作。客户服务包括积极主动处理客户的各种信息咨询、订单请求、订单执行情况反馈,并提供高质量的现场服务。客户关系管理的另一个重要方面在于创造和具备了使客户价值最大化的决策和分析能力,在统一的客户数据基础之上,将所有业务应用系统融入分析环境中开展智能性分析,为管理层做出及时全面的商业决策提供支持。

客户关系管理思想和方法的产生,代表企业的运营着眼点已从产品转向客户,从计划推动式生产方式转向了"以客户为中心"的需求拉动式生产方式,从而更好地满足客户需求。

5.1.5 ERP 系统实施方法

综上所述,ERP 系统是一个融合了现代管理思想和信息技术的复杂的、集成的现代企业信息系统,其功能涵盖企业内外的物流、资金流、信息流及人员流的计划、控制、管理和决策活动。因此,ERP 系统的实施是一项复杂的系统工程,也是一场管理变革,它不仅需要采用一套科学的实施方法,而且还需企业管理人员及员工提高自身认识水平与信息素质。下面我们对相关内容进行简要介绍。

1. ERP 实施的方法

ERP 实施的方法主要有两种：一种是企业根据自身的业务需求，自行开发或请 IT 公司专项开发；另一种是根据业务需求分析，选择一套现有的 ERP 产品（如 SAP、Oracle、用友、金蝶等公司都拥有成熟的 ERP 套件）导入本企业。前一种方法可参考本书第 3 篇的内容，本节将简单介绍后一种方法，即选用成熟的 ERP 套件导入企业的方法。

现在中国市场上的 ERP 产品比较多，主流的国外产品包括 SAP R3 系统、Oracle ERP 系统等；国内的 ERP 产品有用友、金蝶等。不同的 ERP 厂商在实施阶段划分方面会有些差别，但关键任务都基本相同。实施过程主要包括 IT 咨询阶段、实施准备、蓝图设计、系统建设、上线切换、持续支持等 6 个阶段。

（1）IT 咨询阶段。可由管理咨询公司或 ERP 提供商对客户进行整体业务调研、需求分析，对企业进行诊断，诊断客户业务中存在的问题，协助客户制定 IT 规划方案、业务应用方案，并编制《项目建议书》。

（2）实施准备阶段。在此阶段，需要成立由多方参与的项目实施组织（如由软件供应商和客户方以及第三方 IT 咨询或监理机构等组成），并共同确认项目的工作计划，召开有双方高层参加的项目正式启动会，明确本项目对实现公司远景目标的重要性，从而引起全公司对项目的重视，取得公司各管理层对项目的支持。

（3）蓝图设计阶段。软件供应商项目小组将对客户方的各项相关业务流程进行详细调研，并与公司各级相关领导进行交流，明确企业提高业务管理水平的目标及 ERP 系统实现的基本蓝图。在这一阶段，将开展一系列的业务流程现状分析及应用 ERP 系统后可能的流程改进的研讨会，最终确认将要用 ERP 系统处理的业务流程的设计蓝图——业务解决方案。

（4）系统建设阶段。系统建设实际上就是客户方业务流程实现的过程，在这一阶段，项目小组将把上阶段设计的业务流程蓝图在 ERP 系统中实现（即在供应商 ERP 系统中进行设置），并对涉及 ERP 系统的各业务流程进行测试。在这一阶段，软件供应商项目小组和客户方项目小组应紧密合作，在应用 ERP 系统实现新业务流程的同时，将 ERP 系统的相关知识转移到客户方项目小组。

（5）上线切换阶段。上线切换是经过双方全体人员长时间的准备后推动系统上线的过程。在这一阶段，项目小组安排对最终用户进行操作培训。最终用户培训将由客户方的项目小组进行，软件提供商的项目小组只对培训进行帮助和指导，这将使客户方项目小组更快的成长，有能力在将来独立地对公司新员工开展培训。该阶段将完成最终数据准备，并导入到生产系统中。

（6）持续支持。系统正式上线，项目小组进行运行支持。

2. ERP 实施对企业的要求

ERP 是先进管理思想与现代信息技术融合形成的一种新的企业管理模式，然而在实际的推广应用中，往往由于应用深度和广度的不到位，使得多数企业 ERP 的应用效果并不理想。究其原因，主要是思想认识不到位和方法不得当所致。因此，企业在 ERP 实施中应当注重以下几方面问题。

（1）实施 ERP 是企业管理全方位的变革。企业领导层应首先是受教育者，其次才是现代管理理论的贯彻者和实施者。规范企业管理及其有关环节，使之成为领导者、管理层及员工自觉的行动，使现代管理意识扎根于企业中，成为企业文化的一部分。国外企业实施 ERP 似乎没有讨论的余地，全盘接受，自觉性强。若还要等待思想提高，观念更新，甚至还要避开锋芒，迁就陈腐，互相推诿，这场全方位的变革就会反复甚至夭折。

（2）企业管理班子要取得共识。人们常把 ERP 的实施称为"第一把手工程"，这说明了企业的决策者在 ERP 实施过程中的特殊作用。ERP 是一个管理系统，牵动全局，没有第一把手的参与和授权，很难调动全局。

（3）ERP 的投入是一个系统工程。与其他固定资产设备的投入和产出比较，ERP 的投入和产出并不那么直观、浅显明了，投入不可能马上得到回报，见到效益。ERP 的投入是一个系统工程，并不能立竿见影，它所贯彻的主要是管理思想与方法。它将长期发挥作用，在不断深化中提高效益。

此外，实施 ERP 还需因地制宜，具体问题具体分析。首先，要根据企业的具体需求采用相应的系统，而不是不管企业的规模和基础，全部模块都采用，这样可能对企业危害性极大。其次，这种投入不是一劳永逸的，由于技术发展很快，并且随着工作的深入，企业会越来越感到资源的紧缺。因此，每年应有相应的维护升级投入，才能保证系统良好地运转。

（4）ERP 的实施需要复合型人才。实施信息化管理的效益和企业竞争优势的提升是依靠人的运用得以达到，即"信息的价值在于应用"，而信息的应用者就是企业的各级管理人员，他们利用 ERP 系统提供的信息作为优化流程的参照、正确决策的支持。各级管理人员不仅需要拥有专业理论知识，而且也需要具备信息素养、信息能力和创新精神。因此，复合型人才是现代企业实施信息化管理的重要因素。

复合型人才的培养需要一定的过程，一些企业领导者对他们的重视远远不及市场开拓人员和产品研发人员，而是将其视为"辅助"角色，这往往造成人才流失。

3. ERP 实施的风险及其预防

企业的条件无论多么优越，所做的准备无论多么充分，ERP 实施的风险仍然存在。在 ERP 系统的实施周期中，各种影响因素随时都可能发生变化。如何有效地管理和控制风险是保证 ERP 系统实施成功的重要环节之一。

ERP 项目的风险主要表现在以下几方面。

（1）缺乏规划或规划不合理。

（2）项目预准备不充分，硬件选型及 ERP 软件选择错误。

（3）实施过程控制不严格，阶段成果未达标。

（4）设计流程缺乏有效的控制环节。

（5）实施效果未评估或评估不合理。

（6）系统安全设计不完善，存在系统被非法入侵的隐患。

（7）灾难防范措施不当或不完整，容易造成系统崩溃。

因此,ERP 项目风险的预防主要可从以下几方面着手。

(1) 战略规划。企业是否存在一个长期(如 5 年)的 IT 系统规划? ERP 的目标源于 IT 系统规划,是评价 ERP 系统成败的基本标准。应依据 IT 系统规划,明确 ERP 系统的实施范围和实施内容。

(2) 项目预准备。确定硬件及网络方案、选择 ERP 系统和评估咨询合作伙伴是该阶段的 3 项主要任务,也是 ERP 系统实施的 3 大要素。硬件及网络方案直接影响系统的性能、运行的可靠性和稳定性;ERP 系统功能的强弱决定企业需求的满足程度;咨询合作伙伴的工作能力和经验决定实施过程的质量及实施成效。

(3) 项目实施控制。在 ERP 系统实施中,通常采用项目管理技术对实施过程进行控制和管理。有效的实施控制表现在科学的实施计划、明确的阶段成果和严格的成果审核。不仅如此,有效的控制还表现在积极的协调和通畅的信息传递渠道。实施 ERP 的组织机构包括指导委员会、项目经理、外部咨询顾问、IT 部门、职能部门的实施小组和职能部门的最终用户。部门之间协调和交流的效果,决定实施过程的工作质量和工作效率。目前,在企业缺乏合适项目经理的条件下,这一风险尤其明显和严重。

(4) 业务流程控制。企业业务流程重组是在项目实施的设计阶段完成的。流程中的控制和监督环节保证 ERP 在正式运行后,各项业务处于有效的控制之中,避免企业遭受人为损失。设计控制环节时,要兼顾控制和效率。过多的控制环节和业务流程冗余,势必会降低工作效率;而控制环节不足又会有业务失控的风险。

(5) 项目实施效果。虽然项目评估是 ERP 实施过程的最后一个环节,但这并不意味着项目评估不重要。相反,项目评估的结果是 ERP 实施效果的直接反应。正确地评估实施成果,离不开清晰的实施目标、客观的评价标准和科学的评价方法。目前普遍存在着忽视项目评估的问题,忽视项目评估将导致实施小组不关心实施成果这一隐患,这正是 ERP 项目的巨大风险所在。

(6) 系统安全管理。系统安全包括操作系统授权、网络设备权限、应用系统功能权限、数据访问权限、病毒的预防、非法入侵的监督、数据更改的追踪、数据的安全备份与存档、主机房的安全管理规章、系统管理员的监督,等等。过去,企业中熟练掌握计算机技术的人员较少,接入 Internet 的计算机也不多。因此,在实施 ERP 系统时,普遍存在着不重视系统安全的现象,例如用户不注意口令保密、超级用户授权多人等。缺乏安全意识的直接后果是系统在安全设计上存在漏洞和缺陷。近年来,不断有报道披露银行或企业计算机系统被非法入侵的消息,这给企业敲响了系统安全管理的警钟。

(7) 意外事故或灾难。水灾、火灾、地震等不可抗拒的自然灾害,会给 ERP 系统运行带来毁灭性的打击。企业正式启用 ERP 系统后,这种破坏将直接造成业务交易的中断,给企业带来不可估量的损失。未雨绸缪的策略和应对措施是降低这一风险的有效方法,如建立远程备份和恢复机制;在计算机系统不能正常工作的情况下,恢复手工处理业务的步骤和措施。

4. ERP 应用成功的标志

ERP 应用是否成功,可以从以下几方面加以衡量。

1）系统运行集成化

这是 ERP 系统成功应用在技术解决方案方面最基本的表现。ERP 系统是对企业物流、资金流、信息流进行一体化管理的软件系统，其核心思想就是实现对供应链（supply chain）的管理。软件的应用将跨越多个部门甚至多个企业。为了达到预期设定的应用目标，最基本的要求是系统能够运行起来，实现集成化管理，建立企业完善的数据体系和信息共享机制。

一般情况下，如果 ERP 系统仅在财务部门应用，只能实现财务管理规范化、改善应收账款和资金管理；仅在销售部门应用，只能加强和改善营销管理；仅在库存管理部门应用，只能帮助掌握存货信息；仅在生产部门应用，只能辅助制订生产计划和物资需求计划。只有集成一体化运行起来，才有可能达到以下成效。

（1）降低库存，提高资金利用率和控制经营风险。

（2）控制产品生产成本，缩短产品生产周期。

（3）提高产品质量和合格率。

（4）减少财务坏账、呆账金额等。

这些目标能否真正达到，还要取决于企业业务流程重组的实施效果。

2）业务流程合理化

这是 ERP 系统成功应用在改善管理效率方面的体现。ERP 应用成功的前提是必须对企业实施业务流程重组，因此，ERP 应用成功也即意味着企业业务流程趋于合理化，并实现了 ERP 应用的以下几个最终目标。

（1）企业竞争力得到大幅度提升。

（2）企业面对市场的响应速度大大加快。

（3）客户满意度显著改善。

3）绩效监控动态化

ERP 系统的应用将为企业提供丰富的管理信息。如何利用这些信息并使其在企业管理和决策过程中真正发挥作用，是衡量 ERP 应用成功的另一个标志。在 ERP 系统完全投入实际运行后，企业应根据管理需要，利用 ERP 系统提供的信息资源设计出一套动态监控管理绩效变化的报表体系，以期即时反馈和纠正管理中存在的问题。这项工作一般是在 ERP 系统实施完成后由企业设计完成的。企业如未能利用 ERP 系统提供的信息资源建立绩效监控系统，则意味着 ERP 系统应用没有完全成功。

4）管理改善持续化

随着 ERP 系统的应用和企业业务流程的合理化，企业管理水平将会明显提高。为了衡量企业管理水平的改善程度，可以依据管理咨询公司提供的企业管理评价指标体系，对企业管理水平进行综合评价。评价过程本身并不是目的，为企业建立一个可以不断进行自我评价和不断改善管理的机制才是真正目的，这也是一个经常不被人们重视的 ERP 应用成功的标志。

总之，ERP 应用的实施是一个复杂的系统工程，企业在准备应用 ERP 之前一定要做好充分的准备，切忌盲目跟风，以免造成更大的损失。

【案例 5-1】 雀巢公司 ERP 系统实施案例。

雀巢公司已有140多年的历史,目前在全球80多个国家拥有500多家工厂,有近33万名员工,2013年销售额达到920亿美元。然而,雀巢美国分公司ERP系统的实施并非一帆风顺,期间数次陷入困境,付出沉重的代价。雀巢艰难的ERP之旅,不仅引起业界的广泛关注,更值得业界深刻思考。

1991年之前,雀巢只是一些独立运营公司的混合体,产品品牌归瑞士母公司所有。1991年,雀巢美国分公司成立,品牌管理被统一重组到此家新公司,而它相当于一家控股公司,并非一个完整的统一体。虽然各个分支机构都需向雀巢美国分公司报告工作,但各自的地理位置分散,商业决策具有很大的自主权。雀巢美国分公司曾尝试整合分散机构,实现规模经济,提高运作效率,但多年的"自治运营"成为了巨大的障碍。以下两方面对雀巢领导们的触动极大。

其一,1997年,一项目组对雀巢美国分公司的各种系统进行检查,发现管理极其混乱,竟然为同一个供应商的"香草"支付了29种不同的价格。因为,雀巢的每个工厂都从此供应商处购买"香草",但互不沟通;而每个工厂都根据自身情况为"香草"设置编号,没有统一规范的编码,所以公司无法进行比较。

其二,各个分支机构进行"自治式"业务运营,瑞士总部在1991年成立了雀巢美国分公司,统一品牌管理,Dunn被召集到瑞士帮助设计公司全球项目的通用方法,制定各个分支机构都要遵循的技术标准,增进数据共享。而Dunn在1997年返回美国,出任雀巢美国分公司的CIO,却发现在瑞士总部制定的标准很少被采用,理论与实践基本脱节。

1997年,SAP帮助雀巢美国分公司率先实施ERP项目,代号取为BEST(business excellence through systems technology),预计需要6年时间,预算成本为2.1亿美元,初步定于2003年第一季度完成。此举措与后来母公司的ERP投资相当,2000年6月,瑞士总部与SAP签署了合同,价值2亿美元,此后又追加8000万美元用于咨询和维护,在世界范围内推进ERP项目,加强对全球80多个国家的200多家分公司和分支机构的管理。理智的人士都深知,这个项目致力于实行集权化管理,将触及原来分散式的企业文化,若触及了公司文化的深层,风险就会不期而至。

1997年6月,Dunn与主管财务、供应链、渠道及采购的高级经理组成一个主要利益相关者小组,共同研究公司的管理现状并将研究结果提交高层领导核心。当时,公司有9个不同的分类账务、28个客户条目以及很多采购系统。因为每个工厂都通过自己的采购组,根据自己的需要进行采购,所以公司无法统计与某个供应商进行了多少笔交易。主要利益相关者小组列出了在3~5年内可获得重大改进的方面,建议采用SAP的ERP系统重整公司业务流程。Dunn认为,这将是一次业务流程再造,若不改变业务运行模式,就无法达到预期的目标,随后的整合将更加艰难,更加痛苦。虽然在实施之前有了心理准备,但是,无论是高层领导核心,还是主要利益相关者,都将ERP视为一个纯软件项目,而未真正理解BEST项目将如何改变雀巢公司的业务流程以及可能导致的艰难程度。

1997年10月,雀巢美国分公司召开ERP项目誓师大会,由50名高层业务经理和10名高级IT专家组成实施小组,制定一套对公司各个分支机构都适用的通用工作程序,所有部门的功能都必须抛弃原有的方式,接受新的"一体化雀巢"理念。另外,一个技术小组花费18个月的时间,检查各个部门的所有条目数据,考虑如何实现一个全公司通用的结构,从此,各个分支机构的"香草"都具有了统一编码。由于 SAP 的供应链管理模块理念很新,隐藏的风险很大,崔巢转向 SAP 的合作伙伴 Manugistics,其供应链模块遵循 SAP 的标准,可集成到 SAP 的 ERP 系统中。

1998 年 3 月,ERP 项目首先实施 SAP 的 5 个模块——采购、财务、销售、配送与应收账款,以及 Manugistics 的供应链模块,每个分支机构都将采用这五大模块。例如,糖果部采购组和饮料部采购组使用的准则和数据是一致的。

1998 年 7 月,开发工作开始了,其中 4 个模块(3 个 SAP 模块和 1 个 Manugistics 模块)要求在 2000 年之前完成。由于事先制定了进度表,但由于代码修改及千年虫问题,在匆忙完成既定任务的同时,又出现了大量的新问题。其中,最为棘手的是逆反心理在不同阶层中开始出现且高涨,原因是直接受到新业务流程影响的团体代表未被纳入主要利益相关者小组。

2000 年年初,项目实施陷入混乱,员工不知道如何使用新系统,甚至不明白新的工作流程,无人愿意学习业务运作的新方式。预测产品需求的员工流动率高达 77%,制订计划的员工不愿也无法放弃熟悉的电子表格而转向复杂的 Manugistcis 模块,部门主管和员工同样迷茫。当时,Dunn 每天接到的求助电话高达 300 个,ERP 的实施出现了停滞。

随后,另一个技术问题也很快出现。项目小组忽略了模块之间的集成,不知如何实现各个部分的协同工作。虽然所有采购部门都使用通用的代码,遵循通用的过程,但并没有和财务部、计划部、销售部集成在一起。

2000 年 10 月,Dunn 召集崔巢美国分公司的 19 名主要利益相关者和业务主管,经过 3 天深入的讨论,小组成员痛定思痛,决定重新开始最初的革新,先分析业务需求,再制定结束日期。并且,还需要坚持两点:首先,必须确保获得主要部门领导的支持;其次,必须使所有员工确切知道正在发生什么变革,何时、为何及如何发生的。

2001 年 4 月,规划设计结束,项目小组形成了一套可遵循的详细说明方案。一个月之后,公司任命了一名流程改革主管,专门负责各个分支机构和项目小组之间的沟通,协同 Dunn 联络更多的部门领导。为了配合项目的实施,还定期调查员工受新系统影响的程度,若反馈信息表明需要进一步培训适应时,可适当暂停、推迟。

在随后的两年多,ERP 的实施继续艰难地向前推进,终于初见成效。ERP 就绪之后,通用的数据库和业务流程可对各种产品进行高可信度的需求预测,很大程度地减少了库存,节省了资金,崔巢美国公司获得了很显著的投资回报。

崔巢实施 ERP 的艰难实践深刻体现出:重大软件项目的实施,其实不是如何安装软件,而是如何变革管理。正如 Dunn 的感慨:实施 ERP 时,其实是在尝试改变人们传统的工作方式,挑战他们的原则、信念以及延续了多年的处事风格。

5.2 供应链管理系统

5.2.1 供应链管理概述

随着经济全球化进程的不断加快、信息技术的飞速发展、Internet 和 Intranet 技术和电子商务的广泛应用,企业所处的商业环境发生了很大的变化。顾客需求不断变化,技术创新不断加速,产品生命周期越来越短,市场竞争日趋激烈。企业在严峻的挑战面前,需要在提高客户服务水平的同时,努力降低运营成本;在提高市场反应速度的同时,给客户更多的选择。此外,有供需关系的上下游企业之间的联系越来越紧密。一个成功产品的推出,需要从原材料到成品再到销售与服务的一系列企业的配合。而成本的降低也与上下游企业的密切配合紧密相关。在这种情况下,20 世纪 80 年代人们提出了供应链的概念,在 20 世纪 90 年代供应链管理的思想得到较快的发展。

1. 供应链概念

在《物流术语》(GB/T 18354—2001)国家标准中,供应链(supply chain,SC)的定义是"在生产及流通过程中,涉及将产品更新换代或服务提供给最终用户的上游或下游企业,所形成的网络结构"。

由此可见,供应链首先是一个范围广泛的企业结构模式,它包含所有加盟的结点企业,从原材料开始,依次连接不同企业的制造、加工、组装、分销等过程直到最终用户。供应链不仅是一条连接供应商到客户的物料链、信息链、资金链,而且是一条增值链,物料在供应链上因加工、包装、运输等过程而增加其价值,给相关的企业带来收益。图 5.11 说明了供应链的结构模型,显示了在供应商、制造商和客户之间的信息流、物流与资金流的传递关系。

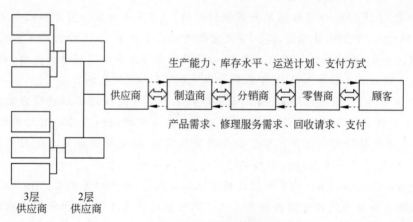

图 5.11　供应链结构模型

供应链具有复杂性、动态性、面向用户需求、交叉性等特征。因为供应链结点企业组成的跨度不同,供应链往往由多个多类型甚至多地域的企业构成,所以供应链的结构模式比一般单个企业的结构模式更加复杂。供应链的形成、存在、重构,都是基于一定的市场需求而发生的,并且在供应链的运作过程中,用户的需求拉动是供应链中信息流、产品和服务流、资金流的驱动力。在实践中,供应链管理经常由于企业战略和适应市场需求变化的需要,去掉一些结点企业,将另外一些企业加入到结点中,使得结点企业处于动态更新之中,因此供应链具有显著的动态性。在一个供应链中,某个结点企业可能同时在多个供应链中担当角色,造成供应链形成复杂的交叉结构。这种交叉性增加了供应链的协调管理难度。

2. 供应链管理思想

供应链管理的基本思想是用系统的观点和方法,对整个供应链上的企业进行管理,以协调供应链上各企业的活动,加强链上各企业的合作,避免和减少链上各企业协作的延误或浪费,以达到整个供应链的优化,最终使供应链上各企业都受益。

供应链管理的目标就是正确地将顾客所需的产品,在正确的时间,按照正确的数量、质量和状态,送到正确的地点,并使总成本最小。

供应链管理是一种集成的管理思想和方法,与传统的企业管理相比,它有以下基本特点。

(1)系统观念。改变传统企业只注重自身生产系统的管理方式,不再孤立地看待各协作企业及各部门,而是系统地考虑供应链中的供应商、制造商、销售商等所有结点企业,并把整个供应链视为一个有机联系的整体,在整体优化的前提下,寻求企业自身的局部优化。

(2)共同目标。供应是整个供应链上各个企业和功能部门的共同目标,将产品与服务的最终消费者对成本、质量、服务等的要求,作为供应链中所有参与者的共同绩效目标,从而使利润最大化。

(3)主动积极的管理。不再把存货视为供应链中供应与需求平衡的首选方案,而是对供应链中增加价值的以及与成本有关的所有联系体进行积极主动的管理。

(4)企业间新型的合作伙伴关系。企业通过仔细地选择业务伙伴,减少供应商数目,将过去企业之间的竞争关系变为紧密的合作伙伴关系。这种新型关系主要体现在共同解决问题与进行信息共享等方面。例如供应商、顾客参与产品设计、质量改进,信息共享意味着有关库存水平、长期计划、进度计划、设计调整等关键数据在供应链中保持透明。

(5)开发核心竞争力。供应链合作伙伴关系的形成,不能以丧失企业的核心竞争力为代价,而应借助供应链的战略协作,形成、维持并强化企业自身的核心竞争力。

3. 供应链管理效能

供应链管理系统可以改善企业内部和外部的供应链过程,向管理层提供准确的关于生产、储存、运输等方面的信息。如果一个公司实施了一个网络化的、集成的供应链管理系统,公司就能使供应与需求相匹配,降低库存水平,改善运送服务,加快产品上市时间,使资产利用更加有效。有效的供应链管理系统将从以下几方面提高组织绩效。

(1)改善对顾客的服务和响应。有效的供应链管理可以提高客户需求的响应速度,使传统的"推式"供需模式向"拉式"供需模式转变。在"推式"模型中,生产计划是基于预测或产品需求的最好预测,产品是被推给顾客的。有了供应链管理中的信息流的共享,通过供应链管理可实现"拉式"模型。在"拉式"模型中,顾客的实际需求通过顾客订单触发供应链中事件的启动。生产和递送的执行因顾客订单而确定,它逆供应链而上,由零售商到分销商,再到制造商,最终到达供应商。只有满足订单的产品才沿供应链顺流而下,到达零售商。制造商只使用实际订单需求信息去驱动他们的生产调度与原材料及部件的采购。

（2）减少长鞭效应的影响。研究人员调查发现，在制造业的供应链中，微小的市场波动会造成制造商在执行生产计划时遇到巨大的不确定性，管理科学家将这种现象称为长鞭效应（bullwhip effect），即向供应商订货量的波动程度大于向其顾客销售量的波动程度，并且这种波动程度沿着供应链向上游不断扩大，如图 5.12 所示。显然，这种现象将会给企业造成严重的后果，如产品库存积压严重、服务水平不高、产品成本过高以及质量低劣等问题，这必然会使企业在市场竞争中处于不利的地位。通过有效的供应链管理，不同结点企业可以在一定范围内共享需求信息，在一定程度上削弱长鞭效应，从而提高整个供应链的竞争优势。

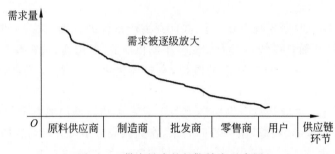

图 5.12　供应链中的长鞭效应示意图

（3）降低库存和生产成本，提高企业竞争力。供应链合作伙伴关系一般是指在供应链内部两个或两个以上独立的成员之间形成的一种协调关系，以保证实现某个特定的目标或效益。建立供应链合作伙伴关系的目的在于通过提高信息共享水平，减少整个供应链产品的库存总量、降低成本和提高整个供应链的运作绩效。降低的成本包括材料采购、库存管理、运输和计划成本等。对许多企业而言，供应链成本是其运行费用的重要组成，因此，减少供应链成本会对公司获利产生重大影响。

4. 现代供应链管理的发展

目前，越来越多的企业利用互联网将上下游企业进行整合，以生产制造企业为核心，将原料供应商、产品分销商、物流运输商、批发零售商、产品服务商以及往来银行机构结合为一体，构成一个面向最终顾客的完整电子商务供应链。

现代供应链管理已经涉及动态联盟供应链和全球网络供应链。动态联盟也称为虚拟企业，可联合行业中的其他上下游企业，建立一条经济利益相连、业务关系紧密的行业供应链实现优势互补，充分利用一切可利用的资源适应社会化大生产的竞争环境，共同增强市场竞争实力。动态联盟供应链也是一种敏捷供应链的基本模式，敏捷供应链支持迅速结盟、结盟后的优化运行和平稳解体，可集成其他的供应链系统与信息系统，结盟企业也能够根据敏捷化和动态联盟的要求方便地进行组织、管理和计划的调整。

在全球网络供应链中，企业形态和边界将发生根本性的改变，整个供应链的协同运作将取代传统的电子订单，供应商和客户间信息的沟通与协调将成为一种交互、透明的协同工作，也就是协同商务。

5.2.2 供应链管理系统主要功能

支持供应链管理的信息系统称为供应链管理系统。一般认为,供应链管理系统(supply chain management system,SCMS)是指采用系统工程的理论、技术和方法,借助于计算机技术、信息技术等建立的用于支持供应链管理的信息系统。

供应链管理包括对商流、物流、资金流、信息流的管理与控制,其中对物流的管理是整个供应链管理的基础。供应链管理系统的主要功能如下。

(1)产品设计管理。SCMS产品设计管理包括了供应链上多个企业的产品设计和产品开发技术的协同利用,以缩短产品投放市场的时间,提高产品投放市场的成功性。产品设计与工程设计图可通过安全的网络发送到供应链结点企业和有关部门,如测评机构、市场策划部门、下游制造商和销售商。结点企业可共享产品的信息,如设计标准、测试结果、设计更改和客户反馈的信息等。

(2)综合管理。SCMS的综合管理包括销售管理、计划管理、采购管理、库存管理、运输管理等,管理自供应商开始的物流,使制造企业与其供应商、客户能更好地进行协作,实时得到市场预测信息、原材料的供货信息,实时提供产品与原材料的库存信息、计划信息和生产信息等。供应链中的采购管理,一般采用连续补货计划来补充库存。所谓连续补货计划,就是供应商提高向需求方交货的频率,缩短从订货到交货的时间间隔,使安全库存保持在订货点附近,从而使客户的库存水平保持在一个最优状态。

(3)生产制造管理。SCMS的生产制造管理能根据供应链中现有可调配的人力、物力和设备能力等资源进行优化并安排生产,以便实现按期交货。在SCMS的生产制造管理中,引入了精细生产(LP)、敏捷制造(AM)、准时生产(JIT)、全面质量管理(TQM)、看板管理等多种科学管理方法和手段,并通过ERP系统的建立实现生产管理的创新。

(4)财务管理。SCMS的财务管理能帮助供应链建立起以预算管理为核心的全方位的财务控制体系,帮助供应链企业管理整个供应链的资金流。在整条供应链中建立现金中心、客户中心、供应商中心,有效地与财务相关的资金流和信息流进行集成。同时,严格实行成本管理和财务报告制度,为管理层决策提供依据。

(5)客户关系管理。SCMS的客户关系管理可管理整条供应链的需求信息,以便更好地了解市场和客户需求。在供应链中以客户为中心,管理销售活动的全过程,包括选择、判断、争取、发展和保持客户的全部活动,范围涉及市场营销、客户服务、技术支持、客户培训等领域,帮助供应链中的企业深入理解客户需求,尽力改善与客户的关系,增强挽留客户的能力;简化销售流程,提高销售活动的效率,使管理层能快速有效地做出正确决策。

5.2.3 全球供应链和互联网

在互联网出现之前,采购、材料管理、制造、物流等孤立的内部供应链系统间的信息集成与传递十分困难,无法实现供应链的协调配合。同样,由于供应商、分销商、物流提供商的系统基于不兼容的技术平台和标准,企业与外部供应链伙伴之间也难以共享信息。互联网技术的出现,在一定程度上提升了企业供应链管理系统的集成度。

管理人员可以通过网络界面登录供应商的系统,判断其库存和生产能力能否满足公司的需求。业务伙伴可以使用基于网络的供应链管理工具,在线合作并做出预测。销售代表可以访问供应商的生产调度和物流信息系统,跟踪客户订单的状态。

1. 全球供应链问题

随着越来越多的公司进入国际市场,将制造业务外包、在其他国家中寻找供应商、销售产品到国外已成为商业活动的主要形态。企业的供应链扩展到多个国家和区域,而管理一个全球化的供应链会带来更多的复杂性与挑战。

与国内供应链相比,全球供应链通常跨越更大的空间距离和时间差异,供应链成员来自多个不同的国家,绩效标准在各个国家或地区间可能有所不同,因此供应链管理需要考虑国外政府的法律法规以及文化差异。

互联网帮助企业管理全球供应链的多个方面,包括采购、运输、沟通和国际财务。例如,当今的服装业严重依赖中国和其他低生产成本国家的合同制造商,服装公司开始使用网络解决它们的全球供应链与生产问题。

除了生产制造外,全球化还推动了仓库外包管理、运输管理、第三方物流提供商的发展,如京东的供应链解决方案和顺丰公司的物流服务。这些物流服务公司提供基于网络的软件系统,使客户能更好地了解和掌控他们的全球供应链,登录网站安全地跟踪库存和物流情况,更高效地管理全球供应链。

2. 需求驱动供应链——从推到拉的生产和高效的客户响应

除了降低成本外,供应链管理系统还能带来高效的客户响应能力,实现客户需求驱动业务,提供高效率的客户响应系统。

传统的供应链管理系统由基于推动的供应链模型所驱动(也被称为基于库存的生产)。在推动模型(push-based model)中,产品出产计划基于预测或对产品需求的最佳猜测被制订,生产出的产品被"推向"客户。而基于网络的工具使信息集成成为可能,供应链管理可以更容易地实现基于拉动的供应链模型驱动。拉动模型(pull-based model)也被称为需求驱动或按订单生产模型,由实际的客户订单或采购行为触发供应链的运转。根据客户订单形成的生产计划和运输计划逆供应链而上,从零售商到分销商、制造商,最终到达供应商。生产出来的产品顺着供应链回到零售商。制造商根据实际订单的需求信息,驱动其生产计划和原材料采购,安排生产活动。

互联网和互联网技术使得顺序供应链向并行供应链转变成为可能。在顺序供应链中,信息流和物流依次从一家公司流到另一家公司,而在并行供应链中,信息可在供应链网络各成员间实现同时多向的流动。由制造商、物流提供商、外包制造商、零售商、分销商组成的复杂供应网络,可以根据计划或订单的变化及时调整。最终,互联网可以创造一个贯穿整个供应链的"数字物流神经系统",如图5.13所示。

新兴的互联网驱动供应链就像一个数字物流神经系统一样运行。它为公司、公司网、电子市场提供了多向的沟通,供应链中的业务伙伴能够及时调整库存、订单和生产能力。

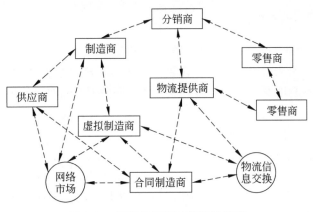

图 5.13　新兴的互联网驱动供应链

5.3　客户关系管理系统

5.3.1　客户关系管理概述

随着网络经济、电子商务的迅速发展,以及全球性产品过剩及产品同质化,企业之间的竞争从以价格、质量为主的产品竞争转变为以客户为中心的竞争。谁能在瞬息万变的市场中留住老客户、争取新客户,谁就会在激烈的竞争中取胜。客户资源越来越成为企业最重要的核心资源,客户关系管理也上升到了企业战略管理的层面。

1. 客户关系管理的概念

虽然客户关系管理(customer relationship management,CRM)的思想已经深入人心,但是关于 CRM 的概念目前还没有一个统一的定义。以下是有关 CRM 的两个典型定义。

CRM 概念最早由 Gartner Group 提出,他把 CRM 定义为"是代表增进赢利、收入和客户满意度而设计的企业范围的商业战略"。可以看出,Gartner 强调 CRM 是一种商业战略(而不是一套系统),它涉及的范围是整个企业(而不是一个部门),它的战略目标是增加赢利和销售收入,提升客户满意度。

IBM 公司将 CRM 定义为:"通过提高产品性能、增强顾客服务,提高顾客交付价值和顾客满意度,与顾客建立长期、稳定、相互信任的密切关系,从而为企业吸引新顾客、锁定老顾客,提高其效益与竞争优势。"IBM 公司所理解的 CRM 包括企业识别、挑选、获取、发展和保持客户的整个商业过程,其提供的 CRM 解决方案包括关系管理、流程管理、接入管理三大部分。

由此可见,CRM 的核心思想是在整个客户生命周期中,企业始终保持"以客户为中心"的理念。CRM 的宗旨是改善企业与客户之间的关系,提高客户满意度和忠诚度,吸引新客户、保留老客户,最大化客户价值,为企业创造效益。

2. 客户关系管理的主要内容

客户是每一个企业的核心资源,客户的选择决定了企业的价值,越来越多的公司转向客户关系管理,以实现他们的客户资产收益最大化。客户关系管理的内涵也随着社会的发展、科技的进步不断地发生变化。客户关系管理不再是局部的,不再只是销售人员或服务人员关心的,也不再仅仅停留在微笑服务的层面上,而是成为企业管理的核心。同时,客户关系管理的内容也更加丰富,主要体现如下。

(1) CRM 是基于整个客户生命周期的一种管理,需要全面整合客户信息。除了基本的静态信息和联系人信息外,还包括需求变化、联系历史、交易过程、客户价值等动态信息。企业的各项工作都是围绕客户生命周期的推进开展的。例如,在市场环节主要是获取机会客户;在销售环节推动机会客户成为签约客户;在服务环节则是使签约客户成为最终用户,同时挖掘新的销售可能。因此,整个客户生命周期管理是从客户的角度重新诠释企业的业务全过程管理。

(2) 客户价值的分析是客户关系管理的核心,通过全方位的价值评估构建客户金字塔模型,对客户进行价值挖掘与提升;通过满足客户个性化需求,提高客户忠诚度和保有率,实现缩短销售周期、降低销售成本、增加收入、扩展市场,从而全面提升企业的盈利能力和竞争力。

因此,CRM 的基本内容包括以下几方面(简称"7P")。

(1) 客户概况分析(profiling):包括客户的层次、风险、爱好、习惯等。

(2) 客户忠诚度分析(persistency):客户对某个产品或商业机构的忠实程度、持久性、变动情况等。

(3) 客户利润分析(profitability):不同客户所消费的产品的边际利润、总利润额、净利润等。

(4) 客户性能分析(performance):不同客户所消费的产品按种类、渠道、销售地点等指标划分的销售额。

(5) 客户未来分析(prospecting):包括客户数量、类别等情况的未来发展趋势,争取客户的手段等。

(6) 客户产品分析(product):包括产品设计、关联性、供应链等。

(7) 客户促销分析(promotion):包括广告、宣传等促销活动的管理。

3. 客户关系管理的效能

CRM 将客户作为企业运作的核心,在整个客户生命周期中都以客户为中心。CRM 期望最大限度地改善、提高整个客户生命周期的绩效。CRM 整合了客户、公司、员工等资源,对资源进行有效的、结构化的分配和重组,便于在整个客户生命周期内及时了解、使用有关资源和知识;简化、优化各项业务流程,使得公司和员工在销售、服务、市场营销活动中能把注意力集中到改善客户关系、提升绩效的重要方面与核心业务上,提高员工对客户的快速反应和反馈能力;同时,也为客户带来了便利,客户能够根据需求迅速获得个性化的产品、方案和服务。

5.3.2 客户关系管理系统主要功能

客户关系管理系统(customer relationship management system,CRMS)通过客户资源信息化、销售自动化、服务自动化、电子商务、商业机会挖掘等,帮助企业提高对客户的响应速度,实现对销售进行的有效控制,提高销售预测准确度,提升客户服务水平,提升市场活动效率,寻找新的销售机会提升销售业绩,提升客户满意度和忠诚度,提高企业决策精度,从而提高企业的市场竞争力。

CRMS 是基于完整客户生命周期的发生、发展过程,实现以客户为中心的信息整合,采用"一对一营销"和"精细营销"的模式帮助企业量化管理市场、销售及服务过程,实现员工、业务部门、分支机构及合作伙伴的协同工作,建立科学的知识管理、价值管理及决策支持体系,帮助企业更好地获取客户、保有客户及提升客户价值。图 5.14 是一个典型的 CRMS 系统功能架构图,其中主要功能解释如下。

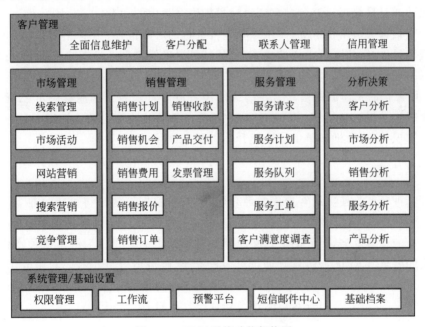

图 5.14　CRM 系统功能架构图

1. 市场管理

在市场管理环节主要是获取机会客户。市场管理是为销售开辟渠道,营造售前、售中和售后环境的行为管理。CRMS 通过以下方式支持直接的市场竞争:一是通过 E-mail、手机短信、电话、传真等多种方式进行销售商机的线索搜集;二是充分利用市场活动参与者的信息,使之转化为销售商机;三是对企业竞争对手的信息进行统一化管理,主要完成与企业构成商业竞争关系的企业信息定义、维护和查询,以便随时了解竞争对手的市场动向,便于企业采取相应的竞争对策。

2. 销售管理

销售管理环节是推动机会客户成为签约客户的活动。CRMS通过系统的方法和工具来指导和规范销售人员的日常行为,动态掌握和控制销售过程,从而保障销售目标的实现。因此,CRMS销售管理的主要功能如下:

(1) 全方位的计划制订及分析,并随时根据制订的计划动态对比销售完成的情况,改变管理信息滞后于财务信息,财务信息滞后于业务信息的状况。

(2) 以客户为中心的销售过程透视管理,完整的销售过程管控。CRMS提供从销售机会设置、进度安排、资源计划、执行控制、费用管理、团队协同到项目分析和知识管理的全程销售项目管理机制,使销售推进过程更有效,机会主线更清晰,信息可追溯,控制更严谨。

(3) 高效的销售团队协同。CRMS可以针对每个销售机会建立虚拟的销售团队,团队成员之间通过系统可以充分共享销售项目推进过程中的动态信息。团队负责人可以通过系统检查销售人员工作情况,并跟踪其销售过程的所有信息,当销售项目出现风险时可及时发现。另外,销售人员工作调动或离职时,可以确保接手人员能够全面了解过去销售业务的联络过程以及客户资料,将人员变动可能带来的损失减少到最小。

(4) 可视化的工作流程指导。专门为使用者设计直观的工作流程图示,实现对销售人员日常行为的提示和指导。同时,可以将优秀的销售过程信息转入知识库,便于销售团队内部的知识共享,帮助新员工快速提升销售能力。

3. 服务管理

服务管理环节是使签约客户成为最终用户,同时挖掘新的销售可能。在竞争日趋激烈的市场环境中,服务已经成为企业竞争的一种重要手段。今天,服务管理已经超越了传统售后服务的理解范畴,服务的形式和内容发生了巨大的变化。为满足这种变化对企业管理提出的要求,CRMS服务管理通过对客户资产、服务请求、服务队列、服务工单、服务计划等进行全面管理,在帮助企业实现高效、低成本、高质量的客户服务的同时,通过主动服务促进客户的再销售,提升客户满意度和企业盈利能力。

4. 决策分析

决策分析就是进行全方位客户价值分析,构建客户价值金字塔模型。根据著名的帕雷托分布理论,企业80%的利润往往来自于20%的客户,如图5.15所示。所以,企业需要识别出自己的价值客户,并给予相应的重视,将企业有限的资源投向更有价值的客户,而非平均、泛泛的投放。

CRMS的客户价值评估功能可以综合客户特征、交易情况、财务贡献、联络状况等4个方面100多项指标,如客户的规模、行业、交易额、利润贡献、服务情况等指标,综合评估客户的价值,帮助企业找出对企业价值较大的客户群,为企业采取有针对性的营销服务政策提供量化的决策支持。

CRMS动态、量化的销售预测分析功能,可以让销售管理人员随时了解销售项目的

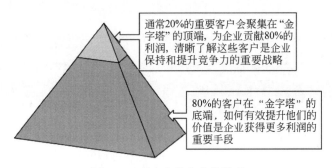

通常20%的重要客户会聚集在"金字塔"的顶端,为企业贡献80%的利润,清晰了解这些客户是企业保持和提升竞争力的重要战略

80%的客户在"金字塔"的底端,如何有效提升他们的价值是企业获得更多利润的重要手段

图 5.15　客户价值金字塔模型

状态,透视正在追踪的各项目进展情况,有效安排和协调公司资源,提高销售项目赢单的可能性。

CRMS 服务分析功能可以对服务请求、服务计划、服务工单,提供针对执行状态、过程、费用及预算的对比分析,帮助企业提高服务效率、降低服务成本、提高服务质量,促进客户再销售。

【案例 5-2】　CRM 产品简介——用友 Turbo CRM 的主要功能。

目前市场上主要的 CRMS 产品有微软的 CRM、SAP CRM、Oracle Siebel CRM,用友的 Turbo CRM、深圳华强 CRM 等。这里介绍用友 Turbo CRM 的主要功能。

1. 用友 Turbo CRM 软件功能构成

用友 Turbo CRM 的整体应用架构如图 5.16 所示。

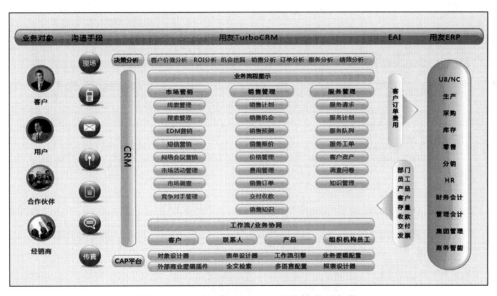

图 5.16　用友 Turbo CRM 的整体应用架构

（1）客户管理。客户管理是对客户、伙伴、供应商的信息进行动态、灵活、全面的管理。通过强大的支持组合查询和模糊查询的功能,不但可以对查询结果的数量进行统计,还可以将查询结果放入收藏夹中,以备在其他相关功能模块中使用。客户管理界面如

图 5.17 所示。

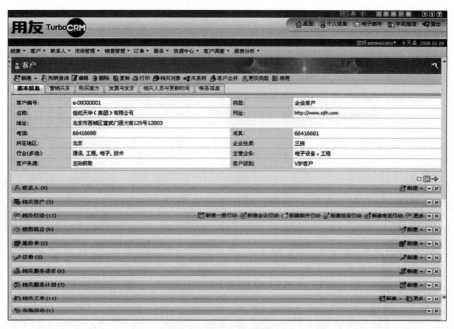

图 5.17　客户管理界面

（2）销售管理。销售管理主要是跟踪销售机会、控制销售过程、提高销售预测成功率。销售管理界面如图 5.18 所示。

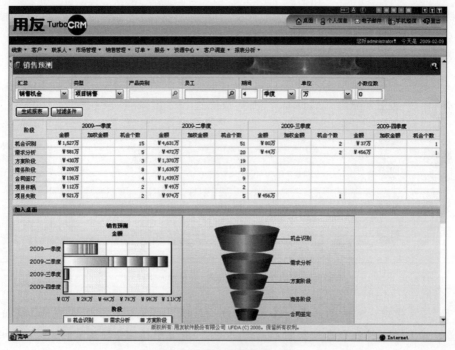

图 5.18　销售预测管理界面

（3）市场管理。市场管理是利用搜索营销、电话营销、EDM 营销、直邮营销、短信营销等多种方式收集销售线索，并将线索转化为销售机会。销售线索管理界面如图 5.19所示。

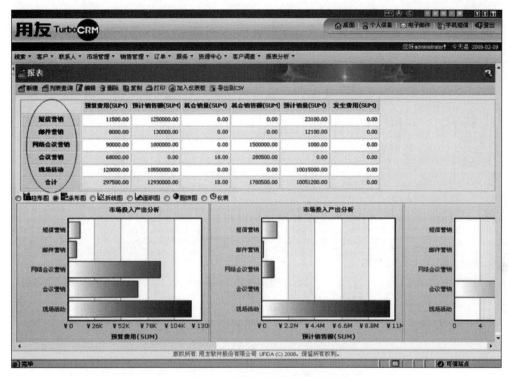

图 5.19　销售线索管理界面

（4）服务计划管理。服务计划管理包括客户请求、服务受理、工单派发、过程记录、服务回访、服务分析等功能。服务计划管理界面如图 5.20 所示。

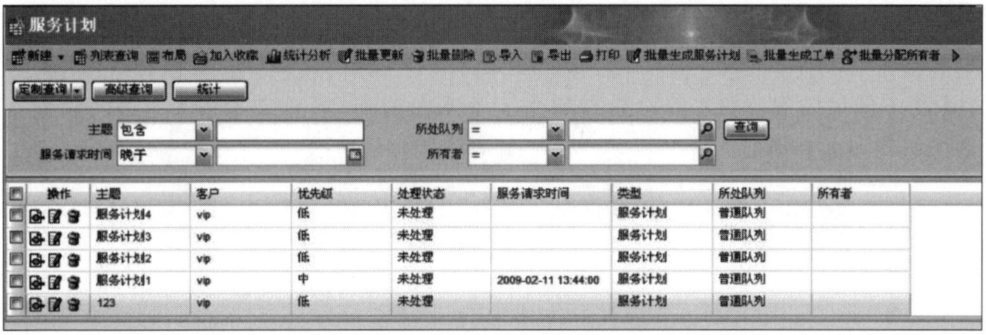

图 5.20　服务计划管理界面

（5）决策分析。包括销售、市场、服务、运营等多种统计分析。通过分析，改进售前、售中、售后各阶段的管理，为企业吸引更多的客户，增加企业盈利能力。客户价值分析界面如图 5.21 所示。

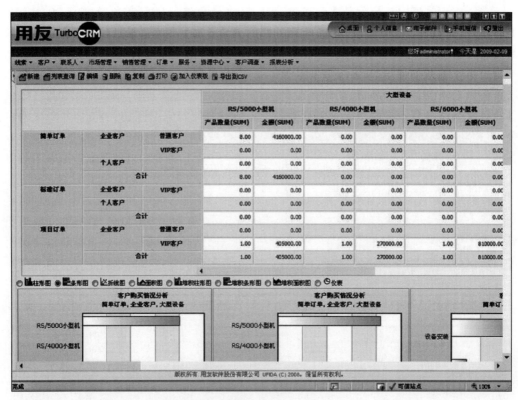

图 5.21　客户价值分析界面

2. Turbo CRM 硬件平台结构部署

用友 Turbo CRM 系统基于面向对象的设计思想,采用模块化方法进行设计,是硬件平台上一个基于 4 层结构的应用系统,其主体由浏览器(browser)、Web 服务器(Web server)、应用服务器(application server)和数据库服务器(database server)构成,如图 5.22所示。

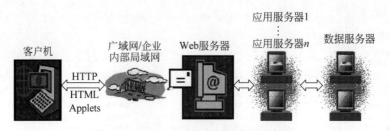

图 5.22　Turbo CRM 应用硬件平台构架

由此可见,用友 Turbo CRM 系统是一个基于 B/S 架构的应用系统,只要在客户端打开浏览器访问服务器即可实现软件的应用,而不必在客户端进行任何安装工作,因此系统的安装、维护和升级的成本低廉。在系统扩充时只需升级服务器端的软硬件环境就可提升整个系统的运行效率,可扩展性强,因而非常适合于大中型企业的应用和实施。

【案例 5-3】 搜狐公司 CRM 实施案例。

搜狐(Sohu)公司是中国领先的新兴媒体和通信及移动增值服务公司,是中文世界最强劲的互联网品牌。2013 年 7 月时,搜狐新闻客户端日浏览量突破 3 亿,订阅媒体刊物超过 1000 家,用户总订阅量超过 6 亿,内容上的优势已远超国内其他同类应用,是中国网民上网冲浪的首选门户网站。2014 年,搜狐公司营业收入达到 85.37 亿元人民币。

互联网媒体最主要的生存支柱是广告,搜狐也不例外。作为 2008 年奥运会的赞助商,广告业务在搜狐的整体业务中占到 2/3 的比例。这一年是它实现广告业务大幅增长的绝佳机会,业务代表更想借此机会争取更多的广告客户,进而提高业绩。

而搜狐的销售团队仍处于依靠人工和 Excel 来支持协作的阶段,根本谈不上及时掌握销售数据、互动管理和协同销售过程。依靠 Excel 进行数据连接容易造成数据不完整,也降低了数据的准确性和及时性;同时,单纯依靠人工来控制销售管理流程,会增加客户资源管理的风险。而且,搜狐的客户资源不断壮大,广告费用也实时变化,没有一个统一的、准确的客户数据中心,显得很不"与时俱进"。

2006 年 10 月,搜狐终于决定启用新的 CRMS。互联网最大的特点就是"变化",产品的更新层出不穷,每天都会推出数十个专题,签订 50 个以上的广告合同,并且绝大多数都是个性化的广告需求。CRM 本身也需要随着业务和管理的需求去顺应变化。从寻找厂商到选择合作伙伴,经过了半年的时间。

对于新兴的互联网行业来说,CRM 其实意味着 XRM,不再是传统意义上的客户(customer)关系管理,而是细分为市场(market)、销售(sale)、服务(service)3 个模块,范畴更加广泛,客户范畴的定义越来越大,关系也越来越复杂。

"以客户为中心",必须落在实处。在搜狐 CRMS 中,客户被分为多个层次,从各级商业客户的管理和控制到对终端客户的拜访和跟踪,再到对消费者的信息的获取,围绕客户进行成本、利润分析。所有的业务流程和信息收集都是围绕客户进行的。

搜狐 CRMS 的应用可分为具体的业务操作人员、中层管理人员及高层领导 3 个层次。这 3 个层次人员的需求和应用方式完全不同,但要保证业务操作人员能够方便地输入信息,中高层领导能够方便地获取信息和进行监控。

销售人员去打单,合同的执行需要很长一段时间,从最早的排期、报价,到订单的执行、审批,到最终与 ERP 结合,以及财务收入的确认,必须是一个端到端的完整流程。搜狐的 CRM,它不仅需要销售管理、客户管理、服务管理,而且包括硬件、通信等一系列设备,即需要一个平台,能够随着业务的不断变化而进行良性、适度的拓展。

采用 CRMS 后,客户信息得到了统一的管理和分析,克服了数据集成不完整、部门之间协调能力差、客户服务反应迟钝等问题,规范了市场、销售和服务流程,极大地提高了服务质量和销售成功率,真正使企业做到了以"客户为中心"。

5.4　企业资源计划、供应链管理和客户关系管理之间的关系

ERP 是利用信息技术对企业的采购、销售、生产制造等各个环节,以及人力、物料、设备、资金等资源进行有效的控制和管理,从而实现企业内部资源的优化配置,提高企业生

产效率和市场应变能力。

SCM 是以客户为中心,对组成供应链的企业进行计划、组织、协调与控制,提高供应链上各企业之间的相互协作,优化供应链中的商流、物流、资金流、信息流,为供应链上的所有企业创造更多的效益。它强调的是各企业之间的高效集成与协调运作。

CRM 的核心思想是将客户作为企业的重要资源,通过信息技术的应用来提高客户的满意度、忠诚度,与客户建立长期、稳定、相互信任的合作关系,实现客户资源的有效利用,以提高企业的市场竞争力。

ERP 侧重于企业内部管理,SCM 侧重于对企业的供应链进行管理,而 CRM 更侧重于对客户进行管理,三者构成一个有机整体,形成现代企业信息化的系统应用框架。

从广义的角度讲,SCM 和 CRM 可以看作 ERP 供应链管理思想由内部向外部两端的延伸。一方面,ERP 的运行是围绕客户订单展开的,如何更多、更好地承接到客户订单是企业生存发展的基础;同时,企业也需将订单执行情况及时传递给客户,让客户清楚地了解到所订产品的生产进程。另一方面,企业围绕客户订单进行生产,需要采购原材料和协作加工,企业也需清楚地了解到采购订单的执行情况。通过一定的技术手段与方法帮助企业实现以上需求,这恰恰是 CRM 和 SCM 的强项。

ERP、CRM、SCM 三者之间的关系如图 5.23 所示,可见三者在功能上是有交叉的。

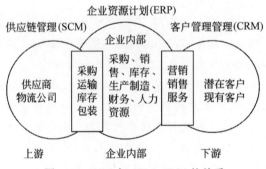

图 5.23　ERP 与 SCM、CRM 的关系

目前,国内外品牌 ERP 软件一般具有 SCM、CRM 等软件的部分功能,但从系统开发、实施和应用等各个角度来看,让 ERP 具有 SCM、CRM 等软件的全部功能,即把 ERP 做得大而全,是不现实、不可行的。因此,一个具有一定规模的企业,尤其是对供应链管理、客户关系管理有较高要求的企业,不可能仅依靠 ERP 对所有业务环节进行管理,往往需要多个应用系统进行集成来实现其管理信息化。因此,企业应用集成成为下一代企业 IT 应用的新模式。

5.5　企业应用集成

随着信息化的不断推进,在企业尤其是大型制造企业建设了许多各种类型的应用系统,从与工程技术密切相关的应用系统,如计算机辅助设计(computer aided design, CAD)、计算机辅助工程(computer aided engineering,CAE)、计算机辅助工艺过程设计

（computer aided process planning，CAPP）、计算机辅助制造（computer aided manufacturing，CAM）、产品数据管理（product data management，PDM）、虚拟产品开发（virtual product development，VPD）等，到在企业管理领域应用的 MRP、ERP、OA 等信息系统，再到可以实现对企业生产过程进行优化、监控和管理的制造执行系统（manufacturing execution system，MES）、数字控制技术（numerical control，NC）、柔性制造系统（flexible manufacturing system，FMS）、计算机辅助质量系统（computer aided quality，CAQ）、计算机辅助测试（computer aided testing，CAT）等生产制造领域的信息系统，乃至目前正在推广应用的电子商务（EC）、SCM、CRM 和商务智能（BI）等企业商务信息化系统，这些信息系统对企业生产制造技术和经营管理水平的提升都起到了巨大的推动作用。

然而，信息化的进程是循序渐进的过程，在信息系统逐步开发和推广应用的同时，也带来了一系列问题。如早期遗留系统和后期采购或者自行开发的系统，由于多数都是面向部门和功能开发的，使得这些系统之间存在非常严重的信息和业务流程割裂现象。为了消除由此导致的"信息孤岛"现象，有效发挥这些系统的整体优势，企业应用集成（enterprise application integration，EAI）成为下一代企业 IT 应用发展的必然。

当今，企业 IT 应用供应商正在致力于向企业提供更加灵活的、基于网络的、具有和其他系统集成能力的、更有价值的信息系统解决方案。这就是下一代的企业集成应用，它可使 ERP 系统、SCM 系统、CRM 系统、OA 系统、电子商务系统、BI 等紧密配合工作，也常被称为"企业解决方案""商业套装""企业套装"等。

EAI 是一种全新的企业 IT 战略解决方案，它利用通用的中间件（middle ware）融合了企业已有的应用软件、商业封装式应用软件以及新代码三方面的功能。因此，从本质上讲，EAI 是指完成在组织内、外的各种异构系统、应用和数据源之间共享和交换信息及协作的途径、方法、标准和技术。

企业应用集成可从广度和深度两个维度来分析。

（1）基于集成的广度，从易到难有以下种类的集成。

① 部门内部的信息系统集成和人员结构的调整。

② 部门之间的信息系统集成和协作关系的调整。

③ 企业级的信息系统集成和组织结构的调整。

④ 与有稳定关系的合作伙伴之间的信息系统集成。

⑤ 与随机遇到的合作伙伴之间的信息系统集成。

（2）基于集成的深度，从易到难有以下种类的集成。

① 用户界面集成：用户交互的集成。

② 流程集成：跨应用系统的业务流程集成。

③ 应用集成：多应用系统间的交互集成。

④ 数据（信息）集成：使多个系统中的信息保持一致，并能分布共享。

⑤ 平台的集成：实现多个平台应用系统的底层的结构、软件、硬件以及异构网络的平台集成。平台集成处理一些过程和工具，以保证这些系统进行快速安全的通信。

⑥ 云集成：基于云应用的集成。

SAP Business Suite 就是企业应用集成的范例,其完全基于面向服务的架构(service oriented architecture SOA)和 NetWeaver 工具,将 SAP 自身的应用和独立厂商的网络服务相连接,使企业应用更易实现和管理。

SAP 也为企业创建了服务平台,可提供一个较传统的企业应用更大程度的跨职能集成。一个服务平台可从多个企业职能、企业单位、企业合作者集成多个应用,为顾客、员工和合作者提供服务,而这些新的服务越来越多地运用网络服务实现。

SAP Business Suite 提供的 2800 余项企业服务为广泛行业中的企业带来了更高的灵活性。企业可以利用 SAP NetWeaver 技术平台构建或集成各应用程序来应对新的业务流程。借助这一基于开放标准的平台和一套功能强大的企业服务,该软件可与合作伙伴软件解决方案进行集成,以扩展 SAPBusiness Suite 的原有行业功能。

本章小结

1. 企业资源计划

企业资源计划(enterprise resource planning,ERP)系统旨在跟踪端到端的财务管理、项目管理、供应链管理、供应商关系管理、人力资源管理、客户关系管理、执行管理支持和合规管理的业务流程。这些应用程序都是集成的,并且系统是追踪公司所有交易的主力。

2. 供应链管理

供应链管理(supply chain management,SCM)是由组织和业务流程组成的网络,包括原材料采购、原材料向半成品和成品转换、成品分销至客户等过程。它联结供应商、制造厂、分销中心、零售店和客户,涵盖从源头到最终消费的产品供应和服务全过程。供应链中的物流、信息流、资金流都是双向的。

在供应链中,产品从原材料开始,先被转换为半成品(也被称为配件或零件),最后成为成品。成品被运输至分销中心,再流向零售店和顾客。退还的商品则沿着相反的方向,从买家返回到卖家。

3. 客户关系管理

客户关系管理(customer relationship management,CRM)的核心思想是将客户作为企业的重要资源,通过信息技术系统应用来提高客户的满意度、忠诚度,与客户建立长期、稳定、相互信任的合作关系,实现客户资源的有效利用,提高企业的市场竞争力。

支持客户关系管理的信息系统称为客户关系管理系统(CRMS)。它通过客户资源信息化、销售自动化、服务自动化、电子商务、商业机会挖掘等现代化管理手段和方法来改善企业与客户之间的关系,提高客户满意度和忠诚度,吸引新客户、保留老客户,最大化客户价值,为企业创造效益。

4. ERP 与 SCM 和 CRM 的关系

ERP 侧重于企业内部管理，SCM 侧重于对企业的供应链进行管理，而 CRM 更侧重于对客户进行管理，三者构成一个有机整体，形成现代企业信息化的系统应用框架。

5. 企业应用集成

企业应用集成(enterprise application integration,EAI)是一种全新的企业 IT 战略解决方案，它利用通用的中间件(middle ware)融合了企业已有的应用软件、商业封装式应用软件以及新代码三方面的功能。因此从本质上讲，EAI 是指完成在组织内、外的各种异构系统、应用和数据源之间共享和交换信息及协作的途径、方法、标准和技术。

习题 5

一、简答题

1. 如何理解 ERP 系统？
2. 确定订货批量的方法有哪些？
3. 什么是产品结构？其"单层结构"又是由哪些元素组成的？
4. 如何建立物料清单？物料清单的作用表现在哪些方面？
5. ERP 系统主要包含哪些功能模块？
6. ERP 系统主要包含哪些核心管理思想？
7. ERP 实施的风险主要表现在哪些方面？
8. 如何评价一个企业 ERP 实施是否成功？
9. SCM 的基本思想是什么？SCMS 的主要功能有哪些？
10. CRM 的基本思想是什么？CRMS 的主要功能有哪些？
11. ERP、SCM、CRM 之间的关系是什么？

二、计算题

1. 某企业物料 A 的年需求量为 4.5 万件，每件物料 A 的年保管费为 15 元，每次订货费用为 60 元，请确定该物料 A 的经济订货批量。

2. 某企业生产过程中，物料 C 的订货提前期为 10 天，平均每日需求量为 20t，安全库存量为 200t，每 30 天订货一次。一次订货时，订货当日的实际库存量为 450t，已订货但尚未到货的数量为 40t。请确定该物料 C 的订货点；若采用定期用量法，请分别确定该物料 C 的最高库存量和本次的订货批量。

3. 参照图 5.4 中方桌 X 的产品结构，并假定方桌 X 已经过 MPS 推算出计划产出量和计划投入量，如表 5.9 所示。方桌 X 与其他物料的提前期、现有量、已分配量、安全库存、批量、批量增量等均为已知。请推算物料 A、D 的物料需求计划。

表 5.9 A、D 的需求计算

层次码	提前期	现有量	分配量	安全库存	批量	批量增量	物料	时　段	当期	1	2	3	4	5	6	7	8	9
0	1						X	MPS 计划产出量		25	20		10		10			15
								MPS 计划投入量	25	20		10		10			15	
1	1	15	5	8	10		A	毛需求										
								计划接收量		5								
								（PAB 初值）										
								预计可用库存量										
								净需求										
								计划产出量										
								计划投入量										
2	1	12		20	24	12	D	毛需求										
								计划接收量		16								
								（PAB 初值）										
								预计可用库存量										
								净需求										
								计划产出量										
								计划投入量										

三、讨论题

1. 目前市场上的 ERP 软件产品很多，国外著名的有 SAP、Oracle 等公司的 ERP；国内知名的有用友、金蝶等公司的 ERP。请收集这些国内外知名 ERP 软件产品的资料，并从技术特点、系统功能构成以及实施方法、适合企业类型、产品价格等方面进行比较。

2. 通过一些 IT 公司在网上提供的 CRM 软件试用产品，了解 CRM 通过哪些功能来提高客户满意度和忠诚度，并使客户价值最大化。

四、实践题

ERP 系统是一个融合了现代管理思想和信息技术的复杂的、集成的现代企业信息系统，该系统的实施是一项复杂的系统工程，需要一套科学的实施方法。然而在实际的推广应用中，往往由于应用深度和广度的不到位，使得多数企业 ERP 的应用效果并不理想。另外，在 ERP 系统的实施周期中，各种影响因素随时都可能发生变化，无论企业的条件多

么优越,所做的准备多么充分,仍然存在 ERP 实施的风险。例如:

(1) 实施过程控制不严格,阶段成果未达标。

(2) 设计流程缺乏有效的控制环节。

(3) 实施效果未评估或评估不合理。如何有效地管理和控制这些风险是保证 ERP 系统实施成功的重要环节之一。

【实践目的】

本实践旨在利用虚拟仿真技术,模拟机械制造企业生产过程管理和 ERP 项目进度管控,主要达到如下两个教学目标。

(1) 明确 ERP 项目的实施范围和实施内容,学生能够对 ERP 项目进行任务分解并设计进度管理计划。

(2) 编制进度计划,实施 ERP 项目的进度管理和控制。学生能够编制活动清单,输入活动历时,建立活动依赖关系、甘特图、网络图以及关键路径分析。

通过本实践,学生能够运用 ERP 项目开发和实施的相关理论知识解决具体问题,理解项目进度管理的重要性,提高学生实践创新能力。

【项目介绍】

1) ERP 项目功能模块介绍

本 ERP 项目在充分利用兆丰公司现有的产品数据管理、办公自动化协同等条件的基础上,通过补充产品生产计划管理和控制系统,并结合未来规划新建的质量管理系统、供应链管理系统等信息化条件,为兆丰公司构建实施 ERP 项目的管理和控制计划。ERP 项目建设架构详见图 5.24 所示。

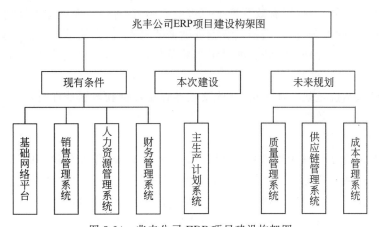

图 5.24 兆丰公司 ERP 项目建设构架图

本虚拟仿真实验项目主要模拟仿真产品出产计划系统模块。产品出产计划管理系统必须是平台化的软件产品,并且具备 MRPⅡ 的基本技术功能指标。

(1) 订单管理能力。

(2) 物料清单管理。

(3) 粗产能平衡。

(4) 生产计划自动生产与迭代运算能力。

本虚拟仿真实验项目将实现产品生产计划数字化管理能力,提高产品研制、生产过程的科学安排和产能计划。新增生产计划管理系统框架构成如图 5.25 所示。

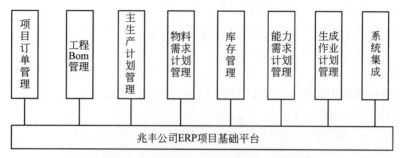

图 5.25　兆丰公司 ERP 项目基础平台

2）ERP 项目进度计划的理论基础

项目进度计划制订的主要步骤如下:首先,进行前期调研,收集项目各方面信息,包括项目背景、公司技术实力、有效资源和员工数量等。其次,利用 WBS(Work Breakdown Structure)对项目结构进行分解,确定各子项活动的层级关系,并预估各子项活动的持续时间。最后,依据上述内容建立任务依赖关系、甘特图、网络图以及关键路径分析,完成进度计划的制订。

3）ERP 项目进度跟踪控制

项目进度控制的重点即为关键路径,关键路径各项任务的职责不明、界面不清,会影响工作的主动性和创造性,必须加强项目管理和决策程序管理,建立完善责任制,明确关键路径各方的职责分工,保障有效管理项目进度。同时,进一步明确进度计划控制各环节内容,设置项目进度控制流程,当项目实施进度需要调整时,必须呈报项目主管领导批准,并及时调整项目实施计划,使 ERP 项目组领导及公司领导能及时掌握项目的实施情况。

4）进度管理实施效果

实施效果包括确定效益评价指标、收集效益评价数据和数据处理与效益分析,通过实例证明进度管理的有效性。

5）理论知识点分析

本实践涉及进度管理中的 10 个知识点,分别是 WBS 任务分解、活动定义、排序活动、网络图、估算活动资源、估算活动工期、甘特图、关键路径法、关键链调度、控制进度。

本实践涉及 ERP 中的 9 个知识点,分别是产品出产计划、BOM 管理、能力需求计划、物料需求计划、粗产能计划、生产流程、物料清单、车间管理、关键设备调度。

6）核心要素仿真设计

本实践涉及的仿真模型主要有锯床、剪板机、折弯机、激光割、筛体、筛格等实物仿真,以及项目进度管理的子过程,即规划进度管理,定义活动,排列活动顺序,估算活动的持续时间,制订进度计划,控制进度等功能的仿真模块。实物仿真对象均以企业主生产过程涉及的真实设备为模型进行设计,而项目进度管理控制各个功能模块均以各个功能模型为蓝本进行设计,仿真系统中核心要素的主生产过程及项目管理控制模块与真实实验环境高度一致。

功能模块系统或实物对象的仿真模型在虚拟仿真实验系统的"认知模块"有详细功能介绍，通过实验场景漫游可进行整体了解或对关键仿真模型进行详细了解，通过操作信息提示、控件高亮提示和知识点提示三者有机结合，学生按照使用手册操作这些模块，模拟企业的主生产过程，模拟 ERP 项目的进度管理和控制，跟踪 ERP 项目的实施，评估 ERP 项目的实施效果。

【实践步骤】 该仿真实验项目的实验内容主要包括"进度管理需求分析""进度管理内容""进度管理控制""进度管理评估"4 个模块，如图 5.26 所示。

图 5.26 实验内容介绍界面

(1)"进度管理需求分析"模块。

① 该模块包括粉料检验筛的"应用场景""设备认知""生产计划""车间管理"4 部分，如图 5.27 所示。

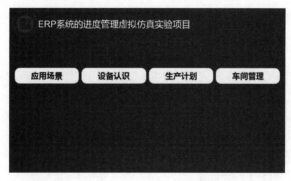

图 5.27 项目背景功能界面

② 单击"应用场景"，展示粉料检验筛的生产流程，如图 5.28 所示。

③ 单击"设备认知"，展示生产粉料检验筛的物料清单，如图 5.29 所示。

④ 单击"生产计划"，根据客户合同和市场预测，制订产品出产计划，包括资源需求计划、粗产能计划、能力需求计划、物料需求计划和车间管理，如图 5.30 所示。

⑤ 单击"资源需求计划"，展示计划结果，如图 5.31 所示。

⑥ 单击粗产能计划，展示计划结果，如图 5.32 所示。

⑦ 单击"能力需求计划"，展示计划结果，如图 5.33 所示。

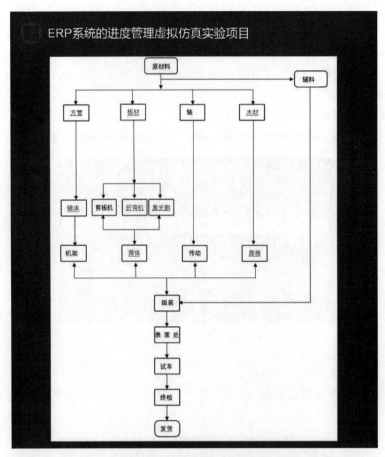

图 5.28 应用场景功能界面

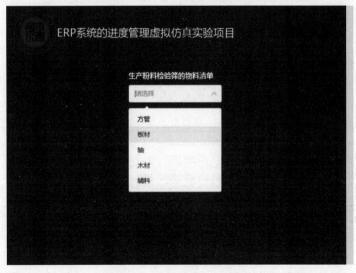

图 5.29 设备认知功能界面

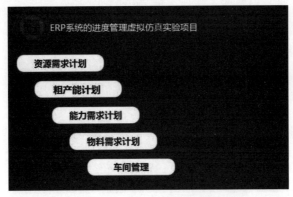

图 5.30 生产计划功能界面

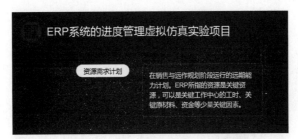

图 5.31 资源需求计划功能介绍界面

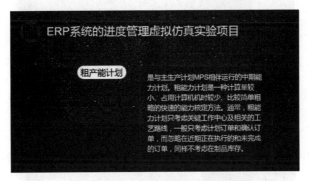

图 5.32 粗产能计划功能介绍界面

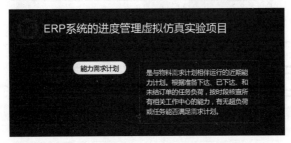

图 5.33 能力需求计划功能介绍界面

⑧ 单击"物料需求计划",展示计划结果,如图 5.34 所示。

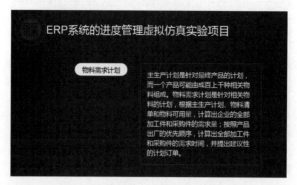

图 5.34　物料需求计划功能介绍界面

⑨ 单击"车间管理",展示车间管理结果,如图 5.35 所示。

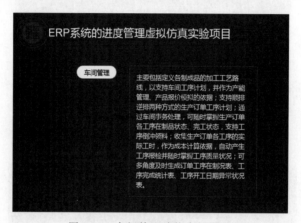

图 5.35　车间管理功能介绍界面

只有完成以上步骤,才能进入下一个模块。

(2)"进度管理内容"模块。

① 基于模块 1 部分的 ERP 项目需求分析,确定使用的 ERP 软件,如图 5.36 所示。

图 5.36　金蝶 ERP 产品介绍界面

② 确定 ERP 项目的内容和活动顺序,如表 5.10 所示。学生需要选择主要环节。

表 5.10 项目阶段活动及排序关系表

活 动 编 号	项目主要活动	前 一 活 动
1.1	确定项目组	
1.2	工作环境的准备	1.1
1.3	项目初始计划	1.1
1.4	制订项目标准和工作程序	1.1 和 1.3
1.5	项目启动	1.4
2.1	业务流程现状调查和分析	1.5
2.2	业务需求分析与定义	1.6 和 2.1
2.3	业务流程设计方法培训	1.6
2.4	建立系统技术环境	2.3
2.5	设计业务蓝图	2.2
2.6	识别金蝶与业务流程的差距,确认解决方案	2.5
2.7	业务蓝图阶段品质检查	2.5 和 2.6
3.1	主数据整理	1.5 和 2.8
3.2	系统配置	2.9
3.3	本地化功能开发	2.6
3.4	单元测试	3.2 和 3.3
3.5	培训内部顾问	2.7 和 3.4
3.6	集成测试	3.5
3.7	权限管理设置/测试	3.4
3.8	系统实现阶段品质检查	3.4,3.6 和 3.7
4.1	主数据装入系统测试	3.1 和 3.8
4.2	测试案例、环境准备	4.1
4.3	完成系统整体测试	4.2
4.4	准备最终用户文档和培训材料	3.5
4.5	最终用户培训	4.4
4.6	准备上线计划	4.3
4.7	上线准备阶段品质检查	4.5 和 4.6
5.1	数据检查,转换到系统	4.3
5.2	切换到金蝶	4.7 和 5.1
5.3	问题解决	5.2
5.4	补充培训	5.2 和 5.3
5.5	系统评审、验收	5.2,5.3 和 5.4

只有完成以上步骤,才能进入下一个模块。

(3)"进度管理控制"模块。该模块共包括"定义活动""排序活动""估算活动资源""创建项目进度""跟踪和控制项目进度"5部分,如图5.37所示。

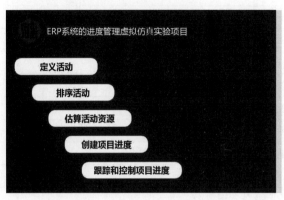

图5.37　项目进度管理和控制

① 单击"定义活动",要求学生录入活动清单,具体内容如表5.11所示。

表5.11　项目活动定义输入输出详表

项目活动定义	
输　入	输　出
1. 进度管理计划 2. 范围基准 3. 事业环境因素 4. 组织过程资产	1. 活动清单 2. 活动属性 3. 里程碑清单

② 单击"排序活动",展示网络图。表5.12展示活动排序的输入、输出内容。

表5.12　活动排序输入输出详表

项目活动排序	
输　入	输　出
1. 进度管理计划 2. 活动清单 3. 活动属性 4. 里程碑清单 5. 项目范围说明书 6. 事业环境因素 7. 组织过程资产	1. 项目进度网络图 2. 项目目录更新

③ 单击"估算活动资源",展示资源需求列表,如图5.38所示。

④ 单击"估算活动工期",展示活动工期列表。表5.13展示工作时间的输入、输出内容。

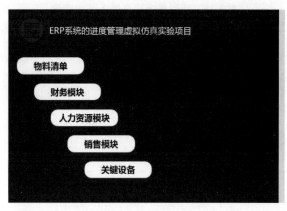

图 5.38　资源需求列表

表 5.13　估算工作时间输入输出详表

估算工作时间	
输　　入	输　　出
1. 进度管理计划 2. 活动清单 3. 活动属性 4. 资源日历 5. 风险登记册 6. 事业环境因素 7. 组织过程资产	1. 活动资源需求 2. 活动持续时间估算 3. 资源分解结构

　　⑤ 单击"创建项目进度",展示项目进度甘特图。表 5.14 展示进度管理输入、输出内容。

表 5.14　进度管理输入输出详表

项目进度计划编制	
输　　入	输　　出
1. 进度管理计划 2. 活动清单 3. 活动属性 4. 资源日历 5. 风险登记册 6. 事业环境因素 7. 组织过程资产 8. 项目人员分配 9. 项目范围说明书	1. 进度基准 2. 项目进度计划 3. 进度数据 4. 项目文件更新

　　⑥ 单击"跟踪和控制项目进度",展示跟踪效果图。表 5.15 展示项目进度控制输入、输出内容。

表 5.15　项目进度控制输入输出详表

项目进度控制	
输　　入	**输　　出**
1. 进度管理计划 2. 项目进度计划 3. 工作绩效数据 4. 项目日历 5. 进度数据 6. 组织过程资产	1. 工作绩效信息 2. 进度预测 3. 项目管理计划更新 4. 项目文件更新

只有完成以上步骤,才能进入下一个模块。

(4) 单击"进度管理评估"。根据评价指标,选取相应评价模型完成任务的实施效果,如图 5.39 所示。

图 5.39　进度管理评估

【结果与结论】

本实践模拟了兆丰公司实施 ERP 系统的进度管理过程,实践内容包括进度管理需求分析、确定进度管理内容及进度管理的理论知识测试、实施 ERP 系统进度管理过程和进度管理效果评价四大模块。

(1) 项目总人天估算,如表 5.16 所示。

表 5.16　项目各阶段总人天估算

角　　色	准备阶段	蓝图阶段	实现阶段	上线准备阶段	支持阶段	总人天数
项目总监	1	3	3	2	1	10
项目经理	3	10	15	10	15	53
项目质量控制	0	2	3	2	3	10
销售模块顾问	2	20	25	25	15	87
财务模块顾问	2	20	30	30	15	97
质量模块顾问	1	10	20	15	10	56
采购、物料管理模块顾问	2	20	30	30	26	108
生产制造模块顾问	5	45	75	50	30	205
合计人天数	16	130	201	164	115	626

（2）主要活动需交付的成果及人天估算，如表 5.17 所示。

表 5.17　项目主要活动的人天估算

编　　号		项目主要活动	人天	交 付 成 果
1. 项目准备阶段	1.1	确定项目组	1	项目组织及角色定义
	1.2	工作环境的准备	2	项目章程
	1.3	项目初始计划	3	项目初步计划
	1.4	制订项目标准和工作程序	5	硬件需求建议
	1.5	项目启动	1	项目文档模版
2. 蓝图设计阶段	2.1	业务流程现状调查和分析	1	业务流程现状分析报告
	2.2	业务需求分析与定义	5	业务需求定义报告
	2.3	业务流程设计方法培训	3	系统安装
	2.4	建立系统技术环境	3	业务蓝图
	2.5	设计业务蓝图	15	主数据整理格式
	2.6	识别金蝶与业务流程的差距，确认解决方案	5	阶段确认书
	2.7	业务蓝图阶段品质检查	1	
3. 系统实现阶段	3.1	主数据整理	10	开发的样表和数据导入程序示范
	3.2	系统配置	3	报表开发清单
	3.3	本地化功能开发	6	核心业务流程配置
	3.4	单元测试	3	核心业务流程测试
	3.5	培训内部顾问	2	系统权限设置
	3.6	集成测试	5	生产系统环境
	3.7	权限管理设置/测试	1	阶段确认书
	3.8	系统实现阶段品质检查	2	
4. 最终准备阶段	4.1	主数据装入系统测试	7	经过业务部门确认的主数据
	4.2	测试案例、环境准备	5	最终用户文档和培训材料
	4.3	完成系统整体测试	6	上线切换策略
	4.4	准备最终用户文档和培训材料	5	阶段确认书
	4.5	最终用户培训	3	
	4.6	准备上线计划	3	
	4.7	上线准备阶段品质检查	1	

编　　　号		项目主要活动	人天	交　付　成　果
5. 上线和上线支持阶段	5.1	数据检查,转换到系统	5	上线申请报告
	5.2	切换到金蝶	3	系统配置文档
	5.3	问题解决	10	验收测试报告
	5.4	补充培训	3	系统性能报告
	5.5	系统评审、验收	3	阶段确认书

(3) 排列活动顺序,如表 5.18 所示。

表 5.18　项目阶段活动排序关系表

活　动　编　号	项目主要活动	前　一　活　动
1.1	确定项目组	
1.2	工作环境的准备	1.1
1.3	项目初始计划	1.1
1.4	制订项目标准和工作程序	1.1 和 1.3
1.5	项目启动	1.4
2.1	业务流程现状调查和分析	1.5
2.2	业务需求分析与定义	1.6 和 2.1
2.3	业务流程设计方法培训	1.6
2.4	建立系统技术环境	2.3
2.5	设计业务蓝图	2.2
2.6	识别金蝶与业务流程的差距,确认解决方案	2.5
2.7	业务蓝图阶段品质检查	2.5 和 2.6
3.1	主数据整理	1.5 和 2.8
3.2	系统配置	2.9
3.3	本地化功能开发	2.6
3.4	单元测试	3.2 和 3.3
3.5	培训内部顾问	2.7 和 3.4
3.6	集成测试	3.5
3.7	权限管理设置/测试	3.4
3.8	系统实现阶段品质检查	3.4,3.6 和 3.7
4.1	主数据装入系统测试	3.1 和 3.8
4.2	测试案例、环境准备	4.1

活 动 编 号	项目主要活动	前 一 活 动
4.3	完成系统整体测试	4.2
4.4	准备最终用户文档和培训材料	3.5
4.5	最终用户培训	4.4
4.6	准备上线计划	4.3
4.7	上线准备阶段品质检查	4.5 和 4.6
5.1	数据检查,转换到系统	4.3
5.2	切换到金蝶	4.7 和 5.1
5.3	问题解决	5.2
5.4	补充培训	5.2 和 5.3
5.5	系统评审、验收	5.2,5.3 和 5.4

依据每个活动的工期,导出网络图,如图 5.40 所示,并且图 5.41 是局部放大的结果。

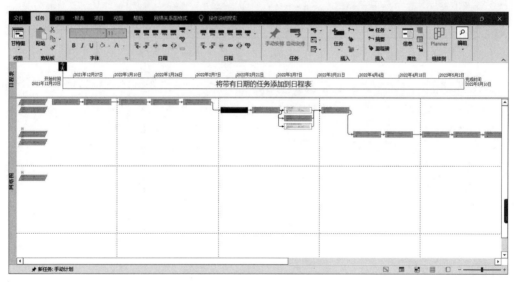

图 5.40　ERP 项目的网络图

由上述实践结果可以得出如下结论:PDM 网络图比 AOA 技术更具优势,多数的项目管理软件使用前导图法。前导图法避免了虚活动的需要。前导图法表示了任务间的不同依赖,而 AOA 网络图只使用了完成开始依赖。

(4)确定关键路径,预测整个项目的工期。假定所有的工期都是以人天为单位。输入日期,得到项目的进度图,如图 5.42 所示。

参考以人天为单位的进度图,反映出有如下路径,A 代表 1.5,B 代表 1.6,C 代表 2.3,D 代表 2.5,E 代表 2.6,F 代表 3.5,G 代表 3.6,H 代表 3.7,I 代表 4.2,J 代表 4.3。

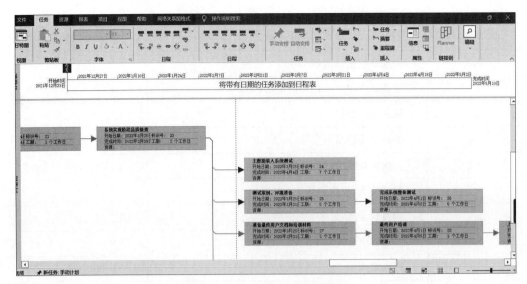

图 5.41　ERP 项目的局部网络图

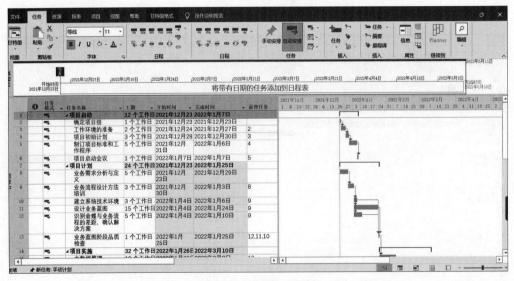

图 5.42　项目的进度图

路径 1：A-D-H-J，长度＝11＋14＋16＋13＝44 人天。

路径 2：B-E-H-J，长度＝12＋15＋16＋13＝56 人天。

路径 3：B-F-J，长度＝12＋14＋13＝39 人天。

路径 4：C-G-I-J，长度＝13＋16＋12＋13＝54 人天。

关键路径是通过网络图的最长路径，显然路径 2(B-E-H-J)是项目的关键路径。若 A 的工期估算为 23 天时，路径 1 的工期等于 56 天，路径 1 与路径 2 等长，就有两个关键路径。项目开始时，各项活动按照计划进行，假定活动 I 多用了 4 天，使得路径 4 成为关键路径。

由上述实践结果可以得到如下结论。

第一，关键路径仅仅与项目的时间维有关，名字中包含"关键"并不意味它包含所有的关键活动。

第二，一个项目可以有多个关键路径，关键路径可以随着项目的进展而改变。

（5）项目进度管理实施评估总结。在对项目关键路径的活动上，项目管理进行了着重监控，并及时地根据项目进展情况进行工作计划调整，通过项目进度控制，最后根据项目实际各活动的历时情况，统计分析如表 5.19 所示。本 ERP 项目活动关键活动历时天数从 745 总人天减低到 616 总人天。

表 5.19 项目活动实际历时表

活 动 编 号	项目主要活动	原计划历时	实际历时
1.1	确定项目组	1	1
1.3	项目初始计划	3	3
1.4	制订项目标准和工作程序	5	3
1.5	项目启动	1	1
2.1	业务流程现状调查和分析	1	1
2.2	业务需求分析与定义	5	3
2.3	设计业务蓝图	15	12
2.4	识别金蝶与业务流程的差距，确认解决方案	5	5
3.1	本地化功能开发	6	3
3.2	单元测试	3	3
3.3	培训内部顾问	2	2
3.4	集成测试	5	4
3.5	系统实现阶段品质检查	2	2
4.1	主数据装入系统测试	7	4
4.2	测试案例、环境准备	5	5
4.3	完成系统整体测试	6	4
5.1	数据检查，转换到系统	5	3
5.2	切换到金蝶	3	3
5.3	问题解决	10	8
5.4	补充培训	3	2
5.5	系统评审、验收	3	2

本公司 ERP 项目实施的整体需求中,已完全定义项目的重大里程碑结点,在无特别重大范围、进度、风险变更的情况,该里程碑结点不能变更。

第 1 个里程碑结点(活动:1.5):项目启动。

第 2 个里程碑结点(活动:2.4):蓝图报告签字确认。

第 3 个里程碑结点(活动:5.2):项目上线切换。

第 4 个里程碑结点(活动:5.5):最终项目收尾。

最终,公司 ERP 项目实施,通过对关键路径和非关键路径上的活动采取资源优化及进度压缩,从而保证在重大里程碑结点完成交付。

第6章

决策支持与商务智能

本章学习目标

- 了解决策支持系统的基本概念和系统结构。
- 了解地理信息系统的基本概念和基本功能。
- 了解专家系统的基本概念和一般结构。
- 了解商务智能的技术体系。

随着人工智能技术的发展,人们不但可以对信息做表面的组织和管理,而且还能对信息做更复杂、更深入的分析,将信息中隐藏的知识更深刻地挖掘出来,通过模型分析和知识推理,为管理人员和高层决策者提供信息和知识的支持。本章主要介绍决策支持系统的概念、组成、主要发展分支及其应用,并且还介绍商务智能定义以及目前所使用相关技术。

6.1 决策支持系统

6.1.1 决策

1. 决策模型

决策是人们为达到一定目的而进行的有意识、有选择的活动。

任何企业都需要管理人员做出各种各样的决策,管理工作的成败,首先取决于决策的正确性和科学性。一般决策模型如图6.1所示。

(1) 识别问题、明确目标。在进行决策之前,首先应识别决策问题的含义,明确决策目标及其评价标准,如干部招聘、先进评选、商场选址等,不同的问题和目标就会有不同的评价标准。如果对决策问题的定义不清楚、不准确,决策目标及其评价标准不明确、不适当,就难以做出正确或最优的决策。

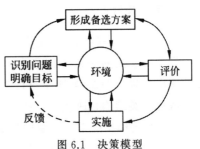

图6.1 决策模型

（2）形成备选方案。在明确决策问题之后，就可以着手形成备选方案。这一过程需要综合运用有关数据、求解模型、计算方法和有关知识等，通过对数据的模型分析和知识推理尽可能找出所有可行的备选方案，如新商场的所有可选地址等，这些方案或能解决问题，或能满足需要，或能抓住机遇。

（3）评价。这是对上一阶段得出的备选方案按事先确定的评价标准进行评价，对可能的实施结果进行仿真和评估，并从中选出最佳方案的过程。在评价时，先按评价标准得出评价指标，再按这些评价指标进行综合评价。例如在商场选址问题中，为获得最大利润，评价指标可能包括所在地区的人口密度及其收入情况、所在地区的交通情况、所在地区的竞争对手情况等；在先进评选问题中，为评价员工的先进性，评价指标可能包括品行、业绩、贡献、专业、特长等。

如果存在多个备选方案的综合评价都满足事先确定的评价标准，则从中选出最优者作为决策方案；如果所有备选方案都不能满足决策目标或评价标准，则需要重新形成备选方案。

（4）实施。该阶段执行上一阶段选出的决策方案，检测实施的结果，并做出必要的调整。在实施过程中如果发现了某些原来未考虑到的情况，或者原来的情况发生了变化，则需要重新确定目标，重复以上过程。然而，在多数情况下，一旦做出了决策并予以实施后，其结果就不能再挽回了。所以，在进行一些重要问题的决策时应十分慎重。

（5）环境。这里的环境是指与决策问题有关的客观条件以及与之密切相关的社会关系等。

为了提高决策的正确性和科学性，信息技术所拥有的强大的存储和处理能力可用来帮助管理人员快速获得决策所需要的各种有用信息，并对形成的各种备选方案进行分析、仿真和综合评价决策实施结果，使管理人员能够迅速响应市场变化、科学做出决策。

MIS系统只能解决企业的一些结构化问题，即只能对信息做表面的组织和管理，如查询和统计等，不能对信息进行更复杂深入的分析，难以将信息中隐藏的知识更深刻地挖掘出来，从而不能为高层管理人员的战略决策提供更多支持。

为此，人们在MIS的基础上进一步提出了决策支持系统（decision support system，DSS）。DSS可为中高层管理人员的半结构化和非结构化决策提供支持，克服传统决策主要靠经验估计和定性分析等方法而使决策的质量受限于个人的经验和水平等问题，以及传统决策方法常局限于某一种决策方案而缺乏多种方案的制定与比较的问题等。

2. 决策类型

（1）结构化决策。结构化决策是指能够用确定的步骤、规则或算法反复求解的并可以得到准确答案的一类决策问题。这类决策是可编程的，即由一定的输入信息可得到一定的输出结果。例如，职工工资计算、固定资产折旧、增值税计算等，利用计算机很容易自动完成这一类结构化决策。

（2）非结构化决策。非结构化决策是指难以用确定的步骤、规则或算法求解的决策问题。这类决策问题常常是随机的，每次出现都有不同的情况，无法用固定的规则、步骤或精确的算式得到决策最佳方案。如企业技术研发投入决策、产品广告投资决策等。

（3）半结构化决策。大多数决策是介于结构化和非结构化之间的半结构化决策。如生产计划、资金预算、仓库与工厂位置选择决策等。

6.1.2 决策支持系统的基本概念

1. DSS 的基本概念

具体地讲，决策支持系统是指通过数据、模型和知识，以人机交互方式支持管理人员进行半结构化或非结构化决策的一类信息系统。它为管理人员提供决策所需要的数据、信息和背景资料，帮助明确决策目标、分析决策问题、建立决策模型、模拟决策过程、提供备选方案，并对各种方案进行评价和优选，帮助管理人员提高决策的水平和质量。

2. DSS 的基本特征

概括起来，DSS 具有以下基本特征。

（1）DSS 只能辅助管理人员进行决策，而不能代替管理人员进行决策，决策的主体仍然是人，而不是 DSS。也就是说，DSS 是结合了管理人员的知识技能和信息技术的计算能力的一个人机系统。

（2）DSS 解决的问题一般是半结构化或非结构化的。相对于结构化问题，半结构化或非结构化问题难以用明确的语言给予清晰的描述，可能需要直观或经验判断，因此会存在若干个"正确"的解决方案，但不存在一种精确的方法或标准来计算出最优解决方案。例如，是否需要引进一条新的生产线，是否需要降价促销，在股票市场上如何进行投资，等等。比较具有代表性的 DSS 有用于产品的推销、定价和广告决策的 Brandaid 和用于大型卡车生产企业的生产计划决策的 Capacity Information System 等，它们都是相对复杂的半结构化或非结构化决策，难以完全由信息技术自动实现。

（3）DSS 以人机交互方式进行工作。DSS 不是要找出决策的结构并使之完全自动化的，而只是对管理人员的决策过程进行支持的。

（4）DSS 利用数据分析和决策模型来实现决策支持，因此需要将传统的数据存储及检索技术和模型分析技术结合起来。

（5）DSS 追求的是决策的有效性（effectiveness），而不是提高决策的效率（efficiency）。

（6）DSS 应具有灵活性和适应性，以应付决策环境的改变和管理人员决策方法的变化，支持动态决策。

和 MIS 相比，DSS 更先进一步，因为 MIS 只能提高数据处理的速度和工作效率，为管理人员提供决策所需要的各种基础信息，而不能对其进行深入分析以提供决策建议和支持决策活动。高效率并不等于高效益，只有正确的、科学的决策才能带来更大的效益，为企业带来活力和生命力，错误决策下的高效率反而只会加重损失的程度。因此，从MIS 发展到 DSS 是企业管理自身的要求，它们的主要区别如下。

（1）MIS 完成的是例行业务活动中的信息处理任务，而 DSS 完成的则是决策支持活动，提供决策所需的高层综合信息。

（2）MIS 追求的目标是提高工作效率，而 DSS 追求的目标则是提高决策的质量和效果。

（3）MIS 的设计方法是数据驱动的，而 DSS 的设计方法则是模型驱动的，也是用户驱动的。

（4）MIS 的设计思想是实现一个相对稳定协调的工作系统，努力使系统设计符合实际情况，而 DSS 的设计思想则是实现一个适应性强的开放系统，应充分发挥人的经验、智慧、判断力和创造性，努力使决策更加正确、更加科学。

（5）MIS 趋向于信息的集中管理，而 DSS 则趋向于信息的分散使用。

（6）MIS 的分析着重体现系统全局的、总体的信息需求，而 DSS 的分析则着重体现管理人员的信息需求，通常是综合信息或预测信息需求。

因此，DSS 是鉴于 MIS 的不足而推出的、目标不同于 MIS 的新型管理系统，和 MIS 是信息技术应用于管理活动的两个不同的发展阶段，其设计思想和工作对象都有所差异。它们是不能相互代替的，各有各的地位和作用。

3. DSS 的发展

自 20 世纪 70 年代中期由 Keen 和 Scott Morton 首次提出 DSS 的概念以来，DSS 由最初的两库系统发展到三库系统和四库系统，如图 6.2 所示，即在数据库和模型库的基础上又增加了方法库和知识库，既充分发挥了传统 DSS 在数值分析方面的优势，又充分发挥了专家系统在知识推理方面的特长，既可以进行定量分析，又可以进行定性分析，从而能更加有效地解决半结构化或非结构化问题，这就是结合人工智能技术，特别是专家系统而形成的智能决策支持系统（intelligent decision support system，IDSS）。

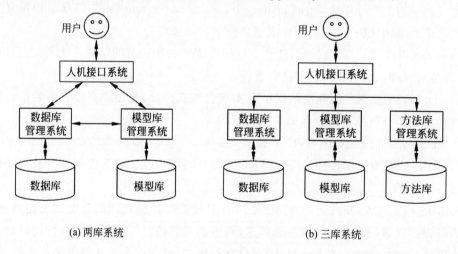

图 6.2　DSS 的系统结构

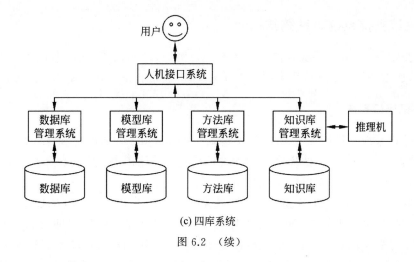

(c) 四库系统

图 6.2 （续）

6.1.3 决策支持系统的基本功能

DSS 的功能由其系统结构所决定，不同结构的系统，功能不尽相同，但总体上应为决策提供所需要的各种有用信息，并根据相应的决策模型模拟决策过程、提供备选方案。DSS 至少应具有以下几个功能。

（1）管理并随时提供与决策问题有关的组织内部信息，例如订单要求、库存状况、生产能力与财务报表等。

（2）收集、管理并提供与决策问题有关的组织外部信息，例如政策法规、经济统计、市场行情、同行动态与科技进展等。

（3）收集、管理并提供各项决策方案执行情况的反馈信息，例如订单或合同执行进程、物料供应计划落实情况、生产计划完成情况等。

（4）能以一定的方式存储和管理与决策问题有关的各种数学模型，例如定价模型、投入产出模型、库存控制模型与生产调度模型等，从中选择恰当的模型可以构造适合于具体问题的决策模型。

（5）能够存储并提供各种决策常用的数学方法及算法，例如回归分析方法、线性规划、整数规划、动态规划、排序算法、最小生成树算法、最短路径算法等。

（6）使系统中的数据、模型和方法能容易地修改和添加，如数据模式的变更、模型的连接或修改、各种方法的修改等。

（7）能灵活地运用模型和方法对数据进行加工、汇总、分析、预测，得出所需的综合信息与预测信息。

（8）具有方便的人机会话和图像输出功能，能满足随机的数据查询要求，回答"如果……则……"（What…if…）之类的询问，对使用者提交的方案进行灵敏度分析，或者以新的参数进行模拟得到一个新的方案。

（9）提供良好的数据通信功能，以保证及时收集到所需要的数据，并将加工结果传送给使用者。

6.1.4　决策支持系统的系统结构

不同类型的 DSS,其系统结构也有所不同。例如,二库系统、三库系统和四库系统的系统结构,通常如图 6.2 所示。由图 6.2 可见,DSS 通常有以下几个基本的组成部分。

1. 人机接口系统

人机接口系统是任何一个 DSS 都不可缺少的基本部件,是用户和计算机的接口,在使用者、数据库、模型库、方法库和知识库之间传送命令和数据,其核心是人机界面,目的是为用户提供一个方便、友好的交互环境。

在实际工作中,由于 DSS 通常是由那些需要系统提供决策支持但又对计算机技术或系统内部构造知之甚少的人(通常是管理人员)直接使用的,因此,人机接口系统对 DSS 的成败有举足轻重的意义,最佳的人机接口系统应当采用用户习惯的术语和方法,并具有灵活、简单的优点,以及良好的一致性和适应性。此外,人机接口系统也要便于系统维护人员的使用。

从功能上讲,人机接口系统需要满足一般用户操纵 DSS 各个部件的要求以及系统维护人员检验、评价和修改系统的要求。因此人机接口系统的功能需要从以下两方面进行阐述。

首先,为了满足一般用户的要求,人机接口系统应该提供如下功能。

(1) 用户可以方便地了解系统中现有数据、模型、方法和知识的情况,包括其数量、功能、完整程度、约束条件等。

(2) 用户可以在系统的提示和帮助下自行选择并运行模型和方法,以取得某种分析或预测结果,为用户的判断提供依据。

(3) 用户可以提出"如果……则……"(what…if…)之类的询问,系统应能返回得出的参考意见,为用户的判断提供支持。

(4) 对用户的输入要有纠错和容错能力,对用户有明确的操作提示。

(5) 当需要的时候,可以按用户要求的方式输出易于理解的图形和表格等。

(6) 在决策完成后,用户可以把反馈结果输入系统,以便能够对现有模型进行评价和提出修改意见。

其次,对于系统维护人员,人机接口系统应能帮助系统维护人员方便地了解系统运行的状况、分析存在的问题、找出改进的方法,并能迅速而可靠地帮助系统维护人员完成系统的修改任务。

随着多媒体技术和人工智能技术(尤其是模式识别和自然语言理解)的发展,人机接口系统可以为管理人员提供声、文、图并茂的交互方式,信息的表达形式更加直观、形象、便于理解,管理人员可以自己习惯的方式(如自然语言、声音、文字、图像等)与 DSS 进行信息交流,这就是所谓的多媒体人机智能接口。

2. 数据库及其管理系统

数据库及其管理系统(简称数据库系统)是任何一个 DSS 都不可缺少的基本部件,用于存储和管理决策所需要的重要数据资源,为系统提供数据支持。

DSS 和 MIS 的数据库系统在概念上有许多相同之处,都具有数据独立性、共享性、统一管理性、最小冗余性、可扩充性等主要特征。

DSS 和 MIS 的数据库系统虽然存在以上一些相同特征,但由于两者的目标和用途不同,因此也存在一些区别,主要表现在以下几方面。

(1)多重数据来源。决策所需要的数据可能来自系统内部,也可能来自外部环境。决策涉及的方向越多,数据的来源也就越多。如何对这些多源的、通常也是异构的数据进行有效的集成,是 DSS 的一个重要研究内容,数据仓库(data warehouse,DW)技术及其 ETL(extract transform load,抽取、转换、装载)工具是目前较为有效的解决办法。

(2)更宽的时间范围。决策所需要的数据具有更宽的时间范围,通常需要根据过去长时间的历史数据才能发现其中存在的问题和机会,并据此规划未来等。

(3)更宽松的精确要求。由于在决策过程中经常需要使用综合后的粗粒度数据,可能不要求绝对精度,而允许存在少许误差。

(4)数据综合。决策所需要的数据通常都是综合后的高层次数据,为此,数据仓库技术被逐步引入 DSS 中,用来支持对数据的不同方式的汇总。

(5)数据预处理和分析。DSS 强调数据库系统应具有对数据的预处理和分析能力,要求它能及时地为决策提供所需要的(通常是综合后的)数据及其存在的内在规律性知识等,而不只是简单的查询和统计能力。

3. 模型库及其管理系统

数据库系统提供的是制定决策所需要的原始数据,而模型库系统则会对这些原始数据进行加工处理,从而为管理人员提供推理、比较、选择以及分析问题、解答问题的能力。DSS 之所以能够对决策的制定提供有效的支持,主要原因在于 DSS 具有能为管理人员提供以上处理能力的模型库。因此,模型库及其管理系统(简称模型库系统)是传统 DSS 的核心,是 DSS 区别于其他信息系统最有特色的部件之一,而且 DSS 中的数据库需求大多也是由模型库来确定的。

所有的决策都需要不同程度地建立模型。模型是对客观世界中现实事物的概括和抽象,是用一定形式对事物本质及其属性的抽象概括和描述,用以揭示该事物的功能、行为及其变化规律。管理人员就是依靠模型库中的模型来进行决策的,因此传统的 DSS 是模型驱动的。在模型库中,一个模型通常是由若干个子模型构成的,最底层的子模型对应于一个基本单元,通常由程序来进行表达。

对于那些结构化的决策问题,其处理算法是明确规定了的。表现在模型上,其参数值是已知的。而对于非结构化的决策问题,有些参数值并不知道,需要使用数理统计等方法估计这些参数的值。由于不确定因素的影响、参数值估计的非真实性,以及变量之间的制约关系,用这些模型计算得到的输出一般只能辅助决策或对决策的制定提出建议。

根据功能和用途可将支持决策活动的模型分为若干个模型群,通常有以下几种。

(1)预测模型群。在这个模型群中,定性模型主要包括德尔菲法(Delphi method)、主观概率预测法和交叉影响矩阵法等;定量模型主要包括回归预测、平滑预测和马尔可夫链预测等。这些模型还可以进一步细分,如回归预测有一元回归和多元线性回归等;平滑预测有平均预测法和指数平滑预测法等。

(2) 系统结构模型群。该模型群主要用来分析社会经济系统或其他系统的结构,反映系统各要素之间的主要联系和关联作用,它们主要从宏观和结构上来描述和刻画系统的运行规律。系统结构模型群主要包括系统结构模型、层次分析模型、投入产出模型和系统动力学模型等,它们充分考虑了人类认识现实世界抽象过程中的思维模式、逻辑推理以及因果规律所揭示的"行为"机制的重要性,并把人的主观因素考虑进去,把人的判断能力、经验与严格的逻辑推理结合起来,从而克服了其他模型过于理性化、经典化和过于依赖数据的缺点。

(3) 数量经济模型群。该模型群主要包括以经济活动为核心的计量经济模型、经济控制论模型、生产函数模型和消费需求模型等。

(4) 优化模型群。该模型群是系统优化的主要手段和方法,主要包括线性规划、非线性规划、动态规划、目标规划和最优控制等方法。

(5) 不确定模型群。该模型群主要用来解决和描述系统中的不确定因素和不确定概念,主要包括模糊数学模型、灰色模型和随机模型。

(6) 决策模型群。该模型群主要包括单目标风险性决策、多目标决策,还有一些不确定性决策方法等。

(7) 系统综合模型群。该模型群主要运用大系统分解协调原理对各个子系统的优化方案进行综合,并通过计算机仿真,生成若干总体优化方案。

模型库是用来存储模型及其基本单元的机构,具有共享性和动态性。所谓共享性是指一些可用来支持不同决策活动的基本模型可被不同的决策活动所共享;所谓动态性是指基本单元可以以不同的方式组合成为不同的模型,用来支持不同的决策活动。

模型库管理系统是为了创建、利用和管理模型而建立的一个软件系统,主要功能如下。

(1) 创建模型。当模型库中不具有可用于当前决策问题的模型时,模型库管理系统应能通过和用户的交互创建新的、适合于当前决策问题的模型。为此,模型库管理系统需要解决模型表示和模型生成等问题。

(2) 利用模型,包括决策问题的定义和概念的模型化,从模型库中选择恰当的模型或基本单元构造适合于具体问题的决策模型,并在为模型提供一组输入参数时,负责启动、执行模型,控制模型的运行状态。

(3) 管理模型,主要包括模型的组织、模型的校验和模型的维护。决策通常需要对模型进行组合,为提高模型的组合效率,模型库管理系统需要对模型进行合理的组织。为解决半结构化或非结构化问题,求解问题的过程通常是试探性的,如果所建立的模型其运行结果和实际情况不吻合,就需要检查误差是否超出了允许的范围,并分析产生误差的原因等,这就是模型检验要做的工作。随着决策环境的变化,模型还可能需要修改甚至删除,这就是模型的维护。

模型库系统是在与 DSS 其他部件的交互过程中发挥作用的。

(1) 与数据库系统进行交互,可获得各种模型所需要的数据,实现模型输入、输出和中间结果存取的自动化。

（2）与方法库系统进行交互，可实行目标搜索、灵敏度分析和仿真运行的自动化等。

（3）与人机接口系统之间进行交互，模型的创建、利用与维护实质上是用户通过人机接口系统予以控制和操作的。

4. 方法库及其管理系统

方法库及其管理系统（简称方法库系统）用来向系统提供各种决策常用的方法（或算法），如数学方法、数理统计方法、优化方法等，并实现对方法的管理，其目的是为 DSS 提供一个合适的环境，根据具体问题的决策模型的要求，从数据库中选择数据，从方法库中选择算法，然后将数据和算法结合起来进行计算，其结果供管理人员使用。

在 DSS 中，方法一般以程序方式存储，常用的方法有排序算法、分类算法、最小生成树算法、最短路径算法、线性规划、整数规划、动态规划、各种统计算法和各种组合算法等。

方法库管理系统具有创建、选配、调用、修改和删除方法等功能，统一管理方法库中的各种方法，并且在调用时可以实现方法之间的动态链接，具有灵活性、经济性和可用性，与模型库管理系统类似。

在 DSS 中引入方法库系统具有以下主要优点。

（1）提供各种通用计算、分析、加工处理的能力。

（2）提高模型的运行效率。用户可以根据模型的需要从方法库中调出相应的方法程序，通过它们之间的链接，就可以有效地完成模型的运算和分析。

（3）实现方法的共享。由于建立了方法库，就无须为模型库中的每一个模型都配置一组方法程序，而可以共享方法库中相同的方法程序了。

5. 知识库及其管理系统

知识库及其管理系统（简称知识库系统）是 DSS 中的智能部件，用于模拟人类决策过程中的某些智能行为，用来获取、表示、推理、解释、管理和维护决策所需要的有关规则、因果关系及经验等知识。

知识库是知识库系统的核心，其中存储的是那些既不能用数据表示，也不能用模型和方法描述的决策专家的决策知识和经验知识，同时也包括一些特定问题领域的专门知识。例如，拖债达 3 级以上的客户其信用度比较低，与信用度比较低的客户做交易一定要谨慎，紧急订货的任务应优先安排，等等。

要存储知识，首先要解决知识的表示问题。知识的表示就是知识的符号化过程，同一个知识可有不同的知识表示方法，这在很大程度上决定着一个系统的能力和通用性，是知识库系统研究的一个重要课题。常见的知识表示方法有逻辑表示法、产生式规则表示法、语义网络表示法、框架表示法和过程表示法等。

对知识的利用是通过推理机来实现的。推理机是知识库系统的核心部件，由一组程序构成，可以从已知事实出发，利用知识推出决策所需要的结论。例如，根据知识库中存储的知识"拖债达 3 级以上的客户其信用度比较低"和已知事实"客户 A 拖债达 4 级"，可以推出"客户 A 的信用度比较低"这一结论；再根据知识"与信用度比较低的客户做交易一定要谨慎",又可以推出"与客户 A 做交易一定要谨慎"这一结论。

和数据库系统相比,知识库系统由于可以表达知识,从而可以自动保持语义的完整性。此外,知识库系统还具有演绎推理的功能,从而可以得出进一步的结论,而且在存储时还可以省去那些可由其他知识推出来的冗余知识。

知识库系统也不同于专家系统,因为专家系统一般是面向特定领域的,知识面比较狭窄,知识结构比较单一;而知识库系统则主要用于支持各种各样的决策,具有一定的通用性,不但应具有专门的或经验的决策知识,而且还应具有与数据、模型、方法有关的知识。例如,用于建立决策模型和评价模型的知识,用于选择并完善候选方案的知识,用于完善数据库的知识,等等。

6.1.5　智能决策支持系统

1. IDSS 的基本概念

智能决策支持系统(intelligent decision support system,IDSS)是把人工智能技术,特别是专家系统应用于传统 DSS 而发展起来的。因此,一个 IDSS 应由数据库系统、模型库系统、方法库系统、人机接口系统和智能部件这 5 个基本部分组成,其中的智能部件通常就是上述的知识库系统。需要注意的是,这里所说的知识库系统不仅包括知识库和相应的知识库管理,而且还包括推理、解释等功能。

知识库系统是有关规则、因果关系及经验等知识的获取、解释、表示、推理、管理与维护的系统,前面已经给予介绍,这里不再赘述。然而,知识库系统存在和专家系统同样的问题,即难以对知识进行自动获取。把决策所需要的各类专门或经验知识从人类决策专家的头脑中或其他知识源那里人工地转换到知识库中,费时低效,而且还难以从过去处理过的实例中进一步学习。

为了克服这一问题,IDSS 通常采用机器学习技术来实现知识的自动获取和学习,其中,比较具有代表性的机器学习技术就是人工神经网络(artificial neural network,ANN)。

此外,为了更方便地与人交互,使不熟悉计算机的人也能方便地使用 DSS,IDSS 在人机接口系统中还加入了自然语言处理的功能,可以接受以自然语言或接近自然语言的方式表达的决策问题和决策目标,以及以自然语言或接近自然语言的方式输出系统得到的决策方案,从而在很大程度上改善了 DSS 的易用性。

因此,和传统的 DSS 相比,IDSS 在决策问题的输入和描述、决策过程的推理和求解、决策方案的输出等方面都有显著的改进,向着人类靠近了一大步。

2. IDSS 的组成

根据人工智能技术应用于 DSS 的程度和范围不同,IDSS 可以有不同的结构。较完整也较常见的 IDSS 的结构是在传统的三库系统基础上增设知识库系统(包括推理机),在人机接口系统中加入自然语言处理系统,并于四库之间插入问题处理系统而构成的四库系统,结构如图 6.3 所示。

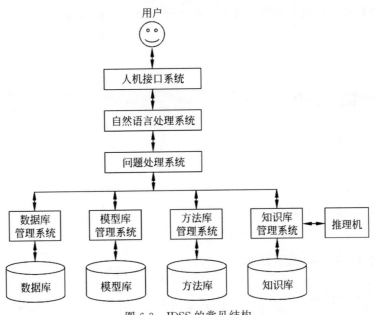

用户

人机接口系统

自然语言处理系统

问题处理系统

| 数据库
管理系统 | 模型库
管理系统 | 方法库
管理系统 | 知识库
管理系统 | 推理机 |

| 数据库 | 模型库 | 方法库 | 知识库 |

图 6.3　IDSS 的常见结构

问题处理系统处于 IDSS 的中心位置,是联系人和计算机及其存储的决策资源的桥梁,既要识别与分析问题、判断问题的结构化程度、设计求解方案,还要为问题求解调用四库中的数据、模型、方法和知识等资源,对结构化问题选择或构造模型,采用传统的模型计算来进行求解,对于半结构化或非结构化问题还要触发推理机进行知识的推理。

IDSS 将数据仓库、在线分析处理(on line analytical processing,OLAP)、数据挖掘(data mining,DM)、模型库、知识库等结合起来而形成的智能综合决策支持系统,则是更高级形式的 IDSS,可以为决策支持提供良好的、全面的基础数据,并实现不同方式的数据汇总和知识发现,具有更高的智能性。

【案例 6-1】　某钢铁企业铁水运输调度的智能决策支持。

铁水运输是大型钢铁企业的一个重要的物流环节,在大型钢铁企业中,一般由多座高炉向多座炼钢厂运送铁水,而且途中要经过多个工位点如铁水预处理、扒渣、倒罐站、脱硫等。运输铁水的机车和鱼雷罐车往往也有十多台,该调度问题是一个典型的 NP 问题。在一般情况下采用人工调度的方法,有的企业采用的是建立机车调度指令库的方法,但由于这个问题的组合情况实在太多,情形非常复杂,指令库的条件难以完全和实际情况相匹配,所以往往无法自动生成指令,应用效果很不理想。另外,由于运输环节多,常常会出现一些异常情况,使铁水运输调度更加困难,因此建立一个铁水运输调度的智能决策支持系统十分必要,采用基于仿真和 CBR(case based reasoning,基于案例的推理)技术的智能决策支持系统,可以解决以上的问题。

采用 CBR 技术的相似性推理,一方面,可以大大减少指令库中的指令,利用相似性可以对这些指令进行提取和归类;另一方面,可以使自动生成调度指令成为可能。利用铁水运输的仿真系统可以离线研究各种条件下的运输调度方案,即便是实际没有发生的情况,也可以通过仿真运行和比较得到最优或较优的运输调度方案,经过一定处理后放入知识库。利用 CBR 技术的相似性推理可以通过访问知识库中和当前情况相类似的运输调度方案来自动获得当前情况下的调度指令。此外，它所具有的自学习能力也保证了其推理能力的不断增强。

6.2 地理信息系统

地理信息系统(geographic information system，GIS)的发展为人们提供了前所未有的便利，可以足不出户地获取一个城市、一个地区的全部信息，包括地形地貌特征、自然环境和交通状况、旅游景点分布、商业街区分布、公共服务部门分布、森林和耕地分布及其变化趋势等，通过对这些信息的分析和处理还可以为与空间有关的决策如商场选址、森林和耕地的保护等提供支持，可以说，GIS 也是一种决策支持系统。

6.2.1 地理信息系统的基本概念

1. GIS 的基本概念

地理信息系统有时又称为地学信息系统或资源与环境信息系统(resource and environmental information system)，是在计算机软硬件系统的支持下，以地理空间数据库(geospatial database)为基础，支持地理空间数据的采集、建模、管理、分析、处理和显示，为与地理研究和地理决策等有关的决策提供支持的信息系统。简单地说，GIS 就是综合分析和处理地理空间数据的信息系统(或决策支持系统)。

目前，对 GIS 的认识可归纳为以下 3 个相互独立又相互关联的观点。

(1) 地图观点。强调 GIS 作为信息载体与传播媒介的地图功能，认为 GIS 是一种地图数据处理与显示系统。因此，每个地理数据集可看成一张地图，通过地图代数实现数据的操作和运算，其结果仍然再现为一张具有新内容的地图。测绘及各专题地图部门非常重视 GIS 快速生产高质量地图的能力。

(2) 数据库观点。强调数据库(具体地讲，是地理空间数据库)系统在 GIS 中的重要地位，认为一个完整的数据库管理系统是任何一个成功的 GIS 都不可缺少的部分。

(3) 分析工具观点。强调 GIS 的空间分析与空间建模功能，认为 GIS 是一门空间信息科学。该观点普遍地被 GIS 界所接受，并认为这是区分 GIS 和其他地理数据自动化处理系统的唯一特征。

2. GIS 的基本特征

根据定义，GIS 具有以下基本特征。

(1) GIS 的物理外壳是计算机化的技术系统。它由若干个相互关联的子系统构成，如数据采集子系统、数据管理子系统、数据处理和分析子系统、可视化表达和输出子系统等，这些子系统的优劣、结构直接影响着 GIS 的硬件平台、功能、效率、数据处理方式和产品类型。

(2) GIS 的操作对象是地理空间数据，即点、线、面、体这类有三维要素的地理实体。

地理空间数据的最根本特点是每一个数据都要按照统一的地理坐标进行编码,实现对其定位、定性和定量的描述,也就是说,GIS是一种以地理坐标为骨干的信息系统,具有公共的地理定位基础,这是GIS区别于其他类型信息系统的根本标志,也是其技术难点之所在。

(3) GIS中的"地理"并非狭义地指地理学,而是广义地指地理坐标参照系统中的空间数据、属性数据以及以此为基础演绎出来的知识。

(4) GIS的技术优势在于它的空间分析能力。GIS独特的地理空间分析能力、快速的空间定位和复杂的查询能力、强大的图形处理和表达能力、空间模拟和空间决策支持能力等,可产生常规方法难以获得的重要信息,这是GIS的重要贡献。

(5) GIS和地理学、测绘学有着密切的关系。地理学是GIS的理论依托,为GIS提供有关空间分析的基本观点和方法。大地测量、工程测量、矿山测量、地籍测量、航空摄影测量和遥感技术为GIS中的空间实体提供各种不同比例尺和精度的定位数据;电子速测仪、GPS全球定位技术、解析或数字摄影测量工作站、遥感图像处理系统等现代测绘技术的使用,可直接、快速和自动地获取空间目标的数字信息产品,为GIS提供丰富和更加实时的信息源,并促使GIS向着更高层次发展。

GIS在外观上表现为计算机软硬件系统,但其内涵却是由计算机程序和地理空间数据组织而成的地理空间信息模型。当具有一定地学知识的用户使用GIS时,他所面对的数据不再是毫无意义的,而是把客观世界抽象为模型化的地理空间数据,用户可以按照应用的目的来观测这个现实世界模型各个方面的内容,取得自然过程的分析和预测的信息,用于管理和决策,这就是GIS的意义。

【案例6-2】 GIS在某冷箱运输公司中的应用。

某冷箱运输公司采用GIS可以为货运委托人全面了解货物各方面的信息提供支持,其运输线路如图6.4所示。该公司在冷箱监控装置中增加了GPS模块和天线装置,通过接收定位卫星的定位信息得到冷箱的地理位置。冷箱的位置信息连同温湿度等信息一起通过GSM/GPRS网络返回到监控中心。监控中心采用GIS提供全国范围内的地理空间数据,并采用专业的GIS软件平台对地理空间数据和冷箱的状态数据(位置和温湿度等信息)进行整合,货运委托人通过网站就可以看到货物的位置和温湿度等相关的状态信息。

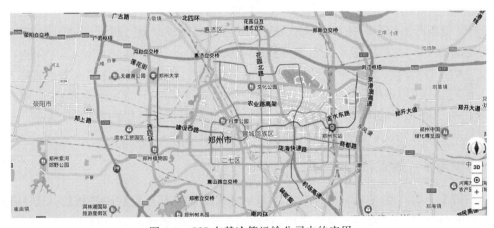

图6.4 GIS在某冷箱运输公司中的应用

6.2.2　地理信息系统的组成

与普通的信息系统类似,一个完整的 GIS 主要由 4 部分组成,即计算机硬件系统、计算机软件系统、地理空间数据,以及参与系统开发、管理和操作的人员,其核心是计算机软硬件系统,地理空间数据反映的是 GIS 的地理内容,是 GIS 的操作对象,而系统开发、管理和操作人员则决定着系统的工作方式和信息的表示方式。

1. 计算机硬件系统

计算机硬件系统是计算机系统中的实际物理装置的总称,是 GIS 的物理外壳。系统的规模、精度、速度、功能、形式、使用方法甚至软件都和硬件有着极大的关系,受硬件指标的支持或制约。构成计算机硬件系统的基本组件包括计算机标准的和 GIS 专有的输入输出设备、中央处理单元、存储设备等。这些硬件组件协同工作,为计算机软件系统的正常运行提供物理环境;向计算机系统提供必要的信息,使其完成既定任务;存储数据以备现在或将来使用;将处理和分析得到的结果或信息提供给用户。

GIS 专有的输入输出设备主要有扫描仪、数字化仪、解析测图仪、测绘仪、遥感、GPS、绘图仪等。

2. 计算机软件系统

计算机软件系统是指 GIS 为正常运行和完成既定任务所需的各种程序。对于 GIS 应用而言,通常包括如下几方面。

(1) 计算机系统软件。由计算机厂家提供的、为用户使用计算机提供方便的程序系统,通常包括操作系统、汇编程序、编译程序、诊断程序、库程序以及各种维护使用手册、程序说明等,是 GIS 日常工作所必需的。

(2) GIS 软件和其他支持软件。包括通用的 GIS 软件包,也包括用于管理地理空间数据的数据库管理系统,以及用于处理和表达地理空间数据的计算机图形软件包和计算机图像处理系统等,用来支持对地理空间数据的输入、存储、转换、输出以及和用户间的接口。

(3) 应用分析程序。是系统开发人员根据地理专题或区域分析模型编制的、用于某种特定应用任务的程序,是系统功能的扩充与延伸。在 GIS 工具的支持下,应用程序的开发应是透明的和动态的,与系统的物理存储结构无关,并随着系统应用水平的提高不断优化和扩充。应用程序作用于地理专题或区域数据,构成 GIS 的具体内容,这是用户最为关心的、真正用于地理分析的部分,也是从地理空间数据中提取地理信息的关键。应用程序的水平在很大程度上决定着系统的应用性优劣和成败。

3. 系统开发、管理和操作人员

不同于一般的地图,GIS 是一个动态的地理模型。仅有系统软硬件和数据还不能构成完整的 GIS,需要人进行系统的组织、管理和维护,数据的更新,应用程序的开发等,并灵活运用地理分析模型以提取各种地理信息,为地理研究和地理决策服务。一个周密规划的 GIS 项目应包括负责系统设计和执行的项目经理、系统开发和信息管理的技术人员以及最终运行系统的用户。

4. 地理空间数据

地理空间数据是指以地球表面空间位置为参照的自然、社会和人文经济景观数据,可以是图形、图像、文字、表格和数字等。它由系统的建立者通过数字化仪、扫描仪、键盘、磁带机等输入地理信息系统中,是地理信息系统所表达的现实世界经过模型抽象的实质性内容,是地理信息系统的操作对象。

6.2.3 地理信息系统的基本功能

为了满足各种应用需求,GIS 通常需要回答以下 5 方面的问题。

(1) 位置(locations)。根据几何数据来查询属性数据,即在给定位置上会有什么。例如,当前指示的小区的名称、面积、绿化率、楼盘个数、居住户数、开发商、所属行政区划等。

(2) 条件(conditions)。根据属性数据来查询几何数据,即在什么位置会有满足给定条件的地理实体,或满足给定条件的地理实体的分布情况。例如,五星级酒店分布、大宗客户分布、原始森林分布、水稻种植区分布等。

(3) 变化趋势(trends)。该类问题需要综合现有数据,以识别已经发生了或正在随时间发生变化的地理实体,如人口、森林面积、耕地面积等的变化趋势。

(4) 模式(patterns)。该类问题是分析与已经发生或正在发生的事件有关的因素。GIS 将现有数据组合在一起,能更好地说明正在发生什么,找出发生的事件和哪些数据有关。例如,机动车辆事故通常符合某个特定模式,该模式(即事故)发生在何处? 发生地点与时间有关吗? 是不是在某种特定的拐弯处? 这些拐弯处又具有什么条件?

(5) 模型(models)。为了能够支持与空间有关的决策,首先需要建立相应的模型,如评价指标、选择标准、检验方法等。在建立了一个或多个模型之后,GIS 应能产生满足选择标准的所有地理实体及其指标值的一个详细报表。例如,儿童书店的选址,其评价指标可能包括 10min、15min、20min 可以到达的空间区域;附近居住的 12 岁以下儿童的人数;附近家庭的收入情况;周围竞争对手的情况。

为了回答上述问题,大多数商用 GIS 软件包都提供了以下 5 种基本功能。

(1) 数据的获取。数据主要是从对现实世界的观测所得以及现存文件和地图中获取,并保证 GIS 数据库中的数据在内容和空间,具有完整性、一致性和正确性等。

(2) 数据预处理。数据预处理主要包括数据的格式化、转换和概括,将原始数据转换为结构化的、基于同一坐标系的数据,以使其能够被系统查询和分析。

(3) 数据的存储与组织。数据的存储与组织是建立 GIS 数据库的关键步骤,涉及空间数据和属性数据的组织。矢量结构、栅格结构或栅格/矢量混合结构是常用的空间数据组织方法。

(4) 数据的查询与分析。空间查询是 GIS 应具备的最基本的分析功能,包括根据几何数据查询属性数据和根据属性数据查询几何数据;而空间分析则是 GIS 的核心功能,也是 GIS 和其他信息系统的根本区别,模型分析是在 GIS 的支持下,分析和解决现实世界中和空间有关的问题,是 GIS 应用深化的重要标志。

（5）图形的显示与交互。GIS 为用户提供了许多用于表现地理空间数据的工具,其形式既可以是通过计算机屏幕显示,也可以是诸如报告、表格、地图等硬复制图件,尤其要强调的是 GIS 的地图输出功能。一个好的 GIS 应能提供一种良好的、交互式的制图环境,以便使用者能够设计和制作出高质量的地图。

6.2.4　地理信息系统的主要应用

下面只介绍 GIS 的几个主要的应用领域。

1. 资源清查

资源清查是 GIS 最基本的职能,这时系统的主要任务是将各种来源的数据集成在一起,并通过系统的统计和覆盖分析等功能,根据多种边界和属性条件,提供资源统计和原始数据的快速再现。以土地利用类型为例,可以输出不同土地利用类型的分布和面积,按不同高程带划分的土地利用类型,不同坡度区内的土地利用现状,以及不同时期的土地利用变化等,为资源的合理利用、开发和科学管理提供依据。

2. 城市与区域规划

城市与区域规划要处理许多不同性质和不同特点的问题,涉及资源、环境、人口、交通、经济、教育、文化和金融等多个地理变量和大量数据。GIS 的数据库管理有利于将这大量的数据归并在一个统一的系统中,据此可以进行城市与区域多目标的开发和规划,包括城镇总体规划、城市建设用地适宜性评价、环境质量评价、道路交通规划、公共设施配置,以及城市环境的动态监测等。这些规划功能的实现,是由 GIS 的空间查询功能、多种信息的叠加处理和一系列分析软件(回归分析、投入产出计算、模糊加权评价、0-1 规划模型、系统动力学模型等)加以保证的。我国大城市数量居于世界前列,根据加快中心城市的规划建设、加强城市建设决策科学化的要求,利用 GIS 作为城市规划、管理和分析的工具具有十分重要的意义。

3. 灾害监测

借助遥感遥测数据的搜集,利用 GIS,可以进行有效的森林火灾的预测预报、洪水灾情监测和洪水淹没损失的估算,为救灾抢险和防洪决策提供及时准确的信息。例如,据我国大兴安岭地区的研究,通过普查分析森林火灾实况,统计分析十几万个气象数据,从中筛选出气温、风速、降水、温度等气象要素、春秋两季植被生长情况和积雪覆盖程度等 14 个因子,用模糊数学方法建立数学模型,建立微机信息系统的多因子综合指标森林火险预报方法,对预报火险等级的准确率可达 73% 以上。再如,黄河三角洲地区防洪减灾信息系统,在 ARC/INFO 地理信息系统软件支持下,借助于大比例尺数字高程模型,加上各种专题地图如土地利用、水系、居民点、油井、工厂和工程设施以及社会经济统计信息等,通过对各种图形进行叠加、操作、分析等,可以计算出若干个泄洪区域及其面积,比较不同泄洪区域内的土地利用、房屋、财产损失等,最后得出最佳的泄洪区域,并制定整个泄洪区域内人员撤退、财产转移和救灾物资供应等的最佳运输线路。

4. 环境管理

环境管理涉及人类社会活动和经济活动的一切领域,一个大中型城市每年搜集和监测的环境数据可能多达 100 万个,对于如此大量的数据,应使其有效地为环境管理决策和其他用途服务。例如,上海市环境管理信息系统具有如下主要特征。

(1) 建立了动态数据库,可以存储环境监测数据(包括污染源和环境质量)和其他有关数据(如环境标准、水文、气象等),对于大多数环境管理功能来说,实现了数据共享。

(2) 面向环境质量管理,可以对环境质量状况的统计、评价、预测、规划以及其他管理提供支持。

(3) 为实现面向污染源的污染控制管理提供支持,可以实现排污收费、排污许可证制度的管理。

(4) 为方便用户的使用,系统设计了一个界面友好的窗口菜单系统,可提供不同形式的输出,包括屏幕显示、表格打印、图形绘制、磁盘传输等,还预留了远程通信接口。

5. 宏观决策

GIS 利用拥有的数据库,通过一系列决策模型的构建和比较分析,为国家宏观决策提供依据。例如,GIS 支持下的土地承载力的研究,可以解决土地资源与人口容量的规划。再如,我国在三峡地区的研究中,通过利用 GIS 和机助制图的方法,建立环境监测系统,为三峡宏观决策提供了建库前后环境变化的数量、速度和演变趋势等可靠的数据。

6.3 人工智能与专家系统

人工智能的发展不仅使计算机具有了看、听、说的能力,提高了计算机的易用性和普及性,而且还使其具有了对企业来说非常重要的思考能力,从而为企业的管理和决策提供智力支持。

6.3.1 人工智能的概念和发展

人工智能(artificial intelligence,AI)是计算机科学的一个分支,研究如何用计算机来模拟人类的智能活动,求解需要人类智力才能解决的复杂问题,如定理证明、医疗诊断、下棋、管理决策、自然语言理解、手写字符识别等,从而实现对人类智能的模拟、延伸和扩展。因此,人工智能又称为机器智能或模拟智能。自 20 世纪 50 年代诞生以来,在争议、困难和挑战中不断发展壮大,新思想、新观点、新理论、新技术不断涌现,成为 20 世纪最伟大的科学成就之一。

人工智能的最终目标是使计算机能够做到人类所能做到的智能化,所以"机器能否思考"(can machine think)就成为人工智能的基本问题。在很久以前,哲学家亚里士多德和培根就相继提出了人类思考、求解问题所依赖的两大思维法则——演绎法和归纳法,为智能以及人工智能的研究提供了依据。1950 年,英国数学家图灵(Turing)在他所撰写的文章《计算机器和智能》(*Computing Machinery and Intelligence*)中提出了机器是可以产生智能的观点,并用著名的"图灵测试"游戏形象地说明什么是人工智能以及机器应该达到的智能标准。尽管学术界目前存在不同的看法和争议,现在仍有很多人把它作为衡量机器智能的准则,它对人工智能这门学科的发展是功不可没的。1956 年在美国达特茅斯学院(Dartmouth College)召开的一次历史性聚会,被认为是人工智能学科正式诞生的标志。自此开始,人工智能进入了曲折的、不平凡的发展历程。

图灵测试是采用"问"与"答"的模式,即观察者通过控制打字机与两个测试对象通话,其中一个是人,另一个是机器。要求观察者不断提出各种问题,从而辨别回答者是人还是机器。图灵还为这项测试亲自拟定了几个示范性问题。

问:请给我写出有关"第四号桥"主题的 14 行诗。

答:不要问我这道题,我从来不会写诗。

问:34957 加 70764 等于多少?

答:(停顿 30s 后)105721。

问:你会下国际象棋吗?

答:是的。

问:我在我的 K1 处有棋子 K;你仅在 K6 处有棋子 K,在 R1 处有棋子 R。现在轮到你走,你应该下哪步棋?

答:(停顿 15s 后)棋子 R 走到 R8 处,将军!

图灵指出,"如果机器在某些现实的条件下能够非常好地模仿人回答问题,以至于提问者在相当长时间内都误以为它不是机器,那么机器就可以被认为是能够思考的"。

1. 形成时期(1956—1969 年)

这一时期人工智能的研究工作主要集中在以下几方面。

(1) 在机器学习方面,塞缪尔(Samuel)于 1956 年研制出了一个具有自学习、自组织、自适应的国际跳棋程序,它能够从棋谱中学习,也能从下棋实践中提高棋艺,1959 年击败了塞缪尔本人,1962 年又击败了美国一个州的冠军。

(2) 在定理证明方面,美籍华人数理逻辑学家王浩于 1958 年在 IBM 704 计算机上用了 3~5min 时间证明了《数学原理》中有关命题演算的全部 220 条定理;鲁宾逊(Robinson)于 1965 年提出了消解原理,使得定理证明的机械化成为现实。

(3) 在问题求解方面,纽厄尔(Newell)等人的心理学小组总结出了人们求解问题的思维规律,并以此为基础编制了能求解不同类型问题的通用问题求解程序(general problem solving,GPS)。

(4) 在专家系统方面,费根鲍姆(Feigenbaum)领导的研究小组于 1968 年研制完成专家系统 DENDRAL,能根据质谱仪的试验,通过分析、推理确定化合物的分子结构,其能力接近于甚至已超出了相关专家的水平,在美、英等国得到了实际应用。该专家系统的成功研制不仅为人们提供了世界上第一个实用的智能系统,而且为以后专家系统的建造树立了榜样,对人工智能的发展产生了深远的影响,其意义远远超出了系统本身在使用上所创造的价值。

（5）在人工智能语言方面，麦卡锡（McCarthy）于 1960 年研制出了人工智能语言 LISP，该语言至今仍然是建造智能系统的重要工具。

这一时期发生的一个重大事件是 1969 年成立了国际人工智能联合会议（International Joint Conferences on Artificial Intelligence，IJCAI），标志着人工智能这门新兴学科已经得到了世界的肯定和认可。

2. 发展时期（1970 年以后）

进入 20 世纪 70 年代，许多国家都相继开展了人工智能方面的研究，涌现出了逻辑程序设计语言 PROLOG、专家系统 MYCIN 等一大批标志性的研究成果。更值得一提的是，1970 年国际知名杂志《人工智能》（*Artificial Intelligence*）创刊，对人工智能的发展和研究者们的交流起到了重要的推动作用。

然而，前进的道路是曲折的，在取得不少成就的同时，困难和问题也接踵而至。例如，塞缪尔的国际跳棋程序在和世界冠军对弈时 5 局中败了 4 局；"两个连续函数之和仍是连续函数"这一简单定理经过数万步推理还得不到证明；原以为只要用一部双向词典和语法知识就可以实现两种语言文字间互译的机器翻译也闹了不少笑话，例如，"The spirit is willing but the flesh is weak"翻译成俄语，再翻译回来竟变成了"The wine is good but the meat is spoiled"。在这种情况下，本来就持怀疑态度的人开始对人工智能进行指责，说人工智能是"骗局""庸人自扰"，有些国家还削减了人工智能的研究经费，使人工智能的研究一时陷入了困境。

人工智能研究的先驱者们在困难和挫折面前并没有退缩，经过认真的反思，先前注重对一般思维规律进行探讨并以此为基础研究通用问题求解程序的方法，片面地强调了算法的通用性，而忽视了问题领域知识的指导作用，正如费根鲍姆所说，其最大缺点是缺乏知识。费根鲍姆关于以知识为中心开展人工智能研究的观点被大多数人所接受，从此，人工智能的研究又迎来了蓬勃发展的新时期，即以知识为中心的时期。

自人工智能从对一般思维规律的探讨转向以知识为中心的研究以来，专家系统的研究在许多领域都取得了重大突破，各种不同功能、不同类型的专家系统如雨后春笋般建立起来，产生了巨大的经济效益和社会效益。专家系统的成功使人们越来越清楚地认识到知识是智能的基础，对人工智能的研究必须以知识为中心来进行。

这一时期发生的一个比较重要的事件是，费根鲍姆在总结专家系统建造历史的经验和教训的基础上，于 1977 年在第五届国际人工智能联合会议上提出了"知识工程"的概念，对以知识为基础的智能系统的研究和建造起到了重要作用。

6.3.2 人工智能的应用领域

目前，人工智能的研究更多是结合具体领域展开的，下面介绍几个主要的应用领域。

1. 专家系统

专家系统是一种基于知识的智能程序系统，根据其存储的相关领域内的大量专家知识(构成知识库),运用人工智能技术模拟人类专家求解问题的思维过程,求解需要人类专家才能解决的领域难题。目前,专家系统已广泛地应用于医疗诊断、地质勘探、石油化工、农业、气象、交通、教学、军事等各个领域。

例如,在医学界有许多医术高明的医学专家,他们在各自的工作领域都有丰富的诊疗经验。如果能把某一具体领域(如糖尿病的诊疗)中各医学专家的诊疗经验集中起来,并以某种表示方法存储在计算机中形成知识库,然后再把这些医学专家诊疗疾病的思维过程编成程序构成推理机,通过对知识的推理使计算机能像医学专家那样诊疗疾病,该系统就是一个专家系统。

2. 自然语言理解

目前对计算机的使用还存在诸多不便,如果能让计算机"听懂""看懂"人类的自然语言(如汉语、英语等),将会大大提高计算机的易用性和普及性。自然语言理解就是研究如何让计算机理解人类的自然语言,要达到以下 3 个目标。

(1)计算机应能正确理解人们用自然语言输入的信息,并能正确回答输入信息中的相关问题。

(2)对于输入的信息,计算机应能产生相应的摘要,能用不同语句复述输入信息的内容。

(3)计算机应能把某一种自然语言表示的信息自动地翻译为另一种自然语言。

3. 数据库的智能检索

随着应用的发展,数据库中存储的信息量越来越多,智能检索对于提高信息的利用率、更加满足用户的各种检索需求具有重要的实际意义。

智能信息检索系统应具有如下功能。

(1)能理解自然语言,允许用自然语言提出各种检索需求。

(2)具有推理能力,能根据存储的信息演绎出数据库中并不存在的检索答案。

(3)系统拥有一定的常识性知识,用以补充相关领域的专业知识,并能演绎出更一般的答案来。

4. 定理证明

定理证明对人工智能的发展起到过重要的推动作用,通过对其的研究,可以帮助人们更加清晰地理解推理过程(定理证明主要采用演绎推理方法)的各个组成部分。许多其他领域的问题也可以转化为定理证明问题,因此,自动定理证明的研究具有普遍意义。

在定理证明方面最成功的工作也许是"四色定理"的证明。四色定理的内容是,任何一张地图只用 4 种颜色就能使具有共同边界的国家着上不同的颜色。作为世界近代三大数学难题之一,四色定理于 1976 年在两台不同的计算机上用了 1200h 终于得以证明,解决了这个历时 100 多年的难题,轰动了世界。

5. 博弈

博弈被公认是智能的活动,人工智能主要研究下棋问题。博弈问题为搜索策略、机器学习等问题的研究提供了很好的实际背景,所发展起来的一些概念和方法对人工智能的其他问题也很有用。

20世纪60年代出现的国际跳棋程序和国际象棋程序就已经达到了大师级的水平。1997年5月,IBM公司开发的"深蓝"国际象棋系统第二次与国际象棋世界冠军卡斯帕罗夫进行了6个回合的比赛,结果以3.5∶2.5获胜,在世界范围内引起了轰动。

6. 机器人学

机器人是指可以模拟人类行为的机器。人工智能的所有技术几乎都可以在它的身上得到应用,因此它可被当作人工智能理论、方法、技术的试验场地。反过来,对机器人学的研究又大大推动了人工智能研究的发展。自动装配、海洋开发、空间探索等实际问题需要机器人,危险环境、人们难以胜任的场合更加迫切地需要机器人。

随着工业自动化和计算机技术的发展,20世纪60年代研制成功的程序控制机器人在工厂、车间得到了广泛应用,国际上商品化、实用化的机器人也大都属于这一类,但这一类机器人只能呆板地完成程序规定的动作,不能适应变化了的情况,更不能通过分析、推理和规划等思维过程来控制自身行为,从而会对现场的人员造成危险,日本就曾经出现机器人把现场的一个工人抓起来塞进刀具下面的情况。

为此,人们在机器人上配备了相应的感觉传感器,如视觉传感器、触觉传感器、听觉传感器等,采用模式识别技术对感知到的信息进行分析和识别,并通过推理和规划来控制自身行为,不但使其能够自适应地随着环境的改变而改变,而且还能实现自我优化和自我完善,实现一定的信念、愿望和意图等。

6.3.3 专家系统的定义和基本特征

作为人工智能的一个重要分支,自1968年费根鲍姆等人研制完成世界上第一个专家系统DENDRAL以来,专家系统得到了迅猛发展,广泛地应用于医疗诊断、地质勘探、石油化工、农业、气象、交通、教学、军事等各个领域,产生了巨大的社会效益和经济效益,同时也促进了人工智能基本理论和基本技术的研究与发展,目前已经成为人工智能中一个最活跃也最有成效的研究领域。

迄今为止,专家系统还没有一个公认的严格定义。一般而言,专家系统(expert system,ES)就是一种在相关领域内具有专家水平解题能力的智能程序系统,它运用领域专家多年来积累的经验和专门知识,模拟人类专家求解问题的思维过程,求解需要人类专家才能解决的领域难题。

根据定义,专家系统一般具有如下一些基本特征。

1. 具有专家水平的专门知识

人类专家之所以被称为"专家",就在于他掌握了某一领域内的专门知识,因而在处理该领域问题时能比别人更技高一筹。一个专家系统为了能像人类专家那样地工作,就必须具有专家级的知识,知识越丰富,质量越高,解决问题的能力就越强。

专家拥有的这些专门知识通常就存放在专家系统的知识库中,是推理的依据和构成专家系统的基础,其质量和数量决定着专家系统智能的程度和性能的高低。

任何一个专家系统都是面向一个具体领域的,求解的问题仅限于一个较窄的范围内。例如,糖尿病诊疗专家系统只能适用于糖尿病的诊断和治疗,对其他疾病就无能为力了。因此,一个专家系统中的知识只能是某一领域内的专家知识,具有专门性,针对性强,并且具有特定的知识结构和知识特点,例如,有的只是精确知识,而有的则是不确定性知识。在对这些专门知识进行推理以求解问题时,可以根据问题领域及其知识结构的特点对推理系统的运行过程进行相应的控制,这就是对系统效率至关重要的元知识(或启发式知识)。

2. 能进行有效的推理

专家系统的根本任务就是求解相关领域内的现实问题。问题的求解过程就是模拟人类专家的思维过程,即对知识的推理过程,这就要求专家系统必须具有相应的推理系统(即推理机),能从用户提供的已知事实出发,通过不断运用知识库中的专门知识进行有效的推理来实现对问题的求解。

不同专家系统面向的领域不同,待求解的问题具有不同的特点,知识结构和知识特点也有所不同,因此不同专家系统的推理机制也不尽相同,有的只需要进行精确推理,而有的则需要进行不确定性推理、不完全推理、试探性推理等,需要根据问题领域及其知识结构的特点进行有针对性的设计,以保证问题求解的有效性。

3. 具有获取知识的能力

专家系统的基础是知识,为了使专家系统拥有知识、提高智能程度,就必须具有获取知识的能力。遗憾的是,目前专家系统还难以真正实现知识的自动获取,通常还是人工方式,即由知识工程师把从领域专家那里获取的知识输入专家系统的知识库中。人工方式难免费时低效,容易出错,为此,一些高级专家系统目前正在采用机器学习技术(如人工神经网络),使系统具有自学习能力,能不断地从系统的运行实践中学习得到新知识,使知识库中的知识能够自我丰富、自我完善。

4. 具有透明性

一个计算机程序系统的透明性是指系统自身及其行为应能被用户所理解。专家系统具有较好的透明性,在于它具有解释功能。人们在应用专家系统求解问题时,不仅希望得到正确答案,而且还希望知道得出该答案的依据,即希望系统能够向用户解释"为什么是这个结果"等。为此,专家系统一般设置了解释机构,可以让用户比较清楚地了解问题的求解过程(即知识的推理过程),从而增加系统的透明度、提高用户对系统所得答案的可信程度。另外,由于专家系统具有解释功能,系统设计者和领域专家可以方便地找出系统及其知识存在的潜在错误,便于维护。

5. 具有交互性

专家系统应该是一个交互式系统。一方面,它需要和领域专家、知识工程师进行对话,以获取知识或对知识进行管理和维护;另一方面,它也需要和用户对话以索取求解问题所需的已知事实、回答用户的询问、给用户提供解释等。

6. 具有灵活性

大多数专家系统都采用了知识库与推理机相分离的构造原则,既彼此联系又相互独立,这样做的好处在于,一方面,可以灵活地对知识库和推理机进行各自的管理和维护,尤其是经常要对知识库中的知识进行补充、修改和更新;另一方面,人们还可以很方便地把一个技术上成熟的专家系统变为专家系统的快速建造工具——专家系统外壳,这只需要将和问题领域有关的知识库中的具体知识抽去并将领域专用的人机接口改为通用的人机接口即可,保留具有一定通用性的知识库框架以及推理机、解释机构等。在建造另外一个功能与之类似的专家系统时,只需要把相应的知识装入该外壳的知识库中即可,节省了耗时费力的开发工作。事实上,目前有一些专家系统建造工具就是这么得来的,例如,由专家系统 MYCIN 得到的专家系统外壳 EMYCIN,由专家系统 PROSPECTOR 得到的专家系统外壳 KAS 等。

推理机的通用性势必会导致推理效率的低下,为了提高推理的效率,可以根据问题领域及其知识结构的特点得到一定的元知识,据此对推理过程进行有针对性的控制。

7. 实用性

专家系统是为求解某一领域内的实际问题而开发的,具有坚实的应用背景,是实用化的人工智能。由于专家系统拥有大量的、高质量的专家知识,能模拟人类专家求解问题的思维过程,可使问题求解达到较高的水平,加之透明性、交互性等特性,在许多领域的应用都取得了巨大的经济效益和社会效益,是人工智能其他研究领域所不能比拟的。

此外,专家系统还具有启发性、复杂性等基本特征。为实现这些基本特征,专家系统一般包括人机接口、推理机、知识库及其管理系统、数据库及其管理系统、知识获取机构、解释机构这 6 个基本组成部分,如图 6.5 所示。

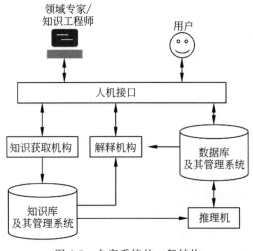

图 6.5　专家系统的一般结构

6.3.4 专家系统的应用类型

如前所述,目前国内外已经研制了多种专家系统,在各自领域内都得到了成功应用。按照专家系统的特性和处理问题的类型,可大致将其分为以下 12 类。

(1) 解释型专家系统。该类专家系统根据所得到的有关数据,经过分析、推理,可以阐明数据的含义,给出相应解释。化学结构分析、地质结构分析、语音识别、信号解释等都属于这一类。

(2) 预测型专家系统。该类专家系统根据所处理对象过去及当前的已知状况,去推断未来可能发生的情况。天气预报、地震预报、人口预测、市场预测、农作物收成预测等都属于这一类。

(3) 诊断型专家系统。该类专家系统根据输入的信息推出所处理对象存在的故障,找出产生故障的原因,并给出排除故障的方案。医疗诊断、电子机械和软件故障诊断等都属于这一类。

(4) 设计型专家系统。该类专家系统根据给定要求,形成相应的设计方案和图样。工程设计、建筑与装修设计、机械设计、电路设计、服装设计等都属于这一类。

(5) 规划型专家系统。该类专家系统根据给定目标,拟定总体规划、行动计划、运筹优化等。机器人动作控制、军事指挥调度、汽车和火车运行调度等都属于这一类。

(6) 控制型专家系统。该类专家系统自适应地管理并控制一个受控对象的全面行为,使之满足预期要求。自主机器人控制、生产过程控制、质量控制等都属于这一类。

(7) 监测型专家系统(或监视型专家系统)。该类专家系统对所处理对象或过程的行为进行实时监测,一旦发现异常情况,能尽快做出反应。高危病人监护、机场监视、森林监视等都属于这一类。

(8) 维修型专家系统。该类专家系统对发生故障的对象制定排除故障的规划,并实施排除使其恢复正常工作。电话电缆维修、内燃机故障排除等都属于这一类。

(9) 教育型专家系统。该类专家系统根据学生在学习中所产生的问题,经过分析、评价,找出原因,有针对性地确定教学内容或采用有效的教学手段,从而更好地辅助教学。教学计划制订、习题设计、水平测试等都属于这一类。

(10) 调试型专家系统。该类专家系统根据相应的标准,检测被调试对象存在的错误,并能从多种纠错方案中选出适合于当前情况的最佳方案,排除错误。

(11) 决策型专家系统。该类专家系统能对各种备选决策方案进行综合评判和选优以辅助决策,并给出所做决策的依据。

(12) 管理型专家系统。该类专家系统将人工智能技术用于信息管理,以达到优质、高效的管理目标,提高管理水平,在人力、物资、时间、费用等方面获得更大的效益。

6.4 商务智能

经过多年的信息化建设,企业积累了大量的数据,包括来自企业内部各业务信息系统的商品、订单、库存、交易账目、员工和客户资料等内部数据,还有来自企业所处行业和竞争对手的各种外部数据。现有的数据库技术和以此为基础的各种信息系统已经能够比较有效地将这些数据应用于日常的事务处理；但如何对这些数据进行更深层次的分析，将其转化为有用的知识，并以此来更好地辅助管理人员进行正确的决策，还需要全新的概念和技术，这就是商务智能（business intelligence，BI）。

6.4.1　商务智能的概念

商务智能最初是由美国加特纳（Gartner）公司的分析师 Howard Dresner 于 1996 年提出来的，经过十多年的发展已经日趋成熟，在中国也正处于蓬勃发展的时期。关于商务智能的含义，不同学者根据自己的理解发表了不同看法，主要有以下 4 种。

（1）商务智能是指通过数据的收集、管理、分析以及转化，使数据成为可用的信息，从而获得必要的洞察力和理解力，更好地辅助决策和指导行为。

（2）商务智能是运用数据仓库、在线分析处理和数据挖掘技术来处理和分析数据的技术，用户可以无障碍地直接查询和分析数据库和数据仓库，找出影响商业活动的关键因素，最终帮助用户做出更好、更合理的决策。

（3）商务智能是应用于 Internet 上的集查询、报表、分析于一体的在线分析处理工具，企业用户在客户端可对数据进行深层次的挖掘、钻取、切片等分析处理，轻松完成数据的分析处理、报表统计工作。

（4）商务智能是指企业利用现代信息技术收集、管理和分析结构化和非结构化的商务数据和信息，创造和累计商务知识，改善商务决策水平，采取有效的商务行动，完善各种商务流程，增强企业的综合竞争力。

简言之，商务智能是对企业收集到的各种商务数据进行管理和分析，将其转化为有用的商务知识，并以此来更好地辅助管理人员进行正确商务决策的工具。

在这个定义中，需要注意以下几点。

（1）数据的收集工作十分重要，是管理和分析的前提，必须引起企业的高度重视。不但要收集来自企业内部各业务信息系统的商品、订单、库存、交易账目、员工和客户资料等内部数据，还要收集来自企业所处行业和竞争对手的各种外部数据。

（2）由于数据来源的多样性，对数据的管理包括数据的抽取、转换、清洗、装载和整合等工作，其目的主要是为了提高数据的质量。

（3）这里的分析是一个广泛的概念，包括对数据的查询、统计与报表、在线分析处理、数据挖掘等，通过对数据的分析可以将其转化为决策所需要的知识。大多数人理解的商务智能都集中在这些分析工具上。

（4）更好地辅助管理人员进行正确决策是商务智能的功能和目的。企业能否利用好这一功能、实现这一目的，在很大程度上还要取决于管理人员的意识以及决策科学化、民主化的成分。

为了能将数据转化为知识，通常需要利用数据仓库、在线分析处理和数据挖掘等技术。从技术层面上讲，商务智能并不是什么新技术，而只是对数据仓库、在线分析处理和数据挖掘等技术的综合运用，因此，把商务智能看成一种解决方案会更恰当一些。

6.4.2 商务智能环境

图 6.6 概述了商务智能环境,突出强调了由各大厂商提供的且不断更新的各种硬件、软件和管理能力。商务智能环境存在 6 个要素。商务智能和商业分析需要一个强大的数据库基础、一套分析工具,以及一个可以提出有价值的问题并分析数据的管理团队。

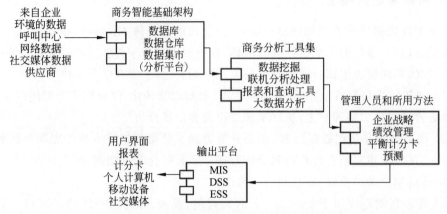

图 6.6　用于决策支持的商务智能和商业分析工具

(1) 来自企业环境的数据。企业需要处理包括大数据在内的多源结构化或非结构化数据。这些数据需要被整合和组织,供决策人员分析和使用。

(2) 商务智能基础架构。商务智能的基础是功能强大的数据库系统来收集和存储所有与企业运营相关的数据。这些数据可以存储在业务数据库中,合并、集成到企业级数据仓库中,或一系列相互关联的数据集市中。

(3) 商务分析工具集。它是用于分析数据并生成报告的软件工具包,可及时响应管理人员提出的问题,可通过计算关键绩效指标(KPI)帮助管理人员跟踪业务进展。

(4) 管理人员和所用方法。商务智能的硬件和软件不会比使用者更有智慧。管理人员可利用各种管理方法对数据进行分析,这些管理方法包括确定企业业务战略目标的方法、确定如何评估业务发展情况的方法(其中包括业务绩效管理方法、关注关键绩效指标(KPI)的平衡记分卡方法),以及关注整体商业环境变化,在这一过程中尤其关注竞争对手动向的行业战略分析方法。如果缺乏高级管理人员强有力的监控,商业分析工具所生成的大量信息、报表和在线显示的信息,可能会使管理人员对实际问题的关注发生转移。

(5) 输出平台。商务智能和商业分析工具的结果可通过各种方式传递给管理者与员工,这取决于他们完成工作所需的信息。管理信息系统(MIS)、决策支持系统(DSS)、经理支持系统(ESS)能够给公司一线员工、中层管理人员和高层管理人员按照不同的层次提供信息与知识。过去,这些系统都是独立运行的,相互之间不能共享数据。如今,以商务智能和商业分析系统形式出现的硬软件工具包,能够整合所有这些信息,并把它们推送到管理者的台式计算机或移动设备上。

(6) 用户界面。相对于传统形式的枯燥报表,管理人员更喜欢从可视化的数据呈现中更快地获取信息。如今的商业分析软件不但提供了丰富的图形、表格、仪表板和地图等数据可视化(data visualization)工具,还能把报表及时推送到 iPhone、iPad 和其他移动设备以及公司的门户网站上。此外,商业分析软件还增加了在 Twitter、Facebook 或内部社交媒体上发布信息的功能,可支持线上决策,而无须面对面开会讨论。这使得在办公室的台式机上进行管理已成为过去。

6.4.3 商务智能的技术体系

商务智能的技术体系主要由数据仓库、在线分析处理和数据挖掘这 3 部分组成。

1. 数据仓库

辅助决策的数据分析经常要访问大量的历史数据,有时还会用到外部数据。这些数据来自不同的系统,在编码、命名习惯、属性度量等方面会存在不一致的地方,而且还可能存在噪声和属性缺失。此外,从各业务信息系统得到的细节数据并不能直接用来分析,原因在于,细节数据量太大,会严重影响分析的效率,而且也不利于分析人员将注意力集中于有用的信息。因此,在进行数据分析之前通常需要对这些数据进行抽取、转换、清洗、装载和综合,数据仓库可以做到这一点。

所谓数据仓库就是面向主题的、集成的、稳定的且随时间变化的数据集合,用来支持管理人员的决策。也就是说,数据仓库具有以下 4 个基本特征。

(1) 数据仓库是面向主题的。主题是一个抽象的概念,是在较高层次上对企业信息系统中的数据进行综合、归类并进行分析利用的抽象。在逻辑意义上,它对应企业中某一宏观分析领域所涉及的分析对象。例如,对于保险公司,管理人员通常关心的是:哪些客户投保的保险种类最多、金额最大?哪些客户容易申请索赔、索赔金额多大?哪些种类的保险容易遭到索赔、索赔金额多大?根据这些决策分析,很容易抽取出其中的宏观分析对象,即存在客户、保险单、保险费、索赔等主题。

面向主题的数据组织方式就是根据主题对数据进行重新组织,把分散在不同数据库中涉及同一个主题的信息集成到一起,在较高层次上对主题形成完整、一致的数据描述,从根本上实现数据和应用的分离,满足决策分析的数据需求。例如,对于保险公司,客户主题涉及的所有信息包括客户的个人信息以及所投的汽车保险、健康保险、人寿保险和意外伤害保险等相关信息,将这些信息集成在一起,就可以方便地实现上述决策分析。然而,传统的数据组织方式是面向应用的,例如一个保险公司业务应用可分为汽车保险、健康保险、人寿保险和意外伤害保险等,同一个客户所投的各种保险会被分散在不同险种的数据库中,因此难以得到此客户的信息集合,从而影响相关的决策分析。

(2) 数据仓库是集成的。在数据仓库的所有特征之中,这是最重要的。为了对主题形成完整、一致的数据描述,必须将涉及的数据全部集成起来。当将不同来源的数据(包括内部数据和外部数据)装入数据仓库进行集成时,必须消除面向应用的数据的不一致性,将源数据统一,并根据需要对数据进行综合,例如,在原来的销售数据库中,顾客的每一次购买都作为一条记录,而在数据仓库中,可以按天、周、月、年等对数据进行综合,从而形成数据仓库中的轻度综合级数据和高度综合级数据,在降低数据量的同时更便于进行宏观的决策分析。

（3）数据仓库是稳定的（非易失的、不可更新的）。数据仓库中的数据只是历史数据，主要供企业决策分析之用，不是用来进行日常操作的。数据仓库所涉及的数据操作主要是数据查询，只定期进行数据的装载和追加，并不进行一般意义上的数据更新。

（4）数据仓库是随时间不断变化的。数据仓库中的数据随时间不断变化主要体现在数据仓库随时间变化不断增加新的历史数据、删去过期的历史数据（将其移到专门的存储设备如磁带上），数据仓库中的数据也经常按时间段进行综合。为此，数据仓库中的数据都包含时间项，以标明数据的历史时期。

数据仓库是商务智能的基础，许多基本报表可由此生成，但它更大的用处是为商务智能中的数据分析工具如在线分析处理和数据挖掘提供高质量的数据源，即清洗后的干净数据、集成后语义一致的数据、综合后的高层次粗粒度数据。

为了能够提供如此良好的数据源，数据仓库提供了 ETL 工具，用来从各个同构或异构的数据源中抽取出所需要的数据，经过清洗、转换，最终按照统一的结构和格式，将数据装载到数据仓库中去。

2. 在线分析处理

在线分析处理使分析人员和管理人员能够从多个角度对从原始数据转化而来的、能够真正为用户所理解的、并真实反映企业维特性的信息进行快速、一致、交互式的访问，从而获得对数据更深入的了解。

进行在线分析处理的是企业的分析人员和管理人员，他们在分析业务数据时，从不同角度审视业务的衡量指标是一种很自然的思考模式。例如，在分析销售数据时，可能会综合时间周期、产品类别、分销渠道、地理分布、客户群类等多种因素来进行考量。这些分析角度虽然可以通过报表来反映，但每一个分析角度都可以生成一张报表，各个分析角度的不同组合又可以生成不同的报表，使得 IT 人员的工作量相当大，而且很难跟上分析人员和管理人员的思考步伐。

在线分析处理的主要特点是直接仿照用户的多角度思考模式，预先为用户创建相应的多维数据模型，又称数据立方体，如图 6.7 所示。这里，维是指用户的分析角度，而用户想要考察的对象被称为度量。例如，在分析销售数据时，时间周期、产品类别、分销渠道、地理分布、客户群类等都是维，待考察的销售量则是度量。一旦多维数据模型创建完成，用户不但可以快速地从各个分析角度来获取数据，而且能动态地在各个分析角度之间进行切换，或者进行多角度综合分析，具有极大的分析灵活性。它从设计理念和真正实现上都与传统的 MIS 有着本质的区别。

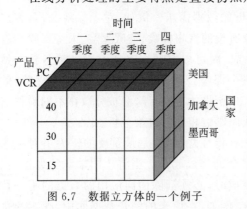

图 6.7　数据立方体的一个例子

多维数据模型上的 OLAP 操作可以方便地实现用户分析角度的上述改变，主要操作如下。

（1）钻取（drill）。改变维的层次，变换分析的粒度。它包括向上钻取（drill up）和向下钻取（drill down）。向上钻取是在某一维上将低层次的细节数据概括为更高层次的综合数据；而向下钻取则相反，它从综合数据深入细节数据中进行更细致的观察。

（2）切片（slice）和切块（dice）。切片和切块用于在给定了一部分维的取值后，关注度量在剩余维上的分布。

（3）旋转（pivot）。旋转就是变换维的方向，重新安排维的放置。

3. 数据挖掘

目前的数据库系统可以高效地实现数据的录入、查询、统计等功能，但难以发现数据中存在的关系和规则，难以根据现有的数据预测未来的发展趋势，缺乏挖掘数据中隐藏的知识的手段，从而导致了"数据爆炸但知识贫乏"的现象。

数据挖掘是一种决策支持过程，它主要基于人工智能、机器学习、统计学等技术，高度自动化地对数据进行分析，做出归纳性的推理，从中挖掘出有效的、新颖的、潜在有用的、最终可理解的模式，用来预测市场的变化和客户的行为，帮助企业的管理人员调整市场策略、减少风险、做出正确的决策。所以，数据挖掘又常被称为知识发现。常用的数据挖掘方法有关联分析、分类分析、聚类分析、序列模式分析、孤立点分析等。

除此之外，商务智能还应包括将分析结果以用户容易理解的方式呈现出来的可视化工具，可视化工具的正确应用不但可以形象地展现数据分析的结果，提高对数据的洞察力，而且还可以使商务智能更加平民化。

6.4.4 商务智能的应用举例

1. 采购价格分析

采购价格的管理是企业的采购主管的核心工作之一。在 ERP 中，由于其实行限价管理，从而可以在价格审批中得到必要的控制。但是在实务中，许多制造企业的物料品类众多，很难完整地实现限价管理；同时，某些物料价格的上涨有其客观因素，所以事后对历史价格的分析就变得十分重要了，具体涉及的问题如下。

（1）采购比重较大的物料价格波动情况如何？

（2）如何找出价格波动最大的物料？

（3）如何找出价格持续上升的物料？

（4）如何识别这些物料的采购比重？

（5）如何掌握这些物料的历史价格波动情况？

（6）这些物料曾经由哪些供应商供过货？

（7）每个供应商的价格是怎么样的？

（8）如何快速定位价格异常的交易明细？

要从成千上万个物料数据中快速找出这些有价值的信息，在 ERP 中基本上是不可能实现的。为此，采用商务智能技术对物料的价格变化进行异常检测，并在此基础上构建采购价格预警分析模型，通过该模型，企业就可以在历史采购交易的汪洋大海中洞察每一个异常的价格变化,从而提高企业应对价格变化的应变能力,从而最大限度地降低采购成本。

在这个模型中,异常的价格变化主要根据以下两个条件来进行判断。

(1)物料采购价格连续3个月持续上升。在这种情况下,企业首先要关注为什么价格会持续上升,然后确定是因为交货期较短而供应商加价这样的客观原因,还是因为不正常的采购造成的;在找到原因之后,再采取有针对性的措施,例如采用替代物料。

(2)本年度采购价格波动幅度较大。通过最高价格、最低价格与平均价格的对比计算,快速找出波动幅度较大的物料清单,评估影响大小,跟进具体原因,以采取必要的措施。

2. 客户流失分析

在今天产品高度同质化的品牌营销阶段,企业和企业之间的竞争集中地体现在对客户的争夺上。"客户就是上帝"促使众多企业不惜代价去争夺尽可能多的客户。但是,企业在不惜代价争夺客户的过程中,往往会忽视或无暇顾及已有客户的流失情况,结果会导致出现这样一种窘况:一方面,新客户在源源不断地增加;而另一方面,辛辛苦苦找来的客户却在悄无声息地流失。

新客户的有限增长率与高额的开发成本促使企业越来越重视现有客户的流失问题。对企业来说,客户的流失是不可避免的,但是适时地对潜在的流失客户展开相应的挽留措施,还是可以把客户的流失降低到一个合理状态的。

为此,采用商务智能技术对客户的交易历史及其趋势进行分析和预测,主要根据以下两个条件来判断是否存在客户流失风险。

(1)客户的销售收入连续数月呈下降趋势。在这种情况下,不管该客户的销售量是大还是小,只要持续下降,就很可能存在流失的风险,就进入潜在流失客户名单,此时,只要找出下降原因,并采取相应有力的措施,则极有可能挽回损失。

(2)客户连续数月的销售收入都没有超过某个金额。在这种情况下,如果连续数月都没有订单,即金额为0,则说明该客户极有可能已经流失;如果设定一个大于0的某个经验值,则可以找出那些虽然可能没有下降,但是只是象征性地给一些订单的客户,这种客户极有可能已经另外找到供应商,只是处于过渡阶段而已。如果反应及时,仍有机会将损失降低。

【案例6-3】 天津联通商务智能解决方案。

天津联通根据其业务需要与企业的实际情况,选择SAS电信业智能解决方案中的3个组成部分:客户挽留解决方案、电信业客户细分解决方案、电信业交叉销售和提升销售解决方案。

这3个项目的实施分别帮助天津联通解决如下3个决策的问题。

第一,预测哪些客户最具有流失的倾向,以及影响客户流失的关键因素。通过预制的分析模型提供"流失记分"来帮助识别风险客户,在客户流失之前采取针对性措施来挽留他们。

第二,根据客户可能的行为和潜在的营利性对客户进行分类,给出更加准确的产品组合、更加准确的产品介绍和产品捆绑服务。

第三,从现有客户中识别出有可能接受交叉销售和提升销售的客户人选,评估客户过去的购买模式,预测客户下一步可能会购买什么。

通过运行该系统,并对业务数据进行分析,天津联通制定了更精细的营销策略,留住了利润贡献最高的客户,并开发了更有针对性的新业务,提高了每个用户的平均收入,增强了赢利能力。

本章小结

本章主要介绍了决策支持与商务智能的相关内容,是对管理信息系统(MIS)的延伸和深化。

1. 决策支持系统

决策支持系统(DSS)是通过数据、模型和知识,以人机交互方式支持管理人员进行半结构化或非结构化决策的信息系统。它为管理人员提供决策所需要的数据、信息和背景资料,帮助其明确决策目标、分析决策问题、建立决策模型、模拟决策过程、提供备选方案,并对各种方案进行评价和优选,帮助管理人员提高决策的水平和质量。

为了提供上述的决策支持能力,DSS由最初的两库系统发展到三库系统、四库系统,主要由人机接口系统、数据库及其管理系统、模型库及其管理系统、方法库及其管理系统、知识库及其管理系统等基本部件组成,其中,模型库及其提供的模型分析能力是DSS有别于其他信息系统最有特色的地方。

2. 地理信息系统

地理信息系统(GIS)是在计算机软硬件系统的支持下,以地理空间数据库为基础,支持地理空间数据的采集、建模、管理、分析、处理和显示,为与地理研究和地理决策等有关的决策提供支持的信息系统。简单地说,GIS就是综合分析和处理地理空间数据的信息系统(或决策支持系统)。

为了满足各种应用需求,大多数商用GIS软件包都提供了以下5个基本功能。

(1) 数据的获取。

(2) 数据预处理。

(3) 数据的存储与组织。

(4) 数据的查询与分析。

(5) 图形的显示与交互。

其中,空间分析功能是GIS的核心功能,也是GIS和其他信息系统的根本区别。

3. 人工智能与专家系统

人工智能(AI)研究的是如何用计算机来模拟人类的智能活动,求解需要人类智力才能解决的复杂问题,例如定理证明、医疗诊断、下棋、管理决策、自然语言理解、手写字符识别等,从而实现对人类智能的模拟、延伸和扩展。因此,人工智能又称为机器智能或模拟智能,是 20 世纪最伟大的科学成就之一。

专家系统(ES)是一种在相关领域内具有专家水平解题能力的智能程序系统,它运用领域专家多年来积累的经验和专门知识,模拟人类专家求解问题的思维过程,求解需要人类专家才能解决的领域难题。IDSS 就是融入了人工智能技术,特别是专家系统的 DSS。

专家系统对信息的处理以知识为中心,通过对大量的专家级知识的有效推理来获得专家级的问题求解能力。为此,专家系统一般由人机接口、推理机、知识库及其管理系统、数据库及其管理系统、知识获取机构、解释机构这 6 个基本部分组成,其中,知识库中的知识是推理的依据和构成专家系统的基础,其质量和数量决定着专家系统智能的程度和性能的高低。

4. 商务智能

简言之,商务智能(BI)是对企业收集到的各种商务数据进行管理和分析,将其转化为有用的商务知识,并以此来更好地辅助管理人员进行正确商务决策的工具。

为了能对商务数据进行全面的、更深层次的分析,将其转化为有用的商务知识,更好地满足商务决策支持的需要,商务智能的技术体系主要由数据仓库(DW)、在线分析处理(OLAP)和数据挖掘(DM)这 3 部分组成。

习题 6

一、简答题

1. 什么是决策支持系统? 它有哪些基本组成部件? 各起什么作用?
2. 决策主要有哪些类型? 各类型决策有何特点? DSS 主要支持哪些类型的决策?
3. 地理信息系统的基本功能都有哪些?
4. 什么是专家系统? 有哪些基本特征? 具有什么样的一般结构?
5. 商务智能的技术体系一般都包含哪些技术?

二、讨论题

1. 根据本章学习和自己以往相关知识的积累,讨论如何让当当、淘宝等电子商务网站有针对性地向登录用户推荐感兴趣的商品。
2. "动感地带"是中国移动通信为年轻人推出的客户品牌,20 元可以发 300 条短信。为什么广东移动又制定了 10 元的动感地带套餐业务? 商务智能在其中起到了什么样的作用?

三、实践题

1. 下载一款 GIS 电子地图软件(如灵图),进行以下操作。
(1) 查询河南财经政法大学附近(如 500m 范围内)的宾馆信息。

（2）查询途经河南财经政法大学的公交线路及其站点信息。

（3）度量河南财经政法大学东、西校区之间的距离。

2. 在 Excel 中用指数平滑法进行预测。

指数平滑法是依据事物变化的连续性原理，通过掌握事物过去的运动轨迹（即利用历史数据）来预测未来事物发展规律的一种预测方法。本实践采用 Excel 中的指数平滑计算公式：

$$S_{t+1} = \alpha S_t + (1-\alpha)y_t$$

其中，S_{t+1} 和 S_t 分别代表第 $t+1$ 期和第 t 期的指数平滑值，y_t 代表第 t 期的变量原始数据，$\alpha(0<\alpha<1)$ 是阻尼系数，而 $t+1$ 期平滑值 S_{t+1} 就是预测值。

经过迭代，并取 $S_1=y_1$，可以将公式化为

$$S_{t+1} = (1-\alpha)y_t + \alpha(1-\alpha)y_{t-1} + \alpha_2(1-\alpha)y_{t-2} + \cdots + \alpha_{t-2}(1-\alpha)y_2 + \alpha_{t-1}y_1$$

不难发现，新估计值等于各期原始数据的加权平均值，且各期原始数据的权重随着期数的前推以指数形式衰减，阻尼系数 α 决定了权重衰减速度。α 值越小，权重衰减速度越快，相应地，近期数据在预测值 S_{t+1} 中所占的比重越大；α 增大，权重衰减速度减慢，近期数据对 S_{t+1} 值的影响程度也随之减弱；α 越接近 1，S_{t+1} 值越接近全部数据的平均值。

【实践目的】 通过下面实践掌握利用 Excel 进行指数平滑预测的步骤以及 α 对预测结果的影响。

假设某商场 2008 年家电部销售额（百万元）的记录如表 6.1 所示，现用指数平滑预测法，分别取 $\alpha=0.2$、$\alpha=0.5$ 和 $\alpha=0.8$，对 2009 年 1 月的销售额进行预测，并比较 α 的 3 种不同取值对预测结果的影响。

表 6.1　某商场 2008 年家电部销售额

月　份	1	2	3	4	5	6	7	8	9	10	11	12
销售额	35	42	58	40	28	42	62	62	51	67	55	58

【实践步骤】

（1）首先在 Excel 中输入数据和相关信息，如图 6.8 所示。

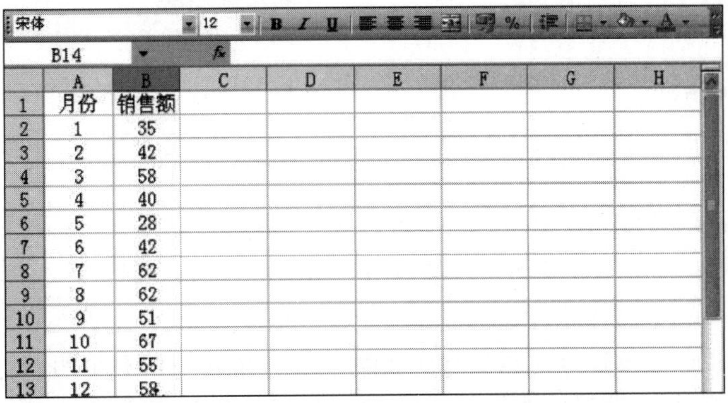

图 6.8　输入数据和相关信息

（2）选中"工具"|"数据分析"菜单，如图 6.9 所示，从打开的"数据分析"对话框中选择"指数平滑"分析工具，如图 6.10 所示。单击"确定"按钮，打开"指数平滑"对话框。

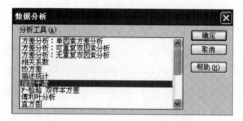

图 6.9　选中"工具"|"数据分析"菜单项　　　　图 6.10　"数据分析"对话框

需要说明的是，在初次安装 Office 后，并未加载"数据分析"工具，需要先进行安装。其具体方法是，选中"工具"|"加载宏"菜单，如图 6.11 所示，从打开的对话框中选中如图 6.12所示的"分析工具库"复选框，单击"确定"按钮。

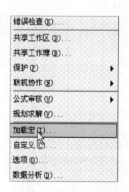

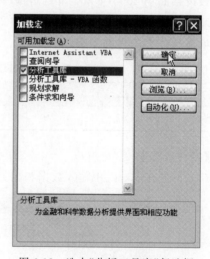

图 6.11　选中"工具"|"加载宏"菜单项　　　　图 6.12　选中"分析工具库"复选框

（3）将光标移至"输入区域"输入框，输入销售额数据（光标在输入框闪烁时，选中销售额数据区域即可），如图 6.13 所示。然后，在"阻尼系数"输入框中输入 0.2，如图 6.14 所示。再将光标移至"输出区域"输入框，选中单元格 C13，如图 6.15 所示，然后单击"确定"按钮，得到平滑值。将鼠标移至最后一个平滑值所在单元格的右下角，鼠标变为复制手柄，向下拖动一格，即在此格内产生了 2009 年 1 月的预测值，如图 6.16 所示。

（4）按照上述方法，分别取 $\alpha=0.5$ 和 $\alpha=0.8$ 进行预测。

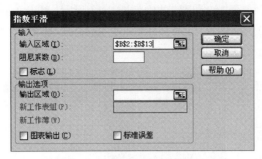

图 6.13　输入销售额数据

图 6.14　输入阻尼系数

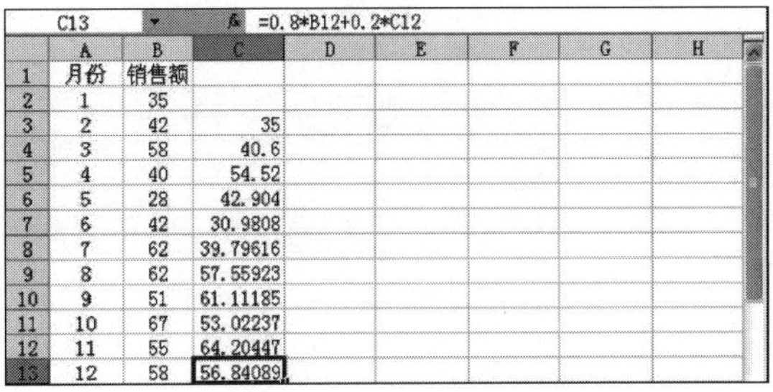

	A	B	C	D	E	F	G	H
1	月份	销售额						
2	1	35						
3	2	42	35					
4	3	58	40.6					
5	4	40	54.52					
6	5	28	42.904					
7	6	42	30.9808					
8	7	62	39.79616					
9	8	62	57.55923					
10	9	51	61.11185					
11	10	67	53.02237					
12	11	55	64.20447					
13	12	58	56.84089					

C13　=0.8*B12+0.2*C12

图 6.15　选中 C13 单元格

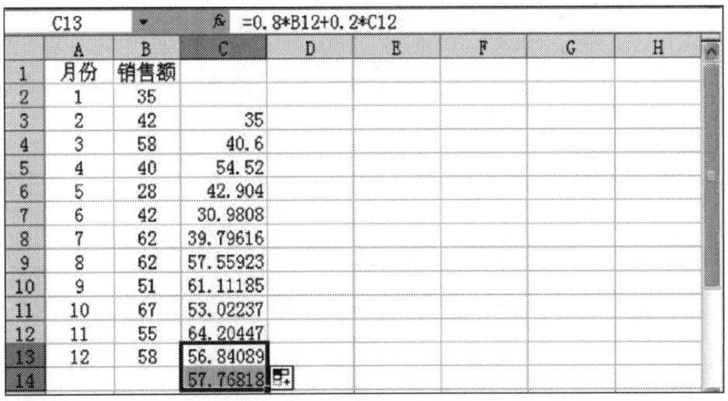

	A	B	C	D	E	F	G	H
1	月份	销售额						
2	1	35						
3	2	42	35					
4	3	58	40.6					
5	4	40	54.52					
6	5	28	42.904					
7	6	42	30.9808					
8	7	62	39.79616					
9	8	62	57.55923					
10	9	51	61.11185					
11	10	67	53.02237					
12	11	55	64.20447					
13	12	58	56.84089					
14			57.76813					

C13　=0.8*B12+0.2*C12

图 6.16　向下拖动一格

（5）选中原始数据和 3 次的平滑数据，如图 6.17 所示，单击工具栏上的"图表向导"按钮，打开"图表向导"对话框，如图 6.18 所示，选中"折线图"选项，直接单击"完成"按钮，即可产生这两组数据的折线图，如图 6.19 所示。

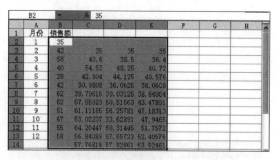

图 6.17　选中原始数据和 3 次的平滑数据

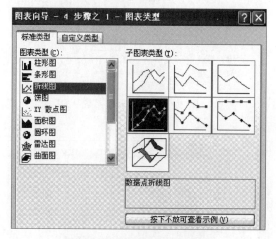

图 6.18　"图表向导"对话框

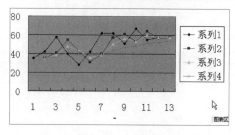

图 6.19　折线图

Excel 产生折线图的默认规则是，将数据列从左向右依次命名为"系列 1""系列 2"……因此，如图 6.19 所示，图中的系列 1（深蓝线）、系列 2（红线）、系列 3（黄线）、系列 4（浅蓝线）分别代表原始数据以及 $\alpha=0.2$、$\alpha=0.5$ 和 $\alpha=0.8$ 时的预测数据。

从图 6.19 中可以发现，$\alpha=0.2$ 时，预测值对近期数据的变动敏感，预测曲线起伏大，与原始数据曲线拟合相对较好。当数据保持持续上升或下降时，预测值与真实值较为接近。但是,当数据的增减性发生改变时,下一期的预测值会出现较大的误差。$\alpha=0.8$ 时,预测值对近期数据的变动不敏感,预测曲线起伏小,反映了数据的整体趋势。但是,相应地,预测曲线与原始数据曲线的拟合性差,无法有效地反映数据的近期变动趋势。

3. 在 Excel 中用一元线性回归法进行预测。

线性回归预测法利用了事物发展的相关性和相似性规律。同指数平滑一样,需利用历史统计数据,从中分析出事物发展的因变量与自变量之间的比例关系——回归方程,以预测未来。一元线性回归预测法是指两个具有线性关系的变量,根据自变量的变动来预测因变量平均发展趋势的方法,其模型为

$$y = a + bx$$

模型的回归系数采用最小二乘法(ordinary least square)进行估计,记为

$$Q = \sum_{i=1}^{n} (y_i - \hat{y}_i) = \sum_{i=1}^{n} (y_i - a - bx_i)^2$$

【实践目的】 Excel 内嵌了回归分析工具,只需输入数据即可得到参数值和相关检验值。下面通过实践来掌握 Excel 中一元线性回归的具体操作。

某企业历年销售量如表 6.2 所示,试使用一元线性回归对 2009 年的销售额进行预测。

表 6.2　某企业历年销售量　　　　　　　　单位:万件

年份	1997	1998	1999	2000	2001	2002	2003	2004	2005	2006	2007	2008
销售量	18	32	19	23	47	41	38	68	72	97	92	98

【实践步骤】

(1) 首先在 Excel 中输入相关信息,如图 6.20 所示,然后同时选中自变量和因变量区域,如图 6.21 所示,打开"图片"对话框,选择"XY 散点图"选项,如图 6.22 所示,单击"完成"按钮,绘制出散点图,如图 6.23 所示。通过观察散点图可以发现,历年销售量数据基本呈现线性增长态势,因此,可以尝试使用一元线性回归进行预测。

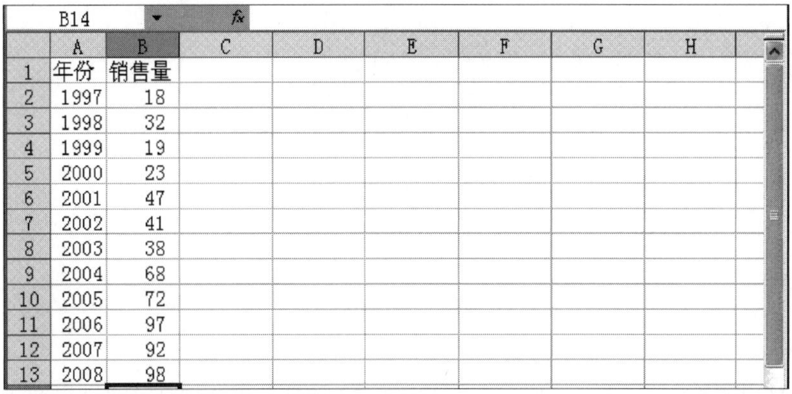

图 6.20　输入相关信息

(2) 选中"工具"|"数据分析"|"回归"菜单,打开"回归"对话框,如图 6.24 所示,并将

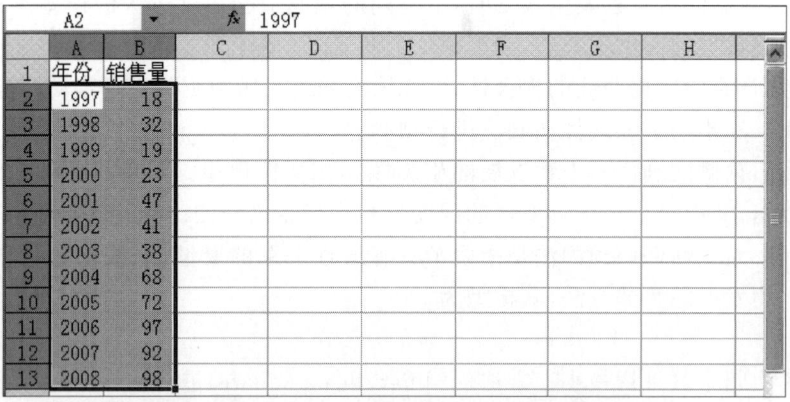

	A2	▾	f_x	1997					
	A	B	C	D	E	F	G	H	
1	年份	销售量							
2	1997	18							
3	1998	32							
4	1999	19							
5	2000	23							
6	2001	47							
7	2002	41							
8	2003	38							
9	2004	68							
10	2005	72							
11	2006	97							
12	2007	92							
13	2008	98							

图 6.21 同时选中自变量和因变量区域

图 6.22 "图表向导"对话框

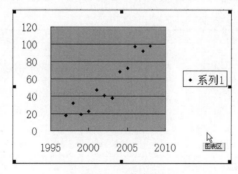

图 6.23 散点图

销售量和年份数据分别输入"Y 值输入区域"和"X 值输入区域"输入框中,单击"确定"按钮。分析结果将在新的工作表中产生,如图 6.25 所示。

结果表单中包括回归统计表、方差分析表和统计检验表 3 部分。从回归统计表中可

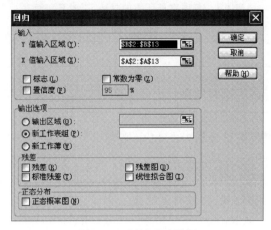

图 6.24 “回归”对话框

	A	B	C	D	E	F	G	H
1	SUMMARY OUTPUT							
2								
3	回归统计							
4	Multiple R	0.940739378						
5	R Square	0.884990577						
6	Adjusted R	0.873489635						
7	标准误差	10.82471596						
8	观测值	12						
9								
10	方差分析							
11		df	SS	MS	F	nificance F		
12	回归分析	1	9016.505	9016.505	76.9494	5.21E-06		
13	残差	10	1171.745	117.1745				
14	总计	11	10188.25					
15								
16		Coefficients	标准误差	t Stat	P-value	Lower 95%	Upper 95%	下限
17	Intercept	-15847.22028	1812.682	-8.74242	5.37E-06	-19886.1	-11808.3	-198
18	X Variable	7.940559441	0.905208	8.772081	5.21E-06	5.92363	9.957489	5.9

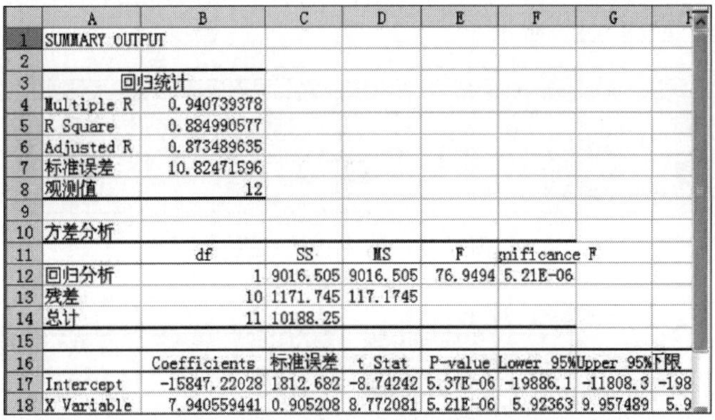

图 6.25 分析结果

以看到，R2 的值约为 0.885，从经验上看，拟合程度可以接受。从下方的统计检验表中可以看到，变量 x 的系数 b 为 0 的可能性，也就是相应的 P 值，约为 5.21E－06，也就是 5.21×10^{-6}。显然，x 的显著程度很高。

4. 在 Excel 中用线性规划法进行预测。

线性规划决策法是模型选优决策法中的一种，线性规划也是运筹学的一个重要分支，是解决资源的有效利用和管理问题的一种数学方法。运用线性规划来求解实际问题，归结一点就是一个极值问题的求解问题，即在线性等式和线性不等式的约束条件下求目标函数极值的问题。

【实践目的】 Excel 提供了求解各种最优化问题的工具，可以很方便地求出问题的解。下面结合实践掌握用线性规划法进行预测的方法。

某小型木材加工厂仅生产桌子和椅子两种家具，已有木板 300 板英尺①，可利用的工时为 110h，每种家具所需的材料、工时及利润如表 6.3 所示。

---

① 板英尺为木材的一种计量单位。

表 6.3 　每种家具所需的材料、工时及利润

单 位 产 品	桌 子	椅 子
木板/ft[①]	30	20
工时/h	5	10
利润/元	6	8

设桌子和椅子的最优数量分别为 x 和 y,则有

目标函数：$z=6x+8y$

约束条件：$30x+20y\leqslant300$

　　　　　　$5x+10y\leqslant110$

【实践步骤】

(1) 在 Excel 中输入如图 6.26 所示的相关信息。其中"总额"一列应该以公式形式输入,其具体输入内容由上至下依次为"$=B2*B5+C2*C5$""$=B3*B5+C3*C5$""$=B4*B5+C4*C5$",如图 6.27 所示。

	A	B	C	D	E	F	G	H
1		桌子	椅子	总额	约束值			
2	木板	30	20	50	300			
3	工时	5	10	15	110			
4	利润	6	8	14				
5	初始/最优数量	1	1					

图 6.26 　输入相关信息

D2 ▾ ƒ =B2*B5+C2*C5

	A	B	C	D	E	F	G	H
1		桌子	椅子	总额	约束值			
2	木板	30	20	50	300			
3	工时	5	10	15	110			
4	利润	6	8	14				
5	初始/最优数量	1	1					

图 6.27 　"总额"列以公式形式输入

(2) 选中"工具"|"规划求解"菜单,如图 6.28 所示,打开"规划求解参数"对话框,如图 6.29 所示;将光标移至"设置目标单元格"输入框内,然后选中 D4 单元格,如图 6.30 所示;再将光标移至"可变单元格"输入框内,然后同时选中 B5 和 C5 单元格区域,如图 6.31 所示。

(3) 单击"规划求解参数"对话框中的"选项"按钮,如图 6.32 所示,打开"规划求解选项"对话框,在对话框中选中"采用线性模型"和"假定非负"两个复选框,如图 6.33 所示。单击"确定"按钮,关闭此对话框。

(4) 单击"规划求解参数"对话框中的"添加"按钮,如图 6.34 所示,打开"添加约束"对话框,如图 6.35 所示,在此

拼写检查(S) 　　F7
信息检索(R) 　Alt+Click
错误检查(K)
共享工作区(D)
共享工作簿(B)
保护(P) 　　　　▶
联机协作(T) 　　▶
公式审核(U) 　　▶
规划求解
加载宏
自定义(C)
选项(O)
数据分析(D)

图 6.28 　选中"工具"|"规划求解"菜单项

① 　英尺(ft),1ft≈304.8mm。

图 6.29 "规划求解参数"对话框

图 6.30 选中 D4 单元格

图 6.31 同时选中 B5 和 C5 单元格

图 6.32 单击"选项"按钮

图 6.33 "规划求解选项"对话框

图 6.34 单击"添加"按钮

对话框的"单元格引用位置"和"约束值"两个输入框内分别输入 D2 和 E2 单元格,如图 6.36 所示。单击"确定"按钮后关闭此对话框,回到"规划求解参数"对话框,此时在"约束"输入框内出现一个约束条件 D2≤E2,如图 6.37 所示。再按照同样方法输入条件 "D3≤E3"。事实上,在输入这两个条件中间,不必退出"添加约束"对话框,可以连续输入后再退出,读者可自己尝试。

图 6.35 "添加约束"对话框

图 6.36 输入"单元格引用位置"和"约束值"

图 6.37 显示约束条件

（5）两个条件输入完成后，单击"求解"按钮，如图 6.38 所示，打开"规划求解结果"对话框，如图 6.39 所示，同时，原先在工作表中输入的数据也已经改变为结果数据。直接单击对话框中的"确定"按钮，保留结果数据。

图 6.38　单击"求解"按钮

图 6.39　结果数据

从结果数据中可以看到，桌子和椅子的最优生产数量分别为 4 和 9，此时，最大利润为 96。

5. 多维数据分析实践。

在数据仓库系统中，联机分析处理（OLAP）是重要的数据分析工具。OLAP 的基本思想是企业的决策者应能灵活地、从多方面和多角度以多维的形式来观察企业的状态和了解企业的变化。

OLAP 是在 OLTP 的基础上发展起来的，OLTP 是以数据库为基础的，面对的是操作人员和低层管理人员，对基本数据的查询和增、删、改等进行处理。而 OLAP 是以数据仓库为基础的数据分析处理。它具有在线（online）和多维分析（multi-dimension analysis）的特点。OLAP 超越了一般查询和报表的功能，是建立在一般事务操作之上的另外一种逻辑步骤，因此，它的决策支持能力更强。

OLAP 的目的是为决策管理人员通过一种灵活的多维数据分析手段，提供辅助决策信息。基本的多维数据分析操作包括切片、切块、旋转、钻取等。

【实践目的】　熟悉如何使用 SQL Server 来创建多维数据集，以及在多维数据集上进行切片、切块、旋转、钻取操作。

【实践步骤】　本次实践使用 Microsoft SQL Server 的示例数据库 Adventure Works，用其用户订单模型相关数据建立数据仓库。Adventure Works 由来：Adventure Works 示例数据库所基于的虚构公司，是一家大型跨国生产公司。公司生产金属和复合材料的自行车，产品远销北美、欧洲和亚洲市场。公司总部设在华盛顿州的伯瑟尔市，拥有 290 名雇员，而且拥有多个活跃在世界各地的地区性销售团队。

首先安装 Adventure Works 示例数据库，如图 6.40 所示。

查看安装好的数据库信息，了解相关表结构，如图 6.41 所示。

示例数据库 Adventure Works 中所用表格如表 6.4～表 6.11 所示。下面进行介绍。

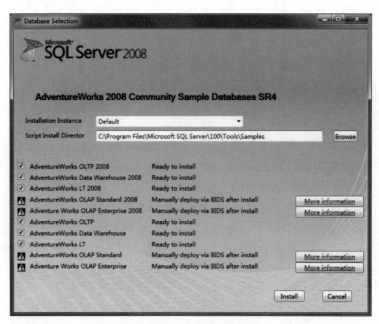

图 6.40　示例数据库安装

图 6.41　表结构

表 6.4　DIM_ORDER_METHOD：下订单方式维表

列　　名	数据类型	长度	精度	是否为空	说　　明
ONLINEORDERFLAG	int	4	10	是	id
DSC	varchar	20	0	是	含义

表 6.5　DIM_SALEPERSON：销售人员维表

列　　名	数据类型	长度	精度	是否为空	说　　明
SALESPERSONID	int	4	10	是	销售人员 ID
DSC	varchar	20	0	是	销售人员名称
SALETERRITORY_DSC	varchar	50	0	是	所属区域

表 6.6　DIM_SHIPMETHOD：发货方式维表

列　　名	数据类型	长度	精度	是否为空	说　　明
SHIPMETHODID	int	4	10	是	发货方法 ID
DSC	varchar	20	0	是	发货方法

表 6.7　DIM_DATE：订单日期维表

列　　名	数据类型	长度	精度	是否为空	说　　明
TIME_CD	varchar	8	0	是	日期
TIME_MONTH	varchar	6	0	是	年月
TIME_YEAR	varchar	6	0	是	年
TINE_QUAUTER	varchar	8	0	是	季度
TIME_WEEK	varchar	6	0	是	星期
TIME_XUN	varchar	4	0	是	旬

表 6.8　DIM_CUSTOMER：客户维表

列　　名	数据类型	长度	精度	是否为空	说　　明
CUSTOMERID	int	4	10	是	客户 ID
CUSTOMER_NAME	varchar	100	0	是	客户名
CUSTOMERTYPE	varchar	20	0	是	客户类型
AGE	int	4	10	是	年龄
SEX	varchar	2	0	是	性别
MaritalStatus	varchar	10	0	是	婚姻状况
YearlyIncome	varchar	50	0	是	年收入
Education	varchar	50	0	是	教育程度
Occupation	varchar	50	0	是	职称
NumberCarsOwned	int	4	10	是	有车数量
TotalChildren	int	4	10	是	孩子数量
COUNTRY_NAME	varchar	100	0	是	国家
STATEPROVINCE_NAME	varchar	100	0	是	省
CITY_NAME	varchar	100	0	是	城市

表 6.9　DIM_ORDER_STATUS：订单状态维表

列　　名	数据类型	长度	精度	是否为空	说　　明
STATUS	int	4	10	是	订单状态 ID
DSC	varchar	30	0	是	订单状态

表 6.10　V_SUBTOTAL_VALUES：订单价值段

列　　名	数据类型	长度	精度	是否为空	说　　明
ORDER_VALUES_ID	int	4	10	是	订单价值段 ID
DSC	varchar	30	0	是	价值段
MIN_VALUE	int	4	10	是	最小价值
MAX_VALUE	int	4	10	是	最大价值

表 6.11　FACT_SALEORDER：订单分析事实表

列　　名	数据类型	长度	精度	是否为空	说　　明
SALEORDERID	int	4	10	是	订单号
TIME_CD	varchar	8	0	是	订单时间
STATUS	int	4	10	是	订单状态
ONLINEORDERFLAG	int	4	10	是	下订单方式
CUSTOMERID	int	4	10	是	客户 ID
SALESPERSONID	int	4	10	是	销售人 ID
SHIPMETHOD	int	4	10	是	发货方式
ORDER_VALUES	int	4	10	是	订单价值段
SUBTOTAL	decimal	9	10	是	销售额
TAXAMT	decimal	9	10	是	税
FREIGHT	decimal	9	10	是	运费

打开 SQL Server Business Intelligence Development Studio 工具，新建一个 Analysis Service 项目，命名为 DW，如图 6.42 所示。

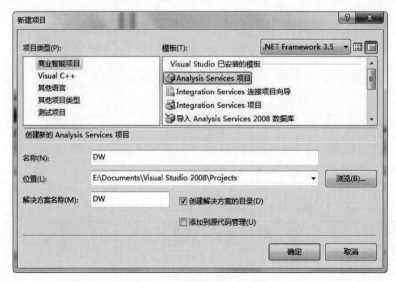

图 6.42　"新建项目"对话框

新建数据源视图,选择 OLAP 中要用到的所有表,如图 6.43 和图 6.44 所示。

图 6.43　选择表和视图

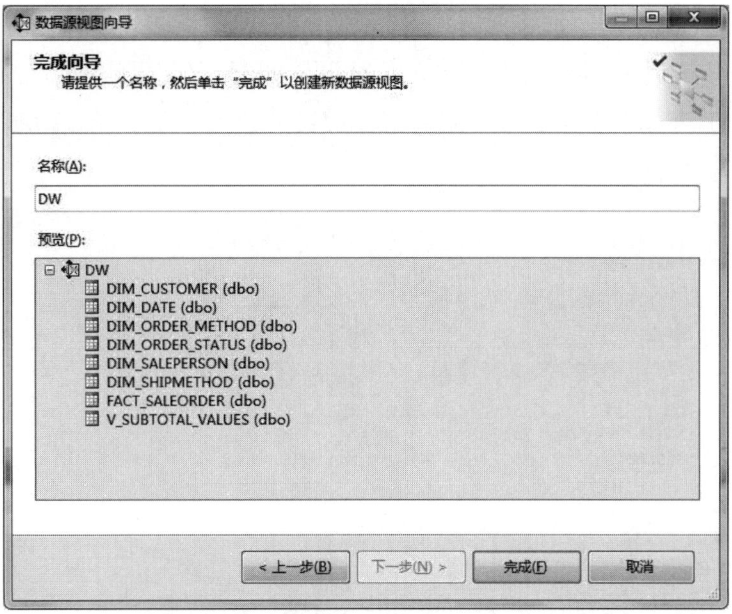

图 6.44　完成向导

根据订单主题建立分析维度：发货方式、下单方式、订单状态、订单价值、销售人员、
日期(年月日/年月旬日/年季月日/年月周日)、客户(年龄/性别/客户类型/所在地区/年

收入/职称/受教育程度/婚姻状况/拥有车辆数/子女数量),如图 6.45 所示。

图 6.45　选择创建方法

以"订单价值"维度为例,说明如下。

选择使用现有表,选择订单价值表:V_SUBTOTAL_VALUES,如图 6.46 所示。

图 6.46　指定源信息

选择所有属性,设置维度名称为"订单价值",单击"完成"按钮,完成操作,如图 6.47 和图 6.48 所示。

图 6.47 选择维度属性

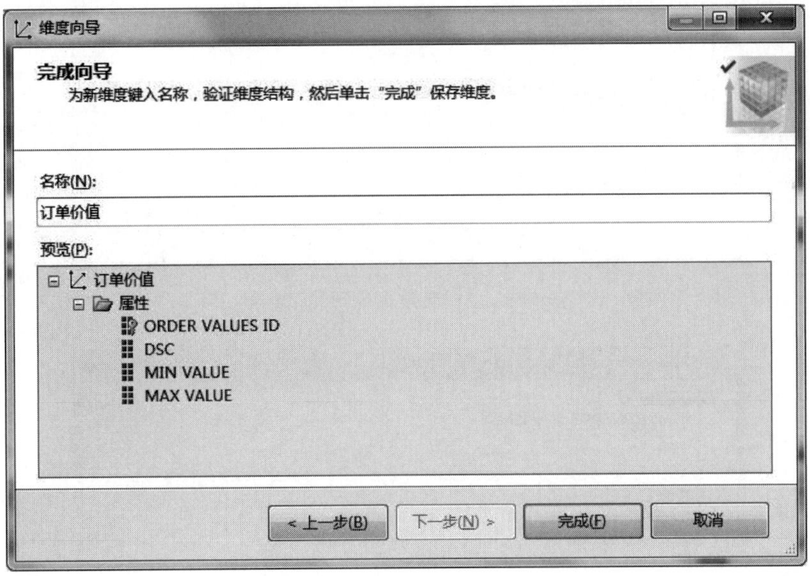

图 6.48 完成向导

其他各维度建立完成后局部效果如图 6.49 所示。

建立多维数据集,确定度量值(修改相应度量值的显示名称),选择已经建好的维度,如图 6.50~图 6.53 所示。

至此,OLAP 模型建立完成,下面对多维数据集进行切片、切块、旋转、钻取的操作。

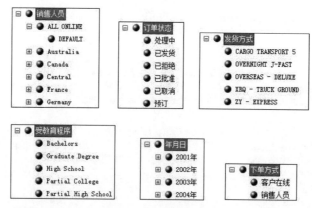

图 6.49　各维度信息

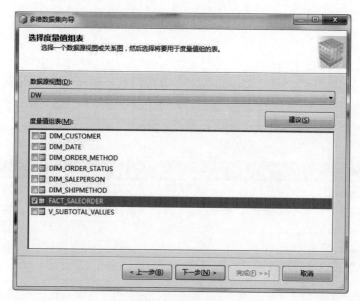

图 6.50　选择度量值组表

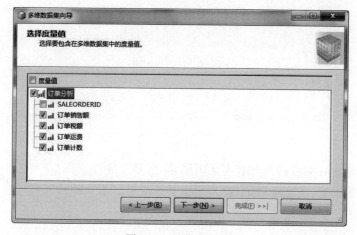

图 6.51　选择度量值

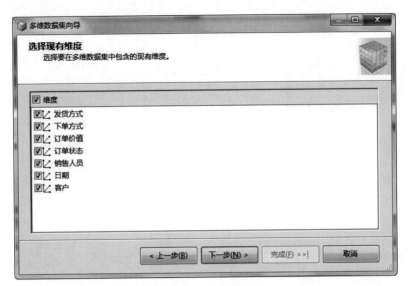

图 6.52　选择现有维度

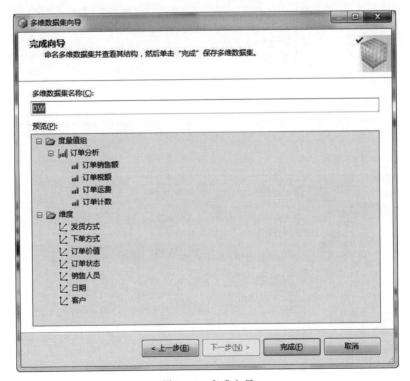

图 6.53　完成向导

（1）切片操作。订单价值-订单计数，如图 6.54 所示。

（2）切块操作。订单价值-订单计数-客户受教育程度，如图 6.55 所示。

（3）旋转操作。客户受教育程度-订单计数-订单价值，如图 6.56 所示。

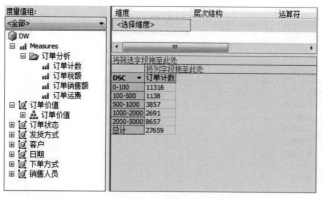

图 6.54　切片结果

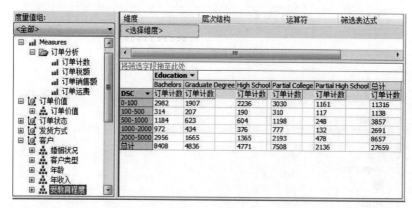

图 6.55　切块结果

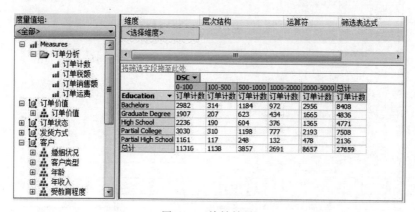

图 6.56　旋转结果

（4）钻取操作。客户所在地区：国家　省　市-订单计数，如图 6.57 所示。

6. 数据挖掘实践。

决策树分类挖掘方法的基本思想是对数据进行处理，利用归纳算法生成可读的规则和决策树，然后使用决策对新数据进行分析。决策树是一个预测模型，代表的是对象属性

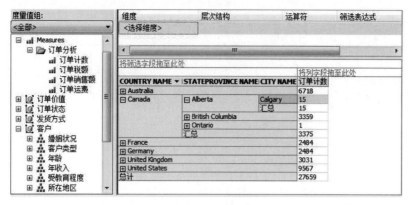

图 6.57 钻取结果

与对象值之间的一种映射关系。树中每个节点表示某个对象,每个分叉路径则代表的某个可能的属性值,而每个叶节点则对应从根节点到该叶节点所经历路径所表示的对象的值。

【实践目的】 使用决策树模型进行挖掘。设计三国人物中 4 位武将的数据,然后基于所设计好的数据,利用决策树分析,找出 3 位武将的特性分布。其中变量名称包含统御、武力、智慧、政治、魅力、忠诚、国别、出身及身份。

【实践步骤】

1)数据准备

(1)设计好的三国人物数据源如表 6.12 所示。

表 6.12 三国人物数据源

名称	统御	武力	智慧	政治	魅力	忠诚	国别	出身	身份
荀攸	60	38	94	91	80	86	1	1	4
荀彧	64	35	97	90	84	80	1	1	4
程昱	82	25	91	80	74	89	1	1	4
于禁	77	74	51	48	60	85	1	1	1
曹仁	79	83	61	58	68	95	1	1	1
曹洪	76	75	45	42	70	92	1	1	1
毛玠	48	63	47	78	55	75	1	1	3
李典	70	72	46	38	55	86	1	1	2
许攸	50	46	62	77	42	65	1	1	3
郭嘉	42	27	99	92	89	92	1	1	4
曹真	79	71	61	50	72	91	1	1	1
邓艾	93	85	93	81	75	82	1	1	1

名称	统御	武力	智慧	政治	魅力	忠诚	国别	出身	身份
郝昭	87	84	83	80	84	89	1	1	1
贾诩	75	30	96	93	67	80	1	1	4
华歆	26	45	66	75	32	80	1	1	3
刘岱	58	63	44	30	19	60	1	1	2
孟达	70	72	71	53	47	70	1	1	3
文钦	74	81	39	36	55	82	1	1	1
郭淮	79	72	67	65	54	82	1	1	1
司马朗	24	38	67	86	51	76	1	1	4
曹爽	57	64	50	49	61	80	1	1	2
诸葛诞	74	82	71	59	84	95	1	1	1
司马师	81	66	90	83	74	80	1	1	4
杨修	32	26	93	83	50	70	1	1	4
徐庶	87	67	96	88	84	90	2	1	4
糜芳	60	66	24	19	22	68	2	1	2
糜竺	87	86	72	69	78	81	2	1	1
张松	32	35	85	92	77	70	2	1	4
诸葛亮	97	55	100	96	96	100	2	1	4
廖化	61	63	60	47	65	85	2	1	2
马岱	77	83	47	39	73	91	2	1	1
马谡	72	69	85	68	69	80	2	1	3
关平	79	81	72	55	74	91	2	1	1
杨仪	72	61	70	72	56	80	2	1	3
邓芝	69	51	84	78	93	88	2	1	3
董允	67	18	85	87	70	88	2	1	4
庞统	90	60	98	86	83	90	2	1	4
黄权	71	45	84	71	66	88	2	1	3
刘封	60	67	57	51	60	60	2	1	2
张昭	37	23	88	98	83	91	3	1	4
黄盖	83	85	68	47	82	94	3	1	1
程普	85	71	82	72	86	89	3	1	3
吕蒙	92	85	90	62	87	88	3	1	1

名称	统御	武力	智慧	政治	魅力	忠诚	国别	出身	身份
虞翻	30	44	77	81	74	71	3	1	3
凌统	70	81	58	56	62	87	3	1	1
阚泽	65	44	78	83	72	88	3	1	3
徐盛	83	80	83	70	78	85	3	1	1
韩当	71	69	65	48	60	85	3	1	3
周泰	78	84	60	54	67	83	3	1	1
张纮	27	19	87	96	84	85	3	1	4
高览	67	74	50	40	62	69	4	1	2
逢纪	65	53	83	65	53	81	4	1	3
审配	74	70	69	84	76	81	4	1	4
文聘	77	84	23	15	56	77	5	1	1
黄祖	60	68	50	27	32	85	5	1	2
张允	50	58	60	69	45	86	5	1	3
蔡瑁	85	72	68	74	55	70	5	1	1
卢植	86	66	82	70	83	63	6	1	1
杨彪	41	57	62	71	72	76	6	1	3
李儒	67	20	90	84	44	90	6	1	4
朱隽	79	76	60	74	83	63	6	1	1
董承	79	72	56	44	80	65	6	1	1
李肃	38	54	67	68	41	74	6	1	3
纪灵	72	83	34	29	49	88	7	1	1
张任	88	87	70	52	76	91	7	1	1
杨松	32	45	57	39	37	68	7	1	3
孔融	68	51	82	76	65	90	7	1	3
张绣	68	76	58	49	70	73	7	1	2
公孙度	78	77	61	54	73	75	7	1	1
陈宫	83	59	84	85	67	91	7	1	4
臧霸	44	77	44	33	72	80	7	1	2
曹丕	90	85	64	80	80	30	1	2	1
曹叡	62	75	80	73	70	70	1	3	3
司马懿	98	61	99	91	81	60	1	2	4

名称	统御	武力	智慧	政治	魅力	忠诚	国别	出身	身份
司马昭	79	65	86	87	71	30	1	2	4
刘备	60	74	76	85	99	95	2	2	4
刘表	70	65	69	74	68	85	5	3	3
刘焉	36	42	72	82	84	85	7	3	3
刘璋	48	53	50	63	82	80	7	3	3
孔秀	55	67	68	41	47	75	7	3	2
韩馥	58	66	54	41	33	80	7	3	2
孙权	89	85	87	73	97	70	3	2	1
严白虎	71	76	51	47	56	60	7	2	3
张鲁	77	69	81	67	91	80	7	3	3
公孙瓒	67	81	67	66	59	80	7	3	1
袁术	78	63	67	61	55	30	7	3	3
袁绍	75	80	72	52	80	60	4	3	1

（2）数据导入。在 Excel 中将表 6.12 中的数据录入，并命名为 pima_indians_diabetes.xls。打开 SQL Server 2012，创建数据库 Diabetes，然后利用 SQL Server 导入和导出向导把数据 pima_indians_diabetes.xls 导入，如图 6.58～图 6.60 所示。

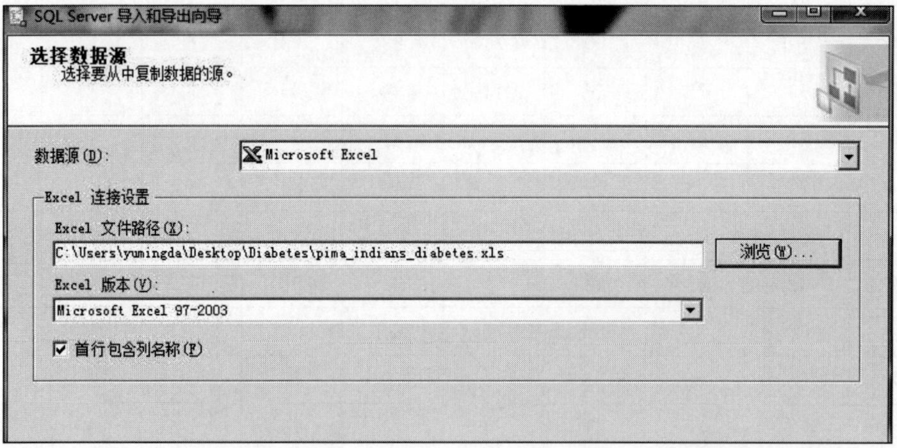

图 6.58 SQL Server 导入和导出向导

2）Analysis Services 操作步骤

打开 SQL Server Business Intelligence Development Studio，选中"文件"|"新建"|"项目"菜单，打开如图 6.61 所示的"新建项目"对话框，新建一个 pima_indians_diabetes 项目，保存路径为 C:\Users\lenovo\Documents\Visual Studio 2008。

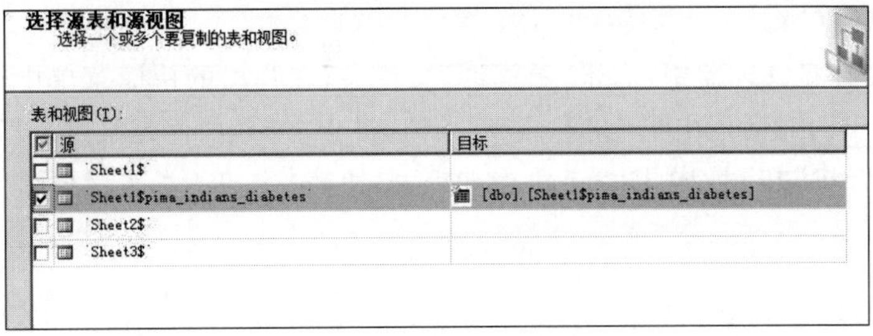

选择源表和源视图
选择一个或多个要复制的表和视图。

表和视图(T)：

☑ 源	目标
☐ ⊞ `Sheet1$`	
☑ ⊞ `Sheet1$pima_indians_diabetes`	⊞ [dbo].[Sheet1$pima_indians_diabetes]
☐ ⊞ `Sheet2$`	
☐ ⊞ `Sheet3$`	

图 6.59 选择源表和源视图

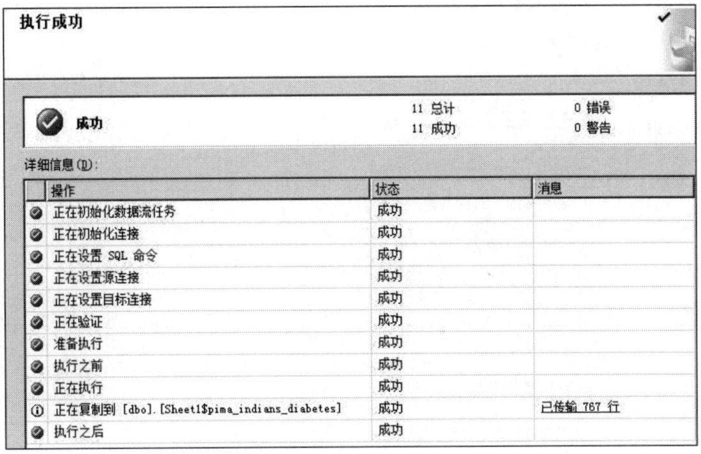

执行成功

✔ 成功	11 总计	0 错误
	11 成功	0 警告

详细信息(D)：

操作	状态	消息
⊘ 正在初始化数据流任务	成功	
⊘ 正在初始化连接	成功	
⊘ 正在设置 SQL 命令	成功	
⊘ 正在设置源连接	成功	
⊘ 正在设置目标连接	成功	
⊘ 正在验证	成功	
⊘ 准备执行	成功	
⊘ 执行之前	成功	
⊘ 正在执行	成功	
① 正在复制到 [dbo].[Sheet1$pima_indians_diabetes]	成功	已传输 767 行
⊘ 执行之后	成功	

图 6.60 数据源导入成功

图 6.61 "新建项目"对话框

（1）创建数据源。

① 在解决方案管理器中，右击"数据源"文件夹，在弹出的快捷菜单中选中"新建数据源"选项，在弹出的对话框中单击"下一步"按钮，进入"选择如何定义连接"对话框。

② 单击"新建"按钮，向 Diabetes 数据库添加链接，打开"连接管理器"对话框，如图 6.62 所示。

图 6.62 "连接管理器"对话框

③ 选择"本机 OLE DB\SQL Native Client"选项。在服务器名列表中选择数据库 diabetes 的服务器。然后在图 6.63 所示对话框中选中 localhost.diabetes，然后单击"下一步"按钮。随后在图 6.64 所示的对话框中选中数据源 Diabetes，再单击"完成"按钮。

（2）创建数据源视图。

① 在解决方案资源管理器中，右击"数据源视图"文件夹，在弹出的快捷菜单中选中"新建数据源视图"选项，选中刚才创建的 Diabetes 数据源，如图 6.65 所示。

② 进入"选择表和视图"对话框，如图 6.66 所示，选中 pima_indians_diabetes 表，单击▣键，将其包括在新数据源视图中。

图 6.63　选择如何定义连接

图 6.64　完成向导

③ 进入"完成向导"对话框,默认情况下,系统将数据源视图命名为 Diabetes。

④ 单击"完成"按钮,系统将打开数据源视图设计器窗口。

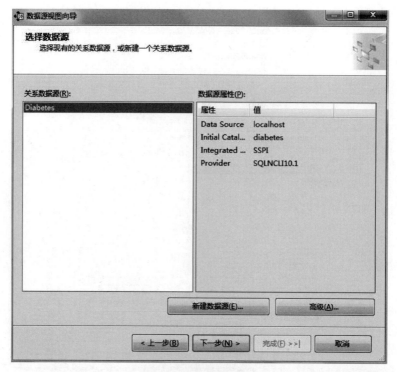

图 6.65　选择数据源

图 6.66　选择表和视图

（3）创建挖掘结构。

① 右击"挖掘结构"文件夹，在弹出的快捷菜单中选中"新建挖掘结构"选项，打开"数据挖掘向导"窗口。

② 进入"选择定义方法"界面。

③ 选中"从现有关系数据库或数据仓库"选项，单击"下一步"按钮，进入"选择数据挖掘技术"界面。从列表中选中"Microsoft 决策树"选项，如图 6.67 所示。

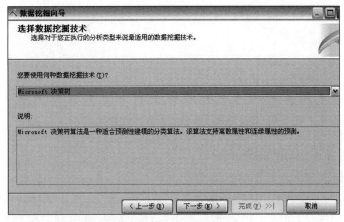

图 6.67　选择数据挖掘技术

④ 单击"下一步"按钮，进入"选择数据源视图"界面，已默认选中 Diabetes 在数据源视图中。

⑤ 如图 6.68 所示，选择变量，其中分类变量为身份，而输入变量有统御、武力、智慧、政治、魅力、忠诚、国别及出身。

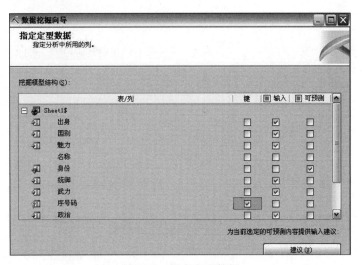

图 6.68　指定定型数据

⑥ 确定变量的数据内容以及数据类型，如图 6.69 所示。

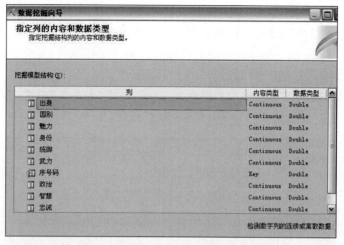

图 6.69　指定列的内容和数据类型

（4）部署项目并处理挖掘模型。

① 单击数据挖掘设计器中的挖掘模型查看选项卡，Analysis Services 数据库将部署到服务器中，处理挖掘模型。首先会弹出两个提示框，均单击"是"按钮，然后进入"处理挖掘模型-Diabetes"窗口，如图 6.70 所示。单击"运行"按钮，显示有关模型处理的信息。

图 6.70　"处理挖掘模型"对话框

② 处理完毕后,在"处理进度"和"处理挖掘结构"窗口中单击"关闭"按钮,分类挖掘模型已生成,如图 6.71 所示。

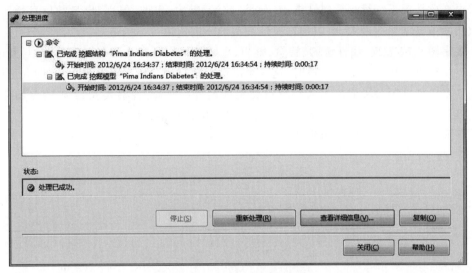

图 6.71 "处理进度"对话框

③ 如图 6.72 所示,从数据模型查看器可以看到所生成的决策树模型,并可以从中看出哪些属性是关键属性,因而对决策树的生成起关键作用。图 6.72 的决策树挖掘结果说明,当属性武力的取值在[41.200,60)时,可以判断该人物是属于身份 3,当属性武力的取值小于 41.200 时,可以判断该人物是属于身份 4,当属性武力的取值在[78.800,88.200)时,可以判断该人物是属于身份 1,而当武力属性取值在[60,78.800)时,不能直接判断该人物的身份,还需要进一步通过属性政治的取值来判断该人物的身份。

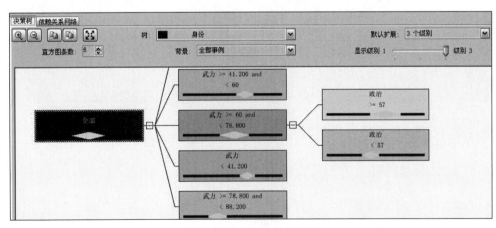

图 6.72 决策树挖掘结果

注意,针对图 6.72 中的实验结果,在 SQL Server 2012 的输出结果窗口,如果顶部的身份属性值下拉框选择某个身份,则窗口下部决策树中对应该身份的分支将会变颜色。

在图 6.72 所示的决策树中,对第一层内部节点的构造,选取信息增益值最大的武力属性,并且根据武力属性的不同取值范围构造出 4 个分支,对第一层内部节点的 4 个分支进一步分析,发现武力属性取值在 [60,78.800) 时,并不能对人物身份类别进行划分,所以需要在此情况下继续计算属性统御、智慧、政治、魅力、忠诚、国别、出身的信息增益,发现政治的信息增益值最大,所以根据属性政治的不同取值范围构造第二层内部节点。

观察图 6.72 发现,属性统御、智慧、魅力、忠诚、国别、出身并没有出现在图中,原因是在每一步计算各属性的信息增益时,这 6 个属性的信息增益值都不是最大值,因此可以认为该 6 个属性并不会影响三国人物身份类别的划分。此外,观察表 6.12 中的原始数据,也会发现根据这 6 个属性的取值范围是无法对三国人物的身份类别进行划分的。

下面将列出该实验中使用到的公式。

① 信息熵:

$$H(U) = -\sum_i P(u_i) \log^{P(u_i)}$$

其中,$P(u_i)$ 表示类别 u_i 出现的概率。

② 条件熵:

$$H(U/V) = -\sum_j P(v_j) \sum_i P(u_i/v_j) \log^{P(u_i/v_j)}$$

其中,$P(u_i/v_j)$ 表示属性取值 v_j 时,类别 u_i 的条件概率。

③ 信息增益:

$$I = H(U) - H(U/V)$$

第7章

电子商务

本章学习目标

- 了解电子商务的概念及其分类。
- 了解电子商务系统的构成及一般运作流程。
- 了解电子商务的主要安全技术及安全管理方法。
- 了解电子商务在线支付系统的构成以及主要支付工具。

随着移动互联网技术的快速推广,电子商务在我国得到了快速发展。本章主要介绍电子商务的定义、电子商务系统的构成、电子商务安全防范技术和在线支付方式以及物流领域的发展现状。

7.1 电子商务概述

因特网(Internet)为人类社会创造了一个全新的信息空间,在这一空间里,人们通过电子信号在互联网上交换各种信息、开展各种类型的社会活动。商业活动作为人类最基本、最广泛的社会活动自然也渗透到了这个网络空间当中。因此,电子商务是人类经济、科技、文化发展的必然产物,也是信息社会的一种商业运营模式创新。而且随着技术的发展,这种创新的内容和形式会越来越丰富多彩,并极大地改变着人类的生产和生活方式。

电子商务活动是现代信息系统应用且发展最为活跃的重要领域,本章主要从信息系统的角度介绍电子商务的概念、系统构成及电子商务应用所涉及的安全和支付管理等重要系统要素构成,以便于从信息系统建设和应用的角度理解并掌握有关电子商务应用与管理的一些核心问题。

7.1.1 电子商务概念及其分类

1. 电子商务的概念

有关电子商务的概念,目前还没有一个被人们广泛认同的统一定义。各种社会组织、政府机构、公司企业以及学术团体等,依据自己的理解和需要给电子商务做了一些定义。

下面把其中一些具有代表性的定义整理罗列如下,以帮助理解电子商务概念的内涵及本质。

(1) 加拿大电子商务协会对电子商务的定义是,电子商务是通过数字通信进行商品和服务的买卖以及资金的转账,它还包括公司间和公司内利用 E-mail、EDI、文件传输、传真、电视会议、远程计算机联网所能实现的全部功能(例如,市场营销、金融结算、销售以及商务谈判)。

(2) 在 1997 年 7 月由美国政府发布的《全球电子商务纲要》中,对电子商务的定义是,通过 Internet 进行的各项商务活动,包括广告、交易、支付和服务等,全球电子商务将会涉及各个国家。

(3) 联合国国际贸易法委员会指出,电子商务的一个重要技术特征是利用 Web 技术进行商业信息传输和信息处理,是在互联网上进行的商务活动,是纸上信息交流和存储方式的一种替代形式,主要功能包括网上广告、订货、付款、客户服务、货物递交等销售和售前、售后服务,以及市场调查分析、财务核算、生产安排等多项利用互联网开发的商业活动。

(4) 全球信息基础设施委员会(GIIC)电子商务工作委员会报告草案中对电子商务定义是,电子商务是运用电子通信作为手段的经济活动,通过这种方式人们可以对带有经济价值的产品和服务进行宣传、购买和结算。这种交易的方式不受地理位置、资金多少或零售渠道的所有权影响,公有私有企业、公司、政府组织、各种社会团体、一般公民、企业家都能自由地参加的、广泛的经济活动,其中包括农业、林业、渔业、工业、私营和政府的服务业。电子商务能使产品在世界范围内交易并向消费者提供多种多样的选择。

(5) IBM 公司对电子企务(e-business)定义包括 3 部分:内联网(intranet)、外联网(extranet)和电子商务(e-commerce)。它强调的是在网络计算环境下的商业化应用,不仅仅是硬件和软件的结合,也不仅仅是通常意义下只强调交易的狭义电子商务,而是把买方、卖方、厂商及其合作伙伴,在 Internet、intranet 和 extranet 结合起来的应用。它同时强调这 3 部分是有层次的:只有先建立良好的内联网,建立好比较完善的标准和各种信息基础设施,才能顺利扩展到外联网,最后扩展到电子商务。

(6) 美国学者沈鸿将电子商务定义为通过信息网络以电子数据信息流通的方式在全世界范围内进行并完成的各种商务活动、交易活动、金融活动和相关的综合服务活动。

(7) 美国学者瑞维·卡拉抖塔和安德鲁 B·惠斯顿在《电子商务的前沿》中提出,广义地讲,电子商务是一种现代商业方法。这种方法通过改善产品和服务质量、提高服务传递速度,满足政府组织、厂商和消费者降低成本的需求。这一概念也用于通过计算机网络寻找信息以支持决策。

纵观上述定义,可以对电子商务概念的内涵及本质做以下几点归纳。

(1) 电子商务与传统商务的最大区别是采用电子手段进行的商业活动。虽然电报、电话、电视、POS 机等电子设备早已介入人类的商业活动,但是,只有计算机网络特别是因特网(Internet)在商业活动中被广泛应用,才使得人类的商业活动以及商业模式发生了又一次革命,其最大改变就是商务活动的网络化、数字化和虚拟化。

(2) 电子商务与传统商务相同的地方是都以商业经济活动为背景和出发点。各种具有商业活动能力的实体(如生产企业、商贸企业、金融机构、认证机构、物流配送等各种中介服务机构、政府机构、个人消费者等)都可以是电子商务的参与者。

(3) 对于电子商务的理解可以从狭义和广义两个角度加以描述。

狭义电子商务是指利用计算机网络开展的多种商业交易活动,包括商品和服务的提供者、广告商、消费者、中介服务商等有关各方参与交易行为的总和,如广告、交易、支付和服务等活动。狭义的电子商务也是人们一般理解的电子商务。

广义的电子商务是指利用计算机网络技术进行的全部商业活动。这种商业活动可以发生在公司内部,公司与公司之间,公司与客户等经济实体之间,它可以包括电子数据交换(electronic date interchange,EDI)、基于 Internet 的电子商务(electronic commerce,EC)、企业资源计划(ERP)、供应链管理(SCM)和客户关系管理(CRM)等内容。

(4) 无论是从狭义层面还是从广义层面理解,电子商务的本质是一次现代商业革命,是一种现代商业模式创新,其目的是为了缩短商业流程、加速商业处理过程、减少商业成本、创造新的商业机会和竞争优势,进而创造新的商业价值等。总之,电子商务最终将推进人类社会建立一种更高品质的经济发展秩序,诸如网络经济、信息经济等新经济发展模式。

综上所述,可以这样认为,从宏观上讲,电子商务是现代信息技术特别是 Internet 的广泛应用所带来的一场商业革命,它在促进人们通过电子及网络技术手段进行商业模式创新的同时,也在推进社会经济发展方式的变革,催生出诸如网络经济、信息经济的新经济发展模式;从微观角度说,电子商务是指生产企业、商贸企业、金融机构、政府机构、个人消费者等各种具有商业活动能力的实体利用互联网和先进信息技术进行的各种商务及贸易活动的总称。

2. 电子商务的分类

按照交易涉及的对象、商品类型以及所使用的网络类型等内容的不同,可以对电子商务进行不同的分类。

(1) 按参与交易对象不同分类。

① 企业对企业(business to business,B2B)电子商务。B2B 是企业与企业之间通过互联网或专用网方式进行的电子商务活动。B2B 又可以分为两种,一种是非特定企业间的电子商务,它是在开放的网络中针对每笔交易寻找最佳伙伴,并与伙伴进行从订购到结算的全面交易行为;第二种是特定企业间的电子商务,它是过去一直有交易关系,而且今后要继续进行交易的企业间,围绕交易进行的各种商务活动。在特定企业间的买卖双方,既可以利用因特网进行从订购到结算的全面交易活动,也可以通过在企业间建立的专用网络完成双方的买卖交易。

根据网经社电子商务研究中心(www.100ec.cn)发布《2019 年全球电子商务数据报告》,2018 年中国电子商务交易额达 47.3 万亿元,其中 B2B 电子商务市场交易额达 29 万亿元。

② 企业对用户(business to customer,B2C)电子商务。B2C 是企业通过网上商店,实现在线商品零售或为消费者提供所需服务的商务活动。这是人们最熟悉的一类电子商

务形式。随着万维网(WWW)的出现,网上销售迅速发展起来。目前,在因特网上有很多类型的网上虚拟商店,向客户提供各种商品销售及相关服务。通过网上商店买卖的商品,可以是书籍、鲜花、服装、食品、汽车、电视等有形的实体商品,也可以是图书、音乐、电影、数据库、软件等各类基于信息和知识的、无形的数字化商品,还可以是商家或某个社会组织提供的旅游、在线医疗、远程教育等各类服务。

③ 企业对政府(business to government,B2G)电子商务。B2G 模式即企业与政府之间通过网络所进行的交易活动。B2G 可涵盖政府与企业间各项事务的活动,包括政府采购、税收、商检、管理条例发布以及法规政策颁布等。政府一方面作为消费者,可以通过 Internet 发布自己的招标、采购清单等信息,以公开、透明、高效、廉洁地完成政府项目招标或所需物品的采购;另一方面,通过网络以 B2G 方式为企业提供服务和监管,以及进行信息交流等,从而能更加高效地发挥政府对企业的宏观调控、指导和监督等管理职能。例如政府通过"网上税务征缴系统",可以方便、快捷、高效地完成对企业和商业交易活动的征税工作等。

④ 企业内部电子商务。企业内部电子商务即企业内部各部门之间,通过企业内部网(intranet)的方式处理与交换商务交易信息(如客户订单)等。通过企业内部的电子商务,可以提高企业商务活动处理的敏捷性,使企业对市场变化能更快地做出反应,并更好地为客户服务。企业内部网在自动处理商务操作与工作流程的同时,还可增加对重要系统和关键数据的存取,共享信息,共同解决客户问题,并保持组织内部的联系。

⑤ 政府对公众(government to citizen,G2C)电子商务。G2C 是政府机构为提高工作效率和服务质量,效仿商业服务模式通过电子网络系统为公众提供的各种服务活动。G2C 电子政务所包含的内容十分广泛,主要的应用包括公众信息服务、电子身份认证、电子税务、电子社会保障服务、电子民主管理、电子医疗服务、电子就业服务、电子教育、培训服务、电子交通管理及服务等。G2C 是现代电子政务的一个重要组成部分,其目的一方面是给公众提供方便、快捷、高质量的服务,另一方面是可以开辟公众参政、议政的渠道,畅通公众利益的表达机制,建立政府与公众的良性互动平台。

⑥ 用户对用户(customer to customer,C2C)电子商务。C2C 是个人与个人之间的电子商务活动。目前在网上的主要表现形式是消费者间的二手货拍卖或交换,随着今后各种技术的进步以及网上支付形式的多样化,C2C 形式的电子商务可能也会像现实社会中自由市场上的商品交易一样普遍和容易。

(2) 按照应用网络类型的不同分类。

① 基于 EDI 的电子商务。EDI(electronic data interchange)是指按照一种公认的标准和协议将商务活动中涉及的文件标准化和格式化,在贸易伙伴的计算机网络系统之间进行交易数据的交换和自动处理。EDI 主要应用于企业与企业、企业与批发商、批发商与零售商之间的批发业务。传统的 EDI 是在企业内部和协作企业间建立的专用网上进行的,随着 Internet 技术的发展,现在也可在 Internet 上进行 EDI 数据传输。

② 基于因特网的电子商务。基于因特网(Internet)的电子商务是指利用全球开放的 Internet 开展的电子商务活动,在因特网上可以进行各种形式的电子商务业务,所涉及的领域非常广泛,世界各国的企业和个人都可以参与。随着 Internet 技术的不断发展,基于

因特网的电子商务也在蓬勃快速发展之中,并已成为目前电子商务的主流模式。

③ 基于内联网的电子商务。基于内联网(intranet)的电子商务是指在一个大型企业的内部或一个行业内开展的电子商务活动。它可以在企业内部或协作企业之间形成一个商务活动链,从而大大提高企业运作效率,降低运营成本。目前,许多国内知名的大企业(如长虹、海尔、TCL 等)都利用内联网建立了自己内部的集生产、管理、资金划拨为一体的企业资源计划系统,开展企业内部电子商务活动,从而大大降低了管理成本和费用,加速了企业内部资金的周转和使用效益。

(3) 按资金支付方式的不同分类。

① 完全电子商务。完全电子商务是指资金流也加入网上电子商务活动的环节中,即交易时可在网上进行资金支付。这种电子商务形式,因减少了网下支付的中间环节,从而大大提高了交易的速度和效率,减少了交易成本。因此它是一种较高级别的电子商务形式。

② 不完全电子商务。不完全电子商务是指在电子商务交易过程中,只有交易的前端环节是在网上进行的,如商品的选购、信息的查询、谈判、下单等活动是在网上进行的,而后端的资金支付环节则是在网下进行的,这是一种较低级的电子商务形式。

3. 电子商务的特点

与传统商务模式相比,电子商务主要有以下几个特点。

(1) 全球性。互联网的全球信息共享特征使电子商务的交易活动突破了传统时空的局限,也使市场突破了国界与地区局限,使企业或商家可以构筑覆盖全球的商业营销网络,获得全球性的巨大市场空间。预计不久的将来,全球大多数的贸易活动都将会以电子商务的形式完成。

(2) 直接性。电子商务的网上交易可以使供需双方直接沟通,减少了中间环节,提高了商务活动的效率和便利性,降低了交易成本。

(3) 均等性。互联网有灵活多样的接入方式并且随时可以扩容,是一个开放的市场体系。从理论上讲,中小企业只需在互联网上建立一个网页,就可以打开国际市场,接触全球范围内的广大客户,而无须耗费巨额投资去建立庞大的商业体系、投入昂贵的广告费用和众多的营销人员,因而它使中小企业可以获得和大企业同样多的竞争机会。但在实际应用中,中小企业还必须精心设计谋划,采取创新、巧妙、出奇制胜的网络营销策略,才能使自己的网站从浩如烟海的网页中脱颖而出,为广大客户所熟知,从而获得竞争机会。

(4) 具有较大风险性。由于网络交易的虚拟性,买卖双方可以在无须见面的情况下进行交易,这就增加了交易过程的不确定性。同时,网上交易过程还可能受到“黑客”等不法分子的攻击以及各种经济犯罪活动的威胁。因此,电子商务可能会存在较大风险性,需要采取一系列安全措施进行防范。

7.1.2 电子商务发展

事实上,电子商务并不是一个新概念,早在 1839 年,当电报刚出现的时候,人们就开始了对运用电子手段进行商务活动的尝试。当贸易开始以莫尔斯码点和线的形式在电线中传输的时候,应该说是人类运用电子手段开展商务活动新起点的一个标志。

从 20 世纪 70 年代开始,电子计算机技术、网络通信技术及其相关技术的快速发展,又为现代电子商务发展提供了新的技术和手段。EDI(electronic data interchange,电子数据交换)和 Internet 技术的发展为现代电子商务注入了新的活力,特别是基于因特网的电子商务,目前正在呈现出蓬勃旺盛的快速发展态势。

一般认为,现代电子商务起源于 EDI,并大致可分为以下 3 个发展阶段。

1. 基于 EDI 的电子商务(20 世纪 70—90 年代)

EDI 在 20 世纪 70 年代初期产生于美国,当时的贸易商们在使用各自的计算机信息系统处理各种繁杂的商务文件时发现,由于过多的人工干预,影响了数据的准确性和工作效率。如果贸易伙伴之间能够通过各自的计算机信息系统进行自动数据交换,就能克服这些弊端,于是 EDI 技术应运而生。

EDI 技术是将业务文件按照一个公认的标准,从一台计算机传输到另一台计算机的电子交易数据传输方法。由于 EDI 大大减少了纸张票据,因此,人们也形象地称 EDI 为无纸贸易或无纸交易。从技术上讲,EDI 包括硬件与软件两大部分。硬件主要是指计算机网络,软件包括计算机系统软件、应用软件以及 EDI 标准和 EDI 翻译软件。

在硬件方面,20 世纪 90 年代之前的 EDI 是通过租用专用线路在专用网络实现的,这类专用的网络被称为增值网(value added network,VAN),这样做的目的主要是考虑安全性问题。在软件方面,EDI 所需软件的主要功能是将用户数据库系统中的信息翻译成 EDI 标准格式以供传输交换。由于不同行业的企业,是根据自己的业务特点来规定数据库信息格式的,因此,当需要发送 EDI 文件时,从企业专有数据库中提取的信息,必须通过软件翻译成统一的 EDI 标准格式文件传输给对方,才能使对方识别并方便地使用这些信息。

2. 基于因特网的电子商务(20 世纪 90 年代以后)

20 世纪 90 年代中期,因特网迅速普及,逐步从大学、科研机构走向企业和寻常百姓,其功能也从信息共享演变成为一种大众化的信息传播工具。从 1991 年起,一直被排除在 Internet 之外的商业贸易活动也正式进入这个王国,从而使电子商务成为 Internet 应用的一个最大热点。

基于 Internet 的电子商务发展之初,企业只是在因特网上建立静态网页,并基于 HTML 的网页进行在线信息发布。自 1997 年以来,一些创新公司实施了第二代电子商务计划,计划的核心就是将其网站前端网页(如浏览器主页的信息发布和商品目录、价格、网上订单等)与后端订单管理和存货控制等业务系统进行连接。第二代电子商务一方面能使客户直接从企业网站发出和追踪订单,这不但大大提高了交易过程的透明性,并能使客户更多地了解和控制订购过程,提高了客户在交易过程中的主动性。另一方面,这种后端系统与前端 Internet 界面的集成,使得公司电子商务信息系统可提供有关库存、价格以及订货和发货情况等实时业务信息,增加了企业对销售过程的管理和控制能力,从而降低交易成本,提高交易效率。

3. 基于移动互联网的电子商务

进入21世纪后，移动通信技术的迅猛发展和智能终端设备的普及，使人们通过智能手机、PDA（personal digital assistant，个人数字助理，俗称掌上电脑）、上网本等智能移动通信设备，与因特网有机结合进行电子商务活动成为可能。目前移动电子商务提供的常见服务有个人信息管理（personal information management，PIM）、网上银行业务、购物、交易、基于位置的服务（location-based service，LBS）、在线视频、音乐、游戏娱乐等。

移动电子商务因其快捷方便、无所不在等特点，已经成为现代电子商务发展的一个新方向和新热点。不久，人们就会看到移动电子商务意想不到的发展，它主要受到金融、旅游和零售等对时间和地点敏感的行业推动，移动商务正好能体现这些行业的业务发展需要。

【案例 7-1】　国内外电子商务发展概况。20世纪90年代特别是进入21世纪以来，电子商务一直在以惊人的速度发展。1994年全球电子商务销售额仅为12亿美元，1997年即达到26亿美元，1998年销售额竟高达500亿美元，比1997年增长了近20倍。2000年销售额更猛增到3000亿美元。2002年交易额突破6153亿美元，比2001年的3549亿美元增加了73.1%。到2003年达到1万亿美元，约占全球商业贸易总额的10%。自1999年以来，电子商务在中国开始了由概念向实践的转变。从一开始的B2C模式，到1999年的C2C网上拍卖以及1999年末兴起的B2B模式，近几年，电子商务在中国也取得了良好的发展。图7.1显示了2012—2019年中国电子商务市场交易规模的趋势统计图。

图 7.1　2012—2019 年中国电子商务市场交易规模

中国电子商务行业的发展孕育产生了一大批电子商务（简称电商）上市公司，促进了中国资本市场的发展和新兴产业的发展。2019年，国内电子商务行业中新上市电子商务公司达17家。截至2019年年底，中国共有电商上市公司达66家。报告显示，截至2019年年底，国内电子商务上市公司达66家。2019年66家电商上市公司总市值6.45万亿元，平均市值977.61亿元。其中，零售电商上市公司总市值5.21万亿元，平均市值1859.29亿元；生活服务电商上市公司总市值1.16万亿元，平均市值550.54亿元；其中阿里巴巴作为领头军，仍遥遥领先，市值占比超六成；美团点评自2019年以来市值飞速增长，超五千亿元，比上半年市值增长52.5%；京东、拼多多均处于3000亿元以上，拼多多市值增幅明显，比上半年增长85.9%，超过小米集团；小米集团市值比上半年略有上升，达2000亿元以上。

电子商务的发展也促进了各产业中的传统企业参与电商数字化变革。据网经社"电数宝"电商大数据库显示,2020年中国产业电商市场规模达27.5万亿元,较2019年的25万亿元同比增长10%。产业电商作为产业互联网的重要切入点和主要推动者,2020年行业发展依然迅猛。疫情下,越来越多的数字企业参与电商数字化变革,助力传统电商转型升级,打通电商全产业链发展。今后国内数字经济发展重点将从数字产业化转向到产业数字化,更加重视融合应用,产业数字化的重心将从服务业逐步转移到工业和建筑业,信息技术开始与传统行业深度融合。

7.1.3 电子商务对社会经济发展的影响

随着电子商务的迅猛发展,电子商务正在对企业生产经营和社会经济的发展产生越来越大的影响。

1. 电子商务对企业的影响

(1) 改变企业的营销方式。电子商务为企业营销方式的发展提供了新的机遇,主要表现为:企业对目标市场的确定将更加注重对网上信息的分析和利用;可以通过网络这个拥有数十亿用户的第四媒体发布商品信息,树立企业形象;可以运用网络和传统手段相结合的方法开展市场调研,为正确决策提供有力支持;可以打破传统时空局限搜索货源,利用网络公开招标等采购方法创造更好的贸易机会。

(2) 促进企业供应链的有效建立。电子商务密切上下游企业之间、企业和客户之间的关系,为企业与企业、企业与消费者之间,提供了更加广泛的商业交流机会,促使企业管理由面向内部资源的管理,转变为面向整个供应链的管理。

(3) 为组建虚拟企业创造了条件。电子商务大大增加了企业与企业之间信息资源共享的可能性。这就为上、中、下游企业建立虚拟企业创造了条件。为了快速响应客户个性化需求的发展,企业可以通过Internet,借助分布在世界各地的其他企业资源,实现企业资源的优化管理。例如,美国的苹果手机就是采取在美国本土设计,在韩国、日本生产零配件,在中国进行组装,然后向全世界销售的企业经营模式。

(4) 促进企业体制改革和业务流程重组。电子商务正在促使企业体制改革向纵深发展。信息化、网络化、虚拟化的管理必然导致企业体制和机构的重大改革。在传统的企业管理中,业务流程仅被理解为企业范围内的作业处理过程。随着企业管理由内部资源管理向整个供应链管理的转变,企业传统业务流程深层次的问题已经暴露出来。在推进电子商务发展的过程中,必须朝着企业资源优化组合和合理利用的目标发展,加快企业业务流程再造,实现外协、外购、分销、库存管理、运输、仓储等一系列业务流程的网络化及协同、协作管理,是开展高效电子商务的基础和前提,因此企业体制及流程的变革与重组成为必然。

2. 电子商务对社会经济发展的影响

(1) 对社会商业体系结构的影响。电子商务打破了市场的时空限制。传统供需信息交换活动被电子商务系统替代后,商业活动将在全球市场上进行"365×24"的运作方式,即能做到无国界、无昼夜时间之分。供需双方直接沟通,使消费者的消费观念和行为都在发生变化。消费者将处于主动地位,他们可以从网上获得充分的商品信息,并以一种自我服务的方式来完成交易过程。

虽然互联网不能取代商业活动中的实体物流过程,但在实现电子商务以后,传统商品交易过程中商品逐级批发和运送的多级物流过程,将由商品配送中心组织的一次性物流过程所替代。随着信息技术的发展和智能化高效物流配送系统的建立,会使客户足不出户就可以从网上方便快捷地买到所需的任何商品。

所有这些变化,不仅极大地降低了交易费用和物流成本,而且将从根本上改变整个社会的商业体系结构。在电子商务的虚拟环境中,市场准入条件也会发生变化,企业规模的大小,对竞争力的影响可能变得不像传统那样突出。一些中小企业有可能进入原来主要被大企业占有的市场,甚至可以与大企业竞争。例如,天猫商城里的商家虽然没有自己的库房和物流体系,但利用阿里巴巴的库存站点和物流配送体系,却可在网上向国内市场各个区域乃至全球用户销售自己的产品,可以与传统意义上的大型企业开展市场竞争。

(2) 对经济理论产生影响。电子商务的兴起和发展正在对经济理论产生深远影响。不少经济问题已不能简单地用传统的经济理论来研究与解释,而需要从新的视角对传统经济理论进行重新认识。例如,过去商品价格在很大程度上随供求关系的变化而变化,在电子商务条件下,地区差别变得无关紧要,消费者可以从网上迅速掌握全球的商品价格,从而出现了集体砍价现象,迫使企业转换价格策略,努力去降低成本。

随着电子商务的发展,越来越多的新经济问题需要去研究,并出现了许多新的经济名词,如数字经济、网络经济、电子商务经济、注意力经济等。

网络经济是基于互联网进行资源分配、生产和消费的新经济模式。其基础条件是互联网,其核心将是电子商务。网络经济的发展是信息技术快速发展的结果,它使世界经济在互联网上以数字形式发生联系后而极大地改变了面貌。因此,有人将网络经济也称为"数字经济"。

电子商务经济学研究的基本内容是网络经济时代数字产品和实物产品的经济学含义。它应用了基础微观经济学理论,论述电子交易市场上的质量不确定性以及市场信息、市场中介和新的市场效率问题;分析在网络时代十分敏感的版权问题。同时,电子商务经济学还系统地进行网络营销、网络广告、信息查询、产品差别定价、金融电子商务的经济学分析等。具体来看,电子商务经济学所研究的就是在电子商务形成的虚拟市场上,市场过程和产品发生了怎样的基本变化,市场参与者在生产、营销、消费过程中,应当就产品选择、市场战略、价格制定等问题考虑哪些新的影响因素。

注意力经济是研究如何以最少投资获得最广泛、最有效的注意力问题的经济理论研究。1997 年,美国经济学家迈克尔·戈德海指出,在以网络为基础的信息社会中,信息已不再是稀缺的资源,而是相对过剩的资源,稀缺的是人的注意力。谁能抓住更多的眼球(注意力),谁就能成为 21 世纪经济的主宰。他认为,在新经济时代,最重要的资源已不再是传统意义上的货币资本,也不是信息本身,而是注意力。

信息的获取需要消耗一种十分稀缺的资源——人的注意力。而信息只有被有效利用才能成为资源。否则,信息不但成不了资源,还会白白消耗掉"人的注意力"这一稀缺资源。人的注意力在信息急剧膨胀的时代中,显得越来越不够用了。众所周知,"经济是由稀缺资源决定的",注意力经济的概念由此而产生。

综上所述,电子商务的发展对人类社会经济发展的影响是深刻的,因此,需要不断研究探索相关新经济的发展规律,形成新的经济发展理论,指导人们的经济活动。

(3)电子商务对人类的生存方式的影响。电子商务是在虚拟空间进行的商务活动,是对传统商务活动的一次根本革命,它将使人类的社会、政治和文化生活发生深刻变革,将人类社会带进一个新经济时代。在新经济中,信息技术使经济建立在信息和知识基础上。人类的交往方式发生了改变,交往距离的消失,诱导了新的生产与竞争,推动经济不断发展。当网络带宽增长到足以承担完全多媒体的所有应用时,人类将能够穿越时间和空间进行交流,这就需要用新视角去观察、理解事物的发展过程。产品和服务的知识内涵增加了,知识产品在社会生活中的应用更加广泛,终身学习、追求知识成为社会成员生存发展的第一需要。

【案例7-2】 海尔智家公司通过线上线下融合发展,不断提高竞争力,主导变革改变自己。海尔智家公司开展了电商平台、社交电商、直播电商、社区团购等多种形式的电子商务活动无缝直达用户。2020年,受到线下疫情防控的影响,海尔智家公司积极拓展线上市场。由于居家时间延长、喜好网购的新一代年轻用户增多,各种形式的电子商务作为无接触、云体验的营销媒介,对用户购买意向和决策产生巨大影响。海尔智家公司利用自建平台和各类第三方直播电商平台,凭借移动化、社交化、场景化的特点,提高了传播效率并加速流量变现。通过自建和自运营海尔智家App这一电子商务众博平台,汇集丰富的在线内容,吸引用户观看涵盖衣食住行娱等全场景直播,交互得到用户满意的家装家居场景解决方案。目前,海尔集团家电类产品线上市场规模均已超过线下销售额,未来伴随着KOL、KOC等核心用户圈层的兴起,以及5G网络的普及和VR技术的日趋成熟,电子商务线上内容平台将更加丰富,电子商务直播有望带给企业和用户更深入直接的交互体验。

7.2 电子商务系统构成

作为一个集商流、信息流、资金流和物流综合运转的复杂系统,电子商务系统的实施和应用需要有一个完善的体系来加以保证。从广义上来讲,电子商务系统就是保障电子商务活动开展的各种信息技术和管理服务环境要素的集合。为了使读者对电子商务系统构成有一个概括、清晰的了解,本节主要从宏观运行环境和技术系统构成框架两个角度来描述电子商务系统的构成,前者可以使读者对电子商务系统的整体构成有一全面和宏观的认识,后者则能使读者从信息系统角度,对电子商务系统实现的主要信息技术构成有一概括了解。

7.2.1 宏观电子商务系统构成

宏观电子商务系统是指为保障电子商务活动开展所需的所有要素集合。图7.2显示的是一个完整的基于Internet的宏观电子商务系统构成,它是运行在Internet信息系统基础之上的,由参与交易的企业、组织和消费者,提供实物配送和支付服务以及提供其他服务的电子商务服务商等几大部分构成的一个复杂系统,同时它还要受到其他一些环境因素的影响和制约,这些环境因素包括经济、政策、法律和技术等环境因素。

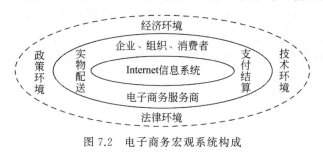

图 7.2　电子商务宏观系统构成

1. 基于 Internet 的信息系统

基于 Internet 的信息系统是指企业、组织和电子商务服务商,在 Internet 网络设施的基础上开发的各类信息系统,它们是电子商务系统运行的基础。在电子商务交易中所涉及的信息流、物流和货币流的运转,都与这些信息系统的控制和处理紧密相关。例如为了实现企业产品的在线销售,企业需要开发产品销售的电子商务网站或网页,为了实现在线支付,还需要基于 Internet 的网上支付系统,为了实现物流的快速运送和管理还需要基于 Internet 的物流信息系统等。基于 Internet 的信息系统的主要作用,是提供一个开放、安全和可控制的信息交换和运行平台,它们是保障电子商务运行的基础和核心。

2. 电子商务服务业

作为一个基于 Internet 和信息技术的新型商务模式,电子商务具有较强的技术和专业性,需要有一大批专业化的服务机构,为企业、组织和消费者在 Internet 上开展电子商务活动提供支持。电子商务服务商即是这类基于信息技术的、为企业、组织和个人开展电子商务提供服务和支持的商业或社会组织机构。

伴随着电子商务的快速增长,如今各类电子商务服务已形成了一个规模化、专业化和不断创新的新兴行业——电子商务服务业,并已成为现代电子商务系统的一个重要组成部分。

在国外,电子商务服务业经历了因特网服务提供方(Internet service provider,ISP)、因特网内容服务方(Internet content provider,ICP)和应用服务提供方(application service provider,ASP)和电子商务服务(electronic commerce service)等发展过程。以亚马逊等为代表的一批美国电子商务服务企业,率先开发的电子商务服务包括搜寻商品项目、提供商品信息、提高顾客浏览量、创建全功能商品购物车、提供商品供应商信息、推荐同类型或相关产品、虚拟主机服务、网站设计与建设、特殊功能应用系统开发(如接受订单、处理订单、确认订单)等。

美国是全球电子商务技术和应用的开拓者和引领者,它拥有全球 90% 的商业网站,互联网产业的收入已超过 5000 亿美元。美国电子商务发展以大型企业为主导,以集成供应链管理为起点,以降低成本为主要目标。其主要表现形式为,大型企业首先利用 ICT

信息平台(ERP、ISC、CRM、IPD 等),在整合企业内部流程和信息资源基础上,进一步向上游的供应商和下游的客户扩展,打通与上下游的信息流、资金流和物流,从而改善沟通效率和服务质量,大幅度降低交易成本、库存成本、生产成本和采购成本,通过全球化资源配置,提高竞争优势,这构成了美国 B2B 电子商务发展的主流模式,例如戴尔(DELL)、UPS、沃尔玛、思科等企业的电子商务系统的开发应用。美国网上零售市场 B2C 典型代表亚马逊,目前的业绩远超网上零售市场典型代表 eBay。同时,美国 B2C 发展也要好于 C2C。

我国电子商务服务业的发展,起源于 1999 年,以阿里巴巴为代表的电子商务服务平台的诞生为标志的。2003 年,中小企业电子商务交易平台服务商——阿里巴巴开始赢利,标志着中国电子商务服务业开始构造阶段。此后,以第三方交易与服务平台为代表的我国电子商务服务业创新十分活跃,电子商务综合性服务网站、行业性服务网站、面向个人的服务网站,以及提供支付、认证、信用和现代物流信息服务的电子商务服务商纷纷涌现。当当、卓越、阿里巴巴、慧聪、全球采购、中国化工网、淘宝网、eBay、支付宝、中国金融认证机构等电子商务服务商成为中国互联网企业中的佼佼者。

2007 年以来,随着我国电子商务的爆发式增长,电子商务服务需求急剧增加,我国电子商务服务业也进入了快速发展阶段。电子商务平台服务规模迅速扩张,标志着我国电子商务服务领域的专业化水平有了质的飞跃。截至 2010 年,已有来自 200 多个国家、超过 5600 万的会员使用阿里巴巴平台,平台上的企业商铺已超过 800 万,付费会员超过 100 万名。截至 2010 年年底,我国电子商务服务平台服务业已集成了信息、支付、物流、金融、IT 运营等多种服务,电子商务平台服务业的网络零售交易额已占网络零售的 90%,占全国社会消费品零售总额的比例超过 2.7%。

2019 年,商务部以习近平新时代中国特色社会主义思想为指引,全面贯彻党的十九大和十九届二中、三中、四中全会精神,以供给侧结构性改革为主线,贯彻新发展理念,努力适应数字经济发展新要求,扎实推进各项工作落实,推动电子商务高质量发展取得新进展。经过十几年的迅猛发展,在物流快递、在线支付和电子认证等服务业发展推动下,我国电子商务服务业已初具规模。我国电子商务服务业形成了涵盖交易平台服务、代运营服务、物流服务、信用服务、咨询服务、教育培训服务、数据基础服务、金融服务等门类不断专业细化的庞大产业。

如果企业要开展电子商务,一般需经过"建立电子网站(包括注册域名、购买(或者租用)服务器、购买虚拟主机、制作网页等)、营销推广、流量转化、支付支持、物流服务及售后服务"等一系列技术性和专业性极强的活动才能实现。然而,电子商务服务业的兴起则意味着这一切都可以通过专业化的电子商务服务商提供的服务平台来完成,这样不仅大大降低了中小企业开展电子商务应用的专业技术门槛,简化了企业开展电子商务的复杂性,同时,还可以利用服务平台营造的良好环境和规模效应,降低企业营销成本,不断扩大企业销售,促进企业产品、营销和管理等各种创新。

由上述可知,电子商务服务业的发展对促进社会经济交易成本的降低,促进社会分工协作和服务创新,提高社会资源配置的效率和优化等方面,都具有十分积极的意义,并成为促进电子商务应用和创新发展的重要基础支撑性行业,成为推动国民经济增长的新引擎。

3. 企业、消费者和社会组织

企业(商家)、消费者(客户)及相关社会组织都是电子商务活动参与的主体。通常对于消费者来说,只需接入互联网就可参与网上交易活动。而对于企业来说,它不但需要连接上网,而且作为交易主体,它还需为其他参与交易方提供相应的服务和支持。如提供产品信息的查询服务、在线订购服务、商品配送服务、支付结算服务、售后服务等。因此,企业要开展网上交易,应当首先建设好自己的电子商务应用系统。

图 7.3 所示为一个基于 Internet 的企业电子商务系统主要技术构成框架结构图。由图 7.3 可见,企业电子商务系统由基于 Intranet 的企业信息系统、企业电子商务 Web 站点,以及相关的管理人员等要素组成。为方便企业同业务联系紧密的合作伙伴进行信息资源共享,同时又保证交易的安全,在企业内网与互联网之间,可通过防火墙来控制非法人员进入企业内部网络系统,只有那些经过授权的用户才可以进入企业内部网。

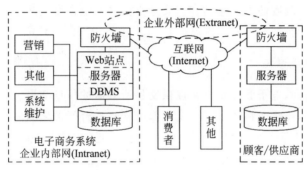

图 7.3　企业电子商务系统主要技术构成框架图

在基于 Internet 的电子商务交易中,参与交易活动的还需要有银行、认证机构、物流公司等相关的社会组织机构提供的服务支持。银行可为网上交易提供在线支付服务。认证机构(certificate authority,CA)作为第三方中立机构,可以为交易双方提供安全认证服务。物流公司则可以提供交易的实物运输与配送服务。图 7.4 显示了电子商务系统中以上各方参与者的相互联系。此外,还需要有相关政府主管部门、行业协会组织、教育科研机构等社会组织来研究电子商务的发展规律,制定与电子商务相适应的政策法规,开展电子商务人才培养教育等,以促进和保障全社会电子商务及电子商务服务业的良性发展。

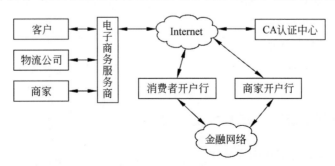

图 7.4　电子商务系统中各角色的联系图示

4. 物流配送系统

一个完整的电子商务系统,如果没有高效的实物配送物流系统支撑,是难以维系交易顺利进行的。物流系统主要具有包装、运输、存储保管、装卸搬运和流通配送以及相关信息处理等基本功能。随着电子商务的蓬勃发展,迫切需要建立一个高效快捷的"第三方"社会化物流系统。因此,现代化的物流产业发展对电子商务发展具有重要的支撑作用,它是目前社会各方都十分看好的朝阳产业。

5. 支付结算系统

支付结算是网上交易完整实现的重要一环,关系到购买者是否讲信用,能否按时支付;销售者能否及时回收资金,促进企业经营良性循环等问题。因此,网上在线支付结算系统是高效完整电子商务交易过程的重要组成部分。但当前电子虚拟市场尚处在初级发展阶段,相关的市场规则还不完善,同时,安全支付技术也在发展之中。因此,目前网上支付还存在诸多安全问题。

6. 电子商务环境系统

与传统市场一样,电子商务系统在提供交易所必需的信息交换、支付结算和实物配送等基础服务的同时,还将面临使用信息技术作为交易平台所带来的一系列新的问题,如信息安全问题、身份识别问题、信用问题、相关法律问题、隐私问题、税收问题等。此外,网络基础设施的完善和相关信息技术的发展、企业信息化水平、消费者的购物习惯、政府对电子商务的引导推进措施及相关政策等,都是与电子商务发展密切相关的环境建设问题。

例如,互联网是一个跨国界的网络,建立在其上的电子商务活动必然也具有跨国界的特点,如果各个国家按照自己的交易规则和方式运作电子商务,势必会阻碍电子商务在本国乃至世界的发展,所以有必要建立一个全球性的电子商务标准和规则,以保证电子商务的顺利实施。

又如,法律维系着商务活动的正常运作,违规活动必须受到法律制裁。电子商务活动有其独特性,买卖双方很可能存在地域法律法规的差别,如果没有一个成熟的、统一的法律体系进行仲裁,交易之间的纠纷就不可能得到妥善解决。如何保证授权商品交易的顺利进行,如何有效遏止侵权商品或假冒商品的销售,如何有力打击违法违规交易行为等,这些都决定了电子商务活动能否顺利地开展。

因此,电子商务的应用和发展是一项社会性的系统工程,它还需要技术、经济、法律、政策等相关宏观环境的建设、完善和支撑。

7.2.2　电子商务系统主要技术构成层次

1. 电子商务系统的技术构成层次

如上所述,电子商务系统是在技术标准体系和国家宏观政策、法律法规等社会人文环境的两大支柱体系支持下,应用计算机技术、网络与通信技术、安全技术、数据库技术、电子支付技术、电子数据交换技术等多个要素构成的一个复杂系统。

从技术上来说,电子商务系统由 3 个层次技术构成,如图 7.5 所示。

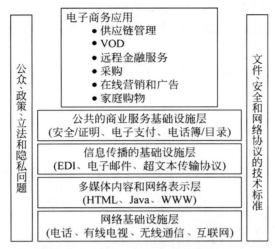

图 7.5 电子商务系统技术构成框架

(1) 网络平台层。网络平台层位于电子商务系统技术构成框架的底层。它是电子商务的信息传输的平台和用户接入的环境,由各种各样的网络基础设施,信息传输与表达技术(如多媒体技术)以及相关的信息网络传输协议等技术构成。

(2) 公共服务平台层。公共服务平台层位于电子商务系统技术构成框架的中层,是所有参与电子商务交易的企业、客户等各方都会用到的服务管理功能,例如认证机构(CA)、支付网关、客户服务中心和商品目录/价目表等服务。

① 认证机构。认证机构(CA)是电子商务应用系统中权威公正的第三方机构,主要为参与电子商务活动的企业、个人和组织提供数字证书(digital certificate),并通过加、解密方法实现网上安全的信息交换与安全交易。

② 支付网关。支付网关是 Internet 与金融网连接的接口,支付信息必须通过支付网关才能进入银行支付系统。支付网关主要完成两者之间的通信、协议转换和进行数据加密、解密等工作,以保护银行专用网的安全。

③ 客户服务中心(又称呼叫中心)。它与传统的呼叫中心的区别是,它不仅支持电话接入方式,而且支持 Web、E-mail、电话和传真等多种接入方式;此外,客户服务中心与传统意义上由企业独立建设和运作的客服中心不同,是由 ISP 统一建设的客服管理系统,即是一种向客户提供咨询和服务的公共服务平台,企业可以申请租用其中的"客服席位",例如淘宝的阿里旺旺,京东的在线客服等系统。客户服务中心的出现,大大简化和方便了中小企业开展电子商务。

(3) 电子商务应用服务层。电子商务应用服务层位于电子商务系统技术构成框架的高层,是在上述两层之上建立的各种电子商务应用及服务系统,如供应链管理、VOD(视频点播)、远程金融服务、采购、在线营销和广告、家庭购物等。

2. 一般电子商务应用系统的主要技术构成

（1）硬件逻辑层次结构。不同的电子商务应用系统，尽管其技术系统的体系结构和涉及的技术内容会各有不同，但目前其基本结构一般是建立在3层分布式体系结构上的，即客户端服务层（即数据表示层或用户界面层）、业务逻辑层（即业务服务和其他"中间"服务层，该层是实现电子商务系统功能的应用程序的核心与主体）、数据服务层（即数据存储层）。图7.6所示是一个常用的基于 Web 的三层电子商务应用系统硬件技术架构模型。

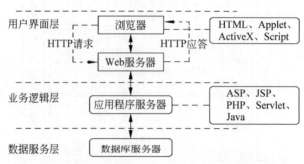

图 7.6　基于 Web 的 3 层应用系统硬件技术模型

① 客户端服务层。客户端服务层基于 Web 的 3 层系统结构的客户端，主要由浏览器和 Web 服务器构成用户界面层。

- 浏览器。Web 浏览器最基本的功能是解析 HTML 文档，并把它以正确的格式显示在用户的计算机上。此外，浏览器还可运行和显示用 Java、ActiveX 以及脚本语言（如 VBScript、JavaScript 等）创建的应用、程序、动画等。

- Web 服务器。Web 服务器负责响应浏览器请求，在指定位置查找所需要的信息或资源，并将其发送给浏览器。Web 服务器软件在主机上安装运行，如微软的互联网信息服务器（IIS）、网络通信服务器（CS）等。

② 业务逻辑层。业务逻辑层主要由应用服务器和运行其上的业务处理应用程序构成，这些应用程序负责处理商业逻辑和规则等功能的实现，如订单管理服务、支付服务等。

③ 数据服务层。数据服务层主要由数据库服务器和存储其上的数据库系统构成。负责系统的数据存储与管理。

由于3层体系结构具有标准性强、管理和使用方便、容易与大部分现有系统兼容或易于集成，具有可扩展性和可移植性等优点。因此，在电子商务应用系统中被广泛采用。

（2）软件逻辑结构模型。电子商务应用系统的软件通常可分为前台网页信息发布和后台管理系统两大部分。前台电子商务网页是为客户提供产品浏览、查询、订购以及与企业联系等功能和服务的；后台管理系统则是供企业内部管理和业务人员使用的，主要是帮助他们对整个网站系统的数据信息进行维护和业务管理等处理活动。图7.7显示了电子商务应用系统软件一般功能组成及逻辑结构模型。

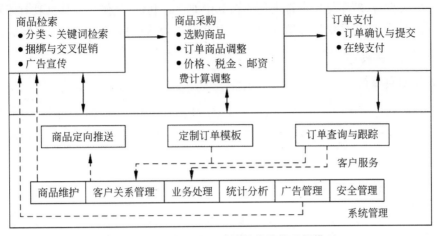

图 7.7　电子商务应用系统软件结构逻辑模型

7.3　电子商务安全

7.3.1　电子商务安全基本要求

安全问题是电子商务实施中的一个瓶颈,它既是技术问题,也是管理问题。依照目前技术发展的水平,还不能完全解决电子商务活动中存在的安全问题。电子商务的安全涉及计算机网络安全和商务安全两大方面。计算机网络安全,是指网络设备、网络系统和网络数据库等网络设备及软硬件本身可能存在的安全问题。商务安全,是指为了保证交易过程中信息的保密性、可鉴别性、防止篡改性和不可抵赖性,消除信息被窃取、篡改和假冒等隐患而采取的管理手段和措施。

因此,为了保证电子商务交易活动的安全,要求满足如下几个基本条件。

1. 信息的真实性和完整一致性

信息的真实性和完整一致性保证,是指信息在传输和存储过程中,应保持信息从发出到接收的完全一致,防止被他人非法修改、删除。

2. 信息的安全保密性

信息的安全保密性是指信息在传输和存储过程中,一方面应防止机密信息被泄露或被非法用户窃取使用或重放(指只能使用一次的信息被多次使用);另一方面应防止信息被破坏。例如,由于硬件或软件故障可能导致信息在传递和存储过程中丢失或出现错误或者被黑客、病毒等恶意程序攻击而造成的信息破坏等。

3. 交易者身份的真实性

交易者身份的真实性,一是指应保证参与交易各方身份的真实,避免有第三方可能假冒其中一方的身份,破坏交易正常进行或在其中非法牟利;二是使交易信息具有不可否认性或不可抵赖性,即交易信息发送方和接收方都不能否认或抵赖自己发送或接收信息的真实性。

4. 系统的可靠性

系统的可靠性是指应防止系统因硬件失灵、软件错误及其他不可抗拒突发因素(如自然灾害、电力系统故障等),造成系统损坏、瘫痪、失效等故障,以保证电子商务活动的正常可靠进行。

7.3.2 电子商务安全技术

在电子商务实施中采用的主要安全技术有加密技术、认证技术、虚拟专用网络(VPN)、防火墙技术等。

1. 加密技术

(1) 加密技术的概念。加密技术是实现信息保密性的一种重要的手段,其目的是为了防止合法接收者之外的人获取系统中的机密信息。信息加密就是采用数学方法对原始信息(通常称为"明文")进行再组织,使得加密后在网络上公开传输的信息内容对于非法接收者来说成为无意义的信息(加密后的信息通常称为"密文")。而对于合法的接收者来说,因为其掌握正确的密钥,可以通过解密过程得到原始数据(即"明文")。由此可见,在加密和解密的过程中,都要涉及信息(明文、密文)、密钥(加密密钥、解密密钥)和算法(加密算法/解密算法)这 3 项内容。一条信息的加/解密传递过程如图 7.8 所示。

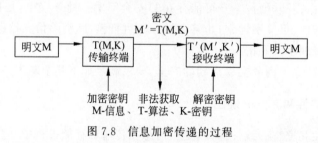

图 7.8 信息加密传递的过程

由此可见,在网上传递的经过加密的信息如果被非法接收者捕获,仍是比较安全的。因为要想在没有密钥和解密算法的前提下恢复明文或者读懂密文是非常困难的,其困难程度取决于加密算法的复杂程度以及密钥的长度。

(2) 密码体制的分类。按加密密钥和解密密钥是否相同,可将现有的加密体制分为对称加密体制和非对称加密体制两种。

① 对称(或单钥)加密体制。这种体制的加密密钥和解密密钥相同,其典型代表是美国的数据加密标准(data encryption standard,DES)。该加密算法的原理是将明文分成固定长度的组(块)(例如每 64 位为一组),用同一组密钥和算法对每一块加密,输出也是固定长度的密文,同时还采用一些精心设计的置换和迭代,最终产生每块 64 位的密文。

对称加密算法的优点是效率高,即可用较短的密钥长度、较简单的算法和较少的系统投入实现较好的加密效果。

对称加密算法的缺点是对称密钥的安全传递问题;对于每一个不同的合作者都需要使用不同的密钥,使得密钥难以管理;不能提供信息完整性的鉴别;无法验证发送者和接收者的身份。

② 非对称(双钥或公钥)加密体制。这种体制的加密和解密的密钥不同。其中一个(公开密钥)加密报文,而用另一个(私有密钥)解密报文。其中公钥是公开的,可发表在任何一篇可供人们阅读的文章中;而私钥是保密的,最典型的代表是 RSA 算法。

RSA 算法过程如下。

① 选择两个足够大的素数 p 和 q;

② 计算 $n=p*q$ 和 $z=(p-1)*(q-1)$;

③ 选择一个与 z 互质的数 d;

④ 找出 e,使得 $(e*d)$ MOD $z=1$,其中 MOD 表示取模运算;

⑤ 设消息为数 M,则加密过程为 $C=(M*e)$ MOD n,解密过程为 $M=(C*d)$ MOD n;

⑥ 公开密钥由 (e,n) 组成,私有密钥由 (d,n) 组成。

例如,利用 RSA 算法对字符串"SUZANE"进行加密和解密。

① 选择 $p=3$ 和 $q=11$,得出 $n=p*q=33$,$z=(p-1)*(q-1)=20$;

② 由于 7 和 20 没有公因子,因此取 $d=7$;

③ 解方程 $(7*e)$ MOD $20=1$,可得出 $e=3$;

④ 由 $C=(M*3)$ MOD 33 可得出明文 M 的密文 C;

⑤ 接收者根据私有密钥 $(7,33)$ 解密,则得出密文 C 的明文 M。其中 (e,n)、(d,n) 二者选一个作为公钥,另一个作为私钥。

加密和解密过程如表 7.1 所示。

表 7.1　加密和解密过程示例

明文	数值(M)	M^3	$C=M^3$ MOD 33	C^7	$M=C^7$ MOD 33(数值)	明文
S	19	6859	28	13492928512	19	S
U	21	9261	21	101088541	21	U
Z	26	17576	20	128000000	26	Z
A	01	1	1	1	1	A
N	14	2744	5	78125	14	N
E	05	125	26	8031810176	5	E

公钥加密体制的优点是密钥分配简单,密钥的保存量少,可以满足互不相识的人之间进行私人谈话时的保密性需求,可以完成数字签名和数字鉴别。

公钥加密体制的缺点是使用较长的密钥,加重了系统的负担。

(3) 公钥基础设施(public key infrastructure,PKI)。PKI 是一种密钥管理平台,它

能够为所有网络应用透明地提供采用加密和数字签名等密码服务所必需的密钥和证书管理，认证机构、证书库、密钥备份及恢复系统、证书作废处理系统、客户端证书处理系统是构建 PKI 必须具备的五大系统。

PKI 支持 SET、SSL、IP over VPN、S/MIME 等协议，其加密部分一般采用 128 位对称加密算法，数字签名部分采用 1024 位非对称加密算法。从体系结构来看，PKI 采用证书管理公钥，通过认证机构把用户的公钥和用户的名称、E-mail 地址、身份证号等其他信息捆绑在一起，用于在互联网上验证客户的身份。PKI 支持不同认证机构间的交叉认证，并能实现证书、密钥对的自动更换。

2. 认证技术

(1) 数字签名(digital signature)。数字签名是通过对文件进行摘要、加密来实现确认信息发送者和防止假冒篡改等功能的，其作用与书面签名类似。

数字签名必须保证以下 3 点。

① 接收者能够核实发送者对报文的签名。

② 发送者事后不能抵赖对报文的签名。

③ 接收者不能伪造对报文的签名。

使用公钥密码技术就可以实现数字签名。发送方 A 用其不公开的解密密钥(Akd)对报文 M 进行运算，将结果 $D(M, \text{Akd})$ 传给接收方 B。B 用 A 的公共密钥(Ake)对接收到的内容进行运算，得出结果 $E(D(M, \text{Akd}), \text{Ake})$，也即 A 发送的报文 M。因为除了 A 以外没有人能拥有 A 的解密密钥，所以除了 A 以外就没有人能产生密文 $D(M, \text{Akd})$ 了，这样就表示报文 M 被 A 电子签名了。

如果 A 抵赖曾发报文给 B，B 就可以将 M 及 $D(M, \text{Akd})$ 出示给第三方(仲裁方)。仲裁方可以很容易地用密钥 Ake 验证 A 确实发送消息 M 给 B 了，从而使 A 无法抵赖。反过来，如果 B 将 M 伪造成 M'，则 B 不能在仲裁方面前出示 $D(M', \text{Akd})$，从而证明 B 伪造了报文，可见数字签名也同时起到了验证信息完整性的作用。

由这个过程可以看出，以上处理仅对报文进行了数字签名，并没有对报文进行加密。因为任何一个截获到 $D(M, \text{Akd})$ 的人都可以利用公开的加密密钥得到原始报文 M。所以，在这种传输系统中，通常会使用两套密钥，一套用于数字签名，另一套用于加密。

(2) 数字证书(digital identifier)。数字证书也称为数字标识或数字凭证，是由专门的发放机构(认证机构)颁发的用户的身份证明。数字证书提供了一种在互联网上验证个人或组织身份的方式，可用来保护数据或建立安全的网络连接。

数字证书的使用机制是基于公钥(PKI)的一种认证或鉴别系统。它发给客户的数字证书有两份，一份含有私钥，它将与用户的计算机系统集成在一起；另一份含有公钥、用户身份相应权限授权以及发证机构的数字签名等。任何一个认证机构的通信一方，都可以通过验证对方数字证书上的认证机构的数字签名来建立起与对方的信任关系，并且获得对方的公钥以备使用。

数字证书使用数字形式的特殊文档在计算机间传递。数字证书可分为个人数字证书、服务器数字证书、软件数字证书 3 种类型。

在上述 3 种数字证书中，前两者最为常用，第 3 种用于较特殊的场合。数字证书可以用于电子邮件、电子贸易、访问安全站点、网上银行交易等。

（3）认证机构（certification authority，CA）。在电子交易中数字证书的发放需要有一个具有权威性和公正性的第三方来完成。认证机构就是提供交易双方身份认证并保证交易安全进行的第三方服务机构，它承担网上安全电子交易认证服务、能签发数字证书、并能确认用户的身份。认证机构通常是企业性的服务机构，主要任务是受理数字证书的申请、签发及对数字证书的管理。认证机构依据认证服务业务规则（certification practice statement，CPS）来实施服务操作。概括地说，认证机构的主要功能有证书的颁发、证书的更新、证书的查询、证书的归档、证书的作废，以及密钥的备份与恢复等。

3. 虚拟专用网络技术

虚拟专用网络（virtual private network，VPN）是专用网络在公共网络上的扩展。VPN 通过私有隧道技术在公共网络上仿真一条点对点线路，从而达到安全传输的目的。从用户的角度来看，VPN 就是用户计算机即 VPN 客户机和 VPN 服务器之间点对点连接，由于数据通过一条仿真专线传输，用户感觉不到公共网络的实际存在，能够像在专线上一样处理内部信息。VPN 的功能包括数据封装、认证、数据完整性和合法性验证、数据加密、密钥管理、地址管理等。

4. 防火墙

防火墙是设置在用户网络和外界之间的一道屏障，防止外界对用户网络的破坏。防火墙在开放和封闭网络的界面上构造一个保护层，属于内部管理范畴，依照协议在授权许可下进行，外部对内部网络的访问则受到防火墙的限制，防火墙功能的实现可以有软硬件两种方式。

电子商务应用系统的数据传输都通过网络平台进行，因此网络平台的安全性是保障整个应用安全的基础。通过防火墙可以保证内部网络的边界安全，就像御敌于国门之外。可以说，防火墙是保护电子商务及电子政务网络安全的第一道屏障。

一般来说，防火墙具有以下一些基本功能。

（1）过滤。对进出网络的数据包进行过滤，根据过滤规则决定哪些数据包可以进入，哪些数据包可以外出，封堵某些禁止的访问行为。

（2）管理。对进出网络的访问行为进行管理，决定哪些服务端口需要关闭，哪些服务端口可以开放。

（3）日志。记录通过防火墙的信息内容和活动，系统管理员可以查看和分析日志内容。

（4）报警。对网络攻击行为进行检测并告警。

5. 安全协议

为了保证信息传递的安全性，近年来，信息界和金融界一起推出了一系列安全性标准，主要有以下几种。

（1）安全超文本传送协议（S-HTTP）基于 SSL 技术对 HTTP 进行了安全性扩充，增加了报文的安全性。该协议向 WWW 的应用提供了完整性、鉴别、不可抵赖性及机密性等安全措施。

（2）安全套接字层（secure sockets layer，SSL）协议是由 Netscape 公司提出的，提供加密、认证服务和报文完善性管理。SSL 可用于 Netscape 公司的 Communication 浏览器和 Microsoft 公司的 Internet Explorer 浏览器。

（3）安全交易技术（secure transaction technology，STT）协议由 Microsoft 公司提出，可在 Internet Explorer 浏览器中使用。

（4）安全电子交易（secure electronic transaction，SET）协议由 Visa 和 Master Card 公司开发，得到了 IBM、Microsoft、Netscape 等公司的支持，其中包括交易协定、信息加密、资料完整管理、数字凭证、数字认证及数字签名等内容，已得到国际公认，成为事实上的工业标准规范。

7.3.3　电子商务安全管理

1. 常用安全管理措施

目前，电子商务已越来越紧密地将企业、客户、供应商、合作伙伴及其各种应用联系在一起，越来越多的人将会使用这些系统，而这些复杂的系统应用并不能完全依靠前面介绍的安全技术来进行防范，还应树立安全管理的思想，采用科学完备的安全管理控制措施，多管齐下才能保证电子商务交易的安全。常用的安全管理措施有认证（authentication）、授权（authorization）、审计（auditing）、管理（administration），即 4A 管理。

（1）认证。认证是对系统用户的身份进行认证。目前，大部分的系统都是采用"用户名＋密码"的方式来进行身份验证的，这种方法具有简单、方便的优点，但由于密码容易被网络监听、破解，从而带来不安全的隐患。除了密码认证外，还有认证卡、生物辨别技术等更先进的身份认证方式可以利用。

（2）授权。授权实质上是对用户环境中的重要服务器进行安全性加强，并改造操作系统的安全管理策略。例如，将超级用户的权限进行分化，设立安全管理员、应用操作人员以及安全审计员等多个角色，分别完成原本属于超级用户一个人的工作，并且能够保护系统的文件、数据和进程不被非法访问和中断，大大提高了系统的安全级别。

（3）审计。审计是记录下用户在该系统中进行了何种操作，并对各个安全管理功能收集的事件以及记录下来的安全日志进行安全综合评估分析。信息系统所有者和管理者必须意识到信息系统的安全正受到何种威胁，并能大致评估网络和应用系统中隐藏的风险，从而采取适当的措施提高信息系统的安全性。

（4）管理。在电子商务系统中，安全管理思想就是把有关用户、组、组织单元、整个组织，甚至事件与各种网络服务关联起来，既满足客户的各种需求，又无缝化系统和网络管理，即把网络作为一个整体来管理，把系统作为网络范围的服务或应用，给出端到端的解决方法、交叉域的管理解决方案，采用信息模型定义抽象的对象等方法，保证网络范围的安全性,消除人为管理的孤岛现象,在互操作方面实现数据的共享。

2. 安全策略

针对电子商务应用的需求以及存在的各种威胁,电子商务系统的安全防护必须采取多项安全措施和多种安全技术。常见的安全策略如下。

(1)通过防火墙保证内部网络的安全。防火墙是保护企业内网安全的第一道屏障,它能够阻止外界对内部网络的非法访问,防止内部网络机密数据的泄露,保证电子商务系统基础网络平台的安全。

(2)通过虚拟专用网络技术实现公网的安全信息传输。通过虚拟专用网络(VPN)通过私有隧道技术在公共网络上模拟一条点对点线路,从而达到安全传输的目的。电子商务系统需要通过互联网进行信息交流,而不仅仅是局限于某个局域网内的交流。为了防止黑客通过互联网窃取信息,可以采用 VPN 技术保证通过公网传递信息的安全,提供信息在公网上传输的安全性。

(3)建立入侵检测系统,阻止各种潜在威胁。入侵检测(intrusion detection)是指通过分析在计算机网络或计算机系统中的若干关键点收集的信息,发现网络或系统中是否有违反安全策略的行为和被攻击的迹象。

在电子商务网络中建立入侵检测系统,可以尽早地发现异常的网络访问行为,尽早地消除入侵。如果说防火墙是保证安全的第一道关卡,那么入侵检测系统则是保证内网安全的第二道关卡。

(4)通过加解密技术保证信息的机密性。防火墙技术和入侵检测技术主要是保证网络信息传输的安全性,而对信息内容本身的安全性的保证就要涉及加密、解密技术。在计算机通信中,采用密码技术将信息隐蔽起来,再将隐蔽后的信息传输出去,使信息在传输过程中即使被窃取或截获,窃取者也不能了解信息的内容,从而保证信息传输的安全。通过加/解密技术,可保证电子商务网络上传输信息的机密性、完整性、一致性和不可否认性。

(5)通过颁发数字证书和建立认证机构进行用户身份认证。数字证书是由认证机构颁发的身份证明。它提供了一种在互联网上验证个人或组织身份的方式,可用来保护数据或建立安全的网络连接。

认证机构是具有权威性、可信赖性和公正性的第三方机构。认证机构能签发数字证书、数字时间戳及各种授权的服务,并能鉴别用户身份,因此认证机构可以承担网上安全电子商务的认证服务。认证机构通常是营利性商业机构,由一套运营设施和人员组成。

3. 电子商务系统整体安全解决方案框架

电子商务系统的安全目标是防止来自外部和内部的各种入侵和攻击,防止非授权的访问,防止各种冒充、篡改和抵赖行为,防止信息泄密和破坏。建立电子商务系统时必须考虑用户的各种需求,综合各种安全技术,整合各种安全管理措施,采取"统一规划,分步实施"的总体战略,实现对电子商务与电子政务系统的总体安全防护。图 7.9 给出了电子商务系统的整体安全防护模型。

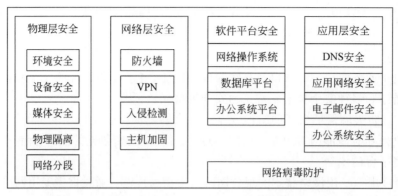

图 7.9　电子商务系统整体安全防护模型

　　电子商务系统的整体安全防护可以从物理层安全、网络平台安全、软件平台安全、应用层安全以及网络病毒防护等几个层面进行。其中,每个安全层面都可以采用相应的安全技术。

7.4　电子商务网上支付系统

　　电子商务网上支付是指参与交易者使用安全的电子支付手段,通过 Internet 进行货币支付或资金流转的活动。它是一种建立在金融电子支付系统基础上的、主要依托 Internet 的实时支付转账方式。在电子支付系统中,货币以二进制数据形式存储在银行的计算机系统中,并通过计算机网络系统以电子信息形式传递实现流通和支付。电子支付系统的功能是实现实时的付款交易活动,当顾客在浏览器上单击"付款"按钮后,支付过程通过该系统自动完成。

7.4.1　网上支付系统基本构成

　　电子商务网上支付系统主要包括活动参与主体、支付方式和工具以及遵守的支付协议等几部分。电子商务活动参与主体包括客户、商家、银行和认证机构等。
　　网上支付系统的基本构成如图 7.10 所示。

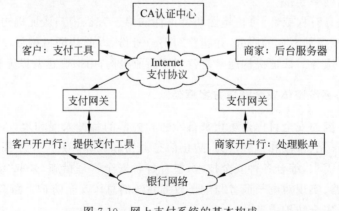

图 7.10　网上支付系统的基本构成

（1）客户。客户是电子商务交易中负有债务的一方。客户可使用支付工具进行网上支付，是支付系统运作的原因和起点。

（2）商家。商家是交易中拥有债权的一方。商家可根据客户发出的支付指令向金融体系请求资金入账。

（3）银行。银行要为电子商务网上在线支付提供相应的转账、支付、清算等业务支持。电子商务的各种支付工具都要依托于银行信用。没有信用便无法运行。作为交易参与方的银行系统会涉及客户开户行、商家开户行、支付网关和银行专用网等几方面。

① 客户开户行。客户开户行是指客户在其中拥有账户的银行，客户拥有的支付工具一般是由开户行为其提供的。客户开户行在提供支付工具的同时，也提供了银行信用，保证支付工具的兑付。在信用卡支付系统中客户开户行又称为发卡行。

② 商家开户行。商家开户行是指商家在其中拥有账户的银行。商家将客户的支付指令提交给其开户行后，就由商家开户行进行支付授权请求以及银行间的清算工作。商家开户行是依据商家提供的合法账单（客户的支付指令）进行工作，因此又称为收单行。

③ 支付网关。支付网关是 Internet 与银行专用网之间的接口，支付信息必须通过它才能进入银行支付系统，进而完成支付的授权和获取。支付网关的主要工作是完成两者之间的通信、协议转换和进行数据加密解密，以及保护银行专用网的安全等。

（4）认证机构。认证机构的职能是为参与电子商务交易的各方（包括客户、商家与支付网关）发放数字证书，以确认各方身份，保证网上支付的安全性。认证机构必须对参与者的资信状况加以确认，因此也离不开银行的参与。

（5）支付协议。支付协议的责任是保证支付信息在 Internet 公共网上传输的安全。其中比较著名的是安全电子交易（SET）协议和安全套接字层（SSL）协议。

7.4.2　网上支付工具及基本流程

网上支付面临的首要问题是，客户以什么作为支付凭据来证明自己对支付对象的支配权，即为支付工具问题。目前在网上支付系统中，常用的支付工具主要有网上银行、第三方支付和储值卡支付等电子货币形式。每一种支付工具都代表着一种不同的网上支付解决方案。

1. 网上银行支付

网上银行又称为网络银行、电子银行、在线银行，是指银行通过 Internet 向客户提供开户、销户、查询、对账、行内转账、跨行转账、信贷、网上证券、投资理财等服务项目，使客户可以足不出户就能够安全便捷地办理存款管理、转账支付、信用卡及个人投资管理等业务。确切地说，网上银行是 Internet 上的虚拟银行柜台。

网上银行的功能一般包括银行业务、商业服务以及信息发布等方面。

（1）银行业务。银行业务是指银行通过信息网络提供的金融服务，包括传统银行业务和因信息技术应用带来的新兴业务。主要包括个人银行、对公业务（企业银行）、信用卡业务、多种付款方式、国际业务、信贷及特色服务等功能。例如，中国建设银行的网上银行可以在线提供所有的传统银行服务，客户在登录网银后可查询管理的账户种类包括龙卡通账户、理财卡账户、财富卡、私人银行卡、陆港通龙卡、准贷记卡账户、定期一折(本)通账户、信用卡账户、一户通账户、零存整取账户、整存整取账户、定活两便账户、活期储蓄一折/卡通账户、公积金账户、贷款账户、社保账户、企业年金账户等。

(2)商业服务。商业服务主要包括投资理财、融资理财、投资银行、资金清算、资本市场、政府服务等功能。银行通过网上投资理财服务,更好地体现了以客户为中心的服务策略。投资理财可以有如下两种方式。

① 客户主动型方式。该方式的客户可以对自己的账户及交易信息、汇率、利率、股价、期货、金价、基金等理财信息进行查询。

② 银行主动型方式。该方式的银行可以把客户服务作为一个有序进程,由专人跟踪,进行理财分析,提供符合其经济状况的理财建议、计划及相应的金融服务。

(3)信息发布。通过 Internet 发布的公共信息主要包括国际市场外汇行情、对公利率、储蓄利率、汇率、国际金融信息、证券行情以及银行的历史背景、机构设置、经营状况、业务品种、国内外经济金融信息、新闻信息等。通过发布信息,为客户提供有价值的信息,更重要的是起到宣传广告的作用,使客户更深入地认识银行,了解银行的业务品种和经营状况,同时通过了解各项业务的规章制度,为客户办理业务提供方便。

2. 电子支票支付方式

电子支票是完全电子化的支票形式,它是一种借鉴纸质支票转账支付的优点,利用计算机网络传递经付款人私钥加密的、写有相关信息的电子文件,进行资金转账的电子付款形式。多数使用公用关键字加密签名或个人身份密码(PIN)代替手写签名。利用电子支票,可以使支票支付业务和全部处理过程实现电子化。

网上电子支票支付的业务流程如下。

(1)客户到银行开设支票存款账户,存入存款(此步骤也可通过网上银行实现),申请电子支票的使用权。

(2)客户开户行审核申请人资信状况(如存款是否充足、有无欺诈记录等),开户行发放电子支票生成软件,赋予客户使用电子支票的权利。电子支票上有银行的数字签名。

(3)顾客在网上购物支付时,使用电子支票生成器和开户行发放的授权证明文件生成此笔支付的电子支票,一同发往商家。

(4)商家将电子支票信息通过支付网关发往收单行请求验证,收单行将通过金融网络验证后的信息传回商家。其中收单行做出验证记录以便据此为商家入账,客户开户行做出确认记录以便据此转账(甚至可暂时"冻结"此笔款项,以防止欺诈和其他商业纠纷)。

(5)支票有效,商家则确认客户的购货行为,并组织送货。

(6)在支票到期日前,商家将支票向收单行背书提示,请求兑付。商家可以积累一定数量的电子支票进行批量处理。在背书的过程中生成"数字时间戳"以及其他背书标志,以防止商家利用支票复制文本而多次背书欺诈。收单行根据上一步的验证信息确定是否接受背书,背书成功则发送完成消息返回商家。

电子支票的即时认证功能加快了交易的速度,保障了交易的安全,减少了支票处理的时间成本与财务成本,对电子支票丢失或被盗的挂失处理也方便有效得多。票据交换所的加入在很大程度上降低了电子支票的处理成本,提高了整个电子支票支付系统的运行效率。所有这些优点使得电子支票系统具有很强的生命力,十分适合在 B2B 电子商务活动的网上支付。

3. 电子货币支付方式

电子货币(electronic currency)又称电子现金(electronic cash),是一种以数字形式流通的货币。它把现金数值转换成为一系列的加密序列数,通过这些序列数来表示现实中各种金额的币值。它通常具有纸基现金的货币价值、可交换性、可存储性和可重复性等属性和多用途、匿名性、使用灵活及快速简便,可以满足及时支付要求等特点。由于其存在的方式是电子的,在"网络社会"进行存储、传送和处理十分方便。电子货币可以直接完成收款人和付款人之间的收付,无须银行的参与,从而可以有效降低处理成本,使其在小额支付方面拥有一定的优势。

(1) 电子货币种类。电子货币目前主要有两种常用形式,一是 IC 卡(integrated circuit card,集成电路卡)形式的电子货币;二是硬盘数据文件形式的电子货币。

① IC 卡形式的电子货币。IC 卡形式的电子货币是一种需要新硬件(如读卡器等)支持的电子货币支付方式。它将货币金额数值存储在 IC 卡中,当向卡内存入或支出货币时,就会改写卡内的余额。IC 卡形式的电子货币除了与银行账户之间的资金转移之外,其余操作均可独立完成,不用与银行发生任何联系,从而保证了其分散匿名性和离线操作性。IC 卡形式的电子货币具有容易携带、能够进行信息存储、具有安全密码锁等性能,是一种较为普及的电子货币形式。

② 硬盘数据文件形式的电子货币。硬盘数据文件形式的电子货币是一种需要软件(如客户端的电子钱包软件等)支持的电子货币支付方式。它用一系列的加密序列数据文件(即按一定规则排列的一定长度的数字串)作为代表纸币或辅币所有信息的电子化手段。它虽然具有使用灵活、匿名、快速简便等优点,但由于它具有易复制等缺点,其安全性不高。

(2) 电子货币网上支付的流程。

① 客户用现金或银行存款向发行机构申请兑换电子货币。现金直接交付,银行存款则通过金融专用网由客户开户行的存款账户转入发行机构的账户中。发行机构则将同等金额的货币数据输入客户的计算机中或智能卡中。其中,客户计算机上的电子钱包是管理电子货币的软件或硬件设备。

② 客户持电子货币进行网上购物,将电子货币货款金额转移到商户的电子钱包中。

③ 商户验证电子货币的数量及真伪(若为硬盘数据文件型电子钱包,则通过与发行机构的连线进行联机操作验证;若为智能卡型电子货币,则由电子钱包验证,可离线操作),向客户组织发货。至此,交易与支付就完成了,交易效率很高。

④ 商家向发行机构申请将一定量的电子货币兑换成存款账户。

⑤ 发行机构验证并收回电子货币,同时将等额的货币金额从自己的银行账户中转移到商家的银行账户中。

4. 第三方支付平台

高效的电子商务活动离不开电子支付,而传统的银行支付方式只具备资金转移功能,不能对交易双方进行约束和监督;另外,支付手段也比较单一,交易双方只能通过指定银行网站直接进行资金的划拨,或者采用汇款方式;交易也基本全部采用款到发货的形式。在整个交易过程中,对货物质量、交易诚信、退换等方面要求都无法得到可靠的保证;交易欺诈行为也时有存在。第三方支付平台则对上述问题提供了较好的改进方案。

第三方支付平台是指由具备一定实力和信誉保障的第三方独立机构,采用与各大银行签约的方式,提供支付交易支持的平台。在通过第三方支付平台的交易中,买方在选购商品后,使用第三方平台提供的方式和银行渠道进行货款支付,货款暂时存在第三方平台账户中,第三方平台通知卖家货款到达,卖家可以发货;买方收到商品后,检收没问题就可以通过第三方平台确认付款,这时,第三方平台再把货款转账给卖家。

因此,通过第三方平台支付交易的主要流程如下。

(1)客户在电子商务网站上选购商品,最后决定购买,买卖双方在网上达成交易意向。

(2)客户选择通过第三方平台作为交易支付中介,客户用信用卡将货款划到第三方账户。

(3)第三方支付平台将客户已经付款的消息通知商家,并要求商家在规定时间内发货。

(4)商家收到通知后按照订单发货。

(5)客户收到货物并验证后通知第三方。

(6)第三方将其账户上的货款划入商家账户中,至此交易完成。

第三方支付平台是电子支付方式的一个创新,它的出现主要体现了以下优势。

(1)较好地突破了网上交易的信用瓶颈,充当了商家与消费者之间的信用纽带,保障了电子商务交易的顺利进行。

(2)大大方便了消费者和商家在交易过程中的结算实现。第三方支付平台可以将多种银行卡支付方式整合到一个界面上,并由第三方平台负责在交易结算中与各个银行网络的业务对接,从而大大方便了消费者和商家在交易过程中的结算实现,使消费者和商家不需在多个银行开设不同的账户。这不仅降低了消费者网上购物和商家的运营成本,而且也帮助银行节省了支付网关的开发成本。

(3)可提供交易支付数据的增值服务。例如,提供商家实时交易额查询和交易数据分析,提供方便及时的退款和止付服务等增值业务。

中国最早的第三方支付企业是成立于1999年的北京首信股份公司和上海环迅电子商务有限公司。他们主要为B2C网站服务。目前,我国已经出现了数十个第三方支付平台,比较知名的有支付宝、银联商城、财付通、易支付、快钱、拉卡拉等。第三方支付目前已成为电子商务在线支付的主流方式。

当然,第三方支付还存在一些问题有待进一步解决。

(1)第三方支付平台从事的业务介于网络运营和金融服务之间,其法律地位尚不明确;当电子支付达到一定规模后,会对整个支付结算体系产生一定影响。

（2）第三方支付平台虽然为电子商务交易安全提供了一定信誉保障的增值服务,但其自身的信用和安全性还无法保证。

（3）第三方支付平台还可能会成为资金非法转移和套现的工具,因此,存在一定金融风险等。

7.5 电子商务物流系统的发展特征及趋势

物流是决定有形商品的网上商务活动能否顺利进行的关键环节之一,具体由一系列相互联系的物流活动来完成,其中包括运输、储存、配送、装卸、保管、物流信息管理等各种活动,物流是一个复杂的系统。物流环节被著名的管理学家彼得·德鲁克称为"一块经济界的黑大陆",具有极大的"利润创造空间"。物流系统的完善对推动电子商务发展具有举足轻重的作用。

1. 电子商务物流系统的发展特征及趋势

（1）物流服务社会化。物流服务社会化是指采用"第三方物流"服务模式既能使生产企业集中精力搞好核心业务,又能通过规模效应降低物流成本,大大提高了服务质量和客户满意度。

（2）物流信息化。物流信息化主要表现在物流信息采集的代码化、物流信息处理的电子化、物流信息传递的自动化、网络化以及物流信息存储的数字化等方面。在现代物流系统中,广泛使用条码、RFID、GPS等新技术以及电子订货系统、地理信息系统等信息系统来提高物流信息化的水平和运行效率。

（3）物流一体化。物流一体化指的是以物流系统为核心的供应链管理,即实现从订单信息传递到仓储、运输、配送、装卸、保管等物流信息的集成、共享与处理传递的自动化,目标是要使电子商务物流体系整体效益的最优。

（4）物流智能化。物流智能化是物流自动化、信息化的高级应用层次,用以解决物流管理中的各种相关决策问题。例如,运输线路与工具的优化配置问题,物流配送方案的优选,等等。

（5）物流服务国际化。物流服务国际化是指物流设施的国际化和物流服务的全球化,目标是按照国际分工协作的原则和国际惯例,利用全球化的物流网络、物流设施和物流技术及标准和规范,实现货物在世界各地的快速流动和交换,是未来物流服务系统发展的趋势。

2. 第三方物流系统

在传统生产经营方式下,物流管理大都由企业自己承担。但在电子商务条件下,随着网络技术的发展,世界经济全球化进程的加快,企业面对远距离、跨地区、跨国界的市场,就很难再完全依靠自己的力量来组织物流,随之而来的是物流的社会化和物流配送服务的全球化。目前,物流社会化的程度已成为衡量电子商务发展水平和企业市场竞争力的重要标志。

物流社会化的重要方式之一是"第三方物流"。第三方物流是运用现代信息技术建立起来的新型物流组织形式,其特点是物流服务由商品供需方之外的第三方提供。第三方并不参与商品的买卖,但提供整个流通过程的服务。第三方物流的提供与被服务方的企业之间通过合同形式建立起一种优势互补、合作共赢的战略联盟。

第三方物流能保证生产企业集中精力搞好核心业务,并通过规模效应降低成本,大大提高服务质量,增强企业的竞争力。据北美东北大学的一项调查显示,世界财富 500 强企业中 83% 与第三方物流企业有业务来往,其中 60% 拥有多家合作的第三方物流企业。可见,第三方物流是现代物流体系发展的一个十分重要的特征和趋势。

3. 物流系统信息化

为了使商品能够准确、快速、及时地到达,并满足用户的需求,作为中枢神经的信息流,起着指导整个电子商务活动中物流过程的正确运行和对市场做出积极反应的关键作用。由高技术支持的物流信息化是物流高效运作的重要基础。目前应用于物流领域的高科技除了电子数据交换技术和条码技术外,还有地理信息系统、全球卫星定位系统等。

例如,地理信息系统(geographic information system,GIS)是在计算机和通信网络的支持下,对空间数据进行采集、处理、查询、分析,动态地提供空间地理信息,为相关决策提供服务的信息系统。在物流管理中,运用 GIS 可以帮助建立物流网络模型、分配集合模型、车辆路线模型和设施定位模型,更好地为物流管理提供决策优化支持。

又如,在物流管理中可以利用全球定位系统通过卫星对汽车、铁路车辆、船舶、飞机等运输工具进行实时跟踪,掌握移动轨迹和商品配送情况的实时信息,为调度和最优路线制定以及客户查询等提供实时的服务。

本章小结

1. 电子商务的概念及分类

电子商务是指利用电子信息技术从事的各种商务活动。常见的分类方法是按参与交易的对象分类,主要有企业与企业间的电子商务(B2B)、企业与消费者间的电子商务(B2C)、企业与政府间的电子商务(B2G)以及企业内部电子商务等。

2. 电子商务的特点

电子商务的主要特点有全球性、直接性、均等性、较大风险性。

3. 电子商务系统构成

(1)基于 Internet 的宏观电子商务系统构成。它是在 Internet 信息系统基础上运行的,由参与交易的企业、组织和消费者以及提供实物配送和支付等服务机构要素构成的一个复杂系统,并且受到经济、政策、法律和技术等因素的影响和制约。

（2）电子商务应用系统的技术架构。从硬件结构上看，目前常用的 3 层分布式体系结构有客户端服务层（即数据表示层或用户界面层）、业务逻辑层（即业务服务和其他"中间"服务层，该层是实现电子商务系统功能的应用程序的核心与主体）、数据服务层（即数据存储层）。

从软件组成的功能上看，主要可分为前台网页信息发布和后台管理系统两大部分。前台电子商务网页是为客户提供商品浏览、查询、订购以及与企业联系等功能和服务的；后台管理系统是供企业内部管理和业务人员使用的，主要是帮助他们对整个网站系统的数据信息进行维护和管理等处理。

4. 电子商务基本安全性要求

为了保障电子商务的安全，对信息的真实性、完整一致性、安全保密性、交易者身份的真实性和系统的可靠性等有一些基本要求。

5. 电子商务主要采用的安全技术及管理措施

电子商务主要采用的安全技术有加密技术、认证技术、虚拟专用网络（VPN）、防火墙技术等。常用的安全管理措施有认证、授权、审计、管理（即 4A 管理）等。

6. 网上支付系统的基本构成

电子商务网上支付系统主要包括活动参与主体、支付方式和工具以及遵守的支付协议等几部分。电子商务活动参与主体包括客户、商家、银行和认证机构等。

常用的支付工具主要有银行卡、电子支票、电子货币和第三方支付平台等。每一种支付工具都代表着一种不同的网上支付解决方案并各有优缺点。

7. 电子商务现代物流

现代物流具有服务社会化、信息化、一体化、智能化和国际化的特征。物流社会化的重要方式之一是第三方物流。第三方物流是运用现代信息技术建立起来的新型物流组织形式，它并不参与商品的买卖，主要提供电子商务交易商品流通过程的服务。第三方物流可与被服务方的企业之间通过合同形式建立起一种优势互补、合作共赢的战略联盟。

习题 7

一、简答题

1. 什么是电子商务？它主要有哪些分类？何谓 O2O 类型的电子商务？
2. 试述电子商务对传统企业生产经营产生的影响。
3. 简述电子商务系统的构成。
4. 电子商务的基本安全性要求是什么？
5. 电子商务常用的安全技术有哪些？常用的安全管理措施及策略有哪些？

6. 常用的网上支付工具有哪些？并简要说明其支付流程和适用情况。

7. 物流管理信息系统的主要功能包括哪些？

8. 电商物流系统的发展趋势和特点有哪些？

9. 除了在线销售产品，电子商务还能帮助企业哪些事情？

二、讨论题

1. 以阿里巴巴、淘宝或京东等电子商务服务平台为例，说明其提供给企业或卖家的服务项目有哪些？并结合所学专业提出可以开发哪些新的电子商务服务项目计划？

2. 什么是第四方物流？第三方物流和第四方物流的区别与联系是什么？

3. 社交化电子商务的特点是什么？为什么社交化电子商务可以刺激消费者的购买意愿？

三、实践题

1. 由 2 或 3 人组成一个小组，以团队为单位在传统电子商务网站平台完成网上店铺的创建和装修，发布自己组织的商品（不少于 10 件），提交店铺网址链接，并写出本次实践的过程、收获和体会，说明网上开店需要具备的条件以及如何提高网店的浏览量和商品销售量。

2. 由 2 或 3 人组成一个小组，以团队为单位在社交化电子商务平台上发布短视频信息推广自己组织的产品，搜集平台的流量和留言信息。并写出本次实践的过程、收获和体会，说明社交化网上开店需要具备的条件以及与传统电子商务平台的区别与联系。

第8章

电子政务

本章学习目标

- 了解电子政务与社会信息化的关系。
- 了解电子政务的概念和特点。
- 了解电子政务系统的组成。
- 了解我国电子政务的发展和建设目标。

随着社会信息化进程的不断推进,大量的社会、经济、文化活动都开始在网上进行,这就要求相应的政府管理和服务活动也应运行于该信息平台上,以提升社会信息化的整体水平和效益。本章将介绍电子政务的特点、电子政务的基本模式、电子政务系统构成以及我国电子政务的发展概况及趋势。

8.1 电子政务概述

政府信息化是指通过在政务活动中广泛采用信息技术(即实施电子政务),促使政府信息资源得到更加有效的开发和广泛利用,并由此提升政府工作效率,提高政府的管理、服务水平,实现由传统政府向现代政府转变的过程。

电子政务是政府信息化的核心内容,也是社会信息化的重要组成部分。电子政务的发展将会对我国政府机构改革和管理效率的提升,乃至对整个社会经济的发展产生非常积极和重要的影响。同时,它对推进整个国民经济的信息化进程还有着十分重要的引导和推动作用。

本节首先从电子政务的概念介绍入手,使读者初步了解什么是电子政务,它与传统政务的不同之处,电子政务的特点和实施意义。

8.1.1 电子政务概念

20世纪90年代互联网的普及应用,对政府信息化的发展产生了重要影响,并推动了电子政务概念的形成。1992年,美国克林顿政府首先提出电子政务的概念,1997年以后受到世界各国重视,电子政务发展由此成为一个世界性潮流。

国内外有多种关于电子政务的提法,如电子政府、政府信息化、数字政府、网络化政府等。这些提法都从不同角度揭示了电子政务的概念和特征。但由于电子政务是一个综合性的概念,其内容十分广泛,人们对它的理解和认识还有待进一步深入。因此,目前还没有统一公认的电子政务定义。

综合国内外学者较有代表性的观点,我们将电子政务简单定义如下。

电子政务是指借助计算机和网络通信等信息技术进行的各种政务活动的总称。电子政务是政府信息化的手段和内容。

实施电子政务的目的是要实现政府组织机构和工作流程的优化与重组,以向社会提供全方位优质高效、透明、规范的管理和服务,促进政府由传统政府向现代政府发展演变。

由于电子政务是信息技术与政务活动的结合体,所以其外延在很大程度上取决于对政务活动的定义。政务活动有广义和狭义之分。广义的"政务"泛指各类行政管理事务,包括党委、政府、人大、政协、军队等系统从事的行政管理活动;狭义的"政务"则专指政府部门的管理和服务活动。我国电子政务虽然是在广义范围进行的,但本章讨论的电子政务主要是针对狭义的政务活动展开的。

8.1.2 电子政务与传统政务特征比较

1. 存在的形态不同

传统政务是在工业经济时代环境中运行的,而电子政务则是在以信息和知识为基础的后工业经济或新经济环境中运行的。传统意义上的政府是一个实体的政府,而电子政务出现以后,将形成一个虚拟的政府,并使实体的政府与虚拟的政府融为一体。电子政务的最大价值在于它的虚拟性。因为虚拟性将改变传统政府存在的形态,使政府活动不再受时空局限,并可"7×24 小时"的全天候运行。

2. 手段不同

信息资源的数字化和信息交换的网络化,是电子政务与传统政务的一个重要区别。传统政务的办公模式,主要依赖于纸质文件作为信息传递的媒介,工作效率低下。电子政务应用现代信息技术进行办公,政府部门之间及政府与社会之间通过电子化渠道进行沟通,人们可以随时传递、交换和共享各种信息,这不但极大地加快了信息交换的速度,而且也大大提高了政府部门的办事效率。

3. 行政业务流程不同

实现行政业务流程的集约化、标准化和高效化是电子政务的核心,是其与传统政务的重要区别。传统政务由于采用垂直化分层结构,机构设置和管理层次多,这样,一方面使得决策层与执行层之间的信息沟通速度较慢,信息失真率高,常会使高层行政意志在基层贯彻落实过程中出现不同程度的偏离,从而影响了政府行政职能的有效发挥。另一方面还造成了政府机构臃肿膨胀、行政流程复杂、办事效率降低等不良后果。电子政务由于采用了电子化网络化的信息传递手段,可以使政府组织结构扁平化,适度地减少管理层次,拓宽管理幅度,这样不但可以保证信息传递的高效、快捷,也降低了行政成本,大大提高信息传递的准确性和利用率。电子政务还可以使行政流程尽量优化和标准化,使大量常规、例行的事务程序化与电子化,这样既可以减轻政府部门工作人员的劳动强度,又可以使政府内部的领导层与执行层之间、各职能部门之间直接对话,从而极大地提高政府的行政效率。

4. 服务方式不同

电子政务可以提供一站式服务(one-stop service),即公民或企业只需在一个政府综合办公网站,即可解决需要政府办理的所有相关事项。如果公民申办的事情要涉及多个政府机关,通过电子政务提供的一站式服务,公民通过计算机网络只需在一个部门登录有关信息,其他相关部门即可共享这些信息,并可直接记录备案,使公民申办事宜在各政府部门自动流转办理。一站式服务可以整合行政业务流程,减少审批环节,简化办事程序,使公民无须再奔波于多个政府部门,实现"一处办理,全程服务"。

此外,政府通过网络还可以让公众迅速了解政府机构的组成、部门职能、办事章程以及各项政策法规,提高办事效率和执法的透明度,促进勤政、廉政建设;同时,普通公众可以在网上与政府领导人直接进行信息交流,反映民众呼声,促进政府职能转变,更有利于促进民主政治建设。

5. 工作中心不同

电子政务不仅改变了政府行政活动的工作方式及工作流程,同时,还改变了政府的执政理念和执政方式,传统政务是以政府机构和职能为中心,而电子政务则是以社会需求为中心,即从管理型政府向服务型政府转变。政府以"向社会提供高效、优质的政府管理与服务"作为出发点,帮助企业、社会组织和公众办理各种经济社会事务,协调各种关系,共同推进经济和社会的发展和进步。表8.1对电子政务和传统政务的差异进行了一些特征比较。

表 8.1　电子政务和传统政务的特征比较

比 较 项 目	传 统 政 务	电 子 政 务
政府机构存在形式	物理实体	网络虚拟化
政务办理方式	面对面	跨越地理位置局限
政务办理时间	严格时间限制	7×24(每周 7 天,每天 24h)
政府组织结构	金字塔垂直结构	网络型扁平化结构
政府管理方式	集中式管理	分权式管理
政务生效标志	公章	数字签名
政务处理程序	串行作业	协同并行作业
政府工作重心	以管理审批为中心	以服务、指导为中心

比 较 项 目	传 统 政 务	电 子 政 务
政府主要议事方式	会议等	网络讨论
政府决策参考范围	主要集中在政府内部	政府内部与外部相统一
政府决策方式	传统、经验的方法	以信息技术为基础的智能化决策支持工具

8.1.3 电子政务基本模式

电子政务几乎包括了传统政务活动中的各个方面,根据服务对象的不同,基本上可以分为政府对政府(government to government,G2G)、政府对企业(government to business,G2B)、政府对公民(government to citizen,G2C)、政府对雇员(government to employee,G2E)等4种基本模式,如图8.1所示。

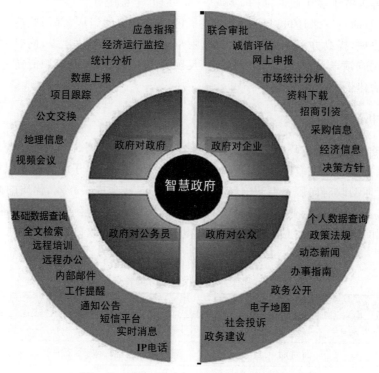

图 8.1 现代电子政务 4 种模式及主要功能

1. G2G 模式

G2G 模式的电子政务是政府机构和部门之间的电子政务,它包括政府内部、政府上下级之间、不同地区和不同职能部门之间实现的电子政务活动。

政府的职能是协调社会这个庞大而复杂的系统,所以涉及部门数量之多,是任何其他机构所无法比拟的。大多数政府业务的处理,都需要不同部门之间的协作和沟通。如何加强部门之间的沟通与协作,无论在理论上还是在实践中都是政务管理需要解决的问题。G2G电子政务建设,对打破传统条件下部门与部门之间的交流障碍,促进政府部门之间的沟通与协作,构筑新型的、基于网络的政府部门间的合作关系有着十分重要的意义。

2. G2B 模式

G2B电子政务是政府对企业的电子政务。促进企业发展、提高企业的市场适应能力和国际竞争力是各级政府机构共同的责任。在美国政府2003年4月发布的《电子政务战略》中指出,G2B电子政务的目标是减少企业的负担,为企业提供一站式服务及获取政府信息的平台,使企业能通过电子商务的手段与政府进行数字化沟通。

3. G2C 模式

G2C电子政务是政府对公民的电子政务,是指政府通过电子网络系统向公民提供各类政府服务,使公民在线获得政府信息和各种服务。

G2C电子政务是政府网上办公的重要内容。政府除了有经济管理职能之外,还承担着大量的社会职能,同时还负责为公众提供基本的福利和保障。G2C电子政务的功能,就是使政府部门能够利用先进的信息技术,更为快捷而高效地向公众提供服务。同时,G2C电子政务也使得政府提供的信息和服务不再以政府部门为中心,而是变为以公民的需求为中心,这对增加公民对政府的满意度和信任度具有重要的作用。

4. G2E 模式

G2E电子政务是政府对雇员的电子政务。该模式是政府机构通过网络技术实现内部政务电子化管理的重要形式,也是其他3种电子政务模式的基础。G2E电子政务主要是利用Intranet建立起有效的行政办公与雇员管理体系的,为提高工作效率和雇员管理水平服务。

8.1.4　实施电子政务的意义

电子政务不但可以提高政府办公效率,方便市民与政府的实时沟通,减少政务成本,还有利于促进政府在管理体制、管理观念、管理方式和管理手段等方面的转变,带动整个国民经济和社会信息化进程。电子政务的意义如下。

1. 改善政府公共服务,提升政府形象

从政府管理的角度来看,电子政务主要从以下3方面对政府公共服务产生积极影响。

(1) 政府可以通过网络向社会及时、准确地传递信息。例如政府的政策导向服务、信息咨询服务、信访服务、管理服务等,这些服务为企事业单位和群众及时了解政府的各种公共服务信息提供了有利条件。

(2) 电子政务可以大大提高政府服务的效率,克服官僚主义。

(3) 电子政务可以保证公共服务的正确性和公平性。在传统政府管理模式下,社会上的各种组织和个人对政府提供的公共服务常常处于一种被动的状态,如要办理一件事,

要跑很多路,到很多政府部门,花费大量的时间和精力,即使如此,也不一定能顺利办成事。同时,人们对政府提供的公共服务没有选择的余地,更谈不上个性化服务。而电子政务则可以从根本上扭转这一局面。

2. 提高行政效率,降低行政成本

高效的政府是经济和社会发展的基础,然而建立一个高效的政府却非易事。传统的政务处理之所以会出现管理成本过高、行政效率低下等问题,其中一个重要的原因就是不能充分利用各种资源,造成严重的人力、物力和财力的浪费。电子政务为建立高效能的政府提供了良好的契机。它可以有效地利用政府内部和外部资源,提高资源的利用率,降低行政管理成本。例如,政府部门之间跨地区、跨部门的电子信息交换、在线协同办公、电子邮件、公文流转自动化等,都可以大大减少行政人员的办公费用和公文处理的费用,克服长期困扰人们的"公文旅行"等现象。

3. 促进政务公开和廉政建设

实施电子政务,可以加强政府和社会公众对各权力机构运行的监管,实现政府相关信息和业务处理流程的公开化。实施电子政务后,政府的业务流程可通过电子政务平台自动实现流转,处理过程、处理时间、处理部门、经办人员、处理依据,对应的上级领导,以及相关的公众和政府工作人员都是公开、透明的,这在一定程度上可使权力行使展现在"阳光"之下,减少了传统政务过程中可能出现的暗箱操作,是实现政务公开化、透明化、廉政建设的有效途径。

4. 促进政府改革与创新

随着互联网的发展,以互联网为基础、将各级政府及职能部门集成起来向公众开放并提供服务,已经成为当前政府信息化工作最主要的方向。电子政府的建立,将使政府职能由管制型向管理服务型转化,促进政府由传统政府向现代政府转变。表8.2列出了一部分电子政务下的政府管理方式变革内容。

表8.2　电子政务下的政府管理方式变革

转 变 内 容	传 统 政 府	现 代 政 府
政府职能转变	管理+治理 分钱、物;管人、事 提供实物和资源的权威机构	管理+服务 收集获取和加工处理信息 学习、研究、规划和咨询
运作方式转变	8h 实体政府 办公机关部门化、多窗口化	24h 电子政府、数据中心 跨机关部门、单一窗口化
服务模式转变	服务内容单一、低效、不便 服务对象被动式	服务内容丰富、高效、直接服务对象 服务对象主动、自助式

转变内容	传统政府	现代政府
决策方式转变	信息沟通不畅、共享性差 决策论证不充分、领导意志影响大	信息共享、数据中心共享、沟通便利 决策论证充分、民主化、科学化,增加 民众对的认同感
管理控制方式转变	单反馈(事后、结果)控制 代价、损失大;控制力不强	前馈(事前、事中)控制 代价、损失小;控制能力强

5. 推动全社会的信息化

国内外信息化发展的实践表明,各国政府一直是推动社会信息化最主要的动力,如美国、欧盟、日本、新加坡等。因为政府不仅是信息资源的最大拥有者,而且也是信息技术应用的最大使用者,政府率先实施信息化,对一个国家的信息化发展起着重要的推进作用。政府首先实现信息化才会带动企业、社会公众的信息化步伐。同时由于互联网的开放无边界性,使得政府的电子政务建设的涉及面更加广泛,影响更为深远,对全社会信息化能起到更加重要的推动作用。

6. 推进民主政治发展

电子政务不仅可以提高政府的工作效率,还能促使公民更多地参与决策过程。通过网络,公民将有更多的机会了解政府在做什么,并可以多种方式及时地表达自己的意见,参与政府决策过程。

7. 有利于培养高素质的国家公务员队伍

电子政务与传统政务不同,对国家公务员的综合素质,尤其是对管理和科技素质都较高的复合型人才需求不断提高。面对新的机遇和挑战,公务员必须注重自身的继续学习和综合素质与能力的培养,尽快适应电子政务下的行政环境,胜任电子政务工作的开展。同时,电子政务的实施也有利于提高公务员判断、分析和解决问题的能力。

8.2 电子政务系统构成

电子政务系统是电子化政务活动实现的手段和平台,它是一个复杂的大系统,覆盖各地各级政府部门。其功能涵盖政府信息发布、政府网上服务、办公自动化系统、政府部门内部及政府部门间的业务协作与信息共享等。本节从信息系统的角度对电子政务信息系统的基本框架体系结构、网络体系结构、软件功能结构进行简要介绍。

8.2.1 我国电子政务建设基本目标

1. 办公自动化

办公自动化是指办公手段的电子化、网络化,减少办公事务处理时间,降低劳动强度,提高办公效率,节约办公成本。

2. 管理要素资源数字化

信息是政府管理的要素资源,这些信息资源要素不但涉及政府内部部门和外部部门相关内容,还涉及国内外政治、经济等环境发展变化的多方面内容。将这些要素资源数字化、信息化是需要付出相当大的努力。

3. 信息资源共享,促进政府管理职能优化重组

管理要素资源的数字化,为实现信息共享提供了极大便利,同时也对政府组织结构和运作方式产生了冲击,使传统组织朝着网络组织方向发展,打破了低效、层级、部门的限制,促使政府组织部门和职能进行整合,使政务程序和办事流程更加简明、畅通,促使政府部门职能优化重组。

4. 决策过程智能化、科学化

通过辅助决策支持系统的开发应用,一方面可以规范和优化决策程序,另一方面也可运用管理决策模型和人工智能等手段为复杂问题决策提供定量分析,辅助决策,使决策更加科学化。

5. 形成反应灵敏、高效控制的政府管理机制

电子政务系统必须具备跟踪、监测国民经济运行状态的功能,因此使得信息化的政府能够及时把握社会经济运行情况,并能够对发生的各种情况做出灵敏的反应和及时的调控,政府管理控制机制更加高效有力。

6. 与社会形成直接信息沟通,快速回应民众需求

电子政务为公共服务的改革提供了有效的平台,通过电子化的公共服务,不但可以直接传达政府信息,而且可以及时广泛地收集群众意见,快速回应民众需求。

8.2.2　电子政务系统基本框架体系

电子政务系统的基本框架体系结构如图 8.2 所示,自下而上可以分为网络、系统层,信息资源管理层,应用服务支撑层,应用业务层。为了保证电子政务系统各部分之间的有效连接,整个系统还应包括电子政务标准和规范体系、面向电子政务的安全体系等。

(1) 网络、系统平台层由政务内网、政务外网、互联网和相应的软硬件基础设施构成。它是提供电子政务系统的网络通信和系统服务的物质基础。各种服务器、存储设备等基础硬件设施由网络传输介质和网络设备连接起来,形成整个电子政务系统的网络骨架,即网络层;硬件设施配以相应的系统软件如操作系统、网络管理软件等构成网络系统层,该层向信息资源管理层提供数据存储和管理必需的基础设施。

我国电子政务系统从核心层到外层,通常划分为政务内网和政务外网两大部分,两网之间物理隔离,政务外网和互联网之间逻辑隔离。网络中的信息最终汇集在政府信息资

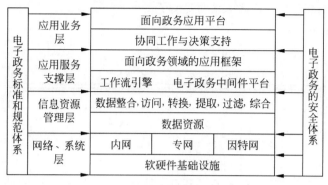

图 8.2　电子政务系统的基本框架体系构成

源中心供各方面交换和共享。政务内网和政务外网均涉及局域网、城域网、广域网等,内网的基础是局域网,外网主要与互联网相连。图 8.3 是电子政务"两网"架构逻辑模型。

图 8.3　电子政务"两网"逻辑架构一般模型

　　(2) 信息资源管理层(数据访问层),负责管理存放在政府信息资源中心以及网络中的各类数据资源,向应用服务支撑层提供数据整合、访问、转换、提取、过滤与综合服务。通常包括数据库和数据库管理系统及相关的公共处理程序等。

　　(3) 应用服务支撑层(信息交换层),包括工作流引擎、电子政务中间件平台。中间件支持跨平台的分布式异构数据访问,从而向应用服务层提供统一的数据服务。工作流系统通过工作流引擎,驱动数据在应用业务层各应用之间的流转,以便根据分工合理、高效、完整地分配信息。应用框架为具体领域应用提供基础的底层公共平台框架,可以快速生成各种具体的政务应用,并可以根据需要进行动态补充。

　　(4) 应用业务层即电子政务应用平台,是指在电子政务网络平台的基础上建立的政务综合应用服务平台。通过该平台可实现政务资源共享、信息应用、信息交换、各类政府业务应用服务等功能,为各级政府部门、公民和企业提供电子化、网络化、个性化服务。

　　(5) 电子政务标准和规范体系分为总体标准、网络基础设施标准、应用支撑标准、应用标准、信息安全标准和管理标准等几大类,为电子政务各类系统的建设提供统一标准和接口依据。

　　(6) 电子政务安全体系包括安全策略体系、安全组织体系、安全运作体系和安全技术体系。提供电子政务安全保障就是将以上各安全体系分别部署在电子政务框架体系的渠道层、应用层、应用支撑层、信息资源层、网络传输层和基础设施层。

图 8.4 所示为现代电子政务系统框架体系。

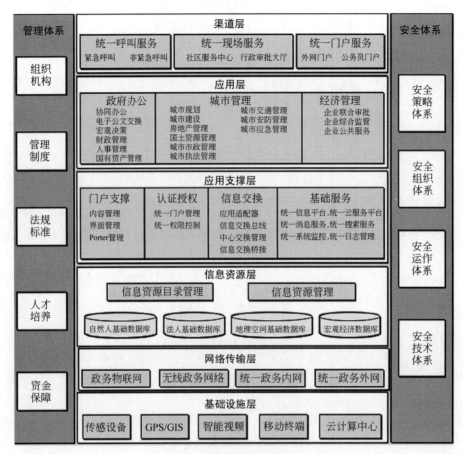

图 8.4　电子政务系统框架体系

8.2.3　电子政务系统基本功能构成

一个完整的电子政务应用系统一般应当包括如下的一些基本功能。

1. 政府部门内部办公自动化

办公自动化是电子政务的基础,政府部门内部办公自动化并不是简单地将传统的办公模式照搬到网上,而是按照电子政务建设的目标,对政府办公方式和流程进行优化或重组,使日常办公事务和决策支持服务网络化、电子化和一体化,提供办公信息的共享、交换、组织、传递、监控等功能,形成协同办公的工作环境,在信息利用、协调工作、决策支持等方面发挥更大作用。

2. 网上信息发布与信息服务

政府部门通过建立政府网站,发布一些政策、法规和新闻或其他信息,或者通过网络与公众、企业之间进行双向交流;社会公众以数字化的形式向政府服务网络输入服务需求,政府服务部门通过政府服务网络向社会公众提供数字化的信息服务。

3. 政府部门网上联合办公

政府的多个部门在网上联合办公、资源共享、协同工作。对于政府部门和公众来说,整合后的政府统一了办事程序的入口和出口,成为一个高效、便捷、能为公众提供一站式服务的电子政府,同时还要有安全认证等技术作为基本保证。

4. 决策支持和运行控制

为政府各职能部门的宏观决策支持和运行控制等管理提供支持。

一般来说,电子政务系统从功能结构上一般可分为政府内部办公系统、政府部门间协作系统、政府职能服务系统、政务信息资源管理系统、政府公众服务系统等,如图 8.5 所示。

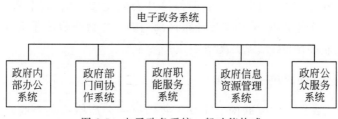

图 8.5　电子政务系统一般功能构成

8.3　我国电子政务建设概况

8.3.1　我国电子政务发展历程

1. 起步阶段(20 世纪 80 年代至 90 年代初)

20 世纪 80 年代,信息技术的发展已经成为提高综合国力和促进社会经济发展的关键因素。这个时期,我国组建了国家经济信息系统的规划小组和国家信息中心,国务院各部委以及地方政府相继成立了信息中心,负责推进政府信息化的工作。此时,我国政府信息化工作的重点主要集中在办公自动化领域。

在中央和地方党政机关所开展的办公自动化工程,建立了各种纵向和横向的内部信息办公网络。1992 年,为了推进政府机关的办公自动化,在政府机关普及推广计算机的使用,国务院办公室下发文件《国务院办公厅关于建设全国政府行政首脑机关办公决策服务系统的通知》。该文件下发后,在国务院办公厅统一指导下,经过各地区、各部门近 10 年的积极努力,政府办公系统在中央、省、市、地区等各级政府部门得到广泛应用。

2. 推进阶段(20 世纪 90 年代中后期)

20 世纪 90 年代中期,信息革命和信息高速公路的浪潮开始席卷全球。为了加速推进我国信息化的进程，1993年年底，国务院成立了国民经济信息化联席会议，正式部署了"金桥""金卡""金关"工程（简称"三金工程"）等"金"字头系列的重大信息系统工程，并将其列为国家中长期发展规划。

"金桥"工程又称为经济信息通信网工程，它是建设国家公用经济信息通信网、实现国民经济信息化的基础设施。

"金关"工程又称为海关联网工程，其目标是推广电子数据交换（EDI）技术，以实现货物通关自动化、国际贸易无纸化。

"金卡"工程又称为电子货币工程，它是借以实现金融电子化和商业流通现代化的必要手段。

除"三金工程"外，后来我国政府又在税务、公安、财政、审计、农业、医疗卫生等各行业实施了近百个重大信息化工程项目，简称为"金税""金盾""金财""金审""金农"等工程，总投资规模已经超过600亿元，其中中央投资300多亿元。这些重大信息化工程大大提高了政务部门的行政效率，有力促进了我国经济社会的发展。例如，金盾工程实施网上抓逃，当年抓获23.8万名逃犯；金审工程使审计部门的工作效率提高了近5倍；金税工程的实施使增值税增收率由61.44%提高到86.26%；等等。

3. 快速发展阶段（1999—2010年）

1998年4月，青岛市在互联网上建立了我国第一个严格意义上的政府网站"青岛政务信息公务网"。1999年1月，40多个部委的信息主管部门共同倡议发起了"政府上网工程"，其目标是在1999年实现60%以上的部委和各级政府部门上网，在2000年实现80%以上的部委和各级政府部门上网。通过启动"政府上网工程"及相关的一系列工程，使我国电子政务迈入了网络化的快速阶段。

据统计，2010年中央和省级政务部门主要业务电子政务覆盖率已经达到70%。金关、金税、金盾、金审等一批国家电子政务重要业务信息系统应用进一步深化，取得了更大的经济和社会效益。宏观经济管理、财政管理、进出口业务管理等宏观调控信息系统在有效应对国际金融危机冲击、保持经济平稳较快发展方面发挥了重要作用。教育、医疗、就业、社会保障、行政审批和电子监察等方面的电子政务积极推进，改善和增强了政府为社会公众提供服务的能力和水平。食品药品安全、社会治安、安全生产、环境保护、城市管理、质量监管、人口和法人管理等方面电子政务应用持续普及，加强和提升了政府社会管理能力和水平。

4. 高质量发展阶段（2012年至今）

党的十八大以来，我国政府各部门认真贯彻党中央、国务院决策部署，围绕转变政府职能、深化简政放权、创新监管方式、优化政务服务，深入推进"互联网＋政务服务"，加快建设地方和部门政务服务平台，一些地方和部门依托平台创新政务服务模式，"只进一扇门""最多跑一次""不见面审批"等改革措施不断涌现，政务服务平台已成为提升政务服务水平的重要支撑，对深化"放管服"改革、优化营商环境、便利企业和群众办事创业发挥了重要作用。

2018年,国家政务服务平台主体功能建设基本完成,通过试点示范实现部分省和国务院部门政务服务平台与国家政务服务平台对接。制定国家政务服务平台政务服务事项编码、统一身份认证、统一电子印章、统一电子证照等标准规范,为全面构建全国一体化在线政务服务平台奠定基础。2019年,国家政务服务平台上线运行。2020年,国家政务服务平台功能进一步强化,全国一体化在线政务服务平台标准规范体系、安全保障体系和运营管理体系不断完善,国务院部门数据实现共享,满足地方普遍性政务需求,"一网通办"能力显著增强,全国一体化在线政务服务平台基本建成。国务院关于加快推进全国一体化在线政务服务平台建设的指导意见中指出,力争在2022年年底前,以国家政务服务平台为总枢纽的全国一体化在线政务服务平台更加完善,全国范围内政务服务事项基本做到标准统一、整体联动、业务协同,除法律法规另有规定或涉及国家秘密等外,政务服务事项全部纳入平台办理,全面实现"一网通办"。

【案例8-1】 金审工程项目应用框架。

金审工程是中国国家审计信息化建设项目的简称。对外交流英文名称为China's Golden Auditing Project。2002年7月,金审工程一期项目成为列入国家基本建设投资计划的第一个电子政务建设项目。目前金审工程应用系统主要包括审计公共系统和审计实施系统。2020年,金审三期中审计署本级19个分子系统全部开放上线。AO(Auditor Office)现场审计实施系统简称AO系统,是审计署和中国计算机软件与技术服务总公司开发的审计信息管理系统,是金审工程建设的重要成果之一,是国家审计系统的重要组成部分,是政府审计人员开展电子政务、计算机审计,实现审计信息共享的重要系统。

AO系统可以安装在国家审计人员的笔记本计算机上带至审计现场使用。AO系统通过各功能之间以及与国家审计机关之间的信息共享,可以满足中央和地方各级审计人员对被审计单位实施审计项目的管理信息系统功能要求。联网审计实施系统可以对行政事业单位和大型国有企业实施在线审计。

金审工程运用现代信息技术开展审计,可提高审计质量和效率;提升信息化支撑业务能力,完善审计业务网络;实现与副省级以上地方审计机关数据联网分析;建设、完善电子数据备份中心;完善网络安全管理制度,持续提升网络安全防御和应急处置能力。提升数据管理水平。充分利用地方政府数据平台,扎实开展业务数据与财务数据、单位数据与行业数据以及跨行业、跨领域数据的综合比对和关联分析,促进审计工作从现场审计为主向后台数据分析和现场审计并重转变,加强了数据和分析模型共享共用。

8.3.2 我国电子政务发展方向

5G网络、新一代移动通信技术、云计算、物联网等新技术、新产业、新应用不断涌现,深刻改变了电子政务发展技术环境及条件。经济社会发展需求和技术创新为我国电子政务发展提供了难得的历史机遇。2021年,国务院审议通过"十四五"推进国家政务信息化规划,加快建设数字政府、提升政务服务水平;决定设立支持煤炭清洁高效利用专项再贷款,促进绿色低碳发展。会议指出,推进政务信息化是提高政府管理效能和服务水平的重要举措。按照党中央、国务院部署,"十三五"时期,结合推进"放管服"改革,我国政务信息系统建设、应用取得长足进展,"最多跑一次""不见面审批""掌上办"等服务新模式不断涌现,明显提高了企业和群众的办事便利度。"十四五"时期,要面向更满足企业需求和群众期盼,抓住推动政务信息共享、提升在线政务服务效率等关键环节,推进数字政府建设,加快转变政府职能,促进市场公平竞争。

第一,构建统一的国家电子政务网络体系,推动地方、部门各类政务专网向统一电子政务网络整合,打破信息孤岛,实现应联尽联、信息共享。第二,丰富全国一体化政务服务平台功能,构建统一的电子证照库,推广电子合同、签章等应用,在社保、医疗、教育、就业等方面提供更便捷的公共服务,实现更多事项一网通办、跨省通办。第三,完善国家人口、法人、自然资源、经济数据等基础信息库,提升数据资源开发利用能力。深化数字技术在公共卫生、自然灾害、事故灾难等重大突发事件应急处置中的应用。第四,推动政务数据按政务公开规则依法依规向社会开放,优先推动企业登记和监管、卫生、教育、交通、气象等数据开放。健全制度,严格保护商业秘密和个人隐私。第五,加强市场监管信息化建设,完善"双随机一公开"监管、"互联网+监管"、信用监管等机制,提升食品药品、农产品、特种装备等的协同监管能力。第六,强化网络安全保障,严格落实分等级保护制度,增强政务信息化基础设施和系统、数据安全保障能力。

我国在电子政府发展规划中提出了推进电子政务服务跨地区、跨部门、跨层级数据共享和业务协同的要求。

1. 统一网络支撑

各级政务服务平台原则上统一依托国家电子政务外网构建,通过部署在互联网上的政务服务门户提供服务。拓展国家电子政务外网覆盖范围,加强网络安全保障,满足业务量大、实时性高的政务服务应用需求。推动各地区和国务院有关部门非涉密业务专网与电子政务外网对接整合。

2. 统一身份认证

国家政务服务平台基于自然人身份信息、法人单位信息等国家认证资源,建设全国统一身份认证系统,积极稳妥地与第三方机构开展网上认证合作,为各地区和国务院有关部门政务服务平台及移动端提供统一身份认证服务。各地区和国务院有关部门统一利用国家政务服务平台认证能力,按照标准建设完善可信凭证和单点登录系统,解决企业和群众办事在不同地区和部门平台重复注册验证等问题,实现"一次认证、全网通办"。目前,各地区各部门已建身份认证系统按照相关规范对接国家政务服务平台统一身份认证系统。

3. 统一电子印章

制定政务服务领域电子印章管理办法,规范电子印章全流程管理,明确加盖电子印章的电子材料合法有效。应用基于商用密码的数字签名等技术,依托国家政务服务平台建设权威、规范、可信的国家统一电子印章系统。各地区和国务院有关部门使用国家统一电子印章制章系统制发电子印章。未建立电子印章用章系统的按照国家电子印章技术规范建立,已建电子印章用章系统的按照相关规范对接。

4. 统一电子证照

依托国家政务服务平台电子证照共享服务系统,实现电子证照跨地区、跨部门共享。各地区和国务院有关部门按照国家电子证照业务技术规范制作和管理电子证照,上报电子证照目录数据。电子证照采用标准版式文档格式,通过电子印章用章系统加盖电子印章或加签数字签名,实现全国互信互认,切实解决企业和群众办事提交材料、证明多等问题。

5. 统一数据共享

国家政务服务平台充分利用国家人口、法人、信用、地理信息等基础资源库,对接国务院部门垂直业务办理系统,满足政务服务数据共享需求。发挥国家数据共享交换平台作为国家政务服务平台基础设施和数据交换通道的作用,对于各级政府有关部门提出的政务服务数据共享需求,由国家政务服务平台统一受理和提供服务,并通过国家数据共享交换平台交换数据。进一步加强政务信息系统整合共享,简化共享数据申请使用流程,满足各地区和国务院有关部门政务服务数据需求。落实数据提供方责任,国务院有关部门按照"谁主管,谁提供,谁负责"的原则,保障数据供给,提高数据质量。除特殊情况外,国务院部门政务信息系统不按要求与一体化平台共享数据的,中央财政不予经费保障。强化数据使用方责任,加强共享数据使用全过程管理,确保数据安全。整合市场监管相关数据资源,推动事中事后监管信息与政务服务深度融合、"一网通享"。建设国家政务服务平台数据资源中心,汇聚各地区和国务院有关部门政务服务数据,积极运用大数据、人工智能等新技术,开展全国政务服务态势分析,为提升政务服务质量提供大数据支撑。

本章小结

(1)电子政务是指借助电子信息和网络通信技术进行的各种政务活动的总称。电子政务是政府信息化的手段和内容。

(2)电子政务的意义如下。

① 改善政府公共服务,提升政府形象。

② 提高行政效率,降低行政成本。

③ 促进政务公开和廉政建设。

④ 推动全社会的信息化。

⑤ 推进民主政治发展。

⑥ 有利于培养高素质的国家公务员队伍。

(3)电子政务系统的基本功能构成如下。

① 政府部门内部办公自动化。

② 网上信息发布与信息服务。

③ 政府部门网上联合办公。

④ 宏观决策支持和运行控制。

（4）电子政务的发展趋势是统一平台、整合应用、资源共享，实现覆盖各级政府业务、流程和职能的电子政务全应用，即数字化政府。

习题 8

一、简答题

1. 什么是电子政务？它与传统政务有何不同？
2. 电子政务的意义何在？它可以使政府管理方式产生哪些变革？
3. 电子政务系统一般应具有哪些功能？
4. 试述电子政务的基本框架体系构成。

二、讨论题

我国各级政府的一体化在线政务服务平台应用给我国的电子政务发展和政府治理现代化带来哪些影响和变革？

三、实践题

1. 上网调查了解与本专业领域相关的电子政务网站目前主要能够实现的功能，并根据本章学习内容，写出一篇调查分析报告，说明该领域我国电子政务网络平台存在问题及改进意见。

2. 查阅与我国金税工程相关的资料，说明金税工程给我国经济发展和税收环境带来了哪些影响，为提高我国经济宏观决策和高质量发展提供了哪些帮助。

第三篇　新技术篇

第9章

人工智能技术

本章学习目标

- 了解人工智能的定义。
- 了解神经网络算法的执行原理。
- 了解深度学习的定义。
- 了解机器学习的常用方法。
- 理解遗传算法的 3 个算子的执行原理。

随着信息技术的快速发展,如何使用更有效的软件技术对日益增加的数据资源进行更好的使用是值得关注的事情,而人工智能技术的提出就可以帮助人们从数据资源中挖掘出潜在的、有价值的规则和知识。本章将介绍人工智能的定义、机器学习的常用方法、神经网络学习算法的执行步骤,以及深度学习算法和神经网络之间的关系。

9.1 人工智能

9.1.1 人工智能的定义

人工智能(artificial intelligence,AI)是计算机学科的一个分支,被人们称为 21 世纪三大尖端技术(基因工程、纳米科学、人工智能)之一。人工智能是研究、开发用于模拟、延伸和扩展人的智能的理论、方法、技术及应用系统的一门新的技术。人工智能的目的是让计算机能够像人一样思考。人工智能的研究方向包括智能机器人、图像识别、自然语言处理和专家系统等。

1997 年 5 月,IBM 公司研制的深蓝(Deep Blue)计算机战胜了国际象棋大师卡斯帕罗夫,为人工智能的发展树立了一个新的里程碑。在科学家们的不懈努力下,人工智能在我们的生活中几乎随处可见。例如,小米手机中的"小爱同学"、苹果手机中的 Siri 都能够帮助人们发送短信、拨打电话、记备忘录等,甚至还能陪同人类聊天;特斯拉汽车具有自动驾驶能力、远程 OTA 升级技术和远程诊断技术;京东的配送机器人能够识别、躲避障碍物,辨别红绿灯,进行路线规划、自动换道、车位识别、自主泊车等;阿里未来酒店无前台,实现让入住人刷脸预定、刷脸入住、刷脸就餐等。

早期的人工智能技术侧重于计算,而如今人们对可自行决策的人工智能应用程序更感兴趣。人工智能可分为强人工智能和弱人工智能两种类型。强人工智能观点认为机器能像人一样理解、执行任务,例如机器人能模仿巴赫的风格作曲;弱人工智能是指只能自动完成某些特定任务的人工智能,例如机器人能够完成包裹的快速分拣工作。在人类未来的生活、工作和学习中,无论哪种类型的人工智能,都将扮演越来越重要的角色。

9.1.2 基于人工智能的智慧医疗

随着人工智能技术逐渐成熟,医疗领域信息化和整体化的理念也日渐深入人心,从单一的医院信息化扩展到整个健康管理生命周期的信息整合,从医院环节扩展到就医前后。一个宏伟的智慧医疗蓝图正逐步展现在人们的面前。

智慧医疗是在新一代信息技术深入发展的推动下,人的健康管理与医疗信息化、医疗智能化交相融合的高级阶段。此外,智慧医疗是综合应用云计算、物联网、大数据和人工智能领域的多种方法,有效整合卫生部门、医院、服务机构、家庭的医疗资源和设备,创新医疗健康管理和服务,形成全息全程的健康动态监测和服务体系。

智慧医疗还可以通过医疗物联网、医疗云、移动互联网、数据融合、数据挖掘、可穿戴设备,将医疗基础设施与 IT 基础设施进行融合,并在此基础上进行智能决策,跨越了原有医疗系统的时空限制和技术限制,实现医疗服务最优化的医疗体系。

智慧医疗体系提供全社会范围内的医疗信息,进行持续分析,对整个社会的医疗资源优化配置,以满足组织的不断变化的需求,优化业绩,整合预测模型,为个人提供更高价值的服务。另外,基于人工智能技术打造医疗领域的专家系统,完善领域专家的诊断经验知识库,可以从真正意义上解决医疗资源配置不均衡的问题。

9.2 机器学习

9.2.1 机器学习案例导入

下面从一个故事开始介绍机器学习的知识。这个故事讲述的是挑选橙子的知识的学习过程。

我们到水果店去买橙子时,都希望挑选到最甜、最好吃的橙子。虽然有时候水果店会把好吃的橙子挑出一堆单独涨价,但是本故事中的水果店都是按所购橙子的多少,而不是根据橙子的品质付钱的。

小时候,家长告诉我们,在选购橙子时,深橙色且略微发红的橙子是最甜的,不要挑那些浅黄色甚至发青的,因为那些还没成熟。这是你得到的第一个挑橙子的经验。虽然此经验是别人传授的,但是在挑选的时候已经知道深橙色的橙子熟透了,味道甜。凭此经验,在水果店买橙子时会挑选深橙色的橙子。

在家吃橙子时会发现,并不是每个橙子都那么甜。看来这个经验还有不足,只通过颜色判断橙子甜不甜,不是很靠谱,于是分析吃过的橙子中什么样的橙子最甜?发现个头大而且是深橙色的往往比较甜,那些个头小的深橙色的橙子,大概有一半是不甜的。例如,之前买的 100 个深橙色的橙子中,有 50 个大的都是甜的,在 50 个小的中,有 25 个是不甜的。于是总结出了一条经验规则:大的、深橙色的橙子是最甜的。

可是,当再次去水果店买橙子时,发现之前熟悉的品种卖完了,现在卖的是产自另一个地方的不同品种。这时,之前总结的经验就失效了。由于不知道之前的经验能不能迁移过去(迁移学习),于是再次尝试,把各种橙子买回家品尝。在经过几次尝试后发现,这个品种的橙子,个头中小的浅黄色橙子是最甜的。

过了几天,表妹来你家玩时想吃橙子,于是一起去水果店购买。可是,表妹不在乎橙子甜不甜,只要多汁就好。此时,之前的经验又失效了,于是只能开始新一轮探索,目标就是挑出多汁的橙子(优化目标变了)。经过总结发现,捏起来富有弹性的橙子汁水充足。

后来到了国外,这里的橙子跟家乡的又不一样了。经过多次尝试发现,这里橙子的果蒂小且皮细腻的最好吃。

结婚生子后,孩子不喜欢吃橙子,只喜欢吃香蕉,于是开始关注香蕉了。在挑选香蕉时,之前挑选橙子时积累的经验又失效了,于是只能重新地尝试……

9.2.2　规则列表

当把如何挑选橙子、香蕉等水果的方法和经验用程序实现,就可通过计算机甚至只用手机拍照功能就能自动挑选出好吃的水果。积累的规则实现如下:

橙子颜色是深橙色并且个头大→橙子甜;

橙子有弹性→橙子汁多。

这些规则越来越多,特征之间的组合就越麻烦和复杂,管理和使用都很麻烦。这时候就涉及下一个问题。

9.2.3　机器学习

机器学习算法是普通算法的进化,它更加聪明和自动。下面分析如何把选橙子的问题定义成标准的机器学习问题。

随机选择一个市场上的橙子作为研究的目标(training data)。首先,用一个表格描述橙子的属性和类型的关系,每行放一个橙子的数据,包括橙子的颜色、大小、形状、产地等物理属性(feature)以及甜度、成熟度、多汁度等橙子的水果属性(output variable)。现在这就是一个多分类问题或回归问题,自动从数据中学习并得出这些属性与橙子类型的关系。

如果用决策树算法,这个模型就是规则库。当然,也可以使用线性模型等其他模型,就可得到特征的线性组合。

下次去买水果,采集了一个橙子的各个指标特征,代入所建的模型,就会得到这个橙子的各种属性。

把挑选橙子的模型稍加变化,就可以选择香蕉了,这就叫迁移学习。

这个挑选橙子的模型会随着新的样本、新橙子的种类变得越来越好,越来越全面。

计算机发展到今天,所谓人类事先设定的程序,不再是所有指令都已经设定、不能更改的程序,而是在程序中设置了很多可以调节的参数,这些参数可以根据以后的输入不断地自行修正。修正的过程大致如下:将每次输入得到的运算结果与预期的结果进行比对,如果发现两者的差距过大,机器就自动修正参数,然后再进行下一次同样的比对,直至输出结果与预期结果的差值满足预期标准(不大可能与预期结果完全一致)。

同样可以将上述计算机学习的过程抽象成:机器学习就是通过输入大量的数据,将实际输出与预期输出的比对,逐步修正模型中的各项参数值,使实际输出与预期输出逐步接近,最终达到预期效果,从而使计算机达到或超过人类的能力。

其中的关键,一是需要大量的输入数据,二是机器要有足够的运算能力,可以承担巨大的运算来完成众多参数值的修正确定。

9.2.4 机器学习的一般流程

机器学习的一般流程包括确定分析目标、收集数据、整理数据、预处理数据、训练模型、评估模型、优化模型、上线部署等步骤。首先要从业务的角度分析,然后提取相关的数据进行探查,发现其中的问题,再依据各算法的特点选择合适的模型进行实验验证,评估各模型的结果,最终选择合适的模型进行应用。

1. 定义分析目标

在应用机器学习知识解决实际问题时,首先要明确目标任务,这是机器学习算法选择的关键。明确要解决的问题和业务需求,才可能基于现有数据设计或选择算法。例如,在监督式学习中,对定性问题可用分类算法,对定量分析可用回归方法。在无监督式学习中,如果有样本细分则可应用聚类算法,如需找出各数据项之间的内在联系,可应用关联分析。

2. 收集数据

数据要有代表性并尽量覆盖领域,否则容易出现过拟合或欠拟合。对于分类问题,如果样本数据不平衡,不同类别的样本数量比例过大,都会影响模型的准确性。还要对数据的量级进行评估,包括样本量和特征数,可以估算出数据以及分析对内存的消耗,判断训练过程中内存是否过大,否则需要改进算法或使用一些降维技术,或者使用分布式机器学习技术。

3. 整理预处理

获得数据以后,不必急于创建模型,可先对数据进行一些探索,了解数据的大致结构、数据的统计信息、数据噪声以及数据分布等。在此过程中,为了更好地查看数据情况,可使用数据可视化方法或数据质量评价对数据质量进行评估。

通过数据探索后,可能发现不少问题,如缺失数据、数据不规范、数据分布不均衡、数据异常、数据冗余等。这些问题都会影响数据质量。为此,需要对数据进行预处理,这部分工作在机器学习中非常重要,特别是在生产环境中的机器学习,数据往往是原始、未加工和处理过的,数据预处理常常占据整个机器学习过程的大部分时间。归一化、离散化、缺失值处理、去除共线性等，是机器学习的常用预处理方法。

4. 数据建模

应用特征选择方法，可以从数据中提取出合适的特征，并将其应用于模型中，得到较好的结果。筛选出显著特征需要理解业务，并对数据进行分析。特征选择是否合适，往往会直接影响模型的结果，对于好的特征，使用简单的算法也能得出良好、稳定的结果。特征选择时可应用特征有效性分析技术，如相关系数、卡方检验、平均互信息、条件熵、后验概率和逻辑回归权重等方法。

训练模型前，一般会把数据集分为训练集和测试集，或对训练集再细分为训练集和验证集，从而对模型的泛化能力进行评估。

模型本身并没有优劣。在模型选择时，一般不存在对任何情况都表现很好的算法。因此在实际选择时，一般会用几种不同方法来进行模型训练，然后比较它们的性能，从中选择最优的一个。不同的模型使用不同的性能衡量指标。

5. 模型训练

在模型训练过程中，需要进行模型超参数优化，如果对算法原理理解不够透彻，往往无法快速定位能决定模型优劣的模型参数。所以在训练过程中，对机器学习算法原理的要求较高，理解越深入，就越容易发现问题的原因，从而确定合理的调优方案。

6. 模型评估

使用训练数据构建模型后，必须使用测试数据对模型进行测试和评估，测试模型对新数据的泛化能力。如果测试结果不理想，则分析原因并进行模型优化，例如采用手工调节参数等方法。如果出现过拟合，特别是在回归类问题中，则可以考虑正则化方法来降低模型的泛化误差。可以对模型进行诊断以确定模型调优的方向与思路，过拟合、欠拟合判断是模型诊断中重要的一步。常见的方法有交叉验证、绘制学习曲线等。过拟合的基本调优思路是增加数据量，降低模型复杂度。欠拟合的基本调优思路是提高特征数量和质量，增加模型复杂度。

误差分析是通过观察产生误差的样本，分析误差产生的原因，一般的分析流程是依次验证数据质量、算法选择、特征选择、参数设置等，其中对数据质量的检查最容易忽视，常常在反复进行参数优化很久后才发现数据预处理没有做好。一般情况下，模型调整后，需要重新训练和评估，所以机器学习的模型建立过程就是不断地尝试，并最终达到最优状态，从这一点看，机器学习是反复学习的过程。

在工程实现上，提升算法准确度可以通过特征清洗和预处理等方式，也可以通过模型集成的方式。一般情况下，直接进行参数优化的工作不会很多。毕竟大量数据训练起来很慢，而且效果难以保证。

7. 模型应用

模型应用与工程实现的相关性比较大。工程上是结果导向，模型在线上运行的效果直接决定模型的好坏,不单纯包括其准确程度、误差等情况,还包括其运行的速度(时间复杂度)、资源消耗程度(空间复杂度)、稳定性是否可接受等方面。

9.3 神经网络

9.3.1 案例导入神经网络方法

如表 9.1 所示,最后一行,只有输入,没有输出。那么根据已知信息,如何推测最后一行的输出值呢?对于这个问题,可以使用线性回归技术来解决。也就是构造一个方程,确定未知系数的值:

$$y = c_0 + c_1 x_1 + c_2 x_2 + c_3 x_3$$

表 9.1 案例数据集

序 号	x_1	x_2	x_3	y
1	2.5	3.16	-9.75	15.84
2	3.4	2.9	10.15	7.31
3	5.65	3.27	8.43	24.3
4	4.63	8.18	1.67	514.29
5	-7.37	-8.51	2.71	333.37
6	-5.6	3.27	8.83	281.67
7	10.17	15.2	0.03	1895.94
8	19.1	-4.8	7.87	27.62
9	7.32	-5.69	2.93	

通过统计分析工具,可以确定 4 个系数的准确值,从而确定输入和输出的清晰表达式关系:$y = 246.33 + 1.52x_1 + 58.49x_2 - 8.2x_3$。最后把表 9.1 最后一行的输入值代入方程,可以确定最后一行的输出值为 286.64。

除了多元线性回归技术手段外,还有一种比较有效的技术手段——神经网络方法。其实,对于之前所描述的系统,如果通过发现输入和输出之间的解析关系,进而进行预测,就是回归分析所做的。

当然,也可以不知道输入和输出之间明确的解析关系(表达式关系),而是只知道什么样的输入对应着什么样的输出。也就是说,在不知道输入输出之间的解析关系时,同样可以对输出进行预测。而神经网络就是实现非解析关系预测的主要手段之一,神经网络学习就是把系统看作一个黑匣子(对外透明),不关心系统内部的数据变换,只关心系统的输入数据和输出数据。

相反地,多元回归分析就是把系统看作一个白匣子,试图找到其中的数据解析变换,找到清晰的输入输出的表达式关系。

在上述描述的内容中提到的透明和现实生活中使用的透明恰好相反。在计算机领域里,所提到的透明是指看不见内部的细节,而现实生活中的透明是指可以看得见里面的细节。现在计算机有很多智能化应用都强调封装透明,用户只要会使用就可以,不需要关注软件内部的执行原理,所以软件内部的执行细节对用户透明。

9.3.2 神经网络的定义

从 20 世纪 50 年代初以来,神经网络就在世界范围内被广泛地使用。它是一种基于人脑的结构而被构造的信息处理系统,用来实现人脑的某些功能,但并不是对人脑的完全再现,而是对人脑的一种简单的抽象或模仿。人工神经网络常被用于解决一些复杂的问题,其最大特点就是自我学习功能,即通过对大量训练样本的反复学习,不断地对网络连接权值进行修改,从而使网络连接权值稳定分布在一个固定范围之内。人工神经网络能够对每个输入信号进行处理,确定其权值,然后确定所有输入信号的加权值,最后确定其输出,从而解决相关问题。

下面介绍一下神经网络是如何解决实际问题的。假设某个待解的实际问题的已知条件记为 X,问题的结果记为 Y,并且 X 和 Y 分别作为某个神经网络的输入和输出。如果输入 X 经过这个神经网络之后,可以得到对应的结果 Y,那么该神经网络就可以求解该实际问题。显然,这里的主要问题是如何找到满足这种条件的网络。在神经网络学习中,部分已知条件 X 和对应的结果 Y 已经被给出,只有网络权值是可以改变的,那么问题就转化为使用已知的(X,Y),通过改变网络的权值 W,进而得到所需要的神经网络,其中(X,Y)被称作训练样本。

因此,神经网络的学习过程可以被描述如下:通过已知的训练样本对神经网络进行学习,得到需要的权值和阈值,建立神经网络学习模型,当有新问题来临时,使用已建造好的神经网络模型,计算出新问题的答案。

在神经网络学习的初期,网络的权值被随机初始化,因此输入样本 X 经过这个随机初始化的网络后得到的输出很可能与已知的期望输出 Y 不相符,因此需要对网络的权值进行修改。而修改权值的依据就是所得到的输出与期望输出 Y 之间的误差。当权值修改结束后,将输入样本 X 再次应用于调整后的网络,如果所得到的输出与期望输出之间仍然存在新的误差,则继续修改网络权值。不断地重复权值修改的过程,当所得到的输出与期望输出之间的误差满足给定的要求时,就认为所需要的网络已经找到,即网络学习结束。神经元是神经网络的基本计算单元,又称为处理单元或节点。一般是多个输入、一个输出的非线性单元,还包括一个权值。

综上所述,神经网络是由大量的简单处理单元——神经元(AN)相互连接而形成的一个具有高度非线性和并行的自适应信息处理系统。神经网络的非线性动力学行为打破了传统串行处理计算机的局限,能够并行分布式存储和处理信息。尽管单个神经元的结构和功能非常简单,但由大量简单神经元组成的神经网络系统却具有非常强大的处理问题的能力。神经网络实质上是对人脑功能的一种模拟和简化,具有学习、记忆、联想、类比、计算的能力,是现代神经科学研究与工程技术相结合的产物。神经网络理论的开创与发展,对智能科学和信息处理技术的发展产生了重大的影响和积极的推动作用。

9.3.3 神经网络的特征

神经网络具有强大的模式识别和数据拟合能力,不同类型的神经网络用于解决不同的问题。具有以下特点。

(1)神经网络与传统的参数模型最大的不同在于它是数据驱动的自适应技术。不需要对问题模型做任何先验假设,不需要事先确定对象的数学模型。在解决难以描述的内部规律未知的问题时,神经网络可以通过对样本数据的学习训练,获得数据之间内部隐藏的关系。因此,神经网络特别适用于去解决一些利用假设和现存理论难以解释,但却具备足够多的观察变量和数据的问题。

(2)神经网络具有自学习和自适应性。自适应性是指一个系统能够改变自身的性能以适应周围环境变化的能力。在周围环境发生变化的时候,相当于给神经网络输入了新的样本,网络能够自动调整内部结构参数,改变输入输出映射关系,从而对给定的输入产生相应的期望输出。因此,神经网络比固定推理方式的专家系统具有更强的适应性,更好地模拟了人类大脑的运行规律。

(3)神经网络具有很强的泛化能力。泛化能力是指模型经训练后对未来训练集中出现的样本做出正确反应的能力。因此可以通过样本内的历史数据来预测样本外的未来数据。神经网络可以通过对输入样本数据进行学习训练来获取数据内部隐藏的规律,并利用学习到的规律来完成未来数据的预测。

(4)神经网络具有很强的函数逼近能力。神经网络能够以任意精度逼近任何连续函数。神经网络的内部函数形式比传统的统计方法更为灵活有效。传统的统计预测模型存在的限制较多,不能对复杂的函数关系进行有效、合理的估计。而神经网络优良的函数逼近能力,为复杂系统内部函数关系的识别提供了一种有效模型。

(5)神经网络具有非线性。神经网络中的每个神经元都可以接收来自大量其他神经元的输入,而且每个神经元的输入和输出关系都是非线性的。神经元之间的这种互相制约和影响的关系,使整个网络实现输入状态到输出状态空间的非线性映射。因此,神经网络可以处理一些环境信息难以确定、知识背景含糊和推理规则不确定的问题。

(6)神经网络具有计算并行性与存储分布性。神经网络的结构特征决定其天然的并行性。每个神经元都可以通过接收到的信息进行独立运算和处理,同时输出结果。同一层中的不同神经元可以同时进行运算,然后传输到下一层进行处理。因此,神经网络具备并行计算的能力,可以提升运算速度。由于神经元之间是相对独立的。神经网络学习到的知识不是集中存储在网络的某一个地方,而是分布在网络的所有连接权值中。

9.3.4 神经网络的研究内容

神经网络的研究内容非常广泛,能够反映交叉学科领域的特点。目前主要研究内容如下。

(1)生物原型方面的研究。从生理学、心理学、解剖学、脑科学、病理学等生物科学方面研究神经细胞、神经网络、神经系统的生物原型结构及其功能机理。

（2）建立理论模型方面的研究。根据生物原型建立神经元、神经网络的理论模型。例如知识模型、数学模型、概念模型、物理化学模型等。

（3）神经网络模型与算法研究。在构造神经网络模型过程中，以实现计算机模拟或者硬件制作的准备，包括网络学习算法的研究，也被称为技术模型研究。

（4）神经网络应用系统研究。在神经网络模型与算法研究的基础上，利用神经网络组成实际应用系统，例如组成专家系统、实现信号处理功能、制作机器人等。

9.3.5　神经网络的应用领域

神经网络的智能化特征与能力使其应用领域日益广泛，在信息处理自动化、工程、经济、医学、控制、交通、心理学等众多领域都取得了成效，如图 9.1 所示。下面简要介绍神经网络在一些领域中的应用现状。

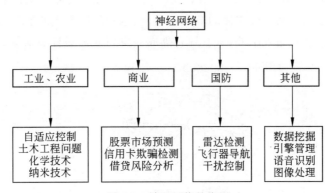

图 9.1　神经网络的应用

（1）神经网络在信息处理领域主要应用于信号处理、模式识别、数据压缩等方面。

（2）神经网络在自动化领域主更应用于系统辨识、神经控制器、智能检测等方面。

（3）神经网络在工程领域主要应用于汽车工程、军事工程、化学工程、水利工程等方面。

（4）神经网络在经济领域主要应用于微观经济、宏观经济、证券市场、金融工程、社会经济发展评价、决策、风险评估、市场价格预测等方面。

（5）神经网络在医学领域主要应用于生物信号的检测与分析、生物活性研究、医学专家系统等方面。

（6）神经网络在控制领域主要用于监督控制、直接逆模控制、模型参考控制、内模控制、预测控制、最优决策控制等方面。

（7）神经网络在交通领域主要应用于汽车驾驶员行为的模拟、参数估计、路面维护、车辆检测与分类、交通模式分析、货物运营管理、交通流量预测、运输策略与经济、交通环保、空中运输、船舶的自动导航及船只的辨认、地铁运营及交通控制等方面。

（8）神经网络在心理学领域主要应用于探讨社会认知、记忆、学习等高级心理过程机制，研究脑损伤病人的认知缺陷等方面。

9.4 深度学习

9.4.1 深度学习简介

深度学习是一种利用深度人工神经网络进行分类、预测的技术。人工神经网络（artificial neural network，ANN），简称神经网络，是机器学习的一个分支，其试图模拟人脑，从而自动提取特征值。在应用层面，与一般的机器学习算法相比，深度学习最大的特点是可以处理各种非结构化数据，如图像、视频、文本、音频等。而一般的机器学习算法更适合处理结构化数据，即可以用关系型数据库存储、管理和访问数据。

神经网络是一种人类受到生物神经细胞结构启发而研究出来的算法。图 9.2 给出了一个深度神经网络（deep neural network，DNN）的示意图。图中的圆圈表示神经元，连线表示神经突触。信息从网络最左侧的节点输入，经过中间层节点的加工，最终由最右侧的节点输出。神经网络除输入层外，从左到右排成多少列就称其有多少层。

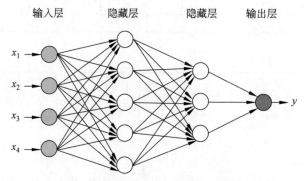

图 9.2　深度神经网络的示意图

神经网络有多少层才算深呢？通常情况下，超过三层的神经网络都可以称为深度神经网络。而目前人们已经可以实现 1000 多层的深度神经网络了。

深度学习技术出现后，极大地提高了人工智能算法的执行效率和正确度。所以工业界开始大范围使用深度学习技术。很多互联网应用产品都和深度学习算法相结合，取得了突破性进展。例如，在图形图像识别领域，使用深度学习算法的图像识别软件正确度提升几十倍。在文字识别方面，白描这款软件对文字的识别正确度非常高。在语音识别领域，使用深度学习算法后，也取得了突破性进展。例如，科大讯飞公司生产的录音笔可以将演讲者的录音内容完整转换为文字，而且准确度非常高。

9.4.2 深度学习的三大核心要素

1. 大数据

如果把深度学习比喻成火箭，那么大数据就是火箭的燃料。据 Facebook 统计，Facebook 每天产生 4PB 的数据，包含 100 亿条信息，以及 3.5 亿张照片和 1×10^9 h 的视频。此外,在 Instagram 上,用户每天要分享 9500 万张照片;Twitter 用户每天要发送 5 亿条信息。随着互联网特别是移动互联网时代的到来,人们在互联网上的每个动作几乎都会被服务器记录下来,这些数据使人类一下子进入了大数据时代。大数据时代对传统的算法提出了挑战。在传统算法不能满足人类需求的领域,深度学习应运而生。相关研究表明,随着数据规模的增加,深度学习可以在一定范围内持续不断地提高准确率,而传统算法则会很快地遇到准确率的瓶颈。

2. 深度神经网络架构

深度神经网络架构就是整个神经网络体系的构建方式和拓扑连接结构,目前最常用的有全连接神经网络、卷积神经网络、循环神经网络和生成式对抗网络 4 种。

在全连接神经网络(full connection neural network,FCNN)中,所有的节点都是一层一层的,每个节点与它相邻层的全部节点相连。这些层一般分为输入层、输出层及介于二者之间的隐藏层。

(1)卷积神经网络(convolutional neural network,CNN)一般用于对图片进行处理,该网络可以使原始的图片即使在经历平移、缩放等变换之后仍然具有很高的识别度。正是因为这样特殊的架构,CNN 成功应用于计算机视觉领域。

(2)循环神经网络(recurrent neural network,RNN)是一类用于处理序列数据的神经网络,即一个序列当前的输出与前面的输出也有关,常用于自然语言处理等领域。

(3)生成式对抗网络(generative adversarial network,GAN)至少包括生成网络和判别网络两个模块,它们互相博弈,产生相当好的输出。该网络常用于生成影片、三维物体模型等。

最近几年,研究者提出了越来越多的新型网络架构,从而使深度学习的性能得到了大幅提升。

3. 高性能的计算能力

在如此复杂的网络架构中处理如此大量的数据(且这些数据大多是非结构化的异构数据),必须要有高性能的计算能力。但要满足这样的计算能力并不需要大规模增加中央处理器(central processing unit,CPU),CPU 的强大功能如果只用来做计算就大材小用了,只需要交给擅长大规模张量计算的 GPU 来完成就可以了。

例如,假设有一堆相同的加、减、乘、除计算任务需要处理,那么把这个任务交给几十个中学生就可以了,无须交给大学生,这里的中学生类似 GPU 的计算单元。而对于一些复杂的逻辑推理问题,如公式推导、科技文章写作等高度逻辑化的任务,交给中学生显然不合适,这时交给大学生更适合,这里的大学生类似 CPU 的计算单元。

GPU 就是图形处理单元(graphics processing unit),和 CPU 一样,是用于计算的基本单元。只不过 GPU 镶嵌在显卡上,而 CPU 镶嵌在主板上。图 9.3 给出了一款 NVIDIA GPU 示意

图 9.3　GPU

图,它可利用 576 个张量核心加快人工智能算法的工作流程,并利用 4608 个 NVIDA CUDA 核心加快并行计算,可以在几分钟内分析 1.2 亿条数据记录。

GPU 为什么擅长进行大规模的张量计算,从而能快速完成深度神经网络的计算呢?这要从 GPU 的逻辑架构来分析。

图 9.4 对 CPU 与 GPU 的逻辑架构进行了对比。其中 Control 是控制器,ALU 是算术逻辑单元,cache 是 CPU 内部缓存,DRAM 是内存。可以看到,GPU 设计者将更多的 ALU 作为执行单元,而不像 CPU 那样需要更复杂的控制器和更多的内部缓存。从存储空间来看,CPU 空间的 5% 是 ALU,而 GPU 空间的 40% 是 ALU,这就是 GPU 计算能力超强的根本原因。

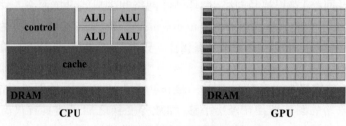

图 9.4   CPU 和 GPU 的逻辑架构对比

本部分分别介绍了人工智能、机器学习、神经网络和深度学习的定义和特点。下面将描述这些技术之间的关系。如图 9.5 所示,深度学习作为神经网络的一个研究分支,神经网络作为机器学习的一个研究分支,并且机器学习作为人工智能的一个研究分支。

图 9.5   人工智能、机器学习、神经网络、深度学习之间的关系

9.5   遗传算法

9.5.1   遗传算法的定义

遗传算法是模拟生物进化的自然选择和遗传机制,将其转换成数学形式的遗传算子,通过迭代(遗传)计算形成了一种寻优算法。它模拟了生物的繁殖、交配和变异现象,形成了选择、交叉、变异 3 个算子。从任意一初始种群出发(问题的初始解),产生一群新的更适应环境的后代(问题的新解)。这样一代一代不断繁殖、进化(迭代),最后收敛到一个最适应环境的个体上(问题的最终解)。遗传算法对于复杂的优化问题,无须建立像运筹学中的数学模型并进行复杂运算,只需要利用遗传算法的算子就能寻找到问题的最优解或

满意解。

自然选择学说认为,生物要生存下去,就必须进行生存斗争。生存斗争包括种内斗争、种间斗争以及生物跟环境之间的斗争3方面。在生存斗争中,具有有利变异的个体容易存活下来,并且有更多的机会将有利变异传给后代;具有不利变异的个体就容易被淘汰,产生后代的机会也少得多。因此,凡是在生存斗争中获胜的个体都是对环境适应性比较强的。

达尔文把这种在生存斗争中"适者生存、不适者淘汰"的过程称为自然选择。自然选择学说表明,遗传和变异是决定生物进化的内在因素。遗传是指亲代与子代之间,在性状上存在的相似现象。变异是指亲代与子代之间,以及子代个体之间,在性状上或多或少地存在的差异现象。在生物体内,遗传和变异的关系十分密切。一个生物体的遗传性状往往会发生变异,而变异的性状有的可以遗传。遗传能使生物的性状不断地传送给后代,因此保持了物种的特性,变异能够使生物的性状发生改变,从而适应新的环境而不断地向前发展。

生物的遗传与变异有它的物质基础。遗传物质的主要载体是染色体(chromsome)。在遗传算法中称为个体,它是数学问题的解(初始解、中间解、最终解)。染色体主要是由DNA(脱氧核糖核酸)和蛋白质组成的,基因(gene)是染色体的片段,它储存着遗传信息,可以准确地复制,也能够发生突变,生物体自身通过对基因的复制(reproduction)和交叉(crossover,即基因自由组合和基因连锁互换)的操作实现性状的遗传。在遗传算法中的个体是由数学问题的参数组成,通过三个遗传算子的迭代求出问题的最优解。

9.5.2　遗传算法基本原理

遗传算法(genetic algorithms,GA)是一种基于遗传学的搜索优化算法。遗传学认为遗传以一种指令码被封装在每个染色体个体中,并以基因(位)的形式包含在染色体(个体)中。每个基因有特殊的位置并控制某个特殊的性质,由基因组成的个体对环境有一定的适应性。基因杂交和基因突变能产生对环境适应性强的后代,通过优胜劣汰的自然选择,适应值高的基因结构会被保存下来。

在遗传算法中,"染色体"对应的是问题的解,通常是由串结构的一维数据(问题的参数的组合)表现。串上各个位置对应"基因"(每个参数),而各位置上的值对应基因的取值。基因组成的串就是染色体,或者称为基因型个体。一定数量的个体组成了群体。群体中个体的数目称为样本的大小,也叫群体规模。而各个体对环境的适应程度称为适应度(fitness)。

遗传算法中包含两个必需的数据转换操作,一个是把搜索空间中数学问题参数的组合的解转换成遗传空间中的个体(染色体),此过程称为编码(coding)操作。另一个是相反的操作,称为译码(decoding)操作。

遗传算法是一种群体型操作,该操作以群体中的所有个体为对象。选择(selection)、交叉(crossover)和变异(mutation)是遗传算法的3个主要操作算子,它们构成了基本的遗传操作(genetic operation),使遗传算法具有其他传统方法所没有的特性。遗传算法的处理流程如图9.6所示。

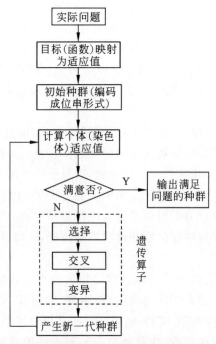

图 9.6　遗传算法处理流程的示意图

遗传算法首先将问题的每个解按照某种形式进行编码,这些编码后的解称为染色体(个体)。随机选取 N 个染色体构成初始种群,再根据预定的评价函数对每个染色体计算适应值,使得性能较好的染色体具有较高的适应值。选择适应值高的染色体进行复制,通过遗传算子:选择、交叉(重组)、变异,来产生一群新的更适应环境的染色体,形成新的种群。

这样一代一代不断繁殖、进化,最后收敛到一个最适应环境的个体上,求得问题的最优解。

9.5.3　遗传算子

在遗传算法的执行过程中,每一代有许多不同的染色体(个体)同时存在,这些染色体中哪个保留(生存)、哪个淘汰(死亡)是根据它们对环境的适应能力决定的,适应性强的有更多的机会保留下来。适应性强弱是通过计算个体适应值函数 $f(x)$ 的值来判别的,这个值称为适应值(fitness)。适应值函数 $f(x)$ 的构成与目标函数有密切关系,往往是对目标函数的变换。主要的遗传算子有如下几种。

1. 选择算子

选择(selection)算子又称复制(reproduction)、繁殖算子。

选择是从种群中选择生命力强的染色体产生新种群的过程。依据每个染色体的适应值大小来确定,适应值越大,被选中的概率就越大,其子孙在下一代产生的个数就越多。

选择操作是建立在群体中个体的适应值评价基础上的,目前常用的选择算子有以下几种。

（1）适应值比例法。该方法是目前遗传算法中最常用的选择方法。在该方法中，各个个体的选择概率和其适应值成比例。

设群体大小为 n，其中个体 i 的适应值为 f_i，则 i 被选择的概率 P，为

$$p = f_i \Big/ \sum_{j=1}^{M} f_j$$

显然，概率 P 反映了个体 i 的适应值在整个群体的个体适应值总和中所占的比例。个体适应值越大，其被选择的概率就越高。所以，在计算出群体中各个个体的选择概率后，就可以决定哪些个体被选出。

（2）最佳个体保存法。该方法的思想是把群体中适应度最高的个体不进行配对交叉而直接复制到下一代中。此种选择操作又称复制。

采用此选择方法的优点是，进化过程中某一代的最优解可不被交叉和变异操作破坏。但是会使进化有可能限于局部解，即它更适合单峰性质的空间搜索。一般它都与其他选择方法结合使用。

（3）期望值方法。

① 计算群体中每个个体在下一代生存的期望数目：

$$M = f_i / \tilde{f} = f_i \Big/ \sum f_i / n$$

② 若某个体被选中并要参与配对和交叉，则它在下一代中的生存的期望数目减 0.5。若不参与配对和交叉，则该个体的生存期望数目减 1。

③ 在②的两种情况中，若一个个体的期望值小于 0，则该个体不参与选择。

对比实验表明，采用期望值法的性能高于前两种方法的性能。

（4）排序选择方法。排序选择方法是指在计算每个个体的适应值后，根据适应值大小顺序对群体中个体排序，然后把事先设计好的概率表按序分配给个体，作为各自的选择概率。所有个体按适应值大小排序，选择概率和适应值无直接关系而仅与序号有关。这种方法的不足之处在于选择概率和序号的关系必须事先确定。此外，它和适应值比例法一样，都是一种基于概率的选择。

（5）比例排序法。将比例法和排序法结合起来的比例排序法，即当群体中某个染色体的适应值远远大于其他染色体的适应值或群体中每个染色体的适应值相似时，按排序法进行后代选择，而在一般情形下采用比例法进行后代选择。这样既能利用两种方法各自的优点，又弥补了两种方法各自的缺点。

2. 交叉算子

当许多染色体相同或者后代的染色体与上一代没有多大差别时，可通过染色体重组来产生新一代染色体。染色体重组是分两步进行的，首先在新复制的群体中随机选取两个个体，然后，沿着这两个个体（字符串）随机地取一个位置，二者互换从该位置起的末尾部分。例如，有两个用二进制编码的个体 A 和 B。长度 $L=5$，$A=a_1a_2a_3a_4a_5$，$B=b_1b_2b_3b_4b_5$，随机选择一整数 $k \in [1, L-1]$，例如假设 $k=4$，经交叉后变为

$$A = a_1a_2a_3 \mid a_4a_5, \quad A' = a_1a_2a_3 \mid b_4b_5,$$
$$B = b_1b_2b_3 \mid b_4b_5, \quad B' = b_1b_2b_3 \mid a_4a_5,$$

遗传算法的有效性主要来自选择和交叉(crossover)操作,后者在遗传算法中起着核心作用。

目前有如下几种基本交叉方法。

(1) 一点交叉。一点交叉又称为简单交叉。具体操作是,在个体串中随机设定一个交叉点。实行交叉时,该点前或后的两个个体的部分结构进行互换,并生成两个新个体(如上例)。

(2) 两点交叉。两点交叉的操作与一点交叉类似,只是设置两个交叉点(依然是随机设定)。一个两点交叉的例子如下:

$$个体 A \quad 10:110:11 \rightarrow 1001011 \quad 新个体 A'$$

$$个体 B \quad 00:010:00 \rightarrow 0011000 \quad 新个体 B'$$

由此可见,两个交叉点分别设定在第 2 个基因位和第 3 个基因位之间以及第 5 个基因位和第 6 个基因位之间。A、B 这两个个体在这两个交叉点之间的码串相互交换,分别生成新个体。对于两点交叉而言,若染色体长为 n,则可能有 $(n-2)(n-3)$ 种交叉点的设置。

(3) 一致交叉。一致交叉是指通过设定屏蔽字(mask)来决定新个体的基因继承两个旧个体中哪个个体的对应基因。一致交叉的操作过程如下。当屏蔽字为 0 时,新个体 A' 继承旧个体 A 中对应的基因。当屏蔽字为 1 时,新个体 A' 继承旧个体 B 中对应的基因,由此产生一个完整的新个体 A'。反之,则可以生成新个体 B'。

旧个体 A	001111
旧个体 B	111100
屏蔽字	010101
新个体 A'	011110
新个体 B'	101101

3. 变异算子

选择和交叉算子基本上完成了遗传算法的大部分搜索功能,而变异则增加了遗传算法找到接近最优解的能力。变异就是以很小的概率随机地改变字符串某个位置上的值。变异操作是按位进行的,即把某一位的内容进行变异。在二进制编码中,就是将某位 0 变成 1,1 变成 0。变异发生的概率即变异概率 P 都取得很小(一般为 0.001~0.02),它本身是一种随机搜索,然而与选择、交叉算子结合在一起,就能避免由于复制和交叉算子操作而引起的某些信息的永久性丢失。保证了遗传算法的有效性。

遗传算法引入变异有以下两个目的。

目的 1:使遗传算法具有局部的随机搜索能力。当遗传算法通过交叉算子已接近最优解邻域时,利用变异算子的这种局部随机搜索能力就可以加速向最优解收敛。显然,此种情况下的变异概率应取较小值,否则接近最优解的模式会因变异而遭到破坏。

目的 2:使遗传算法可维持群体多样性,以防止出现未成熟收敛现象。此时变异概率应取较大值。

(1) 基本变异算子。基本变异算子是指对群体中的个体码串随机挑选一个或多个基

因位,并对这些基因位的基因值做变动(以变异概率 P 做变动)。$\{0,1\}$二值码串中的基本变异操作如下:

个体 A 1011011 经过变异,得到 1110011(个体 A 的第 2 位和第 4 位互换)。

(2) 逆转算子。逆转算子是变异算子的一种特殊形式。它的基本操作内容是,在个体码串中随机挑选两个逆转点,然后将两个逆转点间的基因值以逆转概率 P 逆向排序。$\{0,1\}$二值码串的逆转操作如下:

个体 A 101101000 经过逆转操作,得到 100101100。

由此可见,通过逆转操作,个体中从基因位 3 至基因位 7 之间的基因排列得到逆转,即从 11010 序列变成了 01011 序列。这一逆转操作可以等效为一种变异操作,但是逆转操作的真正目的不是变异(否则仅用变异操作就行了),而是实现一种重新排序操作。所谓重新排序,是指对个体中的基因排列进行重新组合,但并不影响该个体的特征。在自然界生物的基因重组中就有这种重新排序的机制。对遗传算法而言,采用这种重新排序,目的是提升高适应度个体的繁殖率。实际上,在用遗传算法求解某些问题时,群体中的有些个体的基因排序常常会出现这样的情况,即对形成高适应度个体有用的某些基因分离较远,此时采用一般的交叉会破坏相应的高适应度个体的生成。因此,有必要对这些基因进行重新排序,但又不破坏整个个体的特征(即适应值)。

(3) 自适应变异算子。该算子与基本变异算子的操作内容类似,唯一不同的是变异概率 P 不是固定不变的,而是随群体中个体的多样性程度而自适应调整。一般是根据交叉所得两个新个体的距离进行变化。距离越小,P 越大,反之 P 越小。

在遗传算法中,交叉算子因其全局搜索能力而作为主要算子,变异算子因其局部搜索能力而作为辅助算子。遗传算法通过交叉和变异这一对相互配合又相互竞争的操作而使其具备兼顾全局和局部的均衡搜索能力。相互配合是指当群体在进化中陷于搜索空间中某个超平面而仅靠交叉不能摆脱时,通过变异操作可有助于这种摆脱。相互竞争是指当通过交叉已形成所期望的模式时,变异操作有可能破坏这些模式。因此,如何有效地配合使用交叉和变异操作,是目前一个重要的研究内容。

9.5.4 遗传算法简例

基于遗传算法,求 $f(x)=x^2$ 在$[0,31]$上的最大值。

1. 初始种群

(1) 编码:用 5 位二进制数表示 x,有
$$x=0 \rightarrow 00000 \qquad x=31 \rightarrow 11111$$

(2) 初始种群。随机产生 4 个个体:13,24,8,19(分别用二进制表示)。

(3) 适应值 f_i。直接用目标函数作为适应值:
$$f(x)=x^2$$

(4) 选择率 P_s 和期望值。

选择率:
$$P_{si}=f_i \Big/ \sum f_i$$

平均适应值(又称平均值):

$$f = \sum f_i/n$$

期望值:

$$f_i/f$$

(5)实选值。期望值取整数,具体计算如表 9.2 所示。

表 9.2　初始种群参数计算

编　号	初始种群位串	参数值 x	目标适应值 $f(x)=x^2$	选择率 $f_i/\sum f_i$	期望值 f_i/f	实选值
1	0 1 1 0 1	13	169	0.14	0.58	1
2	1 1 0 0 0	24	576	0.49	1.97	2
3	0 1 0 0 0	8	64	0.06	0.22	0
4	1 0 0 1 1	19	361	0.31	1.23	1
总和 $\sum$			1170	1.00	4.00	4.0
平均值			293	0.25	1.00	1.0
最大值			576	0.49	1.97	2.0

2. 遗传第一代

参数计算如表 9.3 所示,具体说明如下。

表 9.3　初始种群遗传过程

选择后的交配池	交叉对象(随机选择)	交叉位置(随机选择)	新的种群	x	$f(x)=x^2$
0 1 1 0 1	2	4	0 1 1 0 0	12	144
1 1 0 0 0	1	4	1 1 0 0 1	25	625
1 1 0 0 0	4	2	1 1 0 1 1	27	729
1 0 0 1 1	3	2	1 0 0 0 0	16	256
总和 $\sum$					1754
平均值					439
最大值					729

(1)选择(繁殖)。在种群中,实选值(期望值)高者多繁殖;实选值(期望值)低者少繁殖或者不繁殖。繁殖(复制)的个体放入交配池中。

(2)交叉。随机选择交配对象(相同个体不交配),如个体 1 和 2、3 和 4。随机选择交叉点进行交叉。

(3)变异。取变异概率 $P=0.01$,表示每 100 个个体中有一个个体的一位发生变异。但是本例中未进行个体变异。

遗传得到的新的种群,其平均值和最大值都有很大提高。

（4）平均值：293→439。

（5）最大值：576→429。

新种群中的 4 个个体中，25、272 变好，12、16 变坏。

3. 遗传第二代

新种群的参数计算如表 9.4 所示。新种群的遗传过程如表 9.5 所示。

表 9.4　新种群参数计算

编　号	初始种群位串	参数值 x	目标适应值 $f(x)=x^2$	选择率 $f_i/\sum f_i$	期望值 $f_i/\bar{f}$	实选值
1	0 1 1 0 0	12	144	0.08	0.33	0
2	1 1 0 0 1	25	625	0.36	1.42	1
3	1 1 0 1 1	27	729	0.42	1.66	2
4	1 0 0 0 0	16	256	0.15	0.58	1
总和 $\sum$			1754	1.00	4.00	4.0
平均值			439	0.25	1.00	1.0
最大值			729	0.42	1.66	2.0

表 9.5　新种群的遗传过程

选择后的交配池	交叉对象（随机选择）	交叉位置（随机选择）	新的种群	x	$f(x)=x^2$
1 1 0 0 1	2	1	1 1 0 1 1	27	729
1 1 0 1 1	1	1	1 1 0 0 1	25	625
1 1 0 1 1	4	3	1 1 0 0 0	24	576
1 0 0 0 0	3	3	1 0 0 1 1	19	361
总和 $\sum$					2291
平均值					572
最大值					729

总结：通过以上的运算，发现单纯使用交叉算子和选择算子，而没有用变异算子，则不管遗传多少代都得不到最优解 31(11111)。主要原因是被随机抽取的 4 个个体的第 3 位都是 0，这样无论怎样使用选择算子和交叉算子，只能得到局部最优解 27(11011)作为次优解。

但是如果在第三位中挑选一个个体进行变异操作，由 0 变为 1，再进行遗传操作将会得到最优解 31(11111)。

【**实践步骤**】　参照表 9.6 上的实验数据，基于 SQL Server 2012 的数据分析平台，使用神经网络学习算法，对表 9.6 中数据进行分析，由软件自动生成神经网络学习模型，然后针对新到的数据 $(x_1, x_2, x_3) = (7.32, -5.69, 2.93)$，由 SQL Server 2012 软件自动分析预测出对应的输出 y 的值。

表 9.6　实验数据集合

mark	x_1	x_2	x_3	y
1	2.5	3.16	−9.75	15.84
2	3.4	2.9	10.15	7.31
3	5.65	3.27	8.43	24.3
4	4.63	8.18	1.67	514.29
5	−7.37	−8.51	2.71	333.37
6	−5.6	3.27	8.83	281.67
7	10.17	15.2	0.03	1895.94
8	19.1	−4.8	7.87	27.62

（1）启动 SQL Server 2012 后，将上述数据表导入，得到结果如图 9.7 所示。

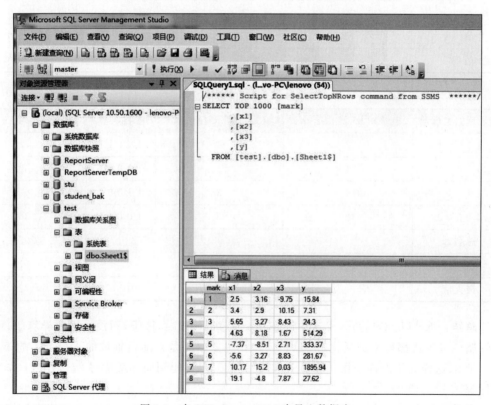

图 9.7　在 SQL Server 2012 中导入数据表

（2）启动 Visual Studio 2012，创建一个数据分析项目，如图 9.8 所示。

（3）新项目创建之后，在解决方案管理器中右击"数据源"文件夹，从弹出的快捷菜单中选中"新建数据源"选项，并单击"下一步"按钮，进入"数据源向导"界面，如图 9.9 所示。

（4）然后单击"下一步"按钮，进入"选择如何定义连接"界面。在弹出的窗口中，将服

图 9.8　在 Visual Studio 2012 中创建一个新项目

图 9.9　"数据源向导"界面

务器名称改为"(local)",被选中的数据库的名称为在 SQL Server 中已经创建的数据库名称,如图 9.10 所示。

　　(5) 单击"确定"按钮,进入下一个界面,选择"使用服务账户",如图 9.11 所示。

　　(6) 单击"下一步"按钮,进入"数据源向导"界面,单击"完成"按钮,如图 9.12 所示。

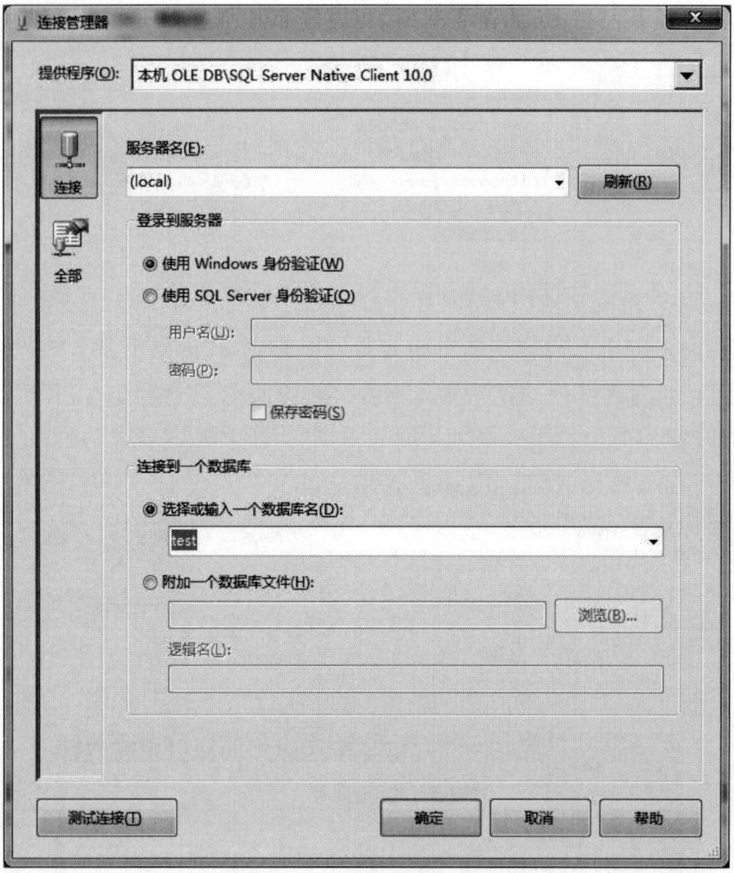

图 9.10 “连接管理器”界面

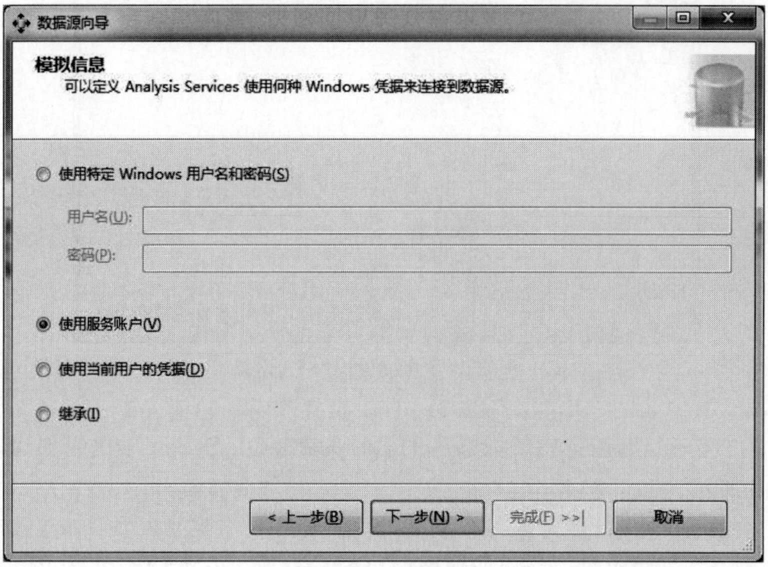

图 9.11 模拟信息

图 9.12　完成向导

（7）然后在解决方案管理器中右击"数据源视图"文件夹，从弹出的快捷菜单中选中
"新建数据源视图"选项，并单击"下一步"按钮，进入"数据源视图向导"界面，如图 9.13
所示。

图 9.13　"数据源视图向导"界面

（8）单击"下一步"按钮，选中上一步已经创建好的数据源的名称，单击"下一步"按
钮，如图 9.14 所示。

图 9.14　选择数据源

(9) 单击"下一步"按钮,在弹出的窗口中把已选中数据库中包含有实验数据的表单导入下一个窗口,如图 9.15 所示。

图 9.15　选择表和视图

（10）单击"下一步"按钮，数据源视图的创建已完成，并且在主窗口可以看到实验数据的不同属性名称已经显示，如图 9.16 所示。

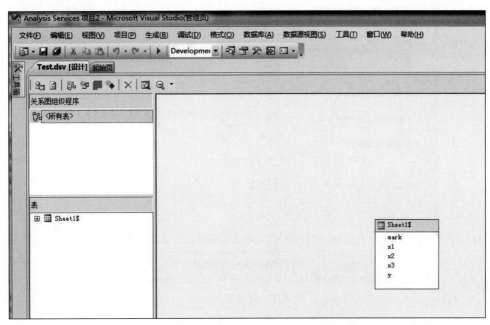

图 9.16　主窗口显示实验数据的所有属性名称的界面

（11）在解决方案管理器中选中"新建挖掘结构"，并单击"下一步"按钮，进入"数据挖掘向导"界面，如图 9.17 所示。

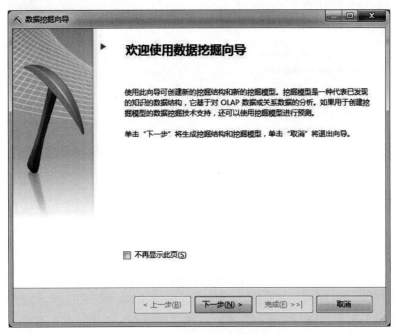

图 9.17　"数据挖掘向导"界面

（12）单击"下一步"按钮，然后在新窗口中选中"从现有关系数据库或数据仓库"，如图 9.18 所示。

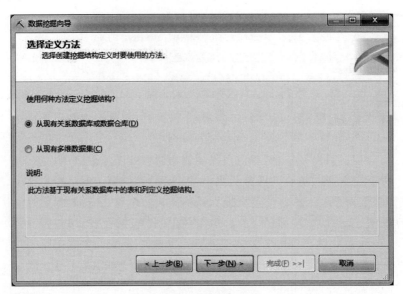

图 9.18　选择定义方法

（13）单击"下一步"按钮，在新窗口选择要使用的数据挖掘算法名称，如图 9.19 所示。

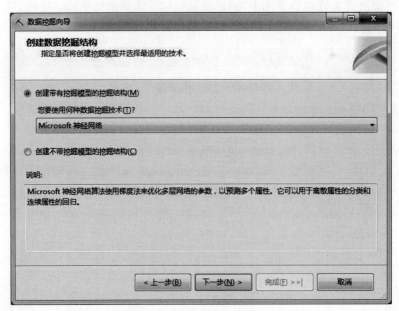

图 9.19　创建数据挖掘结构

（14）单击"下一步"按钮，进入选择数据源视图窗口，把对应的表单导入，如图 9.20 所示。

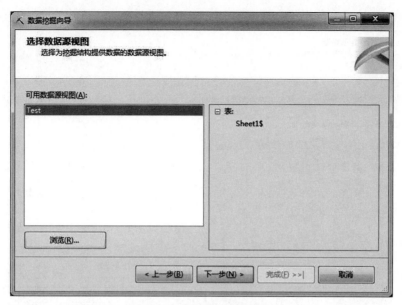

图 9.20　选择数据源视图

（15）单击"下一步"按钮，选中表的"事例"，如图 9.21 所示。

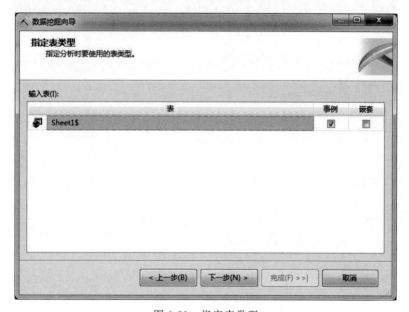

图 9.21　指定表类型

（16）单击"下一步"按钮，如图 9.22 所示，将属性 mark 记为主键，将属性 x1,x2,x3 记为输入信息，将属性 y 记为可预测信息。

（17）单击"下一步"按钮，在创建测试集窗口将测试数据百分比设置为 0%，如图 9.23 所示。

（18）单击"完成"按钮，进入数据挖掘向导完成界面，如图 9.24 所示。

图 9.22　指定定型数据

图 9.23　创建测试集

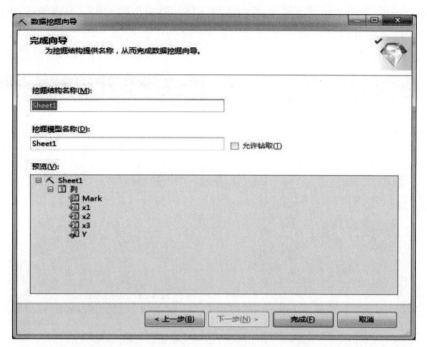

图 9.24　完成向导

（19）单击"完成"按钮，在图 9.25 所示的新窗口中选中"挖掘模型查看器"选项卡，弹出一个小窗口，提示"服务器内容似乎已过时。是否先生成和部署项目?"，单击"是"按钮，系统将花费一点时间进行部署和生成。

图 9.25　使用神经网络挖掘算法部署成功界面

部署成功后,就会弹出另外一个小窗口,提问"必须先处理 Table_1 挖掘模型才能浏览其内容。处理模型可能要花费一些时间,具体将取决于数据量。是否继续?",单击"是"按钮,并在新弹出的窗口中单击"运行"按钮,处理成功后将出现图 9.26 所示的数据分析图表。

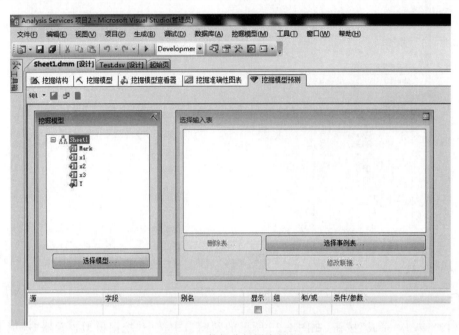

图 9.26　数据分析图表界面

(20)选中"挖掘模型预测"选项卡,进行数据预测,如图 9.27 所示。

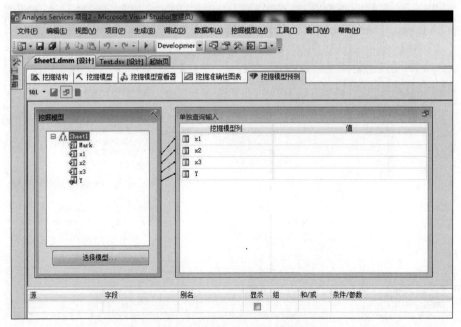

图 9.27　神经网络算法预测界面

（21）单击"选择事例表"按钮，在选择导航中选择事例表为 Table_1。单击工具栏上的"单独查询"按钮（挖掘模型窗口上面左边第 3 个图标按钮，鼠标放在其上时，会出现"单独查询"提示），即产生图 9.28 所示的界面。然后把新到达的数据集合的值（x1，x2，x3）＝（7.32，－5.69，2.93），在窗口的对应位置录入。

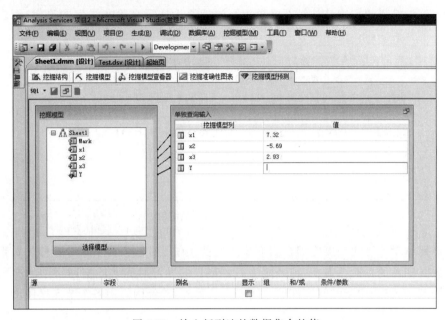

图 9.28　输入新到达的数据集合的值

（22）然后把挖掘模型下的 Y 项拖动到最下面一行的最左边的位置，如图 9.29 所示。

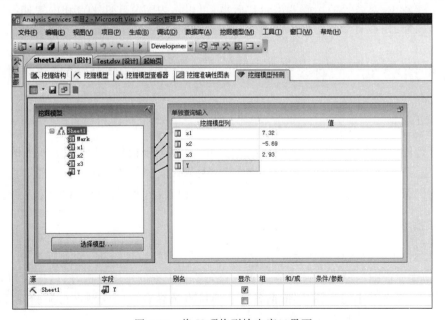

图 9.29　将 Y 项拖到输出窗口界面

（23）单击工具栏上的"切换到查询结果"按钮，如图 9.30 所示。将在输出窗口显示 Y 的预测值约为 69.81。该预测值虽然与实际值 55.24 有一定的差距，但比使用多元线性回归得到的结果（286.64）好得多。事实上，如果已知数据不是 8 条，而是超过 200 条，那么使用神经网络学习算法预测该问题的结果会相当精确，而多元线性回归将不会有大的进步。造成这种结果的原因是神经网络学习算法能逼近任意高阶非线性的映射，而多元线性回归只能找到一阶规律。

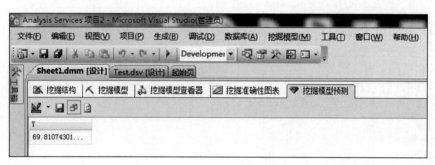

图 9.30　神经网络预测结果

神经网络学习算法可以应用在高度非线性的系统，并且用学习得到的参数和系统进行从输入到输出的预测。但是，神经网络需要很长的学习时间才能把网络中的参数训练出来。因此，它仅适用于时间容许的应用场合。另外，神经网络中各个节点之间的连接权值对使用者来说几乎是无法看出里面的执行细节，因此神经网络系统类似于一个"黑匣子"。虽然用户不能理解网络内部的连接权值，但这并不妨碍利用神经网络进行高质量的预测操作。基于 SQL Server 2012 平台，使用神经网络内置算法进行预测，用户所需要的预处理工作较少，对系统的了解要求也比较低，可以认为整个软件平台和内置神经网络算法对用户透明，用户只需要会操作即可。

本章小结

1. 人工智能

人工智能是计算机学科的一个分支，是研究、开发用于模拟、延伸和扩展人的智能的理论、方法、技术及应用系统的一门新的技术。人工智能的目的是让计算机能够像人一样思考。人工智能的研究方向包括智能机器人、图像识别、自然语言处理和专家系统等。

2. 机器学习

机器学习的一般流程包括确定分析目标、收集数据、整理数据、预处理数据、训练模型、评估模型、优化模型、上线部署等步骤。首先要从业务的角度分析，然后提取相关的数据进行探查，发现其中的问题，再依据各算法的特点选择合适的模型进行实验验证，评估各模型的结果，最终选择合适的模型进行应用。

3. 神经网络

神经网络是一种基于人脑的结构而被构造的信息处理系统,用来实现人脑的某些功能,但并不是对人脑的完全再现,而是对人脑的一种简单的抽象或模仿。人工神经网络常被用于解决一些复杂的问题,其最大特点就是自我学习功能,即通过对大量训练样本的反复学习,不断地对网络连接权值进行修改,从而使网络连接权值稳定分布在一个固定范围之内。人工神经网络能够对每个输入信号进行处理,确定其权值,然后确定所有输入信号的加权值,最后确定其输出,从而解决相关问题。

4. 深度学习

深度学习是一种利用深度人工神经网络进行分类、预测的技术。其试图模拟人脑,从而自动提取特征值。在应用层面,与一般的机器学习算法相比,深度学习最大的特点是可以处理图像、视频、文本、音频等各种非结构化数据。

5. 遗传算法

遗传算法是模拟生物进化的自然选择和遗传机制,将其转换成数学形式的遗传算子,通过迭代(遗传)计算形成了一种寻优算法。它模拟了生物的繁殖、交配和变异现象,形成了选择、交叉、变异 3 个算子。遗传算法对于复杂的优化问题,无须建立像运筹学中的数学模型并进行复杂运算,只需要利用遗传算法的算子就能寻找到问题的最优解或满意解。

习题 9

1. 人工智能、机器学习、神经网络和深度学习之间的关系是什么?
2. 神经网络的应用领域有哪些?
3. 深度学习的三大核心要素有哪些?
4. 遗传算法常用的遗传算子包括哪些?

第10章

区块链技术

本章学习目标

- 了解区块链的定义。
- 了解区块链的特征。
- 了解区块链的类型。
- 理解分布式账本技术和区块链技术之间的关系。

随着互联网金融的快速发展,使用区块链技术可以解决中央结点不可信的问题,并且可以提高金融交易的效率。本章将向读者介绍区块链的定义、区块链的特征和常用类型,并且介绍分布式账本技术的执行原理以及区块链技术目前在金融领域应用的成功案例。

10.1 区块链

10.1.1 区块链的定义

区块链的本质是一个对等网络(peer-to-peer)的分布式账本数据库。比特币的底层就采用了区块链的技术架构。区块链本身其实是一串链接的数据区块,其链接指针是采用哈希算法对区块头进行处理后产生的哈希值。每个数据块中记录了一组采用哈希算法处理的树状交易状态信息,这样就可保证每个区块内的交易数据和区块链里链接的区块不可篡改。

区块链涉及数学、密码学、互联网、计算机编程知识。从应用视角来看,区块链是一个分布式的共享账本和数据库,具有去中心化、不可篡改、全程留痕、可以追溯、集体维护、公开透明等特点。这些特点保证了区块链的"诚实"与"透明",为区块链创造信任奠定了基础。区块链丰富的应用场景都基本基于区块链具有解决信息不对称问题,实现多个主体的协作信任与行动一致的能力。

一个完整的区块链系统包含了很多技术,其中有存储数据的数据区块及其数字签名、时间戳等技术,有作为支撑的对等网络和维护系统的共识算法,有匿名交易机制和比特币钱包等相关技术概念。这些技术使区块链在无中心的网络上形成了运转不息的引擎,为区块链的交易、验证、链接等功能提供了源源不断的动力。

10.1.2　数据区块

比特币的交易记录会保存在数据区块之中,比特币系统中每 10 min 左右就会产生一个区块,这些数据区块一般包含区块头(header)和区块体(body)两部分,如图 10.1 所示。

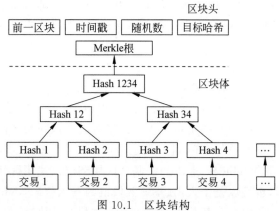

图 10.1　区块结构

区块头封装了当前的版本号(version)、前一区块地址(prev-block)、时间戳(timestamp)、随机数(nonce)、当前区块的目标哈希值(bits)、Merklet 树的根值(Merkleroot)等信息。

区块体中则主要包含交易计数和交易详情。交易详情就是比特币系统中的记账本,每一笔交易都会被永久地记入数据区块中,而且任何人都可以查询。区块体中的 Merklet 树将会对每一笔交易进行数字签名,如此可以确保每一笔交易都不可伪造且没有重复交易。所有的交易将通过 Merklet 树的 Hash 过程产生一个唯一 Merkle 根值记入区块头。

10.1.3　区块链的特征

(1) 去中心化。区块链技术不依赖额外的第三方管理机构或硬件设施,没有中心管制,除了自成一体的区块链本身,通过分布式核算和存储,各个结点实现了信息自我验证、传递和管理。去中心化是区块链最突出最本质的特征。

(2) 开放性。区块链技术基础是开源的,除了交易各方的私有信息被加密外,区块链的数据对所有人开放,任何人都可以通过公开的接口查询区块链数据和开发相关应用,因此整个系统信息高度透明。

(3) 独立性。基于协商一致的规范和协议(类似比特币采用的哈希算法等各种数学算法),整个区块链系统不依赖其他第三方,所有结点能够在系统内自动安全地验证、交换数据,不需要任何人为的干预。

(4) 安全性。只要不能掌控全部数据结点的 51%,就无法肆意操控修改网络数据,这使区块链本身变得相对安全,避免了主观人为的数据变更。

(5) 匿名性。除非有法律规范要求,单从技术上来讲,各区块结点的身份信息不需要公开或验证,信息传递可以匿名进行。

10.1.4　区块链的类型

(1) 公有区块链(public block chains)。公有区块链是指世界上任何个体或者团体都可以发送交易,且交易能够获得该区块链的有效确认,任何人都可以参与其共识过程。公有区块链是最早的区块链,也是应用最广泛的区块链,各大比特币系列的虚拟数字货币均基于公有区块链。

(2) 联合区块链(consortium block chains)。联合区块链由某个群体内部指定多个预选的结点为记账人,每个块的生成由所有的预选结点共同决定(预选结点参与共识过程),其他接入结点可以参与交易,但不过问记账过程(本质上还是托管记账,只是变成分布式记账,预选结点的多少,如何决定每个块的记账者成为该区块链的主要风险点),其他任何人可以通过该区块链开放的 API 进行限定查询。

(3) 私有区块链(privateblock chains)。联合区块链仅仅使用区块链的总账技术进行记账,可以是一个公司,也可以是个人,独享该区块链的写入权限,本链与其他的分布式存储方案没有太大区别。传统金融都是想通过实验尝试私有区块链,而公有区块链的应用,例如 bitcoin,已经工业化,私有区块链的应用产品还在摸索当中。

10.1.5　区块链框架简介

目前,大多数区块链在金融行业的应用过程中,被认为可以用来从最底层重构传统金融业现有的 IT 基础架构。下面将区块链的基础架构分为 3 层来讲解,如图 10.2 所示。

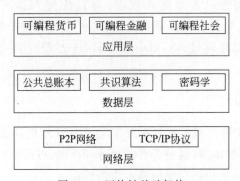

图 10.2　区块链基础架构

在网络层之上,区块链是建立在互联网协议(IP)和对等网络的基础上的一个分布式系统,和传统的中心分布式系统不同,它不依靠中心化的服务器结点来转发消息,而是每一个结点都参与消息的转发。因此对等网络比传统网络具有更高的安全性,任何一个结点被攻击都不会影响整个网络,所有的结点都保存着整个系统的状态信息。

在数据层面上,区块链就是一个只可追加、不可更改的分布式数据库系统,是一个分布式账本。如果是公开的区块链,也就是公有链,那么这个账本可以被任何人在任何地方进行查询,完全公开透明。在区块链网络中,结点通过共识算法来维持网络中账本数据库的一致性。同时采用签名和哈希算法来确保这个数据库不可篡改、作伪,具有可追溯性。例如,在比特币系统中,只有在控制了51%的网络算力后,才有可能对区块链进行重组,以修改账本信息。由于比特币系统在设计时巧妙地加入了带有经济激励的挖矿工作量证明机制,使得即使拥有网络51%以上算力的人也不会损害其自身利益而发起对网络的攻击。

如图10.3所示,在区块链系统中,每一个结点既有可能是交易的参与者,同时又有可能是交易的监督者和管理者。从本质上来说,该系统是非对称加密、点对点网络和块链式数据结构等技术的组合。

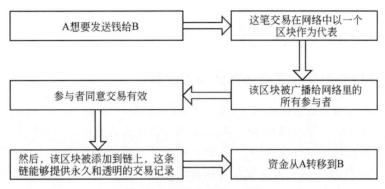

图 10.3　区块链的运行流程

使用区块链技术,可以有效减少传统的中心化交易方式所产生的巨大花费。2018年2月22日,英国的全球基金网络 Calastone 发布了一份研究报告,这份报告中显示区块链技术可以为共同基金节省高达26亿美元的成本。报告指出,区块链技术能够有效解决当前交易系统中成本、风险、运营、监管等问题。

分布式账本能够削弱现有的中介控制作用,不需要任何中央数据管理系统介入,就能形成点对点的支付交易,实现"交易即结算"的模式。这种模式大大提升了交易效率和清算速度。分布式账本技术还使账本的安全性得到大大的提高,具体如下。

(1) 共识协议安全性高。分布式账本建立在网络各个结点对交易数据或拟定交易价值达成一致的基础上,并可对账本进行更新。事实上,人们不必担心区块链分布式账本的安全性。基于 POW 共识过程的区块链结点要掌握全网超过51%的算力才能成功篡改区块链数据,但是要掌握全网超过51%的算力将会付出非常昂贵的成本;基于 POS 共识过程,只能依靠自身的股份来维护网络安全。因此,不用担心攻击问题。

(2) 数据难以篡改。当账本的某一部分被修改时,网络中的结点都可以通过签名算法进行迅速甄别。如果系统在审核时发现两个账本的信息不一致,就会自动舍弃少数不一致的结点,只保留大部分结点相同的账本。这意味着要想篡改数据就必须控制系统中的大部分结点,黑客攻击时也必须同时攻击所有副本才能生效,而这是很难实现的。

(3) 加密技术及算法保证了数据的真实性。分布式账本实现了数据的共享和透明,伴随而来的就是这项技术如何保护个人隐私及交易信息的安全。分布式账本使用加密技术对用户身份和交易数据进行加密,并通过算法将新的交易添加到已有交易链中,这使交易者不需要第三方介入就可以直接管理多种交易。此外,分布式账本的去中心化特性使所有信息都被公开记录在"公共账本"中。区块链难以篡改的特性保证了数据的真实性,使数据适用于交易溯源及供应链溯源等场景。

区块链中让所有结点都参与维护数据交易的模式是基于密码学而设计的,它没有通过第三方机构来委托实施,每个参与的结点都记录在区块链中,都是一个完整的数据交易信息,然后由数据验证算法直接解密,这在很大程度上保证了记录和信息的安全性。区块链的结点都享有同等的权利与义务,每个结点都参与数据的管理,也享受着分布式记账所带来的安全性和便利性。

10.2 区块链应用案例

10.2.1 区块链应用于清算与结算业务的优势

传统的清算与结算交易成本高,效率低下,并且容易出现单点故障,引发汇兑风险。

在中心化结构的清算与结算体系中,每个银行在自己的账务信息系统上单独记账,账目信息未能共享至其他银行或机构,一旦银行账务信息系统因操作失误或外部攻击受到损伤导致单点故障,将很难保证全部账目信息的完整性和与原先账目的一致性,最终也使银行客户的利益受到影响。

传统清算与结算业务存在较高的人为可操作性。银行具有国家信用背书,在没有其他选择时,人们不得不相信银行所记录的账目是正确的,银行将妥善保护自己的存款,但在特殊情况下,银行对于保证客户资金财产安全没有绝对把握,可能会因内部管理不善被人为修改账务信息系统中的账目信息,也可能因信息泄露,客户资金通过电信诈骗等方式被非法盗取。

区块链技术将提供一个分布式的共享总账本,可以简化境内和跨境支付、结算操作流程和节省成本。区块链对传统清算与结算的改进主要体现在交易效率提升、交易成本降低和系统安全性增强 3 方面,如表 10.1 所示。

表 10.1 传统支付体系与区块链支付体系的清算结算比较

项 目	传统支付体系	区块链支付体系
交易效率	跨境清算与结算需要 3～10 天;经历多个中间机构和操作环节	交易时间缩短至几分钟甚至实时结算;点对点直接发生交易,不经过中介
交易成本	系统建设需要投入大量资源;电汇费＋手续费＋中间费用	无须清算中介,没有电汇费和中间费用
系统安全性	取决于银行系统安全性、兼容性;面临单点故障风险	分布式响应机制、不可篡改、匿名;单点故障不引起风险,抗攻击能力强

(1) 基于区块链技术的清算与结算业务可以提高交易效率,缩短交易时间。较长时间的占款期将产生巨大的机会成本,降低资金利用效率和加大汇兑风险。在非完全点对点交易的模型中,利用区块链共识机制,付款方向区块链网络提交付款申请,申请信息将

在极短时间内广播至全网的所有结点,当大部分结点同意或了解这笔交易后,付款银行减少付款方资金账户的资金数额。同时,收款银行增加相同数量到收款方的资金数额,交易完成后的结果再次更新至全网结点,所有结点共享完全相同的账本信息。在点对点直接交易的模型中,付款方将发送一定数量数字货币直接进入收款方虚拟地址,交易结果将受到全网结点确认而不需要依赖任何进入中介。

(2)基于区块链技术的清算与结算业务将大幅降低交易成本。

(3)基于区块链技术的清算与结算业务具有更高安全性。分布式记录和存储增强了支付体系的抗攻击性,由于收付款双方汇款信息得到了全网结点的普遍确认,任意结点功能破坏不会影响整个系统的完整和准确性,在信息传输过程中,传输过程短,不存在误操作的空间,而任何对汇款信息的改变将受到全网结点的排斥,最终降低了汇兑风险。

10.2.2 区块链应用于贷款清算领域的优势

在传统贷款清算模式下,双方银行各自记录交易信息和资金结算。在交易完成后,双方需要再次进行对账,这样就会花费大量的成本,且双方是无法确认各自数据的真实性,各自记账的数据是有偏差的。通过图 10.4 可以看出,双方银行不能及时了解对方的备付金账户信息和贷款借还明细,只能通过日终对账文件获取信息,而且还需要银行间各自开发对账系统,因此缺乏统一的系统间账务信息。这种传统的贷款清算模式无疑是增加了双方的流动性管理难度,由于缺乏统一的系统间账务信息,也增加了银行间合作的复杂性。

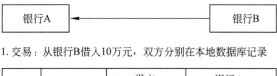

1. 交易:从银行B借入10万元,双方分别在本地数据库记录

1	100 000元	借方	银行A
		贷方	银行B

2. 清算:把清算财务文件发给对方,进行逐项核对

2	100 000元	借方	银行A
		贷方	银行B

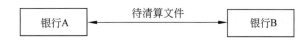

图 10.4 传统联合放贷模式:交易和清算在不同阶段完成

鉴于此,引入区块链备付金管理与对账平台,如图 10.5 所示。不仅交易过程可以并行清算,而且所有的交易信息都记录在区块链上,无法进行篡改,这就做到了实时清算,原来合作银行在"T+1"才能拿到的数据,现在可以实时进行调阅和核对。

如图 10.6 所示,就是基于区块链技术开发的联合贷款清算平台。目的是优化银行之

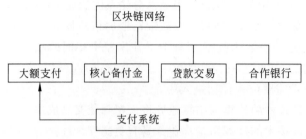

图 10.5　区块链备付金管理与对账平台

间在使用联合贷款的过程中的结算与清算。贷款信息通过区块链系统都记录在区块链网络上,一旦记录就无法进行篡改,交易过程中自动进行清算过程,完成实时交易清算效果,免去数据交换及清算对账带来的繁杂工作,如图 10.7 所示。其接口主要功能如下。

图 10.6　基于区块链技术开发的联合贷款清算平台

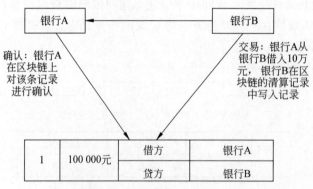

图 10.7　区块链联合贷款模式:交易和清算同时完成

(1) 了解信贷及资金交易信息。

(2) 进行实时的数据流通监控。

(3) 免除依赖日终对账文件进行清算对账的繁重工作。

10.2.3　区块链应用于借贷领域的优势

银行针对借贷申请环节,通过区块链技术搭建征信系统,该系统运用大数据技术和区块链技术将申请材料、不良信用记录和多平台借贷记录等信息加以整合,有效识别机构代办、团伙欺诈等高风险行为,有助于银行降低信贷风险,减少资金损失。因此,区块链技术所构建的征信系统能够有效地从源头控制信贷风险。区块链虽然是通过共享信息来降低风险,但是其本身没有衡量信用风险的能力,需要接入大数据来构建个人信用风险评价模型。

首先,个体在经济金融活动中产生信用数据,区块链认证系统对个人身份信息和信用信息进行识别、检验和多方认证,通过大数据来剔除传统征信信息过程中大量的垃圾数据,对碎片化的数据进行整合和标准化处理。例如,银行通过高质量数据来源增加其高风控水平。

其次,认证后的数据经过加密处理存储到加入区块链中征信机构的信用信息数据库,实现数据加密和分布式存储。金融机构按照个人信用记录生成的先后次序来确定各区块的地址并将所有区块接入形成区块链;若某个用户在多个金融机构存在信用记录,则采用其中最新的信用记录对应的区块接入区块链主链,其他信用记录对应的区块相应地接入支链作为补充;若存在两条生成时间相同的信用记录,则优先采用信用水平较低的信用记录。

再次,有征信需求的金融机构在个人知情和授权的前提下,向征信系统申请提取经济个体的信用信息,在此基础上构建高效的信用风险评价模型,以最大化降低信息不对称和信用风险。

最后,个人在金融机构中的任何一笔信用交易都将上传至区块链征信系统,同时可被其他有权限的金融机构查验,可以看到平台出示更加准确的信用评级结果,以及防止借款者因过度借贷而无法负担沉重的债务。

因此,基于以上区块链技术,银行通过自己构建的征信系统来进行贷前筛选。接入该区块链征信系统后,通过运用了数千个维度的数据所构建的信用评级,以此来进行候选名单筛选。通过用户征信数据、社交数据、公安数据、学历数据、交易记录等数据来对申请用户进行信用评级,最后根据其信用评级来决定是否发放贷款以及发放额度。而且,银行可以通过设置贷款额度来实现差异化,以此来控制风险,降低不良贷款率。

如图 10.8 所示,区块链征信系统是基于区块链技术和大数据分析技术所构建,是借助了传统征信数据源和大数据分析技术才得以建立。该架构主要推出以下两类征信产品:一是反欺诈产品,主要为银行、证券、保险、小额贷款、网络借贷等商业机构提供人脸识别系统和欺诈评测服务;二是信用评级产品,包括信用报告和信用评分。该架构通过运用大数据分析技术结合原有的数据源基础,开发具有"互联网风控"特色的模型,主要针对

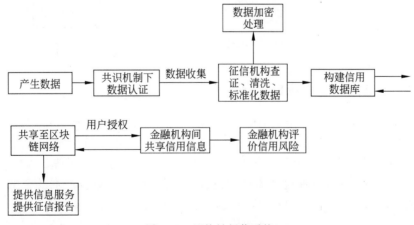

图 10.8　区块链征信系统

客户的信用情况进行全面的评估,实行整个贷款流程的风险管控。通过上述的两大数据源建立全流程风险管控。基于大数据分析技术,建立了一系列风险计量模型,不仅应用于反欺诈等日常风险控制工作,而且对贷中和贷后进行实时监测。

以上基于区块链技术的征信系统可以实现借贷中多维度实时监控欺诈行为。例如短信验证、异常支付监测、资金流向监控等。客户在使用已发放的贷款时,也是受到该银行的实时监测,例如,申请人申请的小额贷款用于网上购物或者其他的消费,区块链的实时广播传播到各个结点,银行可以实时获取贷款人的消费信息以及从事了哪些金融活动。

针对贷后的管理环节,基于区块链技术的征信系统可查询到借款人的平台借款申请、其他平台逾期、法院失信记录、法院执行记录、手机号停用、用户常用地址变动、工作地址变动等,帮助银行动态监控借款人的信息变更。及时发现可能不利于贷款按时归还的问题,并调整相应的催收策略,更好地解决坏账隐患。通过该区块链征信系统,贷后预警、黑名单识别、多层次催收(电话、短信、诉讼)等模型如影随形,将银行在借贷业务中面临的信用风险降至最低。

与传统的网贷平台相比,基于区块链技术的借贷系统发放贷款是通过贷前筛选、贷中审核和贷后监控这3步完成。在借款人申请贷款之时,银行除了收集借款人的信息以及通过大数据进行收集之外,还会通过合作银行以及央行征信系统对该借款人的信用风险进行评级,在发放贷款之后,会及时运用区块链技术进行实时广播,让合作方都知道借款人进行了借贷业务,可以帮助同平台的银行以及第三方获得该借款人的信用数据。当借款人逾期时,区块链又再一次进行广播,并且可以实时得到该借款人的金融活动数据,可以提前应对该借款人的违约风险,如图10.9所示。

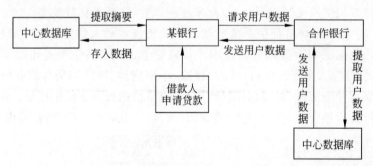

图 10.9　区块链技术下的共享交易模式

10.2.4　区块链技术在供应链金融平台的应用

腾讯"微企链"是一款基于腾讯区块链底层技术和财富通清算能力,与其投资的保理公司联易融共同建立的供应链金融服务产品,是国内首个"供应链金融+区块链+ABS"开放平台。平台引入包括但不限于核心企业、供应商、银行、保理公司等各角色,实现应收账款的拆分、流转与变现。通过腾讯区块链技术,链接核心企业资产端及金融机构资金端,资金流动性和配置效率得以提升,有效降低了供应链中小企业融资成本。

腾讯区块链"微企链",产品能力架构上分为业务服务应用、平台服务以及底层基础设施,具体架构如图 10.10 所示。

图 10.10 腾讯"微企链"供应链金融架构

（1）底层基础设施。底层基础设施具有共识管理、权限管理、加密算法以及海量的储存等能力,可为上层服务所需性能做有效支撑,保证上层服务运行安全及稳定。

（2）平台服务。平台服务包括数字资产、共享账本、身份认证及隐私保护,基于底层技术设施提炼出多样化的服务能力,提高应用开发上的方便及灵活性。

（3）业务应用。业务应用提供主体认证、资产网关、资金清算和运营服务等能力,主要帮助供应链金融上的各个参与方降低业务开发的入门门槛,达到更加快捷开展各自业务的目的。

供应链中所有的参与者通过腾讯"微企链"真实、完整地记录了供应商对核心企业的应收账款的发行、拆分、流通以及兑付过程。由于区块链技术具有不可篡改、不可抵赖和可追溯等特点,且数据经多方记录确认,因此应收账款的拆分转让能追溯至登记上链的初始资产。通过区块链技术可将金融资产数字化且可以拆分,提升了资产流动性,实现供应链金融中的信任穿透,降低了中小企业的融资成本,深度盘活了金融资源。

在实际应收账款融资中,"微企链"突破传统模式的反向保理模式,实现应收账款债权的拆分流转及变现,将核心企业的信用传递至长尾多级,具体解决方案如图 10.11 所示。

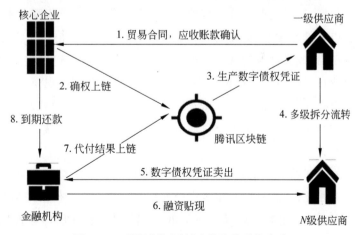

图 10.11 腾讯"微企链"应收账款融资方案

（1）审核确认。通过资产网关在线上进行审核一级供应商与核心企业应收账款，从而确保贸易背景真实性。

（2）确权上链。应收账款由核心企业进行确权后，将应收账款数字化上链。

（3）生成数字债权凭证。经确权上链之后，链上生成核心企业和一级供应商的数字债权凭证。

（4）流转拆分。供应商可将数字债权凭证进行拆分流转，将其流转给上游的供应商。

（5）卖出或持有到期。每一级供应商均可以根据自身的资金诉求，按照业务需要选择持有到期，或者将数字债权凭证卖出给金融机构。

（6）融资贴现。金融机构在签收供应商的数字债权凭证后，对供应商进行融资贴现，完成资金代付。

（7）结果上链。金融机构在对供应商完成融资贴现后，其贴现的代付结果会一并上链，确保信息的真实性及不可篡改性。

（8）到期还款。待应收账款到期还款日时，核心企业将相应的资金还款至金融机构或持有到期的供应商。

相对于传统供应链金融模式，腾讯"微企链"实现一体化全线上开放，通过将应收账款债权资产与资金对接，实现了应收账款融资的创新融资模式。在该模式下，核心企业作为应收账款付款人，提供最终信用支持。凭借区块链技术在资产导入端，打破了核心企业只到一级供应商的传统反向保理模式，实现对核心企业应收账款拆分至 N 级供应商。在产品化端，借助银行和券商等机构，应收账款拆分流转至产业末端小微企业，绑定核心企业到期付款信用，挖掘低风险、高收益资产，提供多元化风控手段。

对于小微企业，融资成本显著降低，融资困境显著改善。同时，凭证发行流程全线上化，数字债权凭证支持自由拆分，传递核心企业信用。另外，供应商无须面对面开户、提交纸质资料等烦琐程序，通过注册微信小程序即可全程操作，业务接入零成本。由于核心企业的供应商能够以更低的成本、更高的效率进行融资，因此核心企业能够优化账期，减轻贸易谈判与兑付压力，改善自身的现金流与负债表。通过"微企链"链接多层供应商，中小企业通过核心企业自身信用的支持帮助供应商开展生产以及扩大规模。核心企业无需线下烦琐的盖章和审批流程，只需线上注册及确权即可有效防止合同和票据造假，更可提高操作效率。此外，"微企链"基于腾讯财付通清算能力，资产到期仅需一次付款，无须层层清算。

对于金融机构，通过腾讯"微企链"可以新增业务来源及获客渠道，扩大其业务规模。与传统的金融业务相比，金融机构对多级供应商享有更多自主定价权来提升业务收益，同时保证资产风险可控，且业务开展只需在腾讯"微企链"平台注册即可使用，无须自建平台，方便金融机构在全国各地开展业务，不但不会增加工作流程与工作量，而且全部业务采用线上操作，提升了工作效率。

本章小结

1. 区块链的定义

区块链本质上是一个对等网络的分布式账本数据库。比特币的底层就采用了区块链的技术架构。区块链本身其实是一串链接的数据区块,其链接指针是采用哈希算法对区块头进行加密处理所产生的哈希值。每一个数据块中记录了一组采用哈希算法组成的树状交易状态信息,这样保证了每个区块内的交易数据不可篡改,区块链里链接的区块也不可篡改。

2. 区块链的特征

区块链具有去中心化、开放性、独立性、安全性和匿名性的特征。

3. 区块链的类型

区块链的类型分为公有区块链、联合区块链和私有区块链。

4. 通过分布式账本技术可以保证安全性

分布式账本技术通过使用共识协议安全、数据难以篡改和加密技术及算法等方法,可以为区块链的成功使用提供交易数据的安全性保证。

习题 10

1. 区块链的定义是什么? 常用的智能合约包括哪些?
2. 区块链具有哪些特征? 对这些特征分别进行详细介绍。
3. 分布式账本技术和区块链技术之间的关系是什么?
4. 列举一个区块链应用的案例。

第11章

大数据技术

本章学习目标

- 了解大数据的定义。
- 了解大数据与商业智能之间的关系。
- 了解大数据安全的主要方法。
- 理解大数据的 4 个特征各自表示的含义。

互联网技术和信息技术的广泛应用产生了海量数据,如何充分利用这些日益增加的数据显得尤为重要。大数据技术可用于海量数据的分析,从中挖掘出有价值的知识,提供辅助决策。本章介绍大数据的定义、特征、大数据与商业智能之间的关系,以及大数据安全常用的方法。

11.1 大数据

11.1.1 大数据的定义

狭义的大数据定义是指大数据的相关关键技术及其在各个领域中的应用,是指从各种类型的数据中快速地获得有价值信息的能力。一方面,狭义的大数据反映的是数据规模非常大,大到无法在一定时间内用一般性的常规软件工具对其内容进行抓取、管理和处理的数据集合;另一方面,狭义的大数据主要是指海量数据的获取、存储、管理、计算分析、挖掘与应用的全新技术体系。

广义的定义是包括大数据技术、大数据工程、大数据科学和大数据应用等大数据相关的领域。即除了狭义的大数据之外,还包括大数据工程和大数据科学。大数据工程,是指大数据的规划建设运营管理的系统工程;大数据科学,主要关注大数据网络发展和运营过程中发现和验证大数据的规律及其与自然和社会活动之间的关系。对大数据进行广义分类是为了适应信息经济时代发展需要而产生的科学技术发展的趋势。

11.1.2 大数据的特征

大数据具有容量(volume)、种类(variety)、速度(velocity)、价值(value)的特征。

（1）容量。容量是指大数据巨大的数据量与数据完整性。IT业界所指的数据，诞生不到70年。而直到个人计算机普及前，由于存储、计算和分析工具的技术与成本限制，许多自然界和人类社会值得记录的信号并未形成数据。

几十年前，气象预报、地质分析、石油勘探、图书出版、媒体和影视制作等是大量、持续产出信号的行业，但那时90%以上采用的是存储模拟信号，难以通过计算设备和软件进行直接分析。拥有大量资金和人才的政府和企业，也只能把少量最关键的信号进行抽取、转换，装载到数据库中。

尽管业界对达到怎样的数量级才算是大数据并无定论，但在很多行业的应用场景里，数据集本身的大小并不是最重要的，是否完整才最重要。

（2）种类。在互联网时代，各种设备通过网络连成了一个整体。进入以互动为特征的Web 2.0时代，个人计算机用户不仅可以通过网络获取信息，还成为了信息的制造者和传播者。这个阶段，不仅是数据量开始了爆炸式增长，数据种类也变多。这必然促使人们对海量数据进行分析、处理和集成，找出那些貌似毫无关系的数据之间的"关联性"，把表面看来没有用的数据变成有用的信息，以辅助人们做出决策。

（3）速度。目前，数据的实时化需求越来越多。对普通人而言，开车去吃饭，会先用移动终端中的地图查询餐厅的位置，预判计算行车路线的拥堵情况，了解停车场信息甚至是其他用户对餐厅的评论。吃饭时，会用手机拍摄食物的照片，编辑简短评论发布到各种社交平台上，还可以用LBS（基于位置的服务）应用查找在同一间餐厅吃饭的人中有没有好友。

如今，通过各种有线和无线网络，人和人、人和各种机器、机器和机器之间产生无处不在的连接，这些连接不可避免地带来了数据交换。而数据交换的关键是降低延迟，以近乎实时（这意味着小于250ms）的方式呈现给用户。

数据采集与分析的执行速度越来越接快，这意味着当一个人需要对周边的环境或生活做出决定时，大数据分析所产生的影响会变得越来越大。高速数据的例子包括记录使用者在线与网页互动活动的点击流数据、即时追踪定位的移动设备获得的GPS数据，以及得到广泛分享的社交媒体数据。客户与公司希望通过分析这种数据即刻获益的要求越来越高。事实上，如果手机定位应用不能即时、准确地确认手机位置，上述应用就根本不会有什么用处。此外，在确保汽车驾驶安全的计算机系统中，实时操作至关重要。

（4）价值。大数据的最终意义是获得洞察力和价值。大数据的崛起，正是在人工智能、机器学习和数据挖掘等技术的迅速发展驱动下呈现出的这样一个过程：将信号转化为数据，将数据分析为信息，将信息提炼为知识，以知识促成决策和行动。

大数据的价值就像沙里淘金。数据规模越大，真正有价值的数据相对越少。所以真正好的大数据系统，重要的不是越多越好，而是越少越好。开始数据要多，最后还是要少，即把海量字节最终变成1比特，也就是最后的决策才是最关键的。

数据挖掘方法的应用可以多方位创造价值，只要针对目标数据集选用合适的挖掘算法，就可以提高数据可用性。图11.1列出了不同行业数据可用性提高比例。图11.2展示了海量数据对商业模式的影响。若使用得当，大数据分析能够提高经济生产率，改善客户与商家的服务体验。

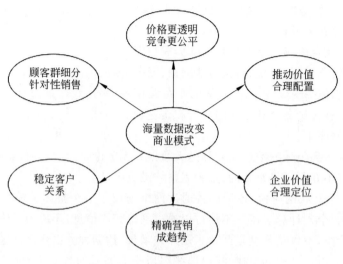

图 11.1　海量数据改变商业模式

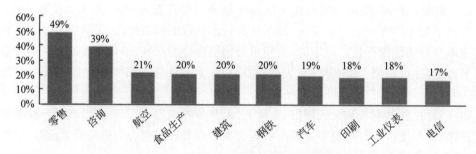

图 11.2　不同行业数据可用性提高比例

　　随着各行业新增数据量的扩大和更新速度的提升,大数据对数据全周期提出更高要求,如表 11.1 所示。数据存储周期对存储器供应商提出更高要求,数据处理周期对服务器供应商提出更高要求,数据管理周期对操作系统与数据库软件商提出更高要求,数据应用周期对商业智能软件商提出更高要求,数据安全周期对信息安全提供商提供更高要求。以上高要求的提出也为相应行业带来发展契机。

表 11.1　大数据对数据全周期提出的要求

数据周期	供　应　商	要　　　求
数据存储	存储器供应商	需要更大、更快、更准地存储各项数据,同时对所存储数据有安全性,具有良好灾备功能
数据处理	服务器供应商	需要更快地计算处理海量数据
数据管理	操作系统与数据库软件商	需要高效的查询和操作海量数据
数据应用	商业智能软件商	对海量数据进行挖掘、分析和优化
数据安全	信息安全提供商	对数据提供安全保护

数据采集、存储与处理成本的下降，连同像传感器、相机、地理位置及其他观测技术提供的新的数据来源，意味着人们生活在一个数据采集几乎无处不在的世界中。采集与处理的数据量是空前的。从基于网络的应用、可穿戴技术与先进传感器到监测生命体征、能源使用状况，由此带来的数据爆炸将推进人们对于高性能计算技术的需求，并推动针对最复杂数据的管理能力的提升。

11.1.3 大数据存储的具体应用

1. 大量互联网数据的存储

互联网数据的存储可以被认为是大数据的第一个应用，推动了大数据技术本身的发展。互联网数据的规模庞大，需要大量的存储和处理能力。这推动了大数据处理技术（包括大数据存储技术、大数据分析技术、大数据查询可视化等）的形成。互联网数据已经对人类的生产、生活和社会关系产生了重要的影响。大数据存储首先需要应对的就是大量互联网数据的存储。

2. 大量个人数据、组织与机构数据的存储

数字化生活导致各种个人电子设备层出不穷，手机、数字照相机等都会产生大量的个人数据。在平时的工作和生活中，时时刻刻都在产生大量的个人数据，例如在工作中使用的信息系统几乎把工作过程中产生的数据都进行了保存，以备之后进行处理。随着越来越多的公司以及机构接入互联网中，组织和机构的数据规模也开始变得非常庞大，这部分的数据存储也成为大数据存储的重要组成部分。

3. 科学计算的计算流程与计算结果的存储

数据是科学计算中非常重要的组成部分。很多科学实验产生大量的数据都需要大数据处理技术的支持，通过高性能计算机对数据进行计算，可对其实验结果进行解释。科学计算所需要的数据以及计算的结果也成为大数据存储非常重要的组成部分。

4. 数据挖掘与人工智能

很多新一代的应用需要对数据进行处理，获取数据包含的知识。这一类应用包括数据挖掘以及人工智能。如果没有大数据处理技术，很多数据挖掘和人工智能的应用无法实现。例如，人工智能中的图像物体识别问题包括从视频中分析出人脸并进行分析追踪。如果没有大数据处理技术，人脸识别是不可能实现的。其中，大量的数据都需要被保存下来，以便进行后续的分析。

5. 数据归档

虽然数据归档的应用体现得不是很明显，但是数据归档对于保存数据是非常重要的。数据归档可以将一部分当前不需要的数据保存到一个不易遗失的位置。数据归档不是单纯地保存数据，而是要为数据建立索引，以便在需要的时候快速找到相应的数据。

上述应用只是大数据存储应用的一个极小的部分。大数据不局限于上面讨论的各种应用，实际上大数据的应用已经体现在生活的各个方面。大数据存储是大数据应用最为重要的组成部分，没有大数据存储，大数据的应用就无从谈起。

11.2　大数据与商业智能

11.2.1　大数据与商业智能的关系

大数据与商业智能既相互区别又相互联系，大数据是商业智能概念外延的扩展、手段的扩充，而不是取代的关系，也不是互斥的关系。

1. 两者之间的联系

大数据和商业智能具有以下联系。

（1）二者具有相同的目的。无论是大数据还是商业智能，它们的目的都是为分析服务，对数据进行全面的整合，发现新的商业机会。对用户来说，其目的主要是得到一份完整的解决方案，形成一个全面、完整的数据价值发现平台。该解决方案不仅能对企业内部的业务数据进行收集、处理和分析，还能引入网页信息、微博和微信等互联网上的非结构化数据，并将移动设备的位置信息利用起来。

（2）大数据促进商业智能的发展。大数据能够对内、对外产生价值，同时在保护隐私、保护数据安全的情况下，能够在不同组织间自由流动，形成整个社会的数据基础设施，进而形成一个平台。传统的商业智能无法处理日益复杂的数据，因此对传统的商业智能的扩展将成为未来的焦点。

目前，尽管大多数业内人士认为，在数据分析市场中大数据与商业智能就像两辆行驶在不同轨道上的列车，在并肩前行的同时偶有交叉。但是在技术上，为提升数据分析能力、提高洞察力，大数据与商业智能之间早就开始了交流与互动，以期更好地发展成长。

2. 两者之间的区别

大数据和商业智能的区别如下。

（1）二者的领域侧重点不一样。现在可大致将数据资产划分为企业内部的业务数据、公共服务机构的数据（例如物联网相关数据）以及与互联网相关的数据（例如网络日志、微博等）3 种类型。商业智能的服务领域侧重于前两者，而大数据则侧重于第三者，即与互联网相关的数据处理与分析。

（2）二者实现的难易程度不一样。很长时间以来，商业智能被认为是大企业专有。其最经典的架构是以数据仓库为基础，搭建使用专用设备的数据仓库，利用 ETL（抽取、转换、装载）工具进行数据的抽取、转换与建模，然后通过报表等形式进行结果展示。在整个过程中，每个环节相比较于其他非商业智能形式都更加耗时耗资。相对而言，大数据采用通用硬件设备加开源软件就可以实现成本低，主要面向互联网企业。

（3）二者的效率、可靠性和安全性发展程度不一样。众所周知，在过去的二十多年中,传统商业智能从磁盘数据库转向内存数据库,从行式存储数据库转为列式存储数据库,数据仓库实施从延时多维变为实时抽取,软件架构也从对称式多处理机(symmetric multiprocessor,SMP)转为大规模并行处理(massively parallel processing,MPP)系统。用户对数据处理和分析需求的不断增加推动了这些转变的发生。一个成熟的数据处理平台所必须具备的条件包括效率、可靠性和安全性,而在这些方面传统商业智能已经走过了近二十年的发展历程,可以提供很多值得借鉴的技术和方法。因此,对于大数据而言,这是它首先需要学习和发展的地方。

（4）二者的生态系统完善程度不一样。商业智能已经存在了二十多年,相对而言更加成熟,其生态系统也相对更完善。此外,大量企业在传统的商业智能方面投入很多,很多业务都是围绕该系统进行的,在数据采集、处理、存储、分析以及可视化软件等方面开展了很多工作。相比较而言,大数据出现的时间较短,应用不及传统商业智能广泛,其生态系统也不如传统商业智能完善。

11.2.2　大数据与商业智能的结合应用

随着大数据时代的到来,商业智能与大数据的结合越来越紧密,并且已经应用到了各行各业中。商业智能与大数据相结合,在各行各业中得到了广泛应用,其典型应用主要体现在以下 4 方面。

1. 产品销售管理

产品销售管理(product sales management)包括产品销售影响因素分析、销售量分析、销售策略及产品销售方案的预测 4 方面。首先,为方便分析产生了不同结果的销售模型的销售量及销售策略,对影响销售的因素进行分析和评估,根据不同的销售环境,对相应的产品销售方案帮助制订产品上架和下架计划,使企业营销额得以提高。可根据系统储存的产品销售信息建立总体销售模型和区域、部门销售模型。除此之外,还可以通过对历史数据分析建立预测模型,提高销售量。

2. 事实管理

无论是目标管理还是例外管理,都需要用事实说话,用事实予以支持。在过去信息缺乏的年代,管理层更多的是依靠个人的经验和直觉进行管理以及制定决策;而在当今知识经济时代,在每天的交易之中,维持企业营运的 ERP 系统已积累了庞大的事实与知识,这时就需要进一步对这些事实与知识充分分析并利用,结合企业目标、例外与事实,查询并探测相关信息,以便更好地决策。上述工作商业智能系统都能做到。

因此,企业必须实施事实管理(management by fact),不靠个人经验和直觉,以了解企业每日的商务情况信息为基础,借助于商业智能进行科学决策。

3. 异常处理

在实际运行中,总会出一些偏差,商业智能系统可以监测实际与计划目标的偏差,持续不断地对各种绩效目标进行实时计算,这是商业智能数据挖掘应用的典型案例。在出现异常状况时,系统会进行异常处理(management by exception),在第一时间用各种通信方式通知企业相关负责人,帮助他们及时掌握异常状况,降低企业风险,避免更大损失。其具体应用包括银行及保险等行业的欺诈监测、信用卡分析等。

4. 客户关系管理

众所周知,顾客是企业生存发展的关键因素,客户关系管理(customer relationship management)自然就成为企业一项重要的工作。为了采取相应对策保持顾客数量、培养忠实顾客、维持良好的客户关系,企业可以通过商业智能的客户关系管理子系统对顾客的消费习惯和消费倾向进行分析,提高顾客满意度。

11.3 大数据与商业模式的变革

大数据的出现,正在引发全球范围内的技术与商业变革。在技术上,大数据使常规的信息提取方式发生了变化。在技术领域,以往更多依靠的是模型方法,而现在可以使用统计的方法对规模庞大的数据进行分析,使语音识别、机器翻译等领域在大数据时代取得新进展。

在搜索引擎和在线广告中发挥重要作用的机器学习,被认为是大数据发挥真正价值的领域。通过从这些海量的数据统计分析客户的行为和消费习惯等信息,计算机可以更好地学习模拟人类智能。随着包括语音、视觉、手势和多点触控等在内的自然用户界面越来越普及,计算系统正在具备与人类相仿的感知能力,其看见、听懂和理解人类用户的能力得到不断提高。这种不断增强的感知能力与大数据和机器学习的科研成果相结合,使得目前的计算系统开始理解人类的意图和语境。这使得计算机能够真正帮助和代替人类工作。

从商业模式看,大数据对商业竞争的参与者意味着激动人心的业务与服务创新机会。零售连锁企业和电商巨头都已在大数据挖掘与营销创新方面有过很多的成功案例。它们都是商业嗅觉极其敏锐、敢于投资未来的公司,也因此获得了丰厚的回报。

IT产业链分工、主导权也因为大数据产生了巨大影响。以往,移动运营商和互联网服务运营商等拥有大量的用户行为习惯的各种数据,在IT产业链中具有举足轻重的地位。而在大数据时代,移动运营商如果不能挖掘出数据的价值,可能彻彻底底被管道化。运营商和更懂用户需求的第三方开发者互利共赢的模式,已取得一定共识。

下面将对大数据背景下新兴的三类企业进行简单介绍。

(1)第一类企业将改变营销学的根基,精准营销和个性化营销将有针对性地找到用户,多重渠道的营销手段将逐渐消失。

(2)第二类企业将改变企业的管理理念和策略制定方式,没有数据分析支撑的决定将越来越不具有可靠性。

(3)第三类企业将大数据商品化,这将带来继门户网站、搜索引擎、社交媒体之后的新一波创业浪潮和产业革命。同时,第三类大数据企业的针对性咨询服务会对传统的咨询公司产生强烈的冲击。即使第二类提供整合服务的科技企业,也会因其系统和软件的垄断封闭性而受到第三类开源大数据的挑战。

其实还会有新的商业模式出现,就像互联网创造了搜索引擎、电子商务、竞价排名等一系列商业模式,大数据技术也会孕育出更多的公司类型,这也是大数据最有投资潜力的原因。"数据矿"就在那里,分析平台也已经成熟,现阶段是要用解决问题的视角,寻找数据分析师和懂得商业操作的人才,把数据分析产品化。

11.4 常见的大数据应用场景

目前,大数据技术被广泛应用在各个领域,它产生于互联网领域,并逐步推广到电信、医疗、金融、交通等领域,大数据技术在众多行业中产生了实用价值。

1. 互联网领域

在互联网领域,大数据被广泛应用在搜索引擎、推荐系统和广告系统这三大场景中。

(1)搜索引擎。搜索引擎能够帮助人们在大数据集上快速检索信息,已经成为一个跟人们生活息息相关的工具。目前涉及的很多开源大数据技术都源于谷歌公司,它在自己的搜索引擎中广泛使用了大数据存储和分析系统,这些系统被谷歌以论文的形式发表出来,进而被互联网界模仿。

(2)推荐系统。推荐系统能够在用户没有明确目的的时候根据用户历史行为信息帮助他们发现感兴趣的新内容,已经被广泛应用于电子商务(例如亚马逊、京东等),电影视频网站(例如爱奇艺、腾讯视频等)、新闻推荐(例如今日头条等)系统中。亚马逊公司的 Greg Linden 称,亚马逊公司 20% 的销售来自于推荐算法。Netflix 公司在宣传资料中称,有 60% 的用户是通过推荐系统找到自己感兴趣的电影和视频的。

(3)广告系统。广告是互联网领域常见的盈利模式,也是一个典型的大数据应用。广告系统能够根据用户的历史行为信息及个人基本信息,为用户推荐最精准的广告。广告系统通常涉及广告库、日志库等数据,需采用大数据技术解决。

2. 电信领域

电信领域是继互联网领域之后,大数据应用的又一次成功尝试。电信运营商拥有多年的数据积累,拥有诸如用户基本信息、业务发展量等结构化数据,也会涉及文本、图片、音频等非结构化数据。从数据来源看,电信运营商的数据涉及移动语音、固定电话、固网接入和无线上网等业务,积累了公众客户、政企客户和家庭客户等相关信息,也能收集到电子渠道、直销渠道等所有类型渠道的信息的互连。

3. 医疗领域

医疗领域的数据量巨大,数据类型复杂。到 2020 年,医疗数据将增至 35ZB(350 万亿亿字节),相当于 2009 年数据量的 44 倍。医疗数据包括影像数据、病历数据、检验结果、诊疗费用等在内的各种数据,合理利用这些数据可产生巨大的商业价值。大数据技术在医疗行业的应用将包含临床数据对比、药品研发、临床决策支持、实时统计分析、基本药物临床应用分析、远程病人数据分析、人口统计学分析、新农合基金数据分析、就诊行为分析、新的服务模式等方向。

4. 金融领域

银行拥有多年的数据积累,已经开始尝试通过大数据来驱动业务运营。银行大数据应用可以分为四大方面。

(1)客户画像应用。客户画像应用主要分为个人客户画像和企业客户画像。个人客户画像包括人口统计学特征、消费能力、兴趣、风险偏好等,企业客户画像包括企业的生产、流通、运营、财务、销售、客户、相关产业链上下游等数据。

(2)精准营销。在客户画像的基础上银行可以有效地开展精准营销,银行可以根据客户的喜好进行服务或者银行产品的个性化推荐。例如,根据客户的年龄、资产规模、理财偏好等对客户群进行精准定位,分析出其潜在的金融服务需求,进而有针对性地进行营销推广。

(3)风险管控。风险管控包括中小企业贷款风险评估和欺诈交易识别等手段,银行可以利用持卡人基本信息、卡基本信息、交易历史、客户历史行为模式、正在发生的行为模式(如转账)等,结合智能规则引擎(如从一个不经常出现的国家为一个特有用户转账或从一个不熟悉的位置进行在线交易)进行实时的交易反欺诈分析。

(4)运营优化。运营优化包括市场和渠道分析优化、产品和服务优化等,通过大数据,银行可以监控不同市场推广渠道尤其是网络渠道推广的质量,从而进行合作渠道的调整和优化。银行可以将客户行为转化为信息流,并从中分析客户的个性特征和风险偏好,更深层次地理解客户的习惯,智能化分析和预测客户需求,从而进行产品创新和服务优化。

11.5 大数据技术应用案例

国内某高校在每个学期发放贫困生生活补助时,成功使用大数据分析技术,提高了准确性和效率。在没有使用大数据分析技术之前,该高校使用的方法是每个学期开学初让需要领取贫困补助的学生向学校提交申请和相关证明材料。学校学工部审核后,会给资料审核通过的学生开始发放本学期的贫困生生活补助。这种方法的弊端是,如果有学生提供虚假证明材料,将很难被发现,另外还有一些学生本身需要这个贫困补助,但是碍于情面不好意思申请。为了解决以上问题,该高校使用大数据分析技术,将每位入学学生从大一入学以来每天在食堂刷卡消费的记录进行分析,找出很长周期内每餐消费都在 5 元左右的学生集合,认为这个集合中的学生应该是最需要贫困生生活补助的。于是对当前识别出的这个集合进行分析,将这个集合中学生和当前学期已经发放生活补助的学生进行比较,发现有些学生不在大数据分析出的集合中,但却在当前发放贫困生补助集合,进一步确认发现这些学生是不符合条件而提供假证明领取补助的。通过比对,还发现一些学生在大数据分析集合中,但却不在当前发放贫困生补助集合中。进一步确认发现这些学生是家里生活确实困难,但是碍于情面不好意思进行申请的。于是,在之后的时间,该高校就不再使用学生提交材料进行审批,而是通过大数据分析找出目标学生集合后,直接给这些学生发放贫困生生活补助,这样较大程度提高了准确度,也提高了效率。

此外,目前很多电商平台的推荐过程的实现完全依赖于大数据。在进行网络访问时访问行为被各网站所记录并建立模型,有的算法还需要与大量其他人的信息进行融合分析,从而得出每一个用户的行为模型,将这一模型与数据库中的产品进行匹配从而完成推荐过程。为了实现这一推荐过程,需要存储大量客户的访问信息。对于用户量巨大的电子商务网站,这些信息的数据量是非常巨大的。推荐系统是大数据非常典型的应用,只有基于对大量数据的分析,推荐系统才能准确地获得用户的兴趣点。一些推荐系统甚至会结合用户社会网格来实现推荐,这就需要对更大的数据集进行分析,从而挖掘出数据之间广泛的关联性。推荐系统使大量看似无用的用户访问信息产生了巨大的商业价值,这就是大数据的魅力。如图 11.3 所示,在京东商城查找大数据相关书籍时,系统会根据近期搜索的关键词列出人气指数排行较高的书供选择参考。

¥38.00   ¥53.00   ¥32.40   ¥30.30

图 11.3　京东商城书籍推荐页面

京东用大数据技术勾勒用户画像。用户画像提供统一数据服务接口供网站其他产品调用,提高与用户间的沟通效率、提升用户体验。例如提供给推荐搜索调用,针对不同用户属性特征、性格特点或行为习惯在他搜索或单击时展示符合该用户特点和偏好的商品,给用户以友好、舒适的购买体验,能在很大程度上提高用户的购买转化率甚至重复购买,对提高用户忠诚度和用户黏性有很大帮助;再如数据接口提供给京东智能机器人 JIMI,可以基于用户画像为用户量身定做咨询应答策略,如快速理解用户意图、针对性商品评测或商品推荐、个性化关怀等,大幅提升京东智能机器人 JIMI 智能水平和服务力度,赢得用户的欢迎和肯定。

大数据对互联网金融最主要的助推作用是寻找合适的目标用户,实现精准营销。然而,越来越多同类企业的参与,使互联网金融企业也不得不面对来自同行业的竞争。欲在竞争激烈的市场中占有一席之地,互联网金融企业需要更精准地定位产品,并将其推送给自己的目标人群。谁是潜在的购买者? 如何找到他们? 并让他们产生兴趣? 精准营销的实现程度是互联网金融企业存活与崛起的关键所在,这个领域虽然未达到成熟的发展状态,但确实已经有了一些有参考价值的营销案例。例如,大数据通过动态定向技术查看互联网用户近期浏览过的理财网站、搜索过的关键词,通过浏览数据建立用户模型,对投放的产品推荐实时优化,直达目标用户。

11.6   大数据安全与隐私保护

大数据正在改变着世界,它是 IT 业正在发生的深刻技术变革。大数据中那些巨大的数字痕迹已经成为当前工业界与学术界的研究热点。然而,大数据技术发展无法避开的事实是隐私泄露问题。近年来,已经发生了多起用户隐私泄露事件,用户的个人的隐私数据保护遇到了严峻的挑战。

大数据的规模大、速度高、样式多,使得它有别于小数据(small data,或称个体资料)。传统的针对小数据的隐私保护方法在大数据上存在着很大的局限性:大数据的多样性带来的多源数据融合,使得传统的匿名化和模糊化技术几乎无法生效;大数据的规模大、速度高带来的实时性分析使得传统的加密和密码学技术遇到了极大的瓶颈。此外,大规模性数据采集技术、新型存储技术以及高级分析技术使得大数据的隐私保护面临更大的挑战。

目前,大数据贯穿教育、交通、商业、电力、石油天然气、卫生保健以及金融业七大行业。根据麦肯锡公司分析,如果这七大行业之间公开数据,将带来 3 万亿美元的经济利益。然而,公开数据带来巨大经济利益的同时,也给个人和团体的隐私带来威胁。阻碍大数据公开的主要因素是数据隐私问题。实际上,现实中与个人和团体相关的数据确实处于风险之中。2013 年 6 月发生的"棱镜门"事件提醒人们,如果数据的隐私没有得到充分保护,将会带来非常严重的后果。当前,很多研究机构同样认识到大数据的隐私问题,并积极关注讨论大数据隐私问题。2014 年 3 月,美国白宫科学与技术政策办公室联合麻省理工学院、纽约大学与加州伯克利大学举办了大数据隐私保护研讨会,主要探讨了大数据带来的机遇、风险以及所涉及的隐私保护技术。2014 年 5 月,美国白宫发布了《大数据与隐私保护:一种技术视角》白皮书,主要探讨个人隐私存在的风险与保护技术。2014 年年底,中国工业和信息化部发布了《大数据白皮书》,主要阐述我国大数据技术发展所面临的挑战。

目前看,安全问题已经成为困扰大数据技术发展的一个重要因素。许多企业在大数据环境下所面临的最大顾虑是如何确保企业信息的安全性,以及确保用户的隐私信息不被泄露。大数据在收集、存储和使用过程中面临着诸多安全风险,大数据所导致的隐私泄露为用户带来严重困扰,虚假数据将导致错误或无效的大数据分析结果。因此,只有真正解决了大数据环境下的安全和隐私保护问题,才能消除企业和用户的顾虑,吸引更多的用户使用,促进大数据技术的发展。

本章小结

1. 大数据的定义

大数据的狭义定义是指大数据的相关关键技术及其在各个领域中的应用,是指从各种类型的数据中,快速地获得有价值的信息的能力。大数据的广义定义是指包括大数据技术、大数据工程、大数据科学和大数据应用等大数据相关的领域,除了狭义的大数据之外,还包括大数据工程和大数据科学。大数据工程,是指大数据的规划建设运营管理的系统工程。大数据科学主要关注的是大数据网络发展和运营过程中发现和验证大数据的规律及其与自然和社会活动之间的关系。对大数据进行广义分类是为了适应信息经济时代发展需要而产生的科学技术发展的趋势。

2. 大数据的特征

大数据具有容量、种类、速度和价值4个基本特征。

3. 大数据与商业智能

(1) 大数据与商业智能的联系。二者的目的相同。无论是大数据还是商业智能,其目的都是分析服务、对数据进行全面的整合、发现新的商业机会。对用户来说,其目的主要是得到一份完整的解决方案,形成一个全面、完整的数据价值发现平台。该解决方案不仅要能对企业内部的业务数据进行收集、处理和分析,要能引入互联网上的非结构化数据,例如浏览的信息、微博和微信等,还要将移动设备的位置信息利用起来。

(2) 大数据与商业智能的区别。商业智能与大数据服务的领域侧重点不一样。现在可大致将数据资产划分为企业内部的业务数据、公共服务机构的数据(例如物联网相关数据)以及与互联网相关的数据(例如网络日志、微博等)3种类型。商业智能的服务领域侧重于前两者,而大数据则侧重于第三者,即与互联网相关的数据处理与分析。

(3) 两者的结合。随着大数据时代的到来,商业智能与大数据的结合越来越紧密,并且已经应用到了各行各业中。商业智能与大数据相结合,在各行各业中得到了广泛应用,其典型应用主要体现在产品销售管理、事实管理、客户关系管理和异常处理4方面。

4. 大数据与商业模式变革

大数据的出现,正在引发全球范围的技术与商业变革。在技术上,大数据促使从数据当中提取信息的常规方式发生了变化。在技术领域,以往更多是依靠模型的方法,现在人们可以用基于统计的方法对规模庞大的数据进行分析,使语音识别、机器翻译这些技术领域在大数据时代取得新的进展。

5. 常见大数据应用场景

目前大数据技术被广泛应用在各个领域,它产生于互联网领域,并逐步推广到电信、医疗、金融、交通等领域,大数据技术在众多行业中产生了实用价值。

习题 11

1. 大数据的4个特征是什么?
2. 大数据存储常用的方法有哪些?
3. 大数据安全问题主要包括哪些方面?
4. 列举一个大数据应用的案例。

第12章

云计算技术

本章学习目标

- 了解云计算的定义。
- 了解云计算的基本特征。
- 了解我国云计算的发展与优势。
- 理解云计算能提供的 3 种服务之间的区别。

云计算是一种商业计算模型,它将计算机的各种硬件和软件的资源以服务的方式对外提供,用户按需付费使用,从而节省用户的一次性正版软件的采购费。本章将介绍云计算的定义、基本特征和它所提供的多种云服务之间的区别,以及我国云计算的发展与优势。

12.1 云计算

12.1.1 云计算的定义

云计算(cloud computing)的概念是在 2007 年提出的。随后,云计算技术和产品通过 Google、Amazon、IBM 及微软等 IT 巨头们得到了快速推动和大规模普及,到目前为止,已得到社会的广泛认可。

云计算是一种商业计算模型,它将计算任务分布在大量计算机构成的资源池中,这种资源池称为"云"。云计算使用户能够按需获取存储空间及计算和信息服务。云计算的核心理念是资源池,这与早在 2002 年就提出的网格计算池(computing pool)的概念非常相似。网格计算池将计算和存储资源虚拟成一个可以任意组合分配的集合,池的规模可以动态扩展,分配给用户的处理能力可以动态回收重用。这种模式能够大大提高资源的利用率,提升平台的服务质量。

"云"是一些可以进行自我维护和管理的虚拟计算资源,这些资源通常是一些大型服务器集群,包括计算服务器、存储服务器和宽带资源。云计算将计算资源集中起来,并通过专门软件,在无人为参与的情况下实现自动管理。作为云计算的用户,可以动态申请部分资源,以支持各种应用程序的运转,无须为烦琐的细节而烦恼,能够更加专注于自己的业务,有利于提高效率、降低成本和技术创新。

云计算使用的是通过互联网访问定制的 IT 资源共享池,并按照使用量付费的模式,这些资源包括网络、服务器、存储、应用、服务等。借助云计算,企业无须采用磁盘驱动器和服务器等成本高昂的硬件,就能够随时随地开展工作。当前,有相当多的企业都在公有云、私有云或混合云环境中采用云计算技术。

从用户使用角度来描述云计算技术,可以将云计算看成一种资源的交付和使用模式,用户通过网络,以按需、易扩展的方式获得所需的资源(包括硬件、平台和软件)。云中的资源在使用者看来是可以无限扩展的,并且可以随时获取、按需使用、随时扩展、按需付费。这种特性被人们形象地称为像使用水、电一样使用资源。计算能力也可以作为一种商品进行流通,就像水、电一样,取用方便,通过互联网进行传输。之所以称为云计算,是因为在计算机网络拓扑图中互联网通常以云表示,在互联网之中的云资源集合也可以抽象为一朵云。用户对云资源的需求往往是根据业务的实际需求来衡量的,需要多少资源就使用多少,使用完成后再还给云,由云再提供给其他用户使用,如图 12.1 所示。

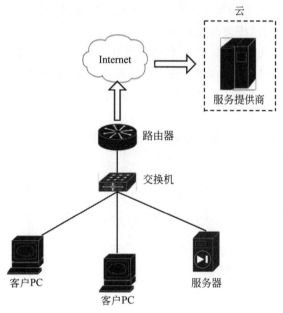

图 12.1　网络中的云

综上所述,云计算的主要目的就是要把计算机的各种资源以服务的方式提供,进而用户可以按需付费。未来的云计算服务可以像水、电、天然气一样,使用多少,付费多少。实现云计算之后,用户的个人计算机在使用过程中将不再有任何区别。因为计算机中不再安装各种应用软件,不同用户所访问的软件都是被安装在远处的云服务器。例如,现在用户使用配置低的计算机和配置高的计算机在运行大型网络游戏时,用户的体验是不同的,因为配置低的计算机在运行大型游戏时会经常卡顿。但是如果实现云计算网络,那么不管配置高的计算机还是配置低的计算机,用户的体验将一模一样,因为他们运行的大型游戏软件都是被安装在远处的云计算服务器上,运行的体验感和终端个人设备的配置高低无关。用户不需要一次性安装各种应用软件,从而节省了一次性软件采购费。此外,云计算不仅提供软件即服务,还可以提供平台即服务,基础设施即服务。

12.1.2 云计算的基本特征

（1）自助式服务。消费者无须同服务提供商交互就可以得到自助的计算资源能力,如服务的时间、网络存储等（资源的自助服务）。

（2）无所不在的网络访问。借助于不同的客户端来通过标准的应用对网络访问的可用能力。

（3）划分独立资源池。根据消费者的需求来动态地划分或释放不同的物理和虚拟资源,这些池化的供应商计算资源以多租户的模式来提供服务。用户经常并不控制或了解这些资源池的准确划分,但可以知道这些资源池在哪个行政区域或数据中心,如包括存储、计算处理、内存、网络带宽及虚拟机个数等。

（4）快速弹性。一种对资源提供快速和弹性释放的能力。对消费者来讲,所提供的这种能力是无限的（就像电力供应一样,对用户来说,是随需的、大规模计算机资源的供应）,并且可在任何时间以任何量化方式购买的。

（5）服务可计量。云系统对服务类型通过计量的方法来自动控制和优化资源使用（如存储、处理、带宽及活动用户数）。资源的使用可被监测、控制及可对供应商和用户提供透明的报告,云计算所提供的计算机相关资源的服务,可以像水、电、天然气一样,使用多少,付费多少,按需付费。

云软件可充分借助于云计算的范式优势来面向服务,聚焦于无状态的、松耦合、模块化及语意解释的能力。

12.1.3 云服务分层

云服务分为 SaaS、PaaS、IaaS 3 层,如图 12.2 所示。

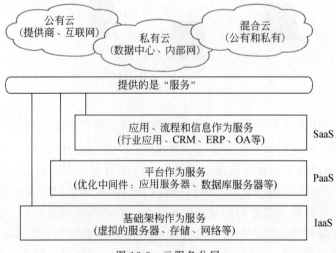

图 12.2 云服务分层

(1) SaaS(software as a service，软件即服务)。SaaS 是每天和人们的生活相接触的一层，大多通过网页浏览器来接入。任何一个远程服务器上的应用都可以通过网络来运行，这就是 SaaS。用户消费的服务完全是从网页，如 Netflix、MOG、Google Apps，或者苹果的 iCloud 那里进入这些分类。尽管这些网页服务既可用作商务也可用于娱乐，或者两者都有，但这也是云技术的一部分。简单来说，SaaS 的服务就是指个人计算机将来不需要安装任何应用软件，需要使用哪个应用软件了，就直接申请云服务，通过使用云服务并且按需付费来完成自己的要求。例如，某学生回到家中，需要使用文字编辑服务来完成今天的作业(例如写一份课程总结)，那么即使这位学生个人计算机上没有装任何应用软件，只需向云网络提出自己申请文字编辑云服务，也可以从众多的云服务商中选择一个合适的进行交易，在获取授权后就可开始文字编辑。在经过两小时，课程总结写完后，将其打印出来，服务使用结束。从始至终，该学生只需向服务提供商付两小时的云服务使用费。有专家指出，未来推行云计算后，个人计算机的功能将变得越来越简单，更多人的个人计算机在运行各类软件时，将没有任何差别。原因是用户所使用的软件服务都被安装在遥远的云服务上。

(2) PaaS(platform as a service，平台即服务)。PaaS 有时候也称为中间件。用户所有的开发都可以在这一层进行，节省了时间和资源。PaaS 在网上提供各种开发应用的解决方案，例如虚拟服务器和操作系统，这节省了用户在硬件上的费用，也让分散的工作场所之间的合作变得更加容易。PaaS 平台包括网页应用管理、应用设计、应用虚拟主机、存储、安全以及应用开发协作工具等功能。大的 PaaS 提供者有 Google App Engine、Microsoft Azure、Force.com、Heroku、Engine Yard。关于 PaaS 应用的举例如下，某家大型网络游戏企业在闲暇时刻，可以把自己的整个游戏开发平台挂在云服务器上，对外提供租赁服务。而另外一些刚刚成立的小游戏企业就可以不用花钱买开发设备和开发软件，直接租赁那家大型游戏企业的 PaaS 服务来开发自己的产品，这样对于刚创建的小企业来说，节省了一次性的软件采购费。

(3) IaaS(infrastructure as a service，基础设施即服务)。IaaS 有时候也称为 hardware as a service，几年前，如果想在办公室或者公司的网站上运行一些企业应用，用户需要去买服务器等高昂的硬件来控制本地应用，以使业务运行起来，现在通过 IaaS，用户可以将硬件外包到别的地方。IaaS 公司会提供场外服务器、存储和网络硬件，用户可以租用。这样就节省了维护成本和办公场地，公司可以在任何时候利用这些硬件来运行其应用。一些大的 IaaS 公司包括 Amazon、Microsoft、VMWare、Rackspace 和 Red Hat。

12.2　谷歌云计算介绍

目前，谷歌公司的云计算中心拥有的服务器数量达到了 100 万台，每台服务器每小时的用电量高达到 1kW。换句话说，谷歌公司的搜索引擎每小时产生将近 1000 万个搜索结果，每小时的耗电量达到了 1×10^6 kW。根据美国环境保护局的估计，数据中心在美国的能源消耗中占的比重达到了 1.5%，如果美国人使用谷歌搜索的频率提高，这个比例还要继续提高。

谷歌的云计算中心一般会选择建在人烟稀少、气候寒冷、水电资源丰富的地区,由于不同区域的电价差距明显,人工成本、场地成本各不相同,所以谷歌的云计算中心不会选择建在人口稠密的大都市,而会选择比较偏远的地区。谷歌的云计算数据中心采用了高速自动化的云计算软件进行管理,减少了人员。图 12.3 和图 12.4 分别展示了谷歌云计算数据中心的机房和建筑物。目前谷歌的云计算中心估计有 42 个,美国本土有 24 个,欧洲有 12 个,俄罗斯有 1 个,南美洲有 1 个,亚洲有 4 个。谷歌的一个云计算中心的造价就高达 6 亿美元。谷歌云计算数据中心的选择标准主要有大量的廉价电力,注重绿色能源和可再生能源,靠近河流或湖泊,有充足的冷却水。图 12.5 描绘了谷歌公司某数据中心使用的水冷系统。

图 12.3　存放谷歌数据服务器的机房

图 12.4　谷歌数据中心的建筑物

图 12.5　谷歌数据中心使用的水冷系统

12.3　我国云计算的发展与优势

云计算是继大型计算机、个人计算机、互联网之后的又一次信息技术产业革命，它将带来生活方式、生存方式及商业模式的根本性改变，成为当今全球关注的热点。各个信息技术巨头纷纷加入云计算行业，制定了云计算的发展战略，准备进军云计算市场。

12.3.1　我国云计算的发展历程

我国是在 2008 年引进了云计算的概念的。我国的云计算发展主要分为准备阶段、起飞阶段和成熟阶段，目前云计算发展处于大规模爆发的前夜。2010 年 6 月，我国提出了"互联网、云计算、物联网、知识服务、智能服务的快速发展，为个性化制造和服务创新提供了有力的工具和环境"，把云计算的发展提到了战略发展位置。

(1) 准备阶段(2007—2010 年)。这一阶段是技术储备和概念推广阶段，用户对云计算认知度很低，成功的案例很少，商业模式和云计算的方案正在尝试中。

(2) 起飞阶段(2010—2015 年)。这一阶段产业模式处于高速发展中，商业模式和生态环境越来越好，成功的商业模式逐渐丰富，用户对云计算的了解和认可程度不断提高，越来越多的商家抢占云计算市场，出现了大量的云计算解决方案，用户可以根据自己的情况将自身的业务融入云计算中，公有云、私有云、混合云齐头并进。

(3) 成熟阶段(2015 年以后)。云计算的产业链、行业生态环境基本稳定，各厂商提供了比较成熟、稳定的云计算解决方案，市场上运行了很多云计算相关产品，相关服务在云计算环境中运行良好，云计算成为信息技术的重要组成部分，云计算成为国际上的一项基本设施。

12.3.2　我国云计算的产业链构成

从 2010 开始，我国的云计算应用市场的发展速度明显加快，无论是公有云还是私有云，典型的案例越来越多。大型的云计算数据中心正在加大建设力度，很快就能投入使用，例如重庆的在岸、离岸数据中心建设，现在已经初具规模。众多 SaaS 服务、PaaS 服务也投入了市场，在政府公有云项目的推动下，云计算的发展非常迅速。

云计算的产业链正在构建中，政府制定行业规则，在政府的监管下，云计算的各运营商，包括云计算解决方案供应商、云计算规划咨询服务商、云计算运维服务商等，与网络基础设施服务商、终端设备商、集成服务商等一起构成了云计算产业链。

在云计算产业中，政府除了作为云计算的用户，还在行业战略规划布局及运行监控中起重要的作用。政府是产业的规划者和布局者，从产业的规模、从业人员、地域布局、产业生态建设等方面对产业进行合理的规划和布局，并借助资金、技术、人才、土地等资源进行多方位调控，推进云计算行业的发展。

12.3.3　主要的云计算项目

我国早在"十二五"期间就对云计算产业的发展思路、重点任务、技术路线、支持体系等内容进行了规划。早在 2010 年 10 月,发改委、工信部就联合发布了《关于做好云计算服务创新发展试点示范工作的通知》,由发改委、财政部、工信部等部门批准国家专项资金以支持云计算示范应用,在 5 个云计算试点城市遴选 12 个云计算重点项目,支持资金规模高达 15 亿元。

目前虽然我国云计算还处于发展阶段,但是各个企业已经制定了云计算的战略方针,显示出对云计算的关注和重视,惠普、IBM、亚马逊等国外很多信息技术企业也纷纷抢滩中国云计算发展的热点区域。政府、企业、高校、研究机构都加入了云计算研究的大军,积极推动着中国云计算产业的快速发展。

12.3.4 中国云计算产业发展的关键障碍

目前,云计算在发展过程中存在着一些问题。用户的认知不足;标准缺失,提供商各自为政,没有统一的标准;数据主权的争议;对稳定性和可靠性的担忧。其中人们关注最多的问题是标准和安全问题。

云计算标准问题对云计算发展是至关重要的,如果没有一个统一的标准,云计算就难以得到规范的发展,很难形成规模和产业集群。标准包括技术标准、服务标准。标准需要云计算产业链中的各个商家、起主导作用的政府部门、行业协会、研究学者等共同商讨、共同制定。云计算标准的制定过程中还需要考虑与国际标准的接轨等问题。

云计算安全问题也是目前需要被重视的问题。目前需要关注的内容是缺乏统一的安全标准、法规,以及对用户隐私的保护。云计算的安全问题还包括数据的主权问题、数据迁移问题、数据传输过程中的安全问题、数据灾备等。安全问题得到解决,才能增强用户使用云计算的信心,让用户愿意将应用部署到云中,享受云计算带来的便捷。

12.4 云计算技术应用案例

创建于 1876 年的礼来公司(Eli Lilly and Company),现已发展成为全球十大制药企业之一,世界 500 强企业,目前的年收入已经超过 230.76 亿美元。宏观经济形势的恶化以及医药行业竞争不断激烈,礼来公司销售收入呈现逐年递减的态势,从 2008 年销售收入同比增长 9%,逐渐降低,2009 年同比增长 7%,2010 年同比增长 6%。为提升公司销售收入,礼来公司需要开发更多的能够满足市场需求的新药品。为此,该公司近年来不断增加在新药研发方面的投入资金。然而在医药行业,药物从最初实验室研究阶段到最终摆放到药柜销售平均需要花费 12 年的时间,总体花费 3.59 亿美元的费用,主要的时间和费用花费在药品临床试验、通过监管测试以及市场、销售方面。在实验室进行药品研发的初期阶段,大量的试验和计算需要强大的计算能力作为支撑,但为此大规模增加 IT 资源的投入将会挤占后期试验的资金,增加药品上市的难度和时间。礼来公司面对相对有限的研发费用,被迫削减在 IT 固定资产方面的支出,但迫切需要更加快速便捷的获取计算资源的能力。该公司认为其传统的 IT 固定资产和基础设施已经抑制了其业务的发展,为此从 2010 年开始实施策略转换,实现部分 IT 资源的费用支出从固定支出模式向浮动支出模式转变。

目前,礼来公司使用 Google、Amazon Web Service、Alexa and Drupal 等公司的解决方案实现快速安装、部署新的计算资源,整合 Google App,可数据共享 Amazon S3、Simple DB、基础平台服务 Amazon EC2。通过转变和整合,礼来公司成倍地减少了部署新计算资源的时间,能够让该公司研发新药品项目的启动时间大幅度减少,从而缩短新药品上市的时间。新的协同环境搭建从 8 周减少到 5min,拥有 64 个结点的 Linux 集群搭建时间从 12 周减少到 5min。

通过使用云计算,该公司显著减少了支出费用。Amazon 的 Elastic Compute Cloud (弹性计算云)为大型医药公司提供云计算服务,其云计算集群有 3809 个计算单元,每个计算单元都配备 8 核处理器、7GB 的内存,整个集群共有 30472 个处理器内核、26.7TB 的内存、2PB 的磁盘空间,能够为医药公司提供强大的计算能力。使用该集群的费用为每小时 1279 美元。若医药公司采用自行建设方式建设上述系统资源和基础设施,巨额的资金投入和漫长的建设周期是医药企业无法承受的,即使建成,也将面临资源浪费和闲置的问题。相比较之下,礼来公司运用云计算服务,从固定支出模式向浮动支出模式转变的策略,实现了削减 IT 固定资产和相关费用的目的,同时满足了及时获取强大计算能力的要求。

药物研制企业最重要的是创新,需要及时的信息、广泛的信息共享、良好的协同工具支持、大量的计算和实验。除高昂的研发成本外,研发工作本身也具有极高的研发风险。面对大量的前期研发费用,医药企业通常陷入两难境地。为满足大量的计算能力需求而进行信息系统的建设将花费大量资金,而如果进行研发后发现该研发项目不具备良好的市场前景或开发价值,则将导致前期投资的损失。花大价钱建成了数据中心,将宝贵的资金变成了闲置的固定资产,资产规模虽然不断扩大,但是销售收入、盈利能力却不断降低。鼓励创新,将引发较高的研发风险,规避研发风险则抑制创新。相比之下,使用云计算服务,可以仅用少量的资金进行项目架构设计、研发和测试,随时对项目进行评估是否具有开发的价值。对于有良好前景的项目,可继续追加投资进行更大规模的建设;对于没有开发价值、没有前途的项目,即刻停止、取消,付出的成本相比之下微乎其微,可最大限度地降低研发风险。更重要的是,云计算打破了过去公司内部信息流通的壁垒,研究人员通过使用协同通信云服务可以在更大范围内共享信息,在频繁的交流、思想碰撞中找到创新的路子和方法。另一方面,通过使用开源开发的理念,扩大了公司人员对不同项目的参与度,极大地提高了研发的速度和质量。礼来公司通过云计算的应用,催生了研发源动力,鼓励、推动创新不断发展。

本章小结

1. 云计算的定义

云计算是一种通过互联网访问定制的 IT 资源共享池,并按照使用量付费的模式,这些资源包括网络、服务器、存储、应用、服务等。借助云计算,企业无须采用磁盘驱动器和服务器等成本高昂的硬件,就能够随时随地开展工作。当前,有相当多的企业都在公有云、私有云或混合云环境中采用云计算技术。

2. 云计算的基本特征

云计算具有自助式服务、无所不在的网络访问、划分独立资源池、快速弹性和服务可计量的基本特征。

3. 云服务分类

云服务分类分为软件即服务、平台即服务和基础设施即服务。

习题 12

1. 云计算的定义是什么？
2. 云计算能提供的服务有哪些？
3. 为什么目前商业领域更加支持云计算技术的推广？
4. 列举一个云计算应用案例。

第13章

知识挖掘与智能推荐技术

本章学习目标

- 了解知识挖掘的定义。
- 了解基于本体的变换规则知识链的常用方法。
- 了解智能推荐的定义和常用技术。
- 理解智能推荐和跨域推荐之间的区别与联系。

随着互联网技术的不断进步与发展，海量数据不断产生，数据的成倍增加导致用户很难从中找到真正对自己有用的信息。通过知识挖掘可以从海量数据中分析出有价值的规则和知识，为人们提供辅助决策。此外，第三方平台通过智能推荐算法也可以从海量数据中挖掘出和用户相关的规则，进而分析出用户的购物喜好来进行商品推荐。本章将介绍知识挖掘的定义、基于本体的变换规则知识链和智能推荐的相关方法和应用案例。

13.1 知识挖掘

13.1.1 知识挖掘案例导入

本部分将通过案例来介绍知识挖掘在商业领域的重要应用。

首先介绍一个应用知识挖掘商业领域最为经典的例子——啤酒和尿布的案例。

某超市经理聘请一位计算机专家帮助超市出主意，以便超市的商品可以卖得更好。计算机专家通过对前一阶段超市的商品销售记录进行分析，发现啤酒和尿布这两种商品有一定的联系，即如果某一天啤酒卖得多，尿布卖得也多，如果某一天尿布卖得少，啤酒也卖得少。计算机专家进入超市后，发现啤酒和尿布摆放在不同区域，而且距离较远。于是计算机专家又找来不同领域的多位专家来共同商议，解释数据分析结果反馈出的特殊的现象。

通过进一步分析发现，当时社会作为新生儿父母的年轻人较多，而且年轻人喜欢喝啤酒，所以新生儿父亲去买啤酒时会给孩子带尿布；而新生儿母亲去超市买尿布时也会顺便买啤酒。随后，计算机专家建议超市经理把啤酒和尿布摆放在一起。结果摆放在一起之后,啤酒和尿布卖出去的数量比之前任何一天都多。原因是之前啤酒和尿布摆放在不同区域而且距离较远,顾客之前去超市买啤酒时常常忘记买尿布,而去买尿布时常常忘记买啤酒。上面的案例说明看似不相关的数据,在数据分析研究人员手里就可以被挖掘出有效的规则,进而提供给企业做决策,获取更大的收益,如图 13.1 所示。

图 13.1　商业数据分析案例图片

那么下面从金融数据分析的角度解释啤酒和尿布之间的关联关系是如何被发现的,以及这种关联关系有什么作用。

将原始数据表 13.1 转换为表 13.2 就是将超市的销售数据用不同的符号进行转换,方便进行下一步数据分析。在对以上数据进行分析之前,首先介绍关联规则数据分析的相关基础知识。

表 13.1　原始数据集合

事务 ID	事务的项目集
T_1	啤酒、尿布、牛奶
T_2	尿布、大米
T_3	尿布、面包
T_4	啤酒、尿布、大米
T_5	啤酒、面包
T_6	尿布、面包
T_7	啤酒、面包
T_8	啤酒、尿布、面包、牛奶
T_9	啤酒、尿布、面包

表 13.2　转换后的数据集合

事务 ID	事务的项目集
T_1	A、B、E
T_2	B、D
T_3	B、C
T_4	A、B、D
T_5	A、C
T_6	B、C
T_7	A、C
T_8	A、B、C、E
T_9	A、B、C

定义 13.1(关联规则的支持度)　关联规则 $X \Rightarrow Y$ 的支持度为事务数据库 DB 中包含 $X \cup Y$ 的百分比,是概率 $P(X \cup Y)$,即 $\mathrm{support}(X \Rightarrow Y) = P(X \cup Y)$。

定义 13.2(关联规则的可信度)　关联规则 $X \Rightarrow Y$ 的可信度为事务数据库 DB 中包含

X 的事务同时也包含 Y 的百分比,是条件概率 $P(Y/X)$,即 confidence$(X \Rightarrow Y) = P(Y/X)$。通常用 min conf 表示最小可信度阈值。

定义 13.3(关联规则) 同时满足最小支持度阈值和最小可信度阈值的规则$(X \Rightarrow Y)$称为强关联规则 R。即 $R(\text{DB}, \text{min sup}, \text{min conf}) = \{X \Rightarrow Y \mid X, Y \subset I\} \land \text{support}(X \Rightarrow Y) \geqslant$ min sup $\land$ confidence$(X \Rightarrow Y) \geqslant$ min conf。

定义 13.4(关联规则挖掘) 给定事务数据库 DB,以及最小支持度阈值 min sup 和最小可信度阈值 min conf,关联规则挖掘就是计算 $R(\text{DB}, \text{min sup}, \text{min conf})$。

对于关联规则的挖掘过程可分为两步:第一步是找出所有频繁项集,即计算 $F(\text{DB}, \text{min sup})$;第二步是由最大频繁项集产生强关联规则,即计算 $R(\text{DB}, \text{min sup}, \text{min conf})$。在这两步操作中,因为第二步较容易实现,所以挖掘关联规则的总体性能主要由第一步决定。

结合本部分所提供的超市销售的数据样本,可以这样理解。规则的支持度就是项集 A、B 在数据库 D 中出现的次数除以总项集的个数。规则的可信度就是 A 和 B 同时出现的次数除以 A 出现的次数。即为条件概率 $P(B \mid A)$。想要找出金融数据背后项和项之间的潜在的联系,可以将关联规则数据分析算法分为两个步骤:

(1) 找到所有支持度大于最小支持度的项集,这些项集称为频繁项集,由频繁项集逐步生成最大频繁项集。

(2) 使用最大频繁项集产生规则,然后找出可信度大于最小可信度的规则,即为所要找的关联规则。

对上述关联规则数据分析所使用到的基础知识理解后,就可以对本部分引入的啤酒和尿布的案例数据进行数据分析,分析的过程如图 13.2 和图 13.3 所示。

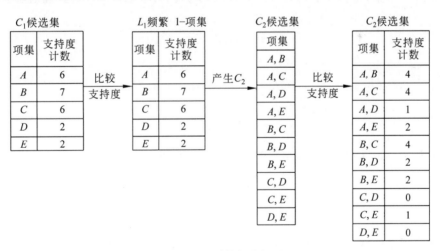

图 13.2 关联规则数据分析过程(1)

根据本部分所讲解的支持度和可信度的计算公式,关联规则挖掘的过程可以划分为两个阶段:阶段 1 是找到满足最小支持度的所有频繁项集;阶段 2 是从得到的最大频繁项集中挖掘出可信度大于最小可信度的关联规则。在此例子中,首先找出频繁一项集,观

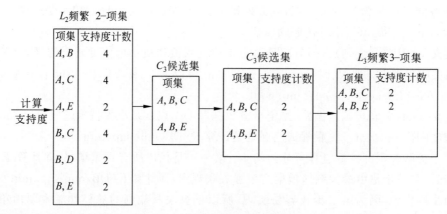

图 13.3 关联规则数据分析过程(2)

察所给出的集合中的数据得知所有一项集都是频繁的。然后由频繁一项集去生成二项集,再判断哪些二项集的支持度大于最小支持度,即保留作为频繁二项集。然后由频繁二项集去生成三项集,再判断哪些三项集的支持度大于最小支持度,即保留作为频繁三项集。然后由频繁三项集去生成四项集,再分析发现所有的四项集的支持度都小于最小支持度,所以没有频繁四项集。最大频繁项集就是频繁三项集。

下一步,根据离散数学中的规则拆分方法,可以把最大频繁三项集拆分为以下规则,分析哪些规则的可信度大于最小可信度,即为关联规则。下面叙述由最大频繁项集 $L = \{A, B, E\}$ 生成关联规则的过程。

L 的非空子集 S 有 $\{A, B\}, \{A, E\}, \{B, E\}, \{A\}, \{B\}, \{E\}$。可得到规则如下:

$$A \land B \to E \qquad \text{conf} = 2/4 = 50\%$$
$$A \land E \to B \qquad \text{conf} = 2/2 = 100\%$$
$$B \land E \to A \qquad \text{conf} = 2/2 = 100\%$$
$$A \to B \land E \qquad \text{conf} = 2/6 = 33\%$$
$$B \to A \land E \qquad \text{conf} = 2/7 = 29\%$$
$$E \to A \land B \qquad \text{conf} = 2/2 = 100\%$$

假设最小可信度为 60%,则最终输出的关联规则为

$$A \land E \to B \qquad 100\%$$
$$B \land E \to A \qquad 100\%$$
$$E \to A \land B \qquad 100\%$$

而对于另外的最大频繁项集 $\{A, B, C\}$,同样使用上述方法可以计算分析出所对应的关联规则。

关联规则挖掘是发现大量数据库中项集之间的关联关系。关联规则是发现交易数据库中不同商品(项)之间的联系。图 13.4～图 13.6 是关联规则数据分析算法用 Java 编程语言实现的代码。

```
1    /**
2     * 求关联规则
3     * @param freSets: 频繁项集
4     * @param data: 源数据
5     * @return
6     */
7    public Map<String,Double> getRelation(Map<String,Integer> freSets,List<String> data){
8        Map<String,Double> results=new HashMap<String,Double>();        //规则结果: (关联规则, 置信度)
9        List<String> freKeys=mapKeyToList(freSets);                      //频繁项集
10       System.out.println(freKeys);
11       List<String> subSets=new ArrayList<String>();
12       String front="",end="";
13       for(String freRecord:freKeys){
14           System.out.println("\n----------------------频繁项集---------------\n"+freRecord);
15           subSets=getSubSets(freRecord);          //每个频繁项集求其真子集
16           System.out.println("-----------------真子集---------------\n"+subSets);
17           for(int i=0;i<subSets.size();i++){
18               front=subSets.get(i);
19               System.out.println("前置: "+front+"^^^^^^^^^^^^^^^^^^^^^^^^^^^^^^^");
20               for(int j=0;j<subSets.size();j++){
```

图 13.4 关联规则数据分析算法用 Java 编程语言实现的代码(1)

```
21                   end=subSets.get(j);
22                   if(!(isIntersected(front,end))){        //前置条件和后置条件不可以有交集
23                       double confidenceTest=getRealConfidence(data,subSets.get(i),subSets.get(j));
24                       System.out.println("前置--->后置: "+front+"--->"+end+" : "+confidenceTest);
25                       if(confidenceTest>confidence){
26                           System.out.println("put:("+front+","+end+")");
27                           results.put(subSets.get(i)+"--->"+subSets.get(j),confidenceTest);
28                       }
29
30                   }
31               }
32           }
33       }
34
35       return results;
36   }
37   /**
38    * 对频繁项集的每一条规则 freRecordFront-->freRecordEnd,求置信度
```

图 13.5 关联规则数据分析算法用 Java 编程语言实现的代码(2)

```
39    * @param data
40    * @param freRecordFront
41    * @param freRecordEnd
42    * @return
43    */
44   public double getRealConfidence(List<String> data, String freRecordFront, String freRecordEnd) {
45       String str=freRecordFront+freRecordEnd;
46       return count(data,str)*1.0/count(data, freRecordFront);
47   }
48   /**
49    *
50    * 对频繁项集的真子集,根据源数据data,统计每一个子集的支持度
51    * @param subSets
52    * @param data
53    * @return
54    *//*
```

图 13.6 关联规则数据分析算法用 Java 编程语言实现的代码(3)

13.1.2 知识挖掘的定义

知识挖掘是指在数据挖掘所获得的规则知识的基础上加上规则中前提或结论的变换,进而获得变换规则知识。

1. 规则知识

在人工智能中一般知识表示成规则形式,即规则知识,表示为

$$P \rightarrow Q$$

其中,P 与 Q 均为事实(变量的取值),上述规则表示事实 P 是事实 Q 的原因,事实 Q 是事实 P 的结果。知识只体现了 P 和 Q 两个事实间的静态关系。

2. 变换规则知识

在变换规则知识中,规则的前项或者后项中包括了变换,而变换是将一对象变换为另一个对象,体现了变化的特点。可以表示为

$$T_a a = b \rightarrow T_u u = v$$

在上述公式中,把 a 变换为 b 的变换又引起从 u 到 v 的变换的发生。这种变换规则知识完全体现了变化的情况。因此,变换规则知识是适应变化的知识,相对而言,人工智能的知识是静态知识。也可以说变换规则知识是知识的推广,是一种更有价值的知识。

3. 变换规则的知识挖掘

数据挖掘是利用算法获取规则知识(条件→结论)。我们在数据挖掘获取知识的基础上,若规则的条件和结论都存在变换,将获得变换规则知识:

$$T_{条件} \rightarrow T_{结论}$$

把这种挖掘变换规则知识称为新型的变换规则的知识挖掘,即在规则知识的基础上挖掘变换规则知识。它不同于数据挖掘是在数据的基础上挖掘知识。

定理 1 对于两类规则

$$A \rightarrow P$$
$$B \rightarrow N$$

若存在条件的变换

$$T_B(B) = A$$

并存在结论的变换

$$T_N(N) = P$$

则成立变换规则知识

$$T_B(B) = A \rightarrow T_N(N) = P$$

证明:定理的已知条件表示成命题逻辑公式:

$$A \rightarrow P \leftrightarrow \neg A \vee P$$
$$B \rightarrow N \leftrightarrow \neg B \vee N$$
$$T_B(B) = A \leftrightarrow \neg B \wedge A \leftrightarrow \neg B, A$$

$$T_N(N) = P \leftrightarrow \neg N \wedge P \leftrightarrow \neg N, P$$

对定理 1 的逆命题进行分析推导,得出

$$\neg(T_B(B) = A \to T_N(N) - P) \leftrightarrow \neg[(\neg B \wedge A) \to (\neg N \wedge P)] \leftrightarrow$$

$$\neg[\neg((\neg B) \wedge A) \vee (\neg N \wedge P)] \leftrightarrow \neg[B(\vee \neg A) \vee (\neg N \wedge P)] \leftrightarrow$$

$$\neg(B \vee \neg A) \wedge \neg(\neg N \wedge P) \leftrightarrow \neg B \wedge A \wedge (N \vee \neg P) \leftrightarrow \neg B, A, N \vee \neg P$$

得到全部子句:

$$\neg A \vee P, \neg B \vee N, \neg B, A, \neg N, P, N \vee \neg P$$

然后对全部子句进行归结:子句 $\neg A \vee P$ 与子句 A 归结为 P,它与子句 $N \vee \neg P$ 归结为 N,再和子句 $\neg N$ 归结为空子句,产生矛盾,所以定理 1 的逆命题不成立,所以定理 1 成立。得证。

定理 2 对于两条规则

$$A \to P$$
$$C \wedge B \to P$$

若存在变换

$$T_B(B) = A$$

则变换规则知识

$$T_B(B) = A \to P$$

成立。

证明:

$$A \to P \leftrightarrow \neg A \vee P$$
$$C \wedge B \to P \leftrightarrow \neg(C \wedge B) \vee P \leftrightarrow \neg C \vee \neg B \vee P$$
$$T_B(B) = A \leftrightarrow \neg B \wedge A \leftrightarrow \neg B, A$$

对定理 2 的逆命题进行分析推导,得出

$$\neg((\neg B \wedge A) \to P) \leftrightarrow$$
$$\neg(\neg(\neg B \wedge A) \vee P) \leftrightarrow$$
$$\neg(B \vee \neg A \vee P) \leftrightarrow$$
$$\neg B \wedge A \wedge \neg P \leftrightarrow$$
$$\neg B, A, \neg P$$

得到全部子句:

$$\neg A \vee P, \neg C \vee \neg B \vee \neg P, \neg B, A, \neg P$$

然后对全部子句进行归结:子句 $\neg A \vee P$ 与子句 A 归结为 P,它与子句 $\neg P$ 归结为空子句,产生矛盾,所以定理 2 的逆命题不成立,所以定理 2 成立。得证。

4. 变换规则的知识挖掘过程

从变换规则的知识挖掘定理中,可以概括变换规则的知识挖掘过程如下。

第 1 步,利用数据挖掘方法获得分类规则。

第 2 步,找出第一步所得到的规则中,规则的前提中是否存在变换,规则的结论中是否存在变换。

第 3 步,利用定理 1 和定理 2 获得变换规则的知识。

5. 变换规则的知识挖掘实例

已知通过某种数据挖掘算法所挖掘出的规则如下:
if 天气＝晴 and 湿度＝正常 then 类别＝P
if 天气＝多云 then 类别＝P
if 天气＝雨 and 风＝无风 then 类别＝P
if 天气＝晴 and 湿度＝高 then 类别＝N
if 天气＝雨 and 风＝有风 then 类别＝N
并且已知上面这些所挖掘出的规则,分别对应的变换如下:
T(天气＝晴)＝(天气＝多云)
T(天气＝晴)＝(天气＝雨)
T(天气＝雨)＝(天气＝多云)
T(天气＝多云)＝(天气＝晴)
T(天气＝雨)＝(天气＝晴)
T(天气＝多云)＝(天气＝雨)
T(湿度＝高)＝(湿度＝正常)
T(湿度＝正常)＝(湿度＝高)
T(风＝无风)＝(风＝有风)
T(风＝有风)＝(风＝无风)
T(N)＝P
T(P)＝N
利用变换规则的知识挖掘的定理 1 和定理 2,进行分析,得出变换规则知识如下。
类别发生变化的知识如下:
(天气＝晴)and(T(湿度＝高)＝(湿度＝正常))→T(N)＝P
(湿度＝高)and(T(天气＝晴)＝(天气＝多云))→T(N)＝P
(天气＝雨)and(T(风＝有风)＝(风＝无风))→T(N)＝P
(风＝有风)and(T(天气＝雨)＝(天气＝多云))→T(N)＝P
(天气＝晴)and(T(湿度＝正常)＝(湿度＝高))→T(P)＝N
(天气＝雨)and(T(风＝无风)＝(风＝有风))→T(P)＝N
类别不发生变化的知识如下:
(湿度＝正常)and(T(天气＝晴)＝(天气＝多云))→类别＝P
(风＝无风)and(T(天气＝雨)＝(天气＝多云))→类别＝P
(风＝无风)and(T(天气＝多云)＝(天气＝雨))→类别＝P
(湿度＝正常)and(T(天气＝多云)＝(天气＝晴))→类别＝P
这些变换规则知识告诉人们,在天气变化时,类别也会发生变化。这种适合变化环境的变换知识,比静态知识有时更有用。

13.2 基于本体的变换规则知识链

13.2.1 本体的基本概念

在哲学上,一般认为本体论是关于存在的理论,是客观存在的一个系统的解释或说明,关心的是客观现实的抽象本质。本体(ontology)最初应用于人工智能领域,最早给出本体定义的是南加州大学的集成用户支持小组的负责人 Robert Neches 等于 1991 年提出,"本体定义了组成主题领域的词汇表的基本术语及其关系,以及结合这些术语和关系来定义词汇表外延的规则"。

在信息科学领域中,本体论最有代表性的两个定义是:Gruber 于 1993 年提出的"本体是概念化的明确的说明"。Guarino 于 1995 年提出的"本体是明确的部分的概念化说明或者一种逻辑语言的预期模型"。1998 年,Studer 在总结前人的基础上,提出"本体是共享概念模型的明确的形式化规范说明"。

从以上几类定义可以看出,本体的理解主要包含有 4 方面的含义。

(1) 概念化(conceptualization)。概念化是指认识了世界上某些现象的相关概念后得到的这些现象的抽象模型。

(2) 明确(explicit)。明确是指这些概念的类型和使用概念的约束都被明确地定义。

(3) 形式化(formal)。形式化是指本体是计算机可读的,而不是普通的自然语言。

(4) 共享(shared)。共享是指本体是被团体共同认可的知识,而不是被一些个人单独认可的。

本体的目标是确定领域内共同认可的词汇,并从不同层次的形式化模型上给出这些词汇和词汇间相互关系的明确定义,从而获取相关领域的知识,提供对该领域知识的共同理解。

自然语言检索的实质是将用户自然语言中的检索需求和所需的信息资源之间建立联系,从自然语言中获取用户的检索意图需要自然语言理解技术,需要构建用于自然语言理解和分析的知识库。该知识库需要使用符合自然语言结构和表达方法的形式来组织,本体作为一种新型的知识组织和表示方式,具有良好的概念层次结构和对逻辑推理的支持,因此在信息检索,特别是在基于知识的检索中得到了广泛的应用。将本体与自然语言检索相结合有以下主要原因。

(1) 自然语言检索是最为方便的一种检索,它具有较高的易用性、较低的文献处理难度以及更适合非文献检索的特点,但是它还存在着很多问题,正是这些问题使它不能完全取代情报检索语言,仍需要对检索语言加以控制。例如,自然语言检索虽然减轻乃至消除了文献处理难度,增加了检索系统的易用性,但是却降低了检索效率,增加了获得较好检索效果的难度,因此对自然语言检索的改进需要引进控制机制,其中较为有效的是基于本体的检索词汇控制。

(2) 与传统的情报语言的叙词表一样,本体也反映了某一领域的语义相关概念,具有知识性、科学性和层次性等特点。但本体比情报语言更适用于网络环境下的信息资源组织。

（3）自然语言检索需要情报检索语言加以规范，而从本体的概念及其功能特点来看，本体具有与情报检索语言相类似的一些功能特征，主要表现在以下几方面。

① 本体是关于领域知识的概念化、形式化的明确规范，是对领域知识共同的理解与描述，它和情报检索语言一样由概念及其之间的相互关系构成，区别是本体可以更加系统、全面地揭示概念之间的相互关系，具有更强的表达能力。

② 本体与情报检索语言同样具有描述词间关系的功能，区别是本体不仅可以表达概念之间的各种关系，还可以表达如继承关系、实例关系、属性关系、函数关系等。

③ 与情报检索语言相比，本体也同样具有标引功能、对情报进行集中并揭示其相关性的功能、情报组织的功能、便于将标引用语和检索用语进行符合性比较的功能。因此，本体可以代替情报检索语言对自然语言加以更好地控制。

在信息检索领域中，原有的直接基于关键词和分类目录的信息检索技术已经不能满足用户在语义上和知识上的需求，而本体具有良好的概念层次结构和对逻辑推理的支持，因此在信息检索，特别是在基于知识的检索中得到了广泛的应用。

本体为信息检索系统提供了资源描述和形成查询所必需的元语。以本体技术为核心建立领域语义模型，为信息源提供语义标注信息，使系统内所有的代理（agent）可在对领域内的概念、概念之间的联系以及基本公理知识具有统一认识的基础上进行信息检索，这更符合人类的思维习惯。可以克服传统检索方法造成的信息冗余或信息丢失的缺点，从而能够显著地提高系统的联想能力和精确性，可快速、高效、精确地检索出用户所需的有价值的信息。本体已逐渐成为一种智能信息检索系统的知识表示方式，是信息检索系统的核心组成部分。具体地说，本体在检索系统中的作用主要包括以下几方面。

1. 改善对信息源的处理

为了使网络信息的表示、交换和处理能遵循统一的标准，一些学者提出了语义信息模型，它对领域的基础知识进行概念化，在数据的相互关系中定义数据的含义，便于对领域信息的查找、过滤、抽象、组织和重获。而本体以其具有良好的概念层次和对逻辑推理的支持，成为一种较为合理的语义数据建模方法，为网页的标引处理提供了更广阔的发展空间。本体采用规范的形式语言、精确的句法和明确定义的语义，对领域中的概念与概念、概念与实体、实体与实体之间的关系进行预先标注，这样可有效减少系统内各智能主体对领域中概念和逻辑关系可能造成的误解。

目前，基于本体的网页注释的典型项目有 KA2（the knowledge annotation initiative of the knowledge acquisition community，采用语义标签的人工网页注释）；SHOE（simple HTML ontology extension，对 HTML 进行本体扩展）；WebKB（web knowledge base，采用概念图表和相应本体知识来注释网页的人工标引方法）等。这些项目所采用的方法大都是通过事先人工处理来标引网页，虽然标引的准确度提高了，但网页的修改和新网页的产生都需要重新注释。

2. 优化用户界面

查询重构与优化模块的作用是便于用户构造、修改和优化查询语句,帮助系统准确理解查询。方便而完善的人机界面在自然语言检索系统中是非常重要的。作为知识库的基础,本体可从以下几方面优化检索系统的用户界面。

(1) 允许用户查询和浏览本体。采用一定的可视化形式(如目录树状、网状等)将本体所体现的体系结构显示给用户,用户通过浏览本体能更好地理解信息系统所使用的词汇,从而以最优的专指度来构造查询语句。

(2) 词汇超越(vocabulary detaching)。用户可以依据各自的语言偏好输入查询时使用自己的语言,通过本体映射为信息系统中的词汇或概念。

(3) 支持反复的查询细化和偶然的知识发现。基于本体的信息检索界面,一种可行的方法是采用现有的搜索引擎的设计,用户输入检索词语或短语,通过浏览结果列表修改检索式,查询处理仍依赖于自然语言处理。另一种界面更注重查询构造过程的交互性和用户的控制作用,这需要更复杂的界面设计方法,要对用户的介入层次和相关检索策略进行分类。

偶然知识发现是提高检索查询行为有效性的一种途径。通过交互,能把用户模糊的想法转变为可表达的短语或句子,明确查询目标;或者用户通过浏览本体,发现感兴趣的检索主题和范围。

3. 辅助自然语言处理过程

自然语言处理技术在信息检索系统中的应用集中在词法分析和句法分析,但现有的算法在计算复杂度、速度和准确性等方面还不能很好地满足检索系统的要求。如果在词法分析和句法分析过程中能结合词汇和语法规则的语义信息,分析的效果将有很大改善。而作为一种提供领域概念及其相互关系的工具,本体中包含的语义知识和约束条件正是自然语言处理所需的语义基础。

(1) 词法分析。本体与自然语言的词典结合,可形成词汇语义型本体,其建立过程中考虑了概念和词汇的关系。由一组同义词来定义一个单一概念,如 WordNet、Mikmkosmos 等。分析信息源或查询时,将其中的词汇映射到本体中的概念,能使检索系统的标引和匹配更接近"概念层次"或"语义层次"。同时,本体中包括的规范、公理以及实例化知识,也有助于提高词法分析的义项排歧能力和推理能力。利用概念间的约束知识可进行义项排歧,并指导启发式信息剪枝和搜索。此外,在推理的过程中,通过计算概念之间的距离,可寻找出一条符合约束的最短距离。

(2) 句法分析。在建立本体的过程中,也可结合自然语言的句法知识,利用句法知识从语料中获取概念。以本体中的领域知识为基础,利用各类规则将语义信息直接编译到语法中,形成语义语法,其目的是使语义信息尽可能多地介入句法分析过程中。在应用语义语法规则进行句法分析时,本体可以随时为系统提供语义支持,用于辅助分析,以减少歧义。

按照最初的定义,本体反映的是某个领域中共识概念的形式化的、明确的、可共享的定义和规范,本体的理论基础描述逻辑(description logic,DL)只注重概念(conception)和角色(role)的描述,描述逻辑的推理用于满足:定义概念表达领域知识,初始概念仅表示必要条件,公理保证全局一致性等知识构建规范。其推理的目的是分类检索和找出不可满足的概念或判断一个假设是否被公理集蕴含,以及领域知识能否被表示为任意公理的一个集等问题,其推理是非兴趣内容分类。该推理对保障本体的知识完备性是十分重要的,但是其提供的推理能力仅局限于对概念间的包含、分离、等价和可满足等关系的分析和检查,对概念之间和实例之间复杂的语义关系仅停留在概念描述级,没有真正达到语义应用级(或者说是一种隐含语义),限制了本体推理的应用范围和实用性。

本体描述语言提供了4类基本语义关系(is-a、part-of、same-as 和 kind-of 这类原语),这4类基础关系反映概念和实例间在概念级别上的关系。除此之外,用户可以根据需要扩展自己需要的语义关系,例如 has child、can use、has border 等。以数据类型属性(data type property,对应于数据类型的属性值,例如 string、float、date 等)或对象属性(object property,对应于概念间的语义关联)来表示,这些用户自定义的语义属性和关系对于本体中概念间语义关系的理解和使用具有重要的作用,而现阶段本体自身缺乏对这些定制语义信息的表达和理解能力。虽然可以根据需要为概念结点添加 comment、label、see also 等描述属性,但这些属性都是以自然语言语句来描述的,计算机对这些描述信息是很难直接理解的。

13.2.2 本体概念的层次关系

本体概念具有树状层次关系,最主要的是 subclass-of 关系,即树的下层概念是上层概念的子集,如图 13.7 所示。概念 11 是概念 1 的子集,而概念 111 是概念 11 的子集。

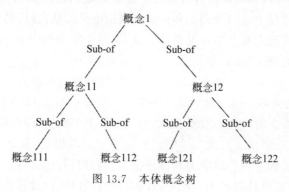

图 13.7 本体概念树

通过分析本体概念树,可以得出,在本体概念层次关系中,下层概念如果存在变换 T_d,并且上层概念存在变换 T_u,则在本体概念层次结构中,存在变换规则知识 $T_d \rightarrow T_u$。

进一步分析,得出在本体概念层次结构中存在基于本体的变换规则链。也就是说,在本体概念树中,叶节点中的变换 T_0 与各级上层节点中的同类变换 T_i 之间形成了变换规则链:

$$T_0 \rightarrow T_1 \rightarrow T_2 \rightarrow \cdots \rightarrow T_{root}$$

13.2.3　多维层次数据中原因分析的变换规则链获取实例

通过我国航空公司的数据库,对发现的问题进行原因分析,从中获取变换规则链。数据库中的多维数据中含层次粒度的大量数据,对发现的问题进行原因分析主要是进行多维数据的钻取操作。在每一次钻取中进行一次变换,获得出现问题原因的深层数据。数据库中的多维层次数据集合是符合本体概念树的层次关系。

例如,通过对我国航空公司的数据库进行多维分析,发现了"北京到西南地区总周转量相对去年出现负增长"的问题,该问题的本体概念树如图 13.8 所示。

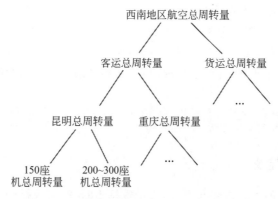

图 13.8　西南地区航空总周转量的本体概念树

该问题在本体树的根节点航空总周转量上的减变换表示为

$$T_{西南总量}(今年总周转量 - 去年总周转量) = -19.9 \quad (负增长)$$

通过向下钻取到本体的下层,空运总周转量节点上的减变换为

$$T_{西南客运}(今年客运总周转量 - 去年客运总周转量) = -19.4 \quad (负增长)$$

再向下钻取到昆明客运总周转量节点上的减变换为

$$T_{昆明客运}(今年总周转量 - 去年总周转量) = -16.5 \quad (负增长)$$

再向下钻取到昆明座机为 150 座级与 200～300 座级机型的总周转量两个节点上的减变换分别为

$$T_{150座机}(今年总周转量 - 去年总周转量) = -6.83 \quad (负增长)$$

$$T_{200～300座机}(今年总周转量 - 去年总周转量) = -8.9 \quad (负增长)$$

进而得到变换规则链:

$$T_{150座机} \wedge T_{200～300座机} \rightarrow T_{昆明客运} \rightarrow T_{西南客运} \rightarrow T_{西南总量}$$

该变换规则链说明,出现西南地区总周转量相对去年出现较大负增长,主要原因之一是昆明地区 150 座机和 200～300 座机型,相对去年出现较大负增长造成的。而该变换规则链的获得是从问题结论的减变换,($T_{西南总量}$)出现负增长,通过多维数据钻取,逆向找它的前提减变换,再向下钻取,一直到最底层(叶节点)中的减变换,即($T_{150座机}$ 及 $T_{200～300座机}$)出现较大的负增长,该叶节点的减变换才是本体根节点问题的根本原因。

在向下钻取过程中,有时也能发现新问题,如在搜索货运总周转量时,发现东南地区出现了一个大负增长,这是除西南地区出现负增长外新发现的问题,可以在寻找西南地区航空总周转量的根本原因之后,再去寻找东南地区出现货运总周转量出现负增长的原因。

除了寻找负增长原因以外,还可以寻找正增长的原因,即从正、负两方面寻找问题产生的原因,这样可以得到更大的决策支持。

寻找问题原因要想让计算机自动完成,必须建立多维层次数据的本体概念树,并在树中进行深度优先搜索来发现问题并找到所有原因。

数据挖掘是从数据中挖掘知识,变换规则的知识挖掘是在规则知识的基础上挖掘变换规则知识。规则知识是静态的,而变换规则是变化的知识。变换规则定理帮助我们从规则知识及相关的变换中获取变换规则知识。基于本体的变换规则链定理帮助我们在数据库中从多维层次数据中获取变换规则链。

目前,对数据库的问题的分析基本上是在人的指导下,对多维层次数据进行钻取操作,找到问题发生的原因。若在多维层次数据中建立本体概念树,就可以让计算机沿着本体概念树进行深度优先搜索,既可以发现问题,又能自动找到各问题的所有原因。

13.3 智能推荐

13.3.1 智能推荐定义

随着互联网技术的不断进步与发展,海量数据不断产生,数据的成倍增加导致用户很难从中找到真正对自己有用的信息。一方面,很多有用的信息都被掩盖、闲置,造成"冷启动"问题,这些信息也成为了不能被人所发现、利用的"暗信息";另一方面,电子商务时代的到来给用户的日常生活模式带来了巨大的改变,但同时也因为"信息超载"问题为用户带来了困扰,用户从这些海量数据中难以找到自己真正需要的信息,从而使购物体验和满意度大大降低,信息的可利用率也随之降低。为了改变这一现状,电子商务推荐系统应运而生。

电子商务推荐系统是一种提升电子商务网站营销性能的有效工具。它帮助用户从海量产品中更容易找到自己满意的产品,提升用户的忠诚度,为用户提供更加舒适的购物体验。

内容推荐系统是指根据用户已选择产品的特征属性作为相似点,来对其他产品进行相似查找的一种推荐方法。内容推荐有很多优点,包括用户容易接受推荐的结果、方法和技术比较成熟、推行容易等;但是,它也存在一些不足之处,例如推荐结果不容易发现用户的潜在兴趣,推荐的多样性差,难以解决"产品冷启动"和"数据稀疏性"问题,只能发现和用户已有的兴趣相似的产品等。

综上所述,智能推荐实际上就是利用用户在网上留下的访问痕迹对用户的个人兴趣进行分析,然后分析出用户的真实需求,进而进行商品推荐,所以也可以说,智能推荐是知识挖掘的一种应用方式。要想提高智能推荐的成功率,就需要尽可能多地获取用户的相关数据,既包括用户的静态数据,又包括用户的动态数据。人们把静态数据和动态数据统称为用户的行为图谱。通过数据搜集和信息编织,把目标用户的行为图谱勾勒得越详细、完整,越能真正分析出用户的需求。现在电商领域除了使用智能推荐外,还经常使用跨域推荐。之所以提出跨域推荐,就是分析出用户此刻的真实需求后,为防止连续的推荐行为限制用户的视野,而在推荐一些智能推荐的商品后,再推荐一些其他领域的商品,使得用户的视野不会被限制。

13.3.2 智能推荐案例

下面将介绍一个智能推荐的完整案例。通过下面智能推荐的案例的整个讲解过程,就可以以较高的准确度推测出用户 1、用户 2 和用户 3 已经购买了一些商品,现在通过分析这 3 个用户和各自已购买商品之间的联系,就可以推测出当用户 1 已经购买了一个商品后,该用户会从剩余的商品中选择哪一个,进而直接将下一个商品推荐给该用户,从而顺利完成交易。

首先,了解一下二部图(bipartite graph)的定义。二部图是图论中的一种特殊模型,假设 $G=(V,E)$ 是一个无向图,如果定点 V 可分割为两个互不相交的子集 (X,Y),并且图中的每条边 e 所关联的两个顶点,一个顶点在 X 子集中,另一个顶点在 Y 子集中,那么我们称 G 为二部图网络,记为 $G=(X,E,Y)$。其中,X 和 Y 称为互补顶点子集。

基于二部图网络的推荐算法成为近几年来电商领域的智能推荐首选方法。该算法将推荐系统中的用户和产品看作二部图网络中的两类节点,并通过算法对这两类节点之间的关系进行计算,最后生成每一位用户提供的推荐列表,向用户推荐最适合他们的产品。目前很多研究都致力于通过所学知识对二部图网络推荐算法进行改进,使其推荐效果更精准或更多样化。

二部图网络推荐算法通过将用户和产品抽象为节点,用户与产品的选择关系抽象为边,简化了计算方法,提高了计算的效率。

二部图网络中的两类节点分别被视为推荐系统中的用户集合和产品集合,节点之间的边表示了用户与产品的选择关系,是否有边可以看作两类节点之间是否有联系,资源数通过网络图中的边在用户和产品之间传递。

一般来说,一个推荐系统包含两部分:用户和产品,每个用户会对应多个产品。假设用户集合为 $U=\{u_1,u_2,\cdots,u_m\}$,产品集合是 $O=\{o_1,o_2,\cdots,o_n\}$。如果用户与产品之间只有单纯的选择关系,那么推荐系统可以用一个 $n\cdot m$ 的邻接矩阵 $\{a_{ij}\}$ 表示,如果某用户已经选择了产品 j,那么 $a_{ij}=1$,否则 $a_{ij}=0$。

如图 13.9 所示,假设系统中一共有 3 位用户 u_1、u_2、u_3。其中,用户 u_1 选择了 o_2、o_3;用户 u_2 选择了 o_1、o_2、o_4;用户 u_3 选择了 o_2。此时如果需要为 u_3 推荐产品,那么为 u_3 选择过的产品赋予资源 1,其他没有被选择的产品不赋予资源。

如图 13.10 所示,用户 u_3 选择过的产品也被 u_1、u_2 选择了,所以 u_1、u_2 的选择对为 u_3 推荐产品有重要意义。将产品 o_2 拥有的资源分给 u_1、u_2,由于 o_2 的度为 3,所以 u_1、u_2 各得到 1/3 的资源。

如图 13.11 所示,用户 u_1、u_2 将资源分给自己选择过的产品 o_1、o_2、o_3、o_4。例如,o_2 被 u_1、u_2 选中,所以会得到 u_1、u_2 的资源,u_1 向 o_2 发送的资源

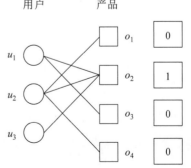

图 13.9　二部图网络推荐算法(第 1 步)

值为 u_1 的资源值除以 u_1 自身的度即 $1/6$，u_2 向 o_2 发送的资源值为 u_2 的资源值除以 u_2 自身的度即 $1/9$，再将两个用户处理之后的资源值相加即为 o_2 收到的资源值，也就是 $5/18$。

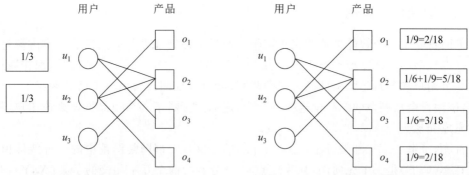

图 13.10　二部图网络推荐算法(第 2 步)　　图 13.11　二部图网络推荐算法(第 3 步)

对于基于资源分配的二部图网络推荐算法来说，假设要描述用户 i 与产品 j 之间的资源分配关系，那么产品 j 所具备的资源数量是

$$f_j^i = a_{ji}$$

这时，用户 i 所选择的所有产品都具有相同的分配资源的能力(推荐能力)，度越大的产品总推荐能力越强，因为产品的总推荐能力是它被分配的初始资源与产品度的乘积。也就是说，与该产品相连接的用户越多，产品的总推荐能力越强。这样的思路使热门产品的推荐能力要大于冷门产品。

下面是一个二部图网络推荐算法的例子。

系统中一共有 3 位用户 u_1、u_2、u_3。其中用户 u_1 选择了 o_1、o_3、o_5；用户 u_2 选择了 o_2、o_3、o_4；用户 u_3 选择了 o_1、o_2、o_5。

第 1 步，如果需要为 u_1 推荐产品，那么为 u_1 选择过的产品赋予资源 1，其他没有被选择的产品不赋予资源。

第 2 步，用户 u_1 选择过的产品被 u_2、u_3 也选择了，所以 u_2、u_3 的选择对向 u_1 推荐产品有重要意义。将产品 o_1、o_3、o_5 拥有的资源分给 u_1、u_2、u_3。

第 3 步，如图 13.12 所示，用户 u_1、u_2、u_3 将资源分给自己选择过的产品 o_1、o_2、o_3、o_4、o_5。

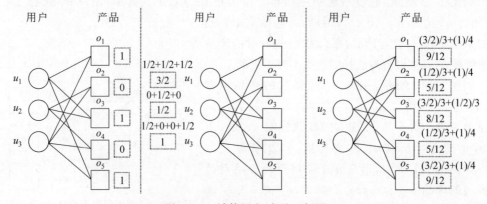

图 13.12　计算用户-产品二部图

系统中一共有 4 个标签,即 T_1、T_2、T_3 和 T_4。其中标签为 T_1 的产品为 o_1、o_2;标签为 T_2 的产品为 o_1、o_3;标签为 T_3 的产品为 o_2、o_4、o_5;标签为 T_4 的产品为 o_1、o_3、o_4。

第 1 步,为需要推荐产品的用户 u_1 赋予初始资源 1。其他没有被选择的产品不赋予资源。

第 2 步,产品 o_1 的标签被产品 o_2、o_3、o_4 也标注了,所以 o_2、o_3、o_4 的标签对 o_1 有重要意义。将产品 o_1、o_3、o_5 的资源分给标签 T_1、T_2、T_3 和 T_4。

第 3 步,如图 13.13 所示,标签 T_1、T_2、T_3 和 T_4 将资源分给选择过它们的产品 o_1、o_2、o_3、o_4、o_5。

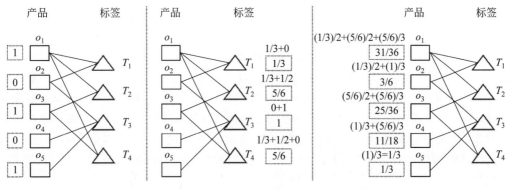

图 13.13　计算产品-标签二部图

最后,将用户-产品二部图与产品-标签二部图的计算结果相结合,如图 13.14 和图 13.15 所示。

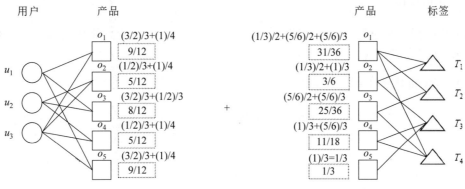

图 13.14　用户-产品二部图与产品-标签二部图的结合

将用户-产品二部图中产品的得分与产品-标签二部图中产品的得分相加得到分数总和。由得出的产品分数总和可知,推荐列表的排序为 o_1、o_3、o_5、o_4、o_2。去掉已经被用户选择过的产品 o_1、o_3、o_5,得出最终推荐列表的排序为 o_4、o_2。

所以,以上分析过程可以概括如下:用户 u_1 购买商品 o_1、o_3、o_5 之后,是最需要剩余商品的 o_2 还是 o_4 呢?因为被用户 u_1 所购买的商品 o_1、o_3、o_5 也被用户 u_2 和 u_3 购买了,并且用户 u_2 和 u_3 也购买了剩余的商品 o_2 和 o_4。因此,通过构建用户和产品二部图以及

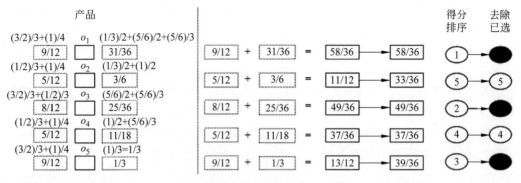

图 13.15　两个二部图结合之后的结果

产品和标签二部图,对用户和商品之间资源数流通的过程进行数学计算后,分析针对用户 u_1 的剩余的两个商品 o_2 和 o_4,哪个商品的资源数最大,则这个商品就是用户 u_1 最需要的下一个商品。因此,通过使用智能推荐算法,自动计算出用户和商品间的资源数的流通情况,再分析比较要被推荐商品的资源数的大小关系,资源数最大的商品就是首先被推荐的商品。所以在上面案例中,用户 u_1 购买商品 o_1、o_3、o_5 之后,由于剩余商品 o_2 的资源数最大,所以将商品 o_2 智能推荐给用户 u_1,进而满足了用户 u_1 的购买需求,也实现了商业交易。

本章小结

1. 知识挖掘的定义

知识挖掘是指在数据挖掘所获得的规则知识的基础上,加上规则中前提或结论的变换,进而获得变换规则知识。

2. 本体的基本概念

本体的理解主要包含 4 方面的含义:概念化指认识了世界上某些现象的相关概念后得到的这些现象的抽象模型。明确化指这些概念的类型和使用概念的约束都被明确地定义。形式化指本体是计算机可读的,而不是普通的自然语言。共享化指本体是被团体共同认可的知识,而不是被一些个人单独认可的。本体的目标是确定领域内共同认可的词汇,并从不同层次的形式化模型上,给出这些词汇和词汇间相互关系的明确定义,从而获取相关领域的知识,提供对该领域知识的共同理解。

3. 基于本体的变换规则知识链

变换规则的知识挖掘是在规则知识的基础上挖掘变换规则知识。规则知识是静态的,而变换规则是变化的知识。变换规则定理帮助人们从规则知识及相关的变换中获取变换规则知识。基于本体的变换规则链定理帮助我们在数据库中从多维层次数据中获取变换规则链。

目前,对数据库进行问题分析基本上是在人的指导下,对多维层次数据进行钻取操作,找到问题发生的原因。若在多维层次数据中建立本体概念树,就可以让计算机沿着本体概念树进行深度优先搜索,既可以发现问题,又能自动找到各问题的所有原因。

4. 智能推荐的定义

智能推荐实际上就是利用用户在网上留下的访问痕迹对用户的个人兴趣进行分析,然后分析出用户的真实需求,进而进行商品推荐,所以也可以说,智能推荐是知识挖掘的一种应用方式。要想提高智能推荐的成功率,就需要尽可能多地获取用户的相关数据,既包括用户的静态数据,又包括用户的动态数据。人们把静态数据和动态数据统称为用户的行为图谱。通过数据搜集和信息编织,把目标用户的行为图谱勾勒得越详细、完整,越能真正分析出用户的需求。

习题 13

1. 知识挖掘与数据挖掘之间的关系是什么?
2. 本体技术主要应用在计算机学科的哪些领域?
3. 智能推荐常用的方法有哪些?
4. 智能推荐与跨域推荐之间有哪些区别与联系?

第14章

基于隐私保护的数据挖掘技术

本章学习目标

- 了解隐私保护的概念。
- 了解数据挖掘的常用方法。
- 了解隐私保护的常用方法。
- 理解数据挖掘与隐私保护之间的关系。

信息时代的飞速发展将数据挖掘和隐私保护两个看似无关的新兴概念关联起来。在对原始数据的使用角度上，致力于数据分析的数据挖掘技术和致力于防范隐私信息泄露的隐私保护技术构成了矛盾。有效保护私有数据以及敏感信息在数据挖掘过程中不被泄露，而又保证挖掘出准确的规则和模式，成为数据挖掘研究中的一个非常重要的问题。本章将介绍数据挖掘的概念、隐私保护的方法和如何在数据挖掘中加入隐私保护技术。

14.1 数据挖掘

随着数据库技术的迅速发展和数据库管理系统的广泛应用，人们积累的数据越来越多。激增的数据背后隐藏着许多重要的信息，人们希望能够对其进行更高层次的分析，以便更好地利用这些数据。目前的数据库系统可以高效地实现数据的录入、查询、统计等功能，但无法发现数据中存在的关系和规则，无法根据现有的数据预测未来的发展趋势。

作为计算机技术的另一领域，人工智能自 1956 年诞生之后取得了重大进展。经历了博弈时期、自然语言理解、知识工程等阶段，目前的研究热点是机器学习。机器学习是用计算机模拟人类学习的一门科学，比较成熟的算法有神经网络、遗传算法、贝叶斯网络等。

用数据库管理系统来存储数据，用机器学习的方法来分析数据，挖掘大量数据背后的知识，这两者的结合促成了数据挖掘和知识发现技术的产生。

数据挖掘是指从大量的、不完全的、有噪声的、模糊的、随机的数据中提取隐含在其中的、人们事先不知道、但又是潜在有用的信息和知识的过程。被挖掘的原始数据可以是结构化的，如关系数据库中的数据；也可以是半结构化的，如文本、图形、图像数据；甚至也可以是分布在网络上的异构型数据。被发现的知识可以用于信息管理、查询优化、决策支持、过程控制等。因此,数据挖掘是一门交叉性学科,涉及机器学习、模式识别、统计学、智能数据库、知识获取、数据可视化、高性能计算、专家系统等多个领域。

如图 14.1 所示,数据挖掘的过程可以分为数据抽取、数据预处理、知识发现和知识表示 4 个步骤。

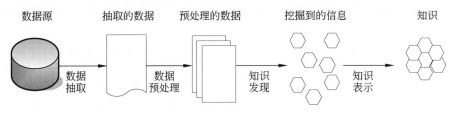

图 14.1　数据挖掘过程

(1) 数据抽取。数据抽取是指从数据源中选取数据挖掘所需的数据。在数据抽取阶段,通常需要根据挖掘目的来确定所需要的数据,获取访问数据的权限,了解数据的类型与结构,并将该数据导出。

(2) 数据预处理。抽取得到的数据,由于可能存在数据质量问题,往往不能直接用于数据挖掘;此时,需要对抽取得到的数据进行预处理。通常数据预处理所包括的形式有数据清理、数据集成、数据变换、数据归约等。

(3) 知识发现。在获得了适用于数据挖掘的数据集之后,知识发现的任务就是使用数据挖掘算法发现隐藏在数据中的有用的知识和规则。具体地讲,知识发现的具体任务可以分为预测、分类、关联规则的发现、聚类等。

(4) 知识表示。使用可视化手段或其他知识表示技术,将挖掘出的潜在的、有用的知识和规则提供给挖掘者。

14.2　隐私与隐私权

任何事情都有其两面性,数据挖掘领域也不例外,使用数据挖掘技术,为人们生活带来便利的同时,随之产生的就是隐私泄露的问题。

隐私是指个人生理、心理以及社会交往过程中的秘密。包括个人独特的生理特点、心理活动、日记、电话、信件以及自己在住宅里从事的个人活动等。尽管在人类社会发展的不同阶段和在相同时期不同国家与不同民族之间,人们对隐私或私人生活内容的认识存在差异,但是在现代社会相同或相似的物质生活条件下,尤其是相近的科技发展水平的条件下,人们对隐私的认识的基本内容是相似的。个人隐私主要指不愿被收集、发布的个人敏感信息,例如年龄、出生日期、家庭住址、婚姻状况、电话号码、银行账号、医疗情况、职业情况、银行借贷记录、个人财产记录等。

隐私权作为一种基本人格权利,是指公民享有的私人生活安宁与私人信息依法受到保护,不被他人非法侵扰、知悉、搜集、利用和公开的一种人格权。并且权利主体对他人在何种程度上可以介入自己的私生活,对自己是否向他人公开隐私以及公开的范围和程度等具有决定权。

在数据挖掘领域,隐私信息主要包括两类:一类隐私信息是原始数据本身所具有的。例如个人的身份证号码、电话号码、银行卡号、家庭住址等信息,这类信息一旦被泄露,就可能会威胁到个人的正常生活;另一类隐私信息是原始数据中所隐含的规则。例如,在医学数据中,癌症与病人患病特征之间的关联规则;在商业数据中,信用度与消费记录之间的关联规则等。如果恶意者非法获得这些隐含的规则,就可能会威胁到个人的正常生活。

目前,许多国家和国际组织都非常重视对公民隐私的保护,纷纷在不同时期制定了相关的法规和文件。早在20世纪70年代,美国卫生教育和福利部门就通过了《隐私保护条例》,规定了对个人数据进行收集、记录、修改和发布的原则。在此基础之上,美国随后又出台了《联邦隐私法案》,对保护公民隐私提供法律保障。世界经济合作与发展组织在美国《隐私保护条例》的基础上进行扩充,制定了《隐私保护条款》,成为一个被广泛接受的标准。澳大利亚通过的《隐私保护条例》则禁止大型网络服务提供商收集用户的数据。此外,新西兰、加拿大和我国的香港地区也相继制定了保护隐私的法律和法规。

我国法律也突出了对人格权的保护,把隐私权列入了人格权,充分反映了国家更加注重个人隐私权的保护。《个人信息保护法》已于2021年11月1日起施行,这些都体现出国家对隐私保护问题日益关注。

14.3 大数据背景下的金融隐私权

大数据背景下的金融隐私权是在广泛使用大数据分析技术的背景下保护个人金融信息的权利。从其内涵而言,其信息保护的范围即公民个人的金融信息。参照国务院最高人民法院、最高人民检察院《关于办理侵犯公民个人信息刑事案件适用法律若干问题的解释》的有关规定,个人信息包括但不限于通过各种虚拟渠道或者其他传统方式进行记录,同时能够单独或与其他的信息系统相适配,用以识别自然人的身份或是能够展示特定的自然人金融行为的各种个人信息,例如姓名、身份证号、地址、手机号、账号、财务或者生活状况、生活轨迹等。公民个人的金融信息主要是特殊金融领域的一种个人信息,是指特殊金融机构或者其他专门从事特殊金融业务的个人或机构在与特定公民进行个人或者建立金融业务信息往来关系过程中已经获取、加工、处理或者保存的公民个人身份证信息、财产、银行账户、信用记录、金融交易、衍生产品等信息,以及其他与公民进行个人或者建立金融业务信息往来关系的过程中已经获取、保存的其他相关个人信息。其中,个人身份的金融信息主要是包括公民个人的姓名、身份证明文件、联系方式、职业状况、家庭的状况等,有关个人财产的信息包括有关个人收入的状况和其他不动产的状况等,其他个人账户交易信息包括有关个人账号、账户的交易、账户的余额等,其他个人信用还款信息包括有关个人信用卡和还款的情况、贷款偿还能力、失信情况以及适用于个人在社会经济或者金融活动中使用而形成的,能够准确反映其个人信用或者财务状况的其他金融交易信息等。

2018年上半年,金融科技领域发生了两件大事。第一件事是在3月19日当日,著名美国社交软件公司Facebook股票暴跌7%,短短一天时间内,公司的市场估值就下降了360多亿美元,公司首席执行官同样受到影响,导致身家下降60多亿美元。造成这一局面的原因,可能是外部公司未经授权,不合理使用了其用户信息,导致其用户个人隐私遭到侵害。同年5月25日,《一般数据保护条例》正式在欧盟宣布生效,其中规定不论是哪方,只要是非法侵害了用户隐私权,根据不同情况将受到不同程度的行政、经济处罚。上述事件标志着目前已经进入了一个高度重视隐私权的时期,对于那些不重视或者直接对用户隐私无视的企业,将会面临来自市场和监管的双重处罚。根据目前情况分析,人类社会已步入大数据时代,该时代背景下具有两个鲜明的特点。一是生产、生活的网络化,主要体现在实现了打通人脑与互联网,建立脑机连接(目前特斯拉公司的CEO一致热衷于对该项目的推进研究),实现两者直连和数据共享。第二,全面实现智能化。例如,深度学习算法提出后,由于其学习的效率和正确度明显提升,因此和工业界应用取得很多突破性进展。

目前,人们对隐私权的重视程度越来越高,其重要性不言而喻。步入信息时代以来,隐私权逐渐被细分为物理隐私、信息隐私及自治性隐私三大类型,其中信息隐私又被分离出相对隐私和绝对隐私。随着时代更迭,下一步隐私权将面临三大发展方向。第一,隐私涉及的范围会越来越广泛,对其保护力度和难度都会越来越大;第二,相对隐私将会由契约变为商业收益,这恰恰是现在大部分大数据商业运营模式;第三,大数据分析的核心算法的被侵害攻破的现象越来越普遍,下一步监管将重点针对算法进行审查。

就现行法律来看,在互联网金融层面对隐私权的保护工作还比较欠缺。主要是因为立法速度慢于金融创新的速度。《电子银行业务管理办法》中第五十二条对于相关机构如何正确通过电子银行为客户提供服务以及提供服务过程中如何保护个人隐私进行了规范。但是归根到底,互联网金融公司不是金融企业,只能通过契约形式撇清相关义务。互联网金融企业通过科技赋能来提高信用杠杆,也因此容易引起以下问题。第一,金融隐私权的风险程度可能提升。在传统金融模式下,交易过程中涉及的个人信息是在一个相对封闭的环境中进行,但在目前互联网金融应用场景中,例如在使用手机银行进行扫码支付的同时,个人金融隐私面对更高的风险水平。第二,数据画像成为大数据分析的主流。例如网页浏览痕迹追索、数据绑架等诸多新兴侵权方式如雨后春笋一般出现,以上无疑都是在侵犯数据隐私权的基础上,造成对个人虚拟财产的侵犯。

金融隐私保护问题引起了社会各界关注。在2019年12月5日,"南方都市报"大数据研究院与个人信息保护研究中心联合发布的《2019个人信息安全报告》中明确指出,为了实际深入考察用户App在其个人信息的收集以及使用保护方面的情况,分别从个人金融隐私保护政策的透明度、移动互联网金融类产品以及App个人信息权限的获取使用情况等3方面分别展开了测评。结果显示,在众多移动金融类App综合评价中,其中设备识别码被频繁调取现象十分普遍,例如"招联金融"短短60s内就被调用了6109次,而"拍拍贷借款"1min调用1468次定位权限。《2019个人信息安全报告》显示,95.02%的受访者表示自己遭遇过隐私信息被泄露,其中约15%的受访者表示,从未对此采取行动。依据受访者反馈,中介服务类的App隐私数据被泄露最为严重,有52.46%的用户反映这一问题,其次是网上购物(49.14%)和金融借贷(46.15%)。值得注意的是,有约三成的用户表示,愿意通过付费的方式来进行隐私保护,其中有约35%的用户愿意每月付费30元以上。

14.4 基于隐私保护的数据挖掘的产生背景

随着网络信息技术和数据库技术的快速发展,许多商业组织、研究机构等都收集和存储了大量的数据,并且希望对这些数据进行深入的分析,从而获得隐藏在数据中的重要信息。数据挖掘技术作为数据分析和知识发现的有力工具,可以从大量的、不完全的数据中,抽取原始数据中隐藏的知识和规则。

数据挖掘技术的广泛应用使人们能够从大量数据中抽取有用的知识和规则。然而,由于被挖掘的原始数据中通常还包含着许多敏感性的信息,数据分析人员在使用数据挖掘算法对用户的数据进行分析时,往往能够挖掘出敏感信息与非敏感信息之间的关联,从而造成用户隐私信息的泄露。

由于近年来人们越来越重视隐私保护问题,使得越来越多的数据拥有者不愿意为数据分析者提供自己的数据,即使这些数据拥有者愿意提供数据,也往往从自己的数据中去除掉一些信息或者提供一些虚假信息。由于用户担心自己数据中的隐私信息以任何形式泄露给外界,而不给数据分析人员提供所需数据,使得不能为数据挖掘算法提供真实可靠的数据源,必然造成挖掘结果的准确度降低。在上述情况下,如何能够确保个人隐私安全,消除用户疑虑,鼓励用户提供真实可靠的数据源,从而确保挖掘出有效的知识和规则,成为数据挖掘领域一个亟待解决的问题。因此,研究如何将隐私保护和数据挖掘有机地结合起来,提出基于隐私保护的数据挖掘方法,在实际应用中具有重要的意义。

下面通过一个例子来介绍研究基于隐私保护的数据挖掘的目的与意义。

假设一个超市保存 1000 条用户的消费记录信息。超市需要将这些数据信息提供给商业研究机构,从而便于这些机构根据用户的消费记录预测下一个月的市场走势和各商品的未来盈利情况。研究机构会将分析出的规律发送给超市,超市参考这些规律来决定下个月进哪些货物,从而获得更大的商业利润。在法律和道德上,要求超市要保护用户的隐私信息。此外,超市只有保护用户的隐私数据,才能得到用户的信任,才能吸引用户下次再来消费。所以超市在将记录信息发送给研究机构之前,首先将这些数据中的标识属性(例如姓名、地址、手机号码)删除。假设发送给研究机构的数据包括 3 个属性:年龄、性别、月消费额。其中年龄和性别是非敏感属性,月消费额是敏感属性。

表 14.1 描述了被发送的信息中的前 5 条和最后 5 条记录的信息。在表 14.1 中,年龄的属性值为 20~60 岁。性别的属性值 1 表示男,属性值 0 表示女。月消费额属性作为敏感属性,是不应该被泄露的。

表 14.1　超市数据库中前 5 条记录和最后 5 条记录的信息

记 录 编 号	非敏感属性		敏 感 属 性
	年　　龄	性　　别	月消费额/元
1	53	0	514.74
2	57	1	569.33

记 录 编 号	非敏感属性		敏 感 属 性
	年 龄	性 别	月消费额/元
3	22	0	609.51
4	25	1	547.63
5	51	1	516.33
⋮	⋮	⋮	⋮
996	37	0	413.41
997	50	1	500.72
998	28	1	531.81
999	27	0	537.99
1000	29	1	469.97

数据分析人员使用聚类挖掘算法对这 1000 条记录进行分析,挖掘出敏感属性与非敏感属性之间的关系如图 14.2 所示。通过观察发现,年龄在 42 岁左右的用户月消费额较高,而低年龄者和高年龄者月消费额较少。

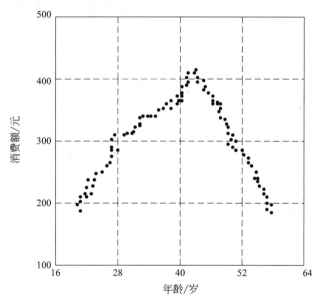

图 14.2 月消费额属性和年龄属性之间的非线性关系

数据分析人员使用该挖掘结果和用户的非敏感属性值,就可以推测出用户的敏感属性值。例如,数据分析人员知道客户 A 和 B 都在该超市有过消费记录,并且知道客户 A 的年龄是 27 岁,客户 B 的年龄是 45 岁,则可以推测出客户 A 在该超市的月消费额为 200~300 元,客户 B 的月消费额为 300~400 元,并且推测出客户 A 的月消费额小于客户 B。

被推测出的关于月消费额属性的信息，都是客户 A 和 B 的敏感信息，是应该被保护的。但是在数据挖掘之后，这些敏感属性值的信息已经泄露给数据分析人员。

通过上面的例子可以发现，虽然商家在给数据分析机构发送数据之前，已经将用户的标识信息（如姓名、手机号码、家庭地址等）删除，但是数据分析机构在对这些数据进行分析时，仍然能挖掘出用户的敏感属性与非敏感属性之间的关系和规律，从而对用户的敏感信息（隐私数据）造成威胁。因此，在使用数据挖掘技术对用户的数据进行分析时，会产生用户的敏感信息被泄露的问题。基于隐私保护的数据挖掘技术就是要在数据挖掘和隐私保护之间找到平衡，解决数据挖掘中的隐私问题。其目的就是要在合理保护隐私数据安全的前提下，进行数据挖掘和知识发现，找出数据中有用的规则和模式。

如何在不泄露用户隐私信息的前提下挖掘出有效的知识和规则，已成为数据挖掘领域一个亟待解决的问题。该问题的解决对于实现安全地数据分析和知识发现具有重要的理论意义和实用价值。因此，研究基于隐私保护的数据挖掘方法，使用户的个人隐私权益与企业的商业利益达到平衡，成为未来数据挖掘领域至关重要的任务。不仅如此，基于隐私保护的数据挖掘技术在政府文件共享、医疗机构的合作研究、电子商务、人口统计、国土安全等领域中也有着广阔的应用前景。

14.5　基于隐私保护的数据挖掘

基于隐私保护的数据挖掘（privacy preserving data mining，PPDM）是指采用数据扰乱、数据重构、密码学等技术手段，在保证足够精度和准确度的前提下，使数据挖掘者在不触及实际隐私数据的同时，仍能进行有效的挖掘工作。PPDM 主要关注两方面的问题。

（1）原始数据中的敏感信息。个人的姓名、出生日期、电话号码、银行卡号、家庭住址等都属于敏感信息。由于原始数据中通常包含这些敏感信息，因而不能将原始数据直接提供给数据挖掘算法。为避免个人隐私信息的泄露，可以使用数据泛化、数据交换、随机化、数据加密等方法，对原始数据进行处理之后，再提供给数据挖掘算法。

（2）敏感规则。敏感规则隐含在原始数据中，要通过使用挖掘算法才能找出。例如，在医学数据中，癌症与病人患病特征之间的关联规则；在商业数据中，信用度与消费记录之间的关联规则等。这些敏感规则由于涉及个人隐私，也需要被保护。基于隐私保护的数据挖掘的主要目标：通过对原始数据或者挖掘算法进行某种改进，添加隐私保护的技术，确保数据挖掘过程中的隐私信息和隐私规则不被泄露，并且确保挖掘出有用的知识和规则。

14.5.1　基于隐私保护的数据挖掘算法的分类

本节给出了基于隐私保护的数据挖掘（PPDM）算法的分类框图，如图 14.3 所示。PPDM 算法可以从 4 个层面进行分类：数据分布层面，具体分为集中式和分布式；隐藏目的层面，具体分为数据隐藏和规则隐藏；数据挖掘算法层面，具体分为分类挖掘、聚类挖掘、关联规则挖掘；隐私保护技术层面，具体分为数据泛化、数据扭曲、数据清洗、数据屏蔽和加密技术。

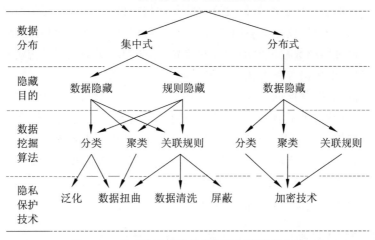

图 14.3　基于隐私保护的数据挖掘算法的分类

1. 数据分布层面

数据分布方式分为集中式与分布式两种,其中分布式又分为数据水平分布与数据垂直分布。数据水平分布是指数据按照记录分布在各个站点,数据垂直分布是指数据按照属性分布在各个站点。多个机构或组织对于不同的个体收集了相似的信息便形成了数据的水平分布,而收集了同样个体的不同信息便形成了数据的垂直分布。

2. 隐藏目的层面

数据隐藏是指通过使用某种变换技术对原始数据进行处理,然后把变换后的数据提供给挖掘者使用。所使用的变换技术应满足 3 方面的要求。

(1) 不改变原始数据的整体分布趋势。

(2) 不能从变换后的数据中直接推算出原始数据值。

(3) 确保从变换后的数据中挖掘出的知识和规则,具有较高的准确度。

规则隐藏是指通过使用一些技术方法降低敏感规则的支持度,实现敏感规则的隐藏,并且把过滤之后的数据集发送给数据挖掘者。其中所使用的技术应当满足:在隐藏敏感规则的同时,应该尽量减小对原始数据的影响,以保证从变换后的数据集中尽可能准确地挖掘出非敏感规则。

3. 数据挖掘算法层面

(1) 分类技术。分类技术就是根据已知的分类信息或分类模型,对训练样本进行归类。不同的训练样本具有不同的性质和特征,这是将训练样本划分成不同类别的依据。分类实质上是一种有监督的学习方法。

(2) 聚类技术。聚类技术是针对一个数据对象的集合,将具有相同特征的对象聚合成为一个类,使得同一类别中的数据对象具有尽可能多的相似度,并且使用一定的规则来描述该类的共同属性,属于不同类别的对象的特征差异较大。聚类实质上是一种无监督的学习方法,其目的就是要找出数据集合中的共性与差异,并将具有相似特征的数据对象聚合在同一类中。与分类技术的不同之处在于,在对训练样本进行划分之前,并没有确定类别归属,而是通过归纳数据之间的特征和差异,逐渐产生聚类规则。聚类技术常用于图像处理、客户识别、市场销售和市场分割等方面。

作为一种常用的数据挖掘技术,关联规则是指从大量的数据集中发现有用的关联性的知识。其基本思路可表示为 $W \to B$,其中 W 代表属性集,B 代表属性个体。关联规则可解释为,在数据库中,W 属性集具有真值,则个体 B 具有真值的可能性和趋势。关联规则挖掘算法中通常使用支持度和置信度两个属性值来寻找关联规则。使用关联规则挖掘算法,可以从大量的事务数据或关系数据中,挖掘出感兴趣的知识和模式,在零售业、保险业、通信和制造业等行业都得到广泛的应用。

4. 隐私保护技术层面

数据扰乱技术是最主要的隐私保护技术之一,主要通过一定的隐私策略,对原始数据进行修改,使挖掘者无法从最终发布的数据中获得原始数据的信息,从而达到隐私保护的目的。该方法的特点是,通过对原始数据的局部信息或全局信息进行修改,隐藏原始数据中的隐私信息和规则,并且在挖掘过程中减少由于修改数据所引起的数据偏差。数据扰乱技术主要包括数据泛化、数据扭曲、数据清洗、数据屏蔽等。

(1)数据泛化。数据泛化技术使用层次化(数值型)和抽象化(枚举型)的属性值,去替代实际数据,从而降低被发布的数据中所包含信息的颗粒度。

(2)数据扭曲。从数值修改角度,数据扭曲技术使用随机数值与原始数据进行叠加。叠加方法分为加性叠加和乘性叠加。根据已知的随机数序列的某种分布特征,可以从扭曲后的数据中提取出与原始数据序列相近似的数据统计特征,从而进行相应的挖掘工作。

(3)数据清洗。数据清洗主要用于隐藏关联规则,通过修改或移除数据记录的方式来减少某些频繁项集的支持度。

(4)数据屏蔽。数据屏蔽采用问号替代隐私属性值的方法,并且使用概率分析的方法进行修正,在兼顾隐私保护的前提下实现较高精度的数据分析。

基于数据加密的隐私保护方法是使用公钥加密机制来解决分布式数据挖掘中的隐私保护问题。由于公钥加密机制实现了各方对原始数据的不可见性以及数据的无损失性,因此所得到的挖掘结果与挖掘原始数据得到的结果具有同样的准确度。和基于数据扰乱技术的隐私保护方法相比,基于加密技术的隐私保护方法的计算和通信费用较高。

根据隐私保护方法的特性以及不同的挖掘环境,选取合适的隐私保护技术与数据挖掘算法相结合,才能形成有效的基于隐私保护的数据挖掘算法。

14.5.2　在数据挖掘中实施隐私保护

图 14.4 描述了在数据挖掘中实施隐私保护的过程。通过观察可以发现,隐私保护的

生命周期要长于数据挖掘的生命周期,主要原因在于隐私保护技术需要对原始数据进行预处理,将原始数据中的隐私数据和隐私规则进行隐藏。图14.4中的虚线为数据挖掘的起始点,也是挖掘者接触数据的时刻。所以应该在此时刻之前对数据进行预处理,以避免挖掘者接触到原始数据。隐私保护的对象主要为隐私数据和隐私规则。除此之外,还要保证挖掘过程的安全性,特别是在分布式环境下,需要采取加密或随机扰乱技术来防止各个参与方之间的信息泄露。

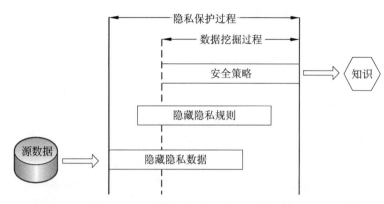

图 14.4 数据挖掘中实施隐私保护的过程

目前针对隐私保护技术的研究还处于发展阶段,主要面向一些基础的数据挖掘算法提出相应的隐私保护技术。

本章小结

1. 数据挖掘

数据挖掘是指从大量的、不完全的、有噪声的、模糊的、随机的数据中提取隐含在其中的、人们事先不知道但又是潜在有用的信息和知识的过程。

2. 隐私与隐私权

在数据挖掘领域,隐私信息主要包括两类:一类隐私信息是原始数据本身所具有的;另一类隐私信息是原始数据中所隐含的规则。

3. 基于隐私保护的数据挖掘

基于隐私保护的数据挖掘(privacy preserving data mining,PPDM)是指采用数据扰乱、数据重构、密码学等技术手段,能够在保证足够精度和准确度的前提下,使数据挖掘者在不触及实际隐私数据的同时,仍能进行有效的挖掘工作。PPDM主要关注两方面的问题:原始数据中的敏感信息和敏感规则。

1. 数据挖掘的定义是什么?
2. 如何对数据挖掘算法进行分类?
3. 为什么要在数据挖掘算法中加入隐私保护的技术?
4. 常用的隐私保护技术有哪些?

参 考 文 献

[1] LAUDON K C,LAUDONJ P. 管理信息系统[M]. 薛华成,译. 9 版. 北京：机械工业出版社,2007.

[2] HAA S,等. 信息时代的管理信息系统[M]. 严建援,等译. 6 版. 北京：机械工业出版社,2007.

[3] 甘仞初. 管理信息系统[M]. 2 版. 北京：机械工业出版社,2008.

[4] 黄梯云,等. 管理信息系统[M]. 3 版. 北京：高等教育出版社,2005.

[5] 薛华成. 管理信息系统[M]. 5 版. 北京：清华大学出版社,2007.

[6] 陈国青,李一军. 管理信息系统[M]. 北京：高等教育出版社,2006.

[7] 谢尔. 管理信息系统[M]. 张成洪,等译. 10 版. 北京：电子工业出版社,2007.

[8] 陈晓红. 信息系统教程[M]. 北京：清华大学出版社,2003.

[9] 陈广宇,张亚东,单薇,等. 管理信息系统应用与开发[M]. 北京：中国人民公安大学出版社,2000.

[10] 谢希仁. 计算机网络 [M]. 6 版. 北京：电子工业出版社,2013.

[11] 陈德人. 电子商务系统结构[M]. 2 版. 北京：高等教育出版社,2008.

[12] 侯卫真. 信息化与电子政务培训教程[M]. 北京：研究出版社,2004.

[13] 陈文伟. 数据仓库与数据挖掘教程[M]. 北京：清华大学出版社,2011.

[14] 邬伦,等. 地理信息系统：原理、方法和应用[M]. 北京：科学出版社,2005.

[15] 王永庆. 人工智能原理与方法[M]. 西安：西安交通大学出版社,1998.

[16]   CALLAN R. 人工智能[M]. 黄厚宽,等译. 北京：电子工业出版社,2004.

[17] 马少平,等. 人工智能[M]. 北京：清华大学出版社,2004.

[18] 安淑芝,等. 数据仓库与数据挖掘[M]. 北京：清华大学出版社,2005.

[19] 马费城. 信息资源开发与管理[M]. 北京：电子工业出版社,2005.

[20] 陈广宇. 管理信息系统[M]. 北京：清华大学出版社,2010.

[21] 邱俊平,沙勇忠,等. 信息资管理学[M]. 北京：科学出版社,2011.

[22] 程国卿,吉国力. 企业资源计划 ERP 教程[M]. 2 版. 北京：清华大学出版社,2013.

[23] 陈启申. ERP：从内部集成起步[M]. 3 版. 北京：电子工业出版社,2012.

[24] 韩万江,姜立新. 软件项目管理案例教程[M]. 2 版. 北京：机械工业出版社,2013.

[25] 徐嘉震. 项目管理理论与实务[M]. 北京：中国物资出版社,2007.

[26] 张友生. 信息系统项目管理师考试全程指导[M]. 2 版. 北京：清华大学出版社,2011.

[27] 刘海,周元哲,陈燕. 软件项目管理[M]. 北京：机械工业出版社,2012.

[28] 陈文伟. 决策支持系统教程[M]. 3 版. 北京：清华大学出版社,2017.

[29] 葛世伦,尹隽. 信息系统运行与维护[M]. 2 版. 北京：电子工业出版社,2014.

[30] 周志华. 机器学习[M]. 北京：清华大学出版社,2016.

[31] 杨正洪,郭良越,刘玮. 人工智能与大数据技术导论[M]. 北京：清华大学出版社,2018.

[32] 陈广宇,任慧玉. 管理信息系统[M]. 2 版. 北京：清华大学出版社,2016.

图 书 资 源 支 持

感谢您一直以来对清华版图书的支持和爱护。为了配合本书的使用,本书提供配套的资源,有需求的读者请扫描下方的"书圈"微信公众号二维码,在图书专区下载,也可以拨打电话或发送电子邮件咨询。

如果您在使用本书的过程中遇到了什么问题,或者有相关图书出版计划,也请您发邮件告诉我们,以便我们更好地为您服务。

我们的联系方式:

地　　址:北京市海淀区双清路学研大厦 A 座 714

邮　　编:100084

电　　话:010-83470236　010-83470237

客服邮箱:2301891038@qq.com

QQ:2301891038（请写明您的单位和姓名）

资源下载: 关注公众号"书圈"下载配套资源。

资源下载、样书申请

书 圈

图书案例

清华计算机学堂

观看课程直播